Brauchbare Illegalität

Stefan Kühl ist Professor für Soziologie an der Universität Bielefeld. Er arbeitet als Organisationsberater der Firma Metaplan für Ministerien, Verwaltungen, Unternehmen und Hochschulen. Zuletzt erschienen von ihm bei Campus *Wenn die Affen den Zoo regieren. Die Tücke der flachen Hierarchien*, *Das Regenmacher-Phänomen. Widersprüche im Konzept der lernenden Organisation* und *Sisyphos im Management. Die vergebliche Suche nach der optimalen Organisationsstruktur*.

Kontakt: stefan.kuehl@uni-bielefeld.de oder stefankuehl@metaplan.com

Stefan Kühl

Brauchbare Illegalität

Vom Nutzen des Regelbruchs in Organisationen

Campus Verlag
Frankfurt/New York

ISBN 978-3-593-51301-0 Print
ISBN 978-3-593-44556-4 E-Book (PDF)
ISBN 978-3-593-44555-7 E-Book (EPUB)

Umschlaggestaltung: Campus Verlag GmbH, Frankfurt am Main
Satz: publish4you, Engelskirchen
Gesetzt aus der Garamond
Druck und Bindung: Beltz Grafische Betriebe GmbH, Bad Langensalza
Printed in Germany

www.campus.de

Inhalt

Regelverletzungen in Organisationen – Eine Einleitung

Wenn wieder einmal eine Organisation wegen eines Umweltverstoßes, Schmiergeldskandals oder einer Finanzmanipulation in der öffentlichen Kritik steht, lohnt sich ein Blick in das klassische Theaterstück des Dramatikers Heinrich von Kleist über die Befehlsverweigerung des Prinzen Friedrich von Homburg. Kleist, der selbst in seiner Jugend als Leutnant in der preußischen Armee gedient hatte, konfrontiert in diesem Theaterstück seinen Helden mit allen Tücken einer erfolgreichen Regelabweichung.[1] Die Geschichte ist denkbar einfach. Der Prinz von Homburg dient als General der Reiterei in der Armee des Kurfürsten Friedrich Wilhelm von Brandenburg. Vor der Schlacht gegen die schwedischen Truppen erteilt der Kurfürst seinen Generälen den Befehl, den Feind nur nach ausdrücklicher Anordnung anzugreifen – jeder solle, »wie immer auch die Schlacht sich wenden mag, vom Platz nicht, der ihm angewiesen, weichen« (Kleist 1996, S. 528). Der oberste Befehlshaber der Armee verpflichtet die Organisation und all ihre Mitglieder auf strikte Gefolgschaft und Einhaltung der Befehlswege.

Aber der Prinz von Homburg tut so, als hätte er diesen Befehl nicht gehört – vielleicht hat er ihn auch nicht gehört – und befiehlt seiner Kavallerie trotz der fehlenden Order und trotz der eindrücklichen Warnung seines ersten Offiziers den Angriff. Er fordert von seinen Untergebenen unbedingte Gefolgschaft ein: »Ein Schurke, wer seinem General zur Schlacht nicht folgt!« Und er übernimmt die Verantwortung: »Ich nehm's auf meine Kappe. Folgt mir, Brüder!« (Kleist 1996, S. 536) Der Prinz entpuppt sich also als Paradebeispiel einer proaktiv agierenden, Risiko eingehenden und Verantwortung übernehmenden transformationalen Führungskraft.[2]

Und die Risikobereitschaft zahlt sich aus. Der Überraschungseffekt gelingt. Durch die mutige Initiative des Prinzen gewinnt die Brandenburg-preußische Armee die Schlacht. Der Erfolg ändert jedoch nichts daran, dass es sich um einen klaren Fall von Befehlsverletzung handelt. Der Kurfürst von Brandenburg ist empört: »Wer immer auch die Reiterei geführt, am Tag der Schlacht … damit ist aufgebrochen, eigenmächtig, … bevor ich Order gab …, der ist des Todes schuldig, das erklär ich.« (Kleist 1996, S. 544) Der Kurfürst lässt den Prinzen verhaften und verhängt das Todesurteil über den Gehorsamsverweigerer.

Sicherlich – in Kleists Drama geht es nicht um die ähnlichen Verhaltensmuster der Vielen, sondern es lebt von der für Theaterstücke üblichen Zuspitzung auf einzelne Personen und ihre Konflikte. Dennoch stecken in dem Stück bereits fast alle Fragen, die sich Organisationen beim Umgang mit Regelabweichung und Gesetzesverstößen stellen. Es liegt ein klarer Regelverstoß vor, aber gibt der Erfolg dem Regelbrecher nicht nachträglich recht? Und wer darf beurteilen, ob der Regelbruch letztlich ein Erfolg gewesen ist? Die Schlacht ist gewonnen, aber ein Großteil der schwedischen Armee konnte fliehen. Ist der Gewinn der Schlacht nicht nur ein Pyrrhussieg, der sich bei der nächsten Schlacht bitter rächen kann? Hätte ein kluges Abwarten vielleicht die Vernichtung des gegnerischen Heeres und damit nicht nur den Sieg in der Schlacht, sondern vielleicht auch im ganzen Krieg bedeutet?[3] Und was treibt den Regelbrecher an? Auf den ersten Blick nur das Wohl der Organisation – aber spielt nicht auch die Suche nach individuellem Ruhm eine Rolle? Hat er die Kosten und Nutzen der Befehlsverweigerung für sich – und auch für das gesamte Herr – rational durchkalkuliert, oder hat er intuitiv gehandelt? Und last, but not least – wie soll die Organisation mit diesem auf den ersten Blick erfolgreichen Regelbruch umgehen? Soll man den Regelverletzer – wie vom Kurfürsten angekündigt – trotz seiner möglicherweise guten Absichten und trotz des Erfolges bestrafen oder soll man ihn als vorbildhaften Organisationsrebellen und Musterbrecher feiern?

Funktionale Regelverletzungen und brauchbare Illegalität

Organisationen müssen, so die Lehre aus Kleists Theaterstück, einerseits die Wirksamkeit des formalen Regelwerks sicherstellen, sind aber andererseits darauf angewiesen, dass ihre Mitglieder zum Wohle der Organisation immer wieder von Regeln abweichen und Anweisungen ignorieren (Bosetzky 2019, S. 37ff.). Denn formale Regeln sind häufig zu rigide, um für jede Situation angemessen zu sein, und verlangen deswegen von der Organisation die Bereitschaft, Abweichungen zu dulden, durch die aber die Existenz der formalen Ordnung nicht grundlegend in Frage gestellt werden darf.

In der Wissenschaft wird die für die Organisation funktionalen Regelabweichungen als »brauchbare Illegalität« bezeichnet. Mit brauchbarer Illegalität wird dabei nicht nur ein Verhalten bezeichnet, das gegen staatliche Gesetze verstößt, sondern auch ein Verhalten, das formale Erwartungen in Organisationen – also die Gesetze der Organisation – verletzt (Luhmann 1964b, S. 304).[4] Es geht also bei brauchbarer Illegalität sowohl um die Missachtung von Arbeitsschutzgesetzen, das Überschreiten staatlich vorgegebener Ruhezeiten bei LKW-Fahrern oder die Bestechung von Kunden zur Erhaltung eines Auftrages als auch um Fälle wie die Nichteinhaltung von vorgeschriebenen Dienstwegen oder der Verstoß gegen interne Verfahrensrichtlinien, durch die zwar formale Erwartungen der Organisation verletzt, aber nicht staatliche Gesetze gebrochen werden.[5] Auffällig ist dabei, wie regelmäßig die Regeln in Organisationen gebrochen werden. Die Regelabweichungen sind so stark in der Organisation verankert, dass Organisationsmitglieder informale Erwartungen enttäuschen, wenn sie sich nicht an diesen beteiligen oder sie nicht dulden. Sie sind zentraler Teil der Kultur von Organisationen.

Bei aller üblichen Skandalisierung von Regelbrüchen und Gesetzesverstößen ist die Einsicht in die Funktionalität der Regelabweichung in Organisationen in der Praxis weit verbreitet. Nicht umsonst gilt der Dienst nach Vorschrift als die effektivste Streikform, um eine Organisation lahmzulegen. Wenn alle Regeln und Anweisungen buchstabengetreu ausgeführt werden, wird die Organisation auch bei noch so guter Planung immer schwerfälliger. Die Organisation zerbricht an der rigiden Auslegung ihrer formalen Strukturen. Sie geht an ihrem »Ordnungs- und Verordnungswahn«, ihrer »Regulierungswut« und ihrem »Regelfetischismus« zugrunde (vgl. früh schon Crozier 1963, S. 247ff.).

Wer es nicht glaubt, probiere in einer Art Krisenexperiment aus, über mehrere Tage bis ins Detail nur genau das zu tun, was von der Organisation vorgeschrieben ist.[6] Man würde den Arbeitsprozess weitgehend zum Erliegen bringen. Man würde als »bürokratischer Virtuose«, der nie auch nur eine Regel vergessen könne, als »penetranter Formalist«, der nicht in der Lage sei, auch mal »Fünfe grade sein zu lassen«, oder als »regelbesessener Korinthenkacker«, der nicht wisse, wie eine Organisation wirklich funktioniert, diskreditiert werden. Der Druck von Kollegen und Vorgesetzten würde stetig wachsen, den »Bürokratismus« – so nennt man die strikte Einhaltung der formalen Ordnung – nicht zu übertreiben.[7]

Scheiternde und gelingende brauchbare Illegalität

Die Einsicht in die Funktionalität von punktuellen Regelabweichungen in Organisationen wird durch ein Phänomen erschwert. Über Regelabweichungen wird immer dann öffentlich diskutiert, wenn etwas grundlegend schiefgegangen ist.[8] Die spektakuläre Pleite eines US-amerikanischen Energieunternehmens führt zur Verdammung von Tricks bei der Darstellung der Finanzen und nicht zum Lob für die buchhalterische Kreativität des Unternehmens (siehe z. B. McBarnet 2006). Das Bekanntwerden der Manipulation von Abgaswerten durch Unternehmen eines Automobilkonzerns hat zur Folge, dass die Einhaltung von Gesetzen öffentlich eingefordert wird und blockiert wiederum das Verständnis dafür, dass Verstöße gegen Regeln in Organisationen immer wieder notwendig sind.

Allein der Blick auf diese Beispiele zeigt, wie sehr unsere Perspektive auf Regelabweichungen durch das öffentlich sichtbare Scheitern dieser Organisationen verzerrt wird. Hat sich eine skandalisierende massenmediale Bewertung erst einmal festgesetzt, ist es sehr schwer, komplexer gearbeitete Alternativinterpretationen einzubringen. Zugespitzt ausgedrückt: Die unvermeidlichen massenmedialen Dramatisierungen und Trivialisierungen verbauen eine organisationswissenschaftlich abwägende Prüfung.[9]

Sicherlich – für viele kann ein spektakulär gescheiterter Energiekonzern schnell als Inbegriff einer gescheiterten, kriminellen Unternehmung gelten. Dabei spielt dann keine Rolle mehr, dass die eigenen Haus- und Hofberater das Unternehmen noch wenige Monate vor der Insolvenz euphorisch als Musterbeispiel für nachhaltig profitable Unternehmensentwicklung durch permanente schöpferische Zerstörung preisen konnten.[10] Aufgrund der Manipulation der Abgasmesswerte würde ein Automobilkonzern nicht nur zu Strafzahlungen und Schadensersatzzahlungen in Milliardenhöhe verpflichtet werden, sondern hätte auch gegen die Reputation anzukämpfen, eine »kriminelle Vereinigung« zu sein, die ihre Kunden systematisch betrügt. Schnell würde vergessen werden, wenn das Unternehmen bis kurz vor Bekanntwerden des Abgasskandals in der Wirtschaftspresse nahezu einhellig wegen seiner Ingenieurskünste und seiner hohen Profitabilität als großes Vorbild gepriesen worden wäre.[11] Es leuchtet ein, dass das Bekanntwerden eines Regelbruchs oder Gesetzesverstoßes für eine Organisation finanzielle Konsequenzen haben kann, die dieses Vorgehen im Nachhinein irrational erscheinen lassen (so z. B. Reichert et al. 1996; Baucus und Baucus 1997). Aber die finanzielle Bilanz hätte – das wird häufig übersehen – ganz anders ausgesehen, wenn die Regelbrüche und Gesetzesverstöße nicht bekannt geworden wären.

Häufig hängt es von Zufällen ab, ob Handlungen später als erfolgreich eingeschätzt werden oder nicht.[12] Die Buchhaltungstricks eines Energiekonzerns mögen im Nachhinein als Ursache für den Niedergang des Unternehmens erscheinen. Aber dabei würde man übersehen, dass diese Buchhaltungstricks vermutlich ohne ein Platzen einer Blase an den Finanzmärkten nicht bekannt werden würden und es damit nicht ausgeschlossen wäre, dass das Unternehmen durch eine Monopolstellung im Gas- und Strommarkt am Ende auch »reales Geld« verdient hätte.[13] Die Abgas-Trickserei eines Automobilkonzerns mag aufgrund des Bekanntwerdens als zentraler Grund für die Probleme des Konzerns gelten, dabei würde aber übersehen, dass ohne dieses zufällige Bekanntwerden es dem Unternehmen möglich gewesen wäre, die eigenen ingenieurstechnischen Meisterleistungen im Bereich der Abgasreinigung weiterhin zu preisen, bis andere kostengünstige Lösungen für eine effiziente Abgasreinigung zur Verfügung stehen würden.[14] Schließlich ist das professionelle Management der Schauseite für nicht wenige politische, religiöse und wirtschaftliche Organisationen die Basis ihres Erfolges.[15]

Kontrastierend zu grandios gescheiterten Regelabweichungen müsste man deswegen bei als erfolgreich betrachteten Organisationen durch Detailanalysen recherchieren, inwiefern der Erfolg auch auf Praktiken brauchbarer Illegalität zurückgeführt werden kann.[16] Vermutlich würde man überrascht feststellen, dass bei nicht wenigen dieser Organisationen Manöver im Grenzbereich des eben noch Erlaubten, gezielte kleinere Gesetzesverstöße oder über Jahre geduldete Regelabweichungen zu beobachten sind – bloß dass bei diesen Organisationen diese Vorgehensweise nicht öffentlich skandalisiert wurde und sie deswegen nicht in eine Legitimitätskrise geraten sind.[17]

Entscheidungen in Organisationen finden immer unter Unsicherheit statt und sind deswegen notgedrungen immer riskant. Man hätte ja stets auch anders entscheiden können (siehe dazu Luhmann 1984b und Luhmann 2009). Die Entwicklung eines Großflugzeuges ist mit einem Risiko belastet, weil man nicht wissen kann, ob es sich am Markt als Erfolg oder als Flop erweisen wird. Die Einführung einer neuen Software in einer Verwaltung ist ein Wagnis, weil man keine Sicherheit haben kann, ob sie sich im Vergleich zu einer anderen Software als Effizienzgewinn herausstellen wird oder vielmehr zu weiteren Verkomplizierungen führt.

Zugestanden – ein zentrales Merkmal funktionaler Regelabweichungen ist die Ungewissheit ihrer Kosten (so Luhmann 1964b, S. 314). Aber die Entscheidung in Organisationen, gegen Gesetze zu verstoßen oder Regeln zu missachten, unterscheidet sich in ihrem Risiko nicht grundlegend von anderen Entscheidungen in Organisationen. Ob sich die Ausbildung einer für die Organisation funktionalen Regelabweichung im Nachhinein als Beitrag zu mehr Effizienz und Kundenzufriedenheit oder als verheerender Schritt in eine Katastrophe herausstellt, ist ein typisches organisationales Risiko. Statt aufgrund von öffentlich gemachten Skandalen für die Organisation funktionale Regelabweichungen oder Gesetzesverstöße pauschal zu verurteilen, müssen wir also ein Sensorium dafür entwickeln, dass es sowohl erfolgreiche als auch gescheiterte Fälle brauchbarer Illegalität in Organisationen gibt.

Die Probleme bei der Verengung auf Einzelfälle

Jedes Mal, wenn eine Organisation wegen eines Schmiergeldskandals, eines Umweltschutzverstoßes oder einer Finanzmanipulation in die öffentliche Kritik gerät, läuft das gleiche Spiel ab. Kommentatoren in den Massenmedien empören sich über die Gesetzesverstöße, Politikerinnen und Politiker äußern ihr Unverständnis, wie so dreist gegen geltende Regeln verstoßen werden konnte, und die beschuldigten Organisationen zeigen sich angesichts der in ihrem Namen getroffenen Entscheidungen selbst erschrocken und geloben Besserung. Über Wochen, manchmal Monate, herrscht ein allgemeiner Erregungszustand, bis das Interesse langsam nachlässt und der Fall in Vergessenheit gerät.

Sicherlich – einige Fälle von Gesetzesverstößen und Regelabweichungen bleiben in Erinnerung oder werden sogar Teil eines globalen kollektiven Gedächtnisses. Man denke nur an das Kriegsverbrechen von My Lai, bei dem US-amerikanische Soldaten in Vietnam Hunderte von Zivilisten massakrierten (Jones 2019), den Einbruch in die Büros der Demokraten im Watergate Hotel in Washington, der letztlich zum Rücktritt eines US-amerikanischen Präsidenten führte (Bernstein und Woodward 1974), oder auch die Explosion einer Fabrik von Union Carbide im indischen Bhopal, die Tausende von Todesopfer forderte (Shrivastava 1987). Aber wer erinnert sich dagegen noch an die Bestechung von Staatsbeamten in Dutzenden von Ländern durch den Flugzeugbauer Lockheed (Bolton 1977), die Manipulation von Quiz-Shows im US-amerikanischen Fernsehen der 1950er Jahre (Stone und Yohn 1992), den Betrugsversuch der inzwischen verschwundenen US-amerikanischen

Apothekenkette Revco an staatlichen Wohlfahrtsbehörden (Vaughan 1980) oder die finanzielle Unterstützung der Terrororganisation des Islamischen Staates durch das französische Zementunternehmen Lafarge (Belhoste und Nivet 2018)?[18]

Zugegeben – die ausführliche Schilderung eines Einzelfalls befriedigt das Bedürfnis nach »guten Geschichten«, die bekanntlich besonders dann gut sind, wenn sie Schlechtes zum Gegenstand haben. Die Darstellungen in Zeitungen und Büchern über Gesetzesbrüche von Organisationen lesen sich nicht selten wie Krimis, in denen einige aufrechte Kämpfer allen Widerständen zum Trotz die Schandtaten der Bösen aufdecken und bekämpfen.[19] Filme, in denen die Hintergründe eines Skandals rekonstruiert werden, sind spannender als so mancher Thriller.[20] Trotzdem bleibt nicht selten ein unbefriedigendes Gefühl, weil man über die detaillierte Schilderung des Einzelfalls hinaus wenig über die Funktionsweise von Organisationen erfährt.[21] Man wurde gut unterhalten, hat aber nur wenig Anregung zum Nachdenken bekommen.

In diesem Buch interessieren mich deswegen keine Einzelfälle, sondern grundlegende Muster der Regelverletzung in Organisationen.[22] Aber das bedeutet nicht, dass einzelne Vorkommnisse von Regelabweichungen keine Rolle spielen. Ich greife auf diese zurück, um grundlegende Muster der Regelabweichung zu illustrieren und zentrale Problemlagen deutlich zu machen. Das können sowohl Fälle sein, die aufgrund der von ihnen verursachten massenmedialen Erregung den meisten in Erinnerung sind, als auch Fälle, die unterhalb der allgemeinen Aufmerksamkeitsschwelle lagen, aus denen man aber auch heutzutage noch etwas lernen kann.

Regelabweichungen in unterschiedlichen Organisationstypen

Mich beschäftigen Regelabweichungen in Unternehmen, Ministerien und Verwaltungen genauso wie in Universitäten und Schulen, in Armeen und Polizeien sowie in Parteien und Nichtregierungsorganisationen.[23] Ohne Zweifel macht es im Detail einen Unterschied, ob wir es mit Regelabweichungen der Ministerien im NS-Staat, in Gefängnissen der USA, bei Parteien auf den Philippinen oder von Verwaltungen für Wasser- und Abwasser in Jordanien zu tun haben. Aber bei allen Einflüssen, die politische Staatsformen, wirtschaftliche Marktprozesse, kulturelle Ausprägungen oder auch technische Entwicklungen auf Praktiken ganz unterschiedlicher Organisationstypen haben, stecken hinter Regelabweichungen in Organisationen letztlich ähnliche Prozesse.

In dieser Darstellung will ich die Verengung auf Regelabweichungen in Unternehmen überwinden. Unternehmen sind – ohne dass dies systematisch begründet wird – der Prototyp, an dem Fragen von Regelabweichungen und Gesetzesverstößen in Organisationen durchgespielt werden.[24] Dadurch gibt es die Tendenz, Regelabweichungen nicht auf Eigenheiten von Organisationen generell zurückzuführen, sondern auf die besonderen Bedingungen von Unternehmen in einer kapitalistischen Wirtschaftsordnung. Je nach politischen Sympathien der Beobachter werden dann Regelverstöße oder Gesetzesbrüche von Unternehmen mit zu wenig oder zu viel Kapitalismus erklärt.

Dabei führen Verfechter einer neoliberalen Wirtschaftsordnung Gesetzesbrüche von Unternehmen darauf zurück, dass der Staat zu stark in diese Wirtschaftsorganisationen eingegriffen habe. Das Erschleichen von Subventionen durch ein öffentliches Nahverkehrsunternehmen im Staatsbesitz wird dann damit erklärt, dass das Unternehmen nicht dem gleichen Marktdruck ausgesetzt sei, wie im Privatbesitz befindliche Verkehrsunternehmen.[25] Der Umweltskandal bei einem Automobilkonzern wird dann nicht mit der Rationalität von Unternehmen erklärt, Umweltauflagen nach Möglichkeit zu umgehen, sondern auf einen zu großen staatlichen Einfluss auf dieses Unternehmen zurückgeführt.[26] Der Tenor ist: Würde man Organisationen stärker von staatlichen Einflüssen befreien, würden sie sich auch an die Gesetze halten.

Kritiker einer neoliberalen Wirtschaftsordnung erklären dagegen, dass Organisationen durch ihre kapitalistische Wirtschaftsweise fast zwangsläufig »kriminogen« würden (so Farberman 1975, S. 438; Punch 1996, S. 213). Die Manipulation von Abgasmesswerten, das Schmieren von öffentlichen Bediensteten zur Gewinnung von Aufträgen und die Manipulation von Bilanzen seien angesichts des tendenziellen Falls der Profitrate im Kapitalismus dann Ausdruck eines rationalen Verhaltens von Unternehmen. Eine Reduzierung von Gesetzesverstößen oder Regelabweichungen sei, so die weitestgehende Schlussfolgerung, letztlich nur durch eine Überwindung der kapitalistischen Wirtschaftsordnung zu erreichen (siehe zu diesem Ansatz z. B. Barnett 1981).[27]

Für diese Verengungen gibt es empirisch wenig Plausibilität. Wir wissen, dass in planwirtschaftlichen Unternehmen Regelabweichungen und Gesetzesverstöße genauso verbreitet sind wie in kapitalistischen Unternehmen und weitergehend, dass aufgrund des höheren Bürokratisierungsgrades Unternehmen sowohl in Planwirtschaften als auch in Marktwirtschaften nur mit ausgeprägten Kulturen der Regelabweichung überhaupt funktionieren können (so schon früh und einschlägig Berliner 1952; siehe auch Meirovich et al. 2000). Wir wissen, dass bei staatlichen Organisationen die Funktion als »Gesetzesmacher« und »Gesetzesüberwacher« nicht ausschließt, dass diese auch gelegentlich zum »Gesetzesbrecher« werden können und Regelabweichungen deswegen in Armeen, Polizeien und Verwaltungen mindestens genauso alltäglich sind wie in Unternehmen.[28]

Wir haben es bei Regelabweichungen und Gesetzesverstößen primär nicht mit den Resultaten einer zu starken oder zu schwachen kapitalistischen Wirtschaftsordnung zu tun, sondern mit den Folgen komplexer Anforderungen, der jede Organisation ausgesetzt ist. Die soziale Welt von Organisationen ist so vielfältig, so überraschend und so widersprüchlich, dass sie mit einem fixierten Regel- oder Gesetzeswerk nicht ausreichend beherrscht werden kann.

Zu einer systemsensiblen Theorie der Regelabweichung

Dieses Buch konzentriert sich bewusst auf die Regelabweichung in Organisationen und unterscheidet sich damit von einer Tradition soziologischer und philosophischer Arbeiten, in der Regelabweichungen ganz unterschiedlicher Natur weitgehend ungeordnet aneinandergereiht werden (vgl. nur beispielhaft Popitz 1968; Williams 1970; Ortmann 2003). Man ist in diesen Studien fasziniert von der Allgegenwart der Regelabweichung und behandelt den Verstoß gegen die stillschweigenden Konventionen im Literaturbetrieb, die Gefechtspausen im Zweiten Weltkrieg, die punktuelle Anarchie beim venezianischen Karneval und den Kölschen Klüngel mit demselben analytischen Apparat.[29]

Entgegen dieser umfassenden Behandlung besteht ein zentraler Mehrwert eines systemtheoretischen Zugangs darin, den Blick für die Besonderheit der Regelabweichungen in ganz unterschiedlichen sozialen Situationen zu schärfen. Die Stärke der Systemtheorie – man verzeihe die tautologische Formulierung – ist, dass sie die unterschiedlichen Logiken in verschiedenartigen sozialen Systemen begreifbar macht und für ihre Analysen nutzen kann. Organisationen haben andere Regeln und damit auch andere Formen des Regelbruchs als Familien, Gruppen oder Protestbewegungen. Die einzelnen Funktionssysteme wie Recht, Religion oder Politik haben ihre eigenen spezifischen Logiken und Programme und bilden eigene Formen der Abweichung aus.

Aufgrund der unterschiedlichen Logiken ist für die Systemtheorie ein Gesetzesbruch ein grundlegend anderer Regelverstoß als die Vernachlässigung einer Soll-Menge bei der Lagerhaltung. Deswegen ist eine Vergewaltigung etwas anderes als die Verletzung eines allseits akzeptierten Taktgefühls auf einer Party. Deswegen wird der Besuch eines Prominenten bei einer ukrainischen Prostituierten in der eigenen Familie anders behandelt als in der Berichterstattung der Massenmedien. Sicherlich, bei allen Fällen handelt es sich um Verstöße gegen Normen. Die Bezeichnung und Behandlung dieser Abweichungen erfolgt jedoch je nach Systemtypus nach grundlegend unterschiedlichen Logiken.

Der Vorzug der systemtheoretischen Sichtweise besteht darin, Organisationen – und damit deren Regelverletzungen – sehr genau bestimmen zu können. Organisationen unterscheiden sich von anderen mitgliedschaftsbasierten Systemen dadurch, dass sie die Mitgliedschaft an die Befolgung genau definierter Regeln binden. Nur in Organisationen bildet sich deswegen in dieser Prägnanz ein Kontrast zwischen formalen Strukturen und – nicht selten von ihnen abweichenden – informalen beziehungsweise organisationskulturellen Normen aus.

Der Blick auf die Grauzonen

Das Ziel dieses Buches ist es, die grundlegenden Fragen zu beleuchten, die sich bei Regelbrüchen und Gesetzesverstößen in Organisationen stellen. Weswegen kommt es überhaupt zu Regelverstößen in Organisationen (Kapitel 1)? Welchen Unterschied macht es, ob gegen staatliche Gesetze oder gegen interne Regeln der Organisation verstoßen wird (Kapitel 2)? Wie unterscheiden sich Regelbrüche, die für die Organisation brauchbar sind, von Regelbrüchen, die lediglich einzelnen Organisationsmitgliedern persönlich nützen (Kapitel 3)? Was unterscheidet die durch Formalstrukturen eingehegten Regelverstöße in vielen Organisationen von den unkontrollierten, epidemischen Regelverstößen, die man in Organisationen in manchen afrikanischen, asiatischen, amerikanischen aber auch europäischen Ländern beobachten kann (Kapitel 4)? Wie entstehen überhaupt Regelbrüche und Gesetzesverstöße in Organisationen, wie erlernen Organisationsmitglieder ihre Anwendung und wie werden sie intern durchgesetzt (Kapitel 5)? Was passiert in Organisationen, wenn sie aufgrund des Bekanntwerdens eines Regelverstoßes in eine Legitimationskrise geraten (Kapitel 6)? Welche Effekte produzieren die Versuche, durch eine stärkere Moralisierung der Organisation ihre Mitglieder zu einem integreren Verhalten zu bringen (Kapitel 7)? Welche Möglichkeiten existieren überhaupt in Organisationen, mit funktionalen Regelabweichungen und brauchbaren Illegalitäten umzugehen (Kapitel 8)?

Der Fokus auf grundlegende Fragen der Regelabweichungen und Gesetzesverstöße in Organisationen ermöglicht, sich von den Schwarz-Weiß-Bildern zu lösen, die bei der Betrachtung von Einzelfällen fast zwangsläufig entstehen. Die Behandlung eines Einzelfalls legt nahe, die »Bösen« zu identifizieren, die aus Unachtsamkeit, Profitgier oder Narzissmus Regelabweichungen der Organisation initiiert oder geduldet haben. Und es tauchen die »Guten« auf, die frühzeitig auf jene Verstöße hingewiesen, die mögliche Folgen der Gesetzesbrüche aufgezeigt haben und dabei häufig mit erheblichen Widerständen aus der Organisation zu kämpfen hatten.

In diesem Buch möchte ich die Grauzonen bei Regelabweichungen und Gesetzesverstößen von Organisationen jenseits dieser Schwarz-Weiß-Bilder ausleuchten. Wenn es das Problem aller Organisationen ist, in einer Welt zurechtzukommen, die sie immer wieder überrascht und überfordert, dann mögen dichotome Unterscheidungen wie »erlaubtes oder verbotenes Handeln«, »brauchbare oder unbrauchbare Gesetzesverstöße« und »bekannte oder unbekannt Regelbrüche« für eine erste Einordnung helfen. Letztlich reduzieren sie die Komplexität jedoch zu schnell in sauber voneinander getrennte Klassen (siehe dazu Luhmann 1972, S. 124f.). Das Überleben von Organisationen basiert schließlich vor allem darauf, sich flexibel in den Bereichen zwischen vermeintlich klaren Polen zu bewegen.

Nun ist es sicherlich nicht so, dass man sich in der Organisationsforschung diesen Grauzonen zwischen Regelkonformität und Regelverletzung bisher nicht bewusst gewesen ist.[30] Es ist klar, dass man sich bei der Betrachtung von Organisationen von der groben Technik lösen muss, die alles Handeln als entweder legal oder illegal charakterisiert (Luhmann 1964b, S. 311). Aber es fällt auf, dass der Behandlung dieser Grauzonen keine nähere Aufmerksamkeit gewidmet wird.[31]

Grauzonen haben es an sich, in ihrer eigentümlichen Ambivalenz nicht ohne Weiteres aufgelöst werden zu können. Die Hoffnungen, Grautöne ähnlich präzise bestimmen zu können wie Schwarz oder Weiß, müssen zwangsläufig enttäuscht werden. Aber man kann sie ausleuchten, sodass man die Schattierungen besser versteht. Einige Organisationspraktiker mögen angesichts dieses Blickes auf Grauzonen nervös werden. Wenn man allzu sehr an die typische Managementliteratur mit ihren eindrucksvollen Heldengeschichten, schillernden Vorzeigeorganisationen und simplen Handlungsempfehlungen gewöhnt ist, sind Beschreibungen jenseits dieser einfachen Kontrastierungen schwer zu ertragen. Leider ist das Leben in Organisationen komplexer, als es simplifizierte Empfehlungen, bunte Schaubilder und eindrucksvolle Erfolgsgeschichten in der Ratgeberliteratur von Beratern, den Autobiographien von Unternehmensführern oder Berichterstattungen in der Wirtschaftspresse suggerieren.

Ein Text für Praktiker und Wissenschaftler

Es ist für Wissenschaftler vergleichsweise einfach, einen Text entweder nur für andere Wissenschaftler oder nur für Praktiker zu schreiben. Artikel für ein wissenschaftliches Publikum sind in ihrem Duktus inzwischen so stark standardisiert, dass sie sich – einen neuen Gedanken und eine interessante Empirie vorausgesetzt – fast von allein schreiben. Artikel von Wissenschaftlern, die sich ausschließlich an Praktiker richten, unterliegen grundlegend anderen Anforderungen, sind deswegen aber nicht weniger standardisiert. Man muss sich nur anschauen, mit welcher Penetranz die führenden Managementzeitschriften eine immergleiche Textstruktur aus Praxistipps, Best-Practice-Beispielen und zumindest angedeuteter Empirie von ihren Autoren einfordern.

Schwierig wird es immer, wenn man versucht, mit einem Text sowohl eine wissenschaftliche Debatte zu beeinflussen als auch eine Diskussion unter Praktikern zu bereichern. Ein Text, der den Anspruch hat, in der wissenschaftlichen Diskussion verortet zu sein, gleichzeitig aber für Praktiker zugänglich und verständlich sein soll, zieht zwangsläufig Kritik von beiden Seiten auf sich. Praktiker können leicht den Eindruck haben, dass es sich bei theoretischen Figuren um unnötige Verkomplizierungen handelt und mit einem wissenschaftlichen Fachvokabular vergleichsweise simple Sachverhalte dargestellt werden. Theoretiker können sich berechtigterweise über zu viele Zugeständnisse an Praktiker bezüglich Verständlichkeit und Unterhaltsamkeit beschweren.

Insofern verlangt dieses Buch von seinen Leserinnen und Lesern eine gewisse Toleranz. Praktikern wird abverlangt, dass der Text nicht die gleiche Eingängigkeit hat, die sonst Managementliteratur oft auszeichnet. Sie müssen ertragen, dass es keine Erfolgsrezepte für das bessere Management von Regelabweichungen gibt; keine Geschichten von Organisationen, die als Vorbild für alle andere dienen können und keine Spiegelstriche, in denen die zentralen Gedanken noch einmal zusammengefasst werden. Sie müssen stattdessen wissenschaftliche Einordnungen, ergänzende Fußnoten und einen umfangreichen Literaturkörper auf sich nehmen. Kollegen aus der Wissenschaft müssen erdulden, dass die theoretischen Verortungen nicht die gewohnte auf Kurzformeln basierende Kompaktheit haben; dass für ihren Geschmack vielleicht das eine oder andere illustrierende Beispiel zu viel dabei ist und die Darstellung der Empirie nicht die Detailgenauigkeit hat, die man aus Fachartikeln kennt.

1 Funktionale Regelverstöße und brauchbare Illegalität – Warum sich Regelabweichungen in Organisationen nicht vermeiden lassen

»Bürokraten bekämpft man am besten,
indem man ihre Vorschriften genau befolgt.«
Zugeschrieben Cyril Northcote Parkinson,
britischer Historiker und Soziologe[32]

Im Allgemeinen werden Regelabweichungen und Gesetzesbrüche in Organisationen als Problem betrachtet. Sie werden als »Verfehlung«, »Fehlverhalten« (Wardi und Weitz 2004), »antisoziales Verhalten« (Giacalone und Greenberg 1997), als »Sittenverfall« oder gar als »Verbrechen« bezeichnet (Greve et al. 2010). Gesprochen wird von den »schmutzigen Geschäften« von Unternehmen (Punch 1996), dem »falschen Handeln« in Organisationen (Palmer 2012) oder den »dunklen Seiten« von Organisationen (Vardi und Wiener 1996). Die Organisationen, in denen solche Regelabweichungen und Gesetzesbrüche exzessiv zu beobachten sind, werden als »unzivilisierte Organisation« (Andersson und Pearson 1999) oder als »Schattenorganisationen« (Allen und Pilnick 1973) bezeichnet.[33]

Die Formen der Regelabweichungen dieser so kritisierten Organisationen können sehr unterschiedlich sein. Sie können in der Manipulation der Finanzabschlüsse von Banken, im Schmieren von Auftraggebern in der Elektronikindustrie oder in Verstößen von Automobilkonzernen gegen Umweltschutzauflagen ausgemacht werden. Es kann um die alltäglichen Manipulationen in Universitäten gehen, mit denen die Leistungen der Studierenden in ein immer komplexer werdendes Regelwerk eingepresst werden, um die kleinen Tricksereien bei der EDV-gestützten Dokumentation von Pflegeleistungen in Altenheimen oder um die Kniffe, mit denen in Verwaltungen und Unternehmen Ausschreibungsrichtlinien umgangen werden. Es kann sich um sexuellen Missbrauch von Minderjährigen durch Priester in der katholischen Kirche handeln, um die Manipulation von Patientendaten in einem Krankenhaus, damit möglichst viele Spenderorgane transplantiert werden können, um die gewalttätigen Initiationsrituale in Armeen oder um Bestechungsgelder für Sportler, damit diese ein Spiel absichtlich verlieren.

Glaubt man der Managementliteratur, liegen die Lösungen für Gesetzesverstöße und Regelabweichungen auf der Hand. Führungskräfte sollten, so der Tenor der Managementliteratur, ihren Mitarbeitern »proaktiv klarmachen, dass illegales Verhalten niemals im Sinne der Organisation« sein kann. Mitarbeiter müssten zu »Ungehorsam« ermutigt werden, wenn Vorgesetzte von ihren Untergebenen Dinge verlangen, die nicht den organisationsinternen Regeln entsprechen (Brief et al. 2001, S. 491ff.). Im organisatorischen Alltag sollten bei Schwierigkeiten »Bedenken und Ängste der Mitarbeiter« nach oben eskaliert werden, damit Mitarbeiter zur Erreichung von Zielen nicht auf Mittel zurückgreifen müssen, die gegen die Regeln der Organisation verstoßen. Um Regelabweichungen zu vermeiden, müssten dann auch »Managemententscheidungen der oberen Ebene konstruktiv in Frage« gestellt werden (Müthel 2017, S. 35). Es komme darauf an, eine Kultur zu schaffen, in der Mitarbeiter angehalten werden, sich auch in schwierigen Situationen regelkonform zu verhalten (Anand et al. 2005, S. 17ff.).

Welches Organisationsverständnis steckt hinter diesen vergleichsweise einfachen Lösungsvorschlägen, und wie plausibel ist es?

1.1 Die Personalisierung der Verantwortung

Wenn Abweichungen von Regeln öffentlich bekannt werden, ähneln sich die Reaktionen der betroffenen Organisationen. Die Organisationen versuchen zu zeigen, dass lediglich wenige Einzelpersonen für die Regelverstöße verantwortlich seien, die allen anderen Mitgliedern der Organisation hätten verborgen bleiben müssen. Außerdem versuchen sie sich dabei selbst als Opfer darzustellen. Es wird ein Finanzvorstand ausgeguckt, der vermeintlich ohne Wissen anderer Vorstände sowie des Aufsichtsrats Buchhaltungstricks angewandt und damit letztlich die ganze Organisation in den Abgrund gerissen habe (siehe McLean und Elkind 2004). Entwicklungsingenieure, die auf Anweisung von Vorgesetzten Umweltgesetzte gebrochen haben, bekommen nach ihrer Verurteilung durch ein Strafgericht auch noch die Kündigung durch den Arbeitgeber wegen Schädigung des Unternehmens (siehe Ewing 2017b). Beim Bekanntwerden des Steuerskandals einer Bank wird so getan, als ob nur einzelne Börsenhändler die Finanzbehörden durch die mehrfache Erstattung der Kapitalertragssteuer betrogen hätten, die Bank selbst von dieser Praxis aber nichts gewusst habe und jetzt unter diesen Regelverstößen Einzelner leiden müsse (siehe Laabs 2018).

Personalistische Erklärungsmuster

Bei diesem Zugang werden die Gründe für Regelabweichungen in persönlichen Eigenheiten der Regelabweichler und Gesetzesbrecher gesucht (siehe dazu Vardi und Wiener 1996, S. 159). Die Rede ist von einem geringen moralischen Entwicklungsniveau krimineller Charaktere oder von einer soziopathischen Veranlagung toxisch wirkender Mitarbeiter. Als Erklärung wird vorgebracht, dass sich diese Mitglieder aufgrund von Bindungsschwierigkeiten nur unzureichend mit der Organisation identifizieren können und deswegen deren formale Normen nicht als verbindlich erachteten. Es wird behauptet, dass Organisationsmitglieder, die sich in schwierigen sozialen Situationen befinden, eher zur Regelabweichung neigen und deswegen rechtzeitig als Risikofaktor identifiziert werden müssten. Oder die Erklärung wird darin gesehen, dass die persönlichen Bedürfnisse der Regelabweichler nicht ausreichend von der Organisation befriedigt würden und sie deswegen zu illegalen Mitteln griffen.[34]

Die Neigung zur Regelabweichung oder zum Gesetzesverstoß kann dabei mit beliebigen persönlichen Merkmalen korreliert werden. Es wird bei den Regelbrechern nach angeborenen oder erworbenen Charaktereigenschaften gesucht, die den Regelbruch plausibel machen können (siehe Raine et al. 2012). Es kann versucht werden, die Neigung zum Gesetzesbruch oder zum Regelbruch mit körperlichen Merkmalen oder mit dem Geschlecht zu korrelieren (siehe Soltes 2016). Etwaige Abweichungen werden mit krankhaftem Kontrollbedürfnis, ausgeprägtem Narzissmus oder geringer Frustrationstoleranz begründet (siehe Croall 1991). Es wird auf den übermäßigen Individualismus amoralischer Egoisten hingewiesen, der ihre ausgeprägte Bereitschaft zur Regelabweichung erkläre (siehe Gormley 2001). Konstatiert wird eine hohe Impulsivität, starke Gier nach Anerkennung oder ein übertriebener Geltungsdrang, was zur Regelabweichung führe (siehe Alalehto 2003). Es kann festgestellt werden, dass emotional kalte Personen, die auf der Machiavelli-Skala besonders weit oben stehen, eher zu Regelabweichungen neigen als Personen, die keine Veranlagung zu Machtspielen haben (siehe z. B. Flynn et al. 1987; Hegarty und Sims 1979; Jones und Kavanagh 1996). Menschen mit geringem Selbstwertgefühl werden als eher anfällig für Regelverstöße und Gesetzesbrüche gesehen denn Menschen mit ausgeprägtem Selbstbewusstsein (siehe z. B. Treviño 1986; Treviño und Youngblood 1990). Außerdem kann eine Neigung zum Regelbruch angenommen werden, weil die abweichenden Organisationsmitglieder nicht alle Phasen der Ausbildung eines moralischen Gewissens durchlaufen hätten (siehe Arbeiten in Anschluss an Kohlberg 1969). Oder es wird darauf verwiesen, dass die Bereitschaft zur Regelabweichung mit einer schwachen Bindung der Person an die Gesellschaft zusammenhänge (siehe Hirschi 1969). Letztlich wird verwerfliches Verhalten von Regelbrechern in Organisationen nicht anders gedeutet als Regelbrüche von Straßenkriminellen (siehe dazu Hirschi und Gottfredson 1987; Gottfredson und Hirschi 1990; Fisse und Braithwaite 1993).[35]

Es gibt inzwischen ganze Branchen, die mit ihren Lösungen an dieser Personalisierung von Verantwortung für Regelabweichungen ansetzen (siehe zur Ausbildung einer Compliance Industrie Laufer und Robertson 1997). Rechtsanwaltskanzleien bieten an, Beweise gegen verdächtige Mitarbeiter zu sammeln und ihre Entfernung aus der Organisation vorzubereiten. Wirtschaftsprüfungsfirmen, die ironischerweise in vielen Fällen selbst in Skandale wegen Regelabweichung verstrickt sind, verfügen über eigene forensische Abteilungen, die bei Skandalen die Schuldigen ausfindig machen. Beratungsfirmen offerieren psychologische Tests, mit denen präventiv Regelabweicher identifiziert werden können (für einen solchen Ansatz siehe beispielsweise Nerdinger 2008).

Letztlich funktionieren diese personalistischen Erklärungen gemäß dem Bild des einen vergammelten Apfels, der die ganze Stiege verdirbt: In Organisationen werde sehr genau beobachtet, wenn Einzelne mit ihren Regelabweichungen durchkämen und dieses Verhalten dann breit kopiert. So werde die gesamte Organisation immer mehr mit dieser Regelabweichung infiziert. Deswegen sei es von zentraler Bedeutung, den einen vergammelten Apfel zu identifizieren, bevor er die ganze Stiege unbrauchbar gemacht habe.[36]

Funktionen der Personalisierung

Solche Versuche der Personalisierung von Regelabweichungen und Gesetzesbrüchen sind aus der Perspektive der Organisation nachvollziehbar. Der Verweis auf einzelne Verantwortliche bietet für die Organisation die Möglichkeit, den Skandal einzugrenzen. Organisationsmitglieder werden öffentlich angeprangert, um die Distanzierung der Organisation von diesen Regelbrechern deutlich zu machen und die Organisation zu entlasten (siehe zu dieser Wirkung Pinto et al. 2008, S. 689). Einzelne Organisationsmitglieder werden dabei für einen Regelbruch verantwortlich gemacht und die öffentlich sichtbare Trennung von ihnen als Reinigungsakt inszeniert. Nach der Katharsis qua »Jammer und Schauder« kommt ganz nach den Regeln des Aristotelischen Dramas als finaler Akt der Abschluss durch die Trennung von den »Schuldigen« (Schütz et al. 2018, S. 164). Besonders hilfreich ist es, wenn die Verantwortung für Regelabweichungen auf verstorbene Organisationsmitglieder abgewälzt werden kann. Ob es um die Zahlung von Schmiergeldern bei der Ausschreibung einer Fußballweltmeisterschaft, um die Manipulation von Untersuchungsergebnissen zur Erreichung der Zulassung eines Medikamentes oder die Massentötung von Juden während des Holocaust geht – immer lässt sich beobachten, wie Verantwortung bereits verstorbenen Personen angelastet wird, weil diese weder strafrechtlich zu belangen sind noch sich gegen die Vorwürfe wehren können.

Man darf die Funktion einer solchen Vorgehensweise für die Organisation nicht unterschätzen. Wir wissen aus der Organisationsforschung, dass es bis zu einem bestimmten Grad hilfreich sein kann, Misserfolge, Verfehlungen oder Gesetzesbrüche Personen zuzurechnen. Ein Einzelner trägt die Verantwortung und entlastet damit die Organisation bei der häufig blockierenden Suche nach anderen Ursachen (Brunsson 1989, 202f.). Wie durch ein Brennglas konnte man diese Entlastungsfunktion der Personalisierung bei der Verdrängung des Holocaust nach dem Zweiten Weltkrieg beobachten. Durch die Erklärung der Massentötungen durch psychopathisch veranlagte, von Grund auf böse Mörder war es in Deutschland möglich, so weiterzuleben, als wenn nichts passiert wäre (siehe Waller 2002, S. 65; Berg 2003, S. 503; siehe grundlegend dazu Lübbe 1983).[37]

Diese Funktion erklärt, weswegen Manager, die Gesetze gebrochen, den Verstoß gegen Regeln geduldet oder grobe Fehler gemacht haben, nicht selten mit hohen Abfindungen entlassen werden. Die Personalisierung von Verantwortung funktioniert dann besonders reibungslos, wenn sich die identifizierten Organisationsmitglieder nicht gegen die Zuweisung der Verantwortung wehren. Die Abfindung ist häufig eine mehr oder minder aufgezwungene Honorierung dafür, dass ein Mitarbeiter oder eine Mitarbeiterin ein Vergehen auf sich nimmt, das man auch ganz anders hätte zurechnen können (Kühl 2015a, S. 95).

Aber durch Personalisierung verbaut sich die Organisation den Blick auf die in ihrer Struktur angelegten Gründe für Regelabweichungen (so schon Schrager und Short 1978, S. 407; siehe auch Besio 2013, S. 310). Durch die Personalisierung des Ereignisses wird eine schlüssig erscheinende Erklärung geliefert, die es der Organisation erspart, genauer nachzufragen, weswegen es zu den Regelabweichungen gekommen ist (Luhmann 1972, S. 56). Die Organisation kann sich so zwar schnell des Problems entledigen, sie macht sich dadurch aber dümmer, weil sie nicht begreift, welche tiefergreifenden Prozesse zu den Regelabweichungen und Gesetzesbrüchen geführt haben.

1.2 Gründe für Regelabweichungen

Entgegen dieser Personalisierung wird aus organisationswissenschaftlicher Perspektive eine grundlegend andere Erklärung für Regelabweichungen und Gesetzesverstöße vorgeschlagen. Schon Max Weber, einer der Urväter der Sozialwissenschaft, lieferte nicht nur eine prägnante Bestimmung von Bürokratien als an Zwecken ausgerichteten, nach Effizienzkriterien arbeitenden Maschinen, sondern auch eindrucksvolle Beschreibungen, wie die bürokratischen Prinzipien mit den persönlichen Netzwerken in einer Organisation nicht nur in Konkurrenz geraten, sondern diese auch ergänzen können (vgl. Weber 1976, 551ff.). Auch Chester Barnard, einer der Begründer der modernen Organisationswissenschaft, hat mit seiner Darstellung der formalen Ordnung in Organisationen, dass man sich darin nur dann zurechtfindet, wenn man die »unsichtbare Steuerung« erkennt und sich die »informellen Prozesse« aneignet (vgl. Barnard 1938, S. 120). Niklas Luhmann, der wichtigste Vertreter der systemtheoretisch ausgerichteten Organisationswissenschaft, spitzt den Gedanken mit seinem Begriff der »brauchbaren Illegalität« insoweit zu, als er betont, dass die für Organisationen funktionalen informalen Prozesse häufig nicht mit den formalen Erwartungen kompatibel sind und diesen in vielen Fällen sogar widersprechen (vgl. Luhmann 1964b, S. 304ff.).[38]

Das Phänomen der für die Organisation funktionalen Regelabweichung wurde in der Literatur – teilweise mit sehr unterschiedlichen Akzentuierungen – immer wieder mit neuen Begriffen belegt.[39] Es ist etwa die Rede von »positiver Devianz von Organisationsnormen« (Spreitzer und Sonenshein 2003), »pro-organisationalem illegalem Verhalten« (Müthel 2017, S. 31),

»unethischem pro-organisationalem Verhalten«, (Umphress und Bingham 2011) oder »illegalem unternehmerischem Verhalten«, das Organisationsmitglieder zum Nutzen der Organisation an den Tag legen (Baucus und Baucus 1997). Es wird von »prosozialen Regelbrüchen« (Morrison 2006), »prinzipienbasiertem organisationalem Widerspruch« (Graham 1986), »funktionalem Ungehorsam« (Brief et al. 2001), »konstruktiver Devianz« (Galperin 2003; Warren 2003; Vadera et al. 2013), »organisationalem Fehlverhalten«, das jedenfalls in einer Variante von Mitgliedern auch ausgeübt wird, um der Organisationen zu nutzen (Vardi und Wiener 1996), oder vom »notwendigen Bösen«, das zum Nutzen der Organisation häufig bei Ignorierung der formalen Regeln in Kauf genommen werden muss, gesprochen (Molinsky und Margolis 2005).[40]

Aber was ist der Grund dafür, dass Regelabweichungen in Organisationen anscheinend unumgänglich sind? Warum kommen Organisationen nicht allein mit regelkonformem Verhalten ihrer Mitglieder aus?

Widersprüchliche Anforderungen

Organisationen müssen sehr widersprüchlichen Anforderungen gerecht werden, die an sie herangetragen werden.[41] Schon eine oberflächliche Betrachtung zeigt, dass für Organisationen sehr unterschiedliche Umwelten relevant sind. Wichtig sind sicherlich die Besitzer der Organisation – egal ob dies Staaten, Kapitaleigner oder Vereinsgründer sind – mit ihren Ansprüchen an Effizienz, Effektivität und Innovativität. Zentral sind in den meisten Fällen auch die Leistungsempfänger – seien es nun Kunden, Klienten, Patienten, Studenten, Schüler oder Gefängnisinsassen – mit ihren Preis-, Qualitäts- und Belastungsansprüchen. Eine nicht zu vernachlässigende Rolle spielen die Mitglieder der Organisation selbst, denen an einer angemessenen Entlohnung, an sinnvollen Arbeitsinhalten und vernünftigen Arbeitsbedingungen gelegen ist. Und nicht zuletzt darf eine Organisation die Ansprüche aus dem politischen Umfeld – seien es nun Ansprüche an die Bezahlung von Steuern, die Schaffung von Arbeitsplätzen oder auch nur die Befolgung von Gesetzen – nicht vernachlässigen.[42]

Man kann bei ganz unterschiedlichen Organisationstypen beobachten, wie sie versuchen, mit den an sie herangetragenen widersprüchlichen Ansprüchen umzugehen. Öffentliche Verwaltungen müssen sich in ihren Entscheidungen an der herrschenden Rechtslage orientieren, können aber die

Vorstellung der jeweils dominierenden Parteien nicht ignorieren, müssen auch mit den Erwartungen von Interessensverbänden umgehen und dürfen – last, but not least – nicht die Belastungsgrenzen ihrer Angestellten ignorieren (Luhmann 1964b, S. 306; siehe ausführlich Luhmann 1973). Vereine richten sich an hehren Zielen aus – Herstellung des Weltfriedens, Durchsetzung der Geschlechtergleichheit oder Erhaltung ethnischer Homogenität –, aber sie müssen sich gut überlegen, ob sie für die Durchsetzung dieser Zwecke Gesetze brechen wollen, müssen darauf achten, dass sie sich durch Spenden oder öffentliche Zuschüsse refinanzieren können, und dürfen nicht die manchmal eigenwilligen Motivationsstrukturen ihrer ehrenamtlich tätigen Mitglieder aus den Augen verlieren (Krause 2014, S. 39ff.; Horch 2018, S. 60ff.; siehe ausführlich auch Horch 1983). Unternehmen müssen sicherstellen, dass die Aktionäre eine ansprechende Dividende bekommen, dass der Kunde sich nicht über den Tisch gezogen fühlt, die Mitarbeiter nicht revoltieren und Gesetze nicht allzu sehr gedehnt werden (Schreyögg 1998, S. 36; siehe ausführlich Schreyögg 1984).[43]

Grenzen der Optimierung

Sicherlich – bei nicht wenigen Managern herrscht die Vorstellung, dass sich das Problem widersprüchlicher Anforderungen durch das Setzen von Prioritäten in den Griff bekommen lässt. Unter dem Begriff des Shareholder Value wird die Idee propagiert, dass sich Unternehmen lediglich dem Ziel verpflichtet fühlen sollten, so viel Geld wie möglich für ihre Besitzer zu erwirtschaften und sich dabei nicht von konkurrierenden Zielen wie beispielsweise sozialer Verantwortung ablenken lassen sollten (Friedman 1962, S. 9 und 133f.). Bei der Propagierung des Kunden – oder auch Klienten, Patienten, Studenten oder Schülern – als »König« wird die Ausrichtung auf die Abnehmer von Leistungen absolut gesetzt und anderen Bedürfnissen beispielsweise von Mitarbeitern oder staatlichen Regulierern übergeordnet. Unter dem Begriff der mitarbeiterzentrierten Organisation wird die Forderung vertreten, dass sich alle anderen Ansprüche zum Beispiel von Kunden oder auch Besitzern dem Wohlergehen der Mitglieder unterzuordnen haben. Außerdem ist die Forderung nach absoluter Gesetzeskonformität nichts anderes als der Versuch, ein einzelnes Prinzip als oberste Handlungsmaxime auszurufen (so jedenfalls in der Außendarstellung Pierer 2003, S. 18ff.). Letztlich wird dabei so getan, als wenn ein Ziel – die Ansprüche der Besitzer der Organisation, die Befriedigung von Kundenbedürfnissen, die Zufriedenheit der Mitarbeiter oder die Einhaltung von Regeln und Gesetzen – am wichtigsten ist und sich alle anderen Ziele diesem unterzuordnen haben (für eine solche Haltung siehe z. B. Schneck 2000, S. 38).

Eine Organisation wäre jedoch naiv, würde sie so tun, als gäbe es für sie nur ein relevantes Umweltsegment. Verwaltungen, die maschinenartig die für sie gültigen Verwaltungsrichtlinien abarbeiteten und die Ansprüche von regierenden Parteien, zentralen Interessensorganisationen oder eigenen Mitarbeitern ignorierten, bekämen schnell Probleme. Ein Verein, der die Erreichung seiner Ziele über alles setzte, geriete in erhebliche Schwierigkeiten, weil Strafverfolgungsbehörden eine Haltung à la »der Zweck heiligt die Mittel« nicht dulden können, weswegen Rekrutierungsprobleme entstünden, weil nicht alle Sympathisanten bereit sind, für eine »gute Sache« ins Gefängnis zu gehen. Regierungen bekämen Legitimationsprobleme, wenn sie in einer Pandemie alles der Gesundheit der Bevölkerung unterordnen und wirtschaftliche Probleme aufgrund der Schließung zentraler Wirtschaftsbereiche ignorieren. Unternehmen gerieten schnell in Krisen, wenn sie sich unter dem Slogan des Shareholder Values nur für die Interessen ihrer Kapitalgeber interessierten und andere Erwartungen aus der Umwelt zum Beispiel von ihren Kunden, ihren Arbeitnehmern oder staatlichen Gesetzgebern ignorierten (siehe dazu Fiss und Zajac 2004).

Einseitige Optimierungsstrategien führen schnell zu Anpassungsschwierigkeiten der Organisation, an der diese über kurz oder lang zugrunde gehen kann (Luhmann 1964b, S. 305). So sind die Profitmargen im Drogenhandel, in der Prostitution oder der Abfallwirtschaft sicherlich hoch. Aber sie als Maßstab für die eigene Orientierung am Shareholder Value vorzugeben führte in den meisten Staaten zu erheblichen Problemen mit Strafverfolgungsbehörden und müsste deswegen auch die Gewinnung neuer Mitglieder erschweren (siehe dazu die Essays in Heilbroner 1972). Eine Orientierung an Kunden, Klienten, Patienten, Studenten oder Schülern wird spätestens dann problematisch, wenn diese Leistungen einfordern, die nicht gesetzeskonform sind, die die für die Leistungserbringung zuständigen Mitglieder überlasten oder die finanzielle Überlebensfähigkeit der Organisation in Frage stellen. Eine Zentrierung auf das Wohl der Organisationsmitglieder stößt spätestens dann auf Grenzen, wenn diese die hochgepriesene Mitarbeiterfokussierung als Aufforderung begreifen, die Bedürfnisse von Kunden oder Klienten, die Erwartungen der Besitzer der Organisation oder die Ansprüche des Staates nach gesetzeskonformem Verhalten zu ignorieren. Die einseitige

Ausrichtung am Anspruch hoher politischer Legitimität in Form rigider Gesetzestreue, bereitwilliger Steuerzahlung oder der Übernahme sozialer Verantwortung stößt an Grenzen, wenn dies zu offensichtlich auf Kosten der Ansprüche der Besitzer der Organisation, der Kunden und Klienten oder der Mitglieder der Organisation geht (siehe dazu Box 1998, S. 35).

Es ist, so eine frühe systemtheoretische Einsicht (Becker und Luhmann 1963, S. 13), nicht möglich, ein Organisationsziel wie zum Beispiel Gesetzeskonformität »auf Kosten aller anderen maximal zu erfüllen, ohne den Fortbestand des Systems zu gefährden«.[44] »Gerade die lückenlose Konformität, gerade die bruchlose Konsequenz, gerade die perfekte Treue zu den eigenen Regeln« gefährde die Organisation. »Eindeutigkeit heißt Einseitigkeit«, und deshalb ist aus systemtheoretischer Perspektive die Beschränkung auf das »eindeutig Richtige« keine sinnvolle Strategie (so Kieserling 2015, S. 57).[45]

1.3 Zwischen formalen Konsistenzerwartungen und widersprüchlichen Umweltanforderungen

Die klassische Organisationslehre hat für das Problem widersprüchlicher Anforderungen eine einfache Antwort parat: Die widersprüchlichen Anforderungen müssten in der Organisation so »geordnet« werden, dass sich daraus eindeutige Kriterien für die Entscheidungsfindung ergeben. Die unterschiedlichen Ansprüche, so die Vorstellung, sollten optimal austariert und die Anforderungen dann in eine für die Mitglieder konsistente Formalstruktur gegossen werden. So könnten Entscheider – aufbauend auf einer klaren Präferenzordnung der Organisation – die Konsequenzen aus den verschiedenen Entscheidungsalternativen abwägen und schließlich die für die Organisation optimale Entscheidungen treffen.[46]

Anforderungen an die Konsistenz der Formalstruktur

Auf den ersten Blick ist diese Vorstellung gar nicht so unplausibel. Schließlich fällt die in Organigrammen, Prozesshandbüchern und Stellenbeschreibungen niedergelegte formale Struktur durch ein hohes Maß an Konsistenz auf. Die Kommunikations- und Entscheidungswege sind häufig so organisiert, dass Mitglieder genau wissen, wessen Anweisungen sie Folge zu leisten haben und welche sie ignorieren können. Die Programme sind so ausgerichtet, dass den Mitgliedern in den allermeisten Fällen klar ist, was ein regelgerechtes und was ein regelabweichendes Verhalten ist. Und auch die für die Durchführung von Aufgaben notwendige personale Qualifikation ist häufig so eindeutig geklärt, dass es keine Unklarheit gibt, wer eine Aufgabe erledigen darf und wer nicht.

Der Grund für diese Konsistenz in der Formalstruktur ist, dass Organisationen die Einhaltung ihrer formalen Regeln zur Mitgliedschaftsbedingung erklären und deshalb die Reichweite dieser Regeln klarstellen müssen. Nur wer wenigstens so tut, als ob er sich an die von der Organisation formulierten Regeln hält, kann Mitglied bleiben. Wer offen gegen diese rebelliert, muss gehen (Luhmann 1964b, S. 63f.). Wer dies nicht glaubt, kann sich mit einem einfachen Krisenexperiment vergewissern. Man muss lediglich seiner Vorgesetzten deutlich zu verstehen geben, dass man nicht bereit ist, eine Anweisung zu befolgen. Die spürbare Anspannung aller Beteiligten ist ein deutliches Indiz dafür, dass eine solche Weigerung zu einer Krise führt – nicht weil die einzelne Anweisung so wichtig ist, sondern weil mit dieser Weigerung zur Befolgung einer Regel das Grundprinzip, auf dem Organisationen basieren, in Frage gestellt wird (siehe dazu auch Bosetzky 2019, S. 38).[47]

Die Bindung der Organisationsmitgliedschaft an die Einhaltung der formalen Regeln verlangt, dass diese ein hohes Maß an Konsistenz haben (siehe zu den Konsistenzanforderungen an Gesetze klassisch Fuller 1969, S. 39). Wenn Organisationen auf die Definition dieser formalen Mitgliedschaftsbedingungen verzichten oder diese Mitgliedschaftsbedingungen zu widersprüchlich sind, könnten die Mitglieder machen, was sie wollen. Sie könnten je nach Gutdünken der einen Regel folgen oder einer anderen, die ein entgegengesetztes Verhalten verlangt. Das zentrale Prinzip von Organisationen zur Herstellung konformen Verhaltens würde unterlaufen.

Jetzt ist es sicherlich nicht so, dass in jeder Organisation alle formalen Normen immer sauber aufeinander abgestimmt sind. Es kommt immer wieder zu Kollisionen dieser Normen. Die Vorschriften einer neu erworbenen Unternehmenseinheit weichen nicht selten erheblich von denen der Holding ab. Die detaillierten Vorgaben der Studienordnung einer Universität sind nicht immer präzise mit den schnell wechselnden Anforderungen der für die Akkreditierung zuständigen Agenturen abgestimmt. Die in einer plötzlich auftretenden Krise in aller Eile erlassenen Verordnungen verschiedener Ministerien widersprechen sich nicht selten. Aber in Organisationen ist ein unmittelbarer Druck zu spüren, solche widersprüchlichen formalen Erwartungen aufzulösen. Schließlich kann die verantwortliche Hierarchie-Ebene auf den Hinweis eines Mitarbeiters, dass für die konkrete Arbeitsaufgabe widersprüchliche formale Anweisungen vorliegen, nicht mit der Aussage reagieren, dass ihr das egal sei.[48]

Die Tücke widersprüchlicher Erwartungen

Das Problem ist jedoch, dass diese auf Konsistenz getrimmte formale Struktur nur schwer auf die widersprüchlichen und wechselnden Anforderungen ausgerichtet werden kann, die die Umwelt an die Organisation heranträgt. Die formalen Strukturen können nicht das Verhalten für alle Fälle bestimmen, weil man gar nicht alle Eventualitäten im Voraus kennen kann, und selbst wenn man sie kennen könnte, wäre das Regelbuch dadurch so dick, dass es keiner mehr überblicken könnte. Selbst wenn man es versuchen würde – die Veränderung der formalen Struktur ist aufgrund der Abstimmung zwischen verschiedenen Ebenen und Bereichen so aufwendig, dass bei veränderten Umweltbedingungen Anpassungen häufig erst mit zeitlicher Verzögerung stattfinden.[49]

Allerdings könnten Organisationen es sich einfach machen und sich selbst suggerieren, dass sie es mit konstanten und berechenbaren Umweltbedingungen zu tun hätten, auf die man sich mit einer klar definierten Formalstruktur einstellen könnte. Aber das wäre ein zu simples Verständnis der eigenen Umwelt.[50] Alle Beschreibungen aus der Managementliteratur deuten darauf hin, dass die Zeiten, in denen sich Organisationen ihre Umweltbedingungen als gleichbleibend und kalkulierbar vorstellen konnten, vorbei sind. Die Anforderungen an Organisationen würden, so die zurzeit dominierende Diagnose, zunehmend volatil werden. Unsicherheiten in Form von überraschenden, unvorhersagbaren und unbekannten Ereignissen nähmen zu. Aufgrund von fehlenden klaren Ursachen-Wirkungs-Ketten steige die Komplexität an und Organisationen würden zunehmend mit widersprüchlichen Anforderungen konfrontiert.[51]

Dabei kann es sein, dass schon aus einem einzelnen Umweltsegment sehr widersprüchliche Anforderungen an die Organisation herangetragen werden. So gelten bei Truppenbesuchen von Politikern selbstverständlich die strikten Sicherheitsvorgaben für Übungen, gleichzeitig herrscht aber auch die implizite Vorgabe, bei deren Anwesenheit besonders »hübsche Bilder« in Form von schnellen, interessanten und lauten Abfolgen von Übungselementen herzustellen. Dafür verzichtet der Sicherungsoffizier schon mal darauf, sicherzustellen, ob der Munitionsgurt eines Schützenpanzers lehrgeschossen ist, es wird der Schutzmechanismus bei einer Haubitze außer Kraft gesetzt, um nicht immer auf die gleiche Stelle schießen zu müssen, oder der Schlüssel des Sicherungsoffiziers wird zur Freischaltung von Waffensystemen nachgemacht, um beim Anspringen des Sicherungssystems eine Übung möglichst schnell fortführen zu können. Die Ironie dabei ist, je prominenter die anwesenden Politiker, desto höher die Erwartungen, dass die formal vorgeschriebenen Sicherungsmechanismen für ein »tolles Schießen« – verantwortungsvoll – umgangen werden.[52]

Wenn es stimmt, dass die Erwartungen an Organisationen volatiler, unsicherer, komplexer und ambiguer werden, dann steigt die Wahrscheinlichkeit, dass formale Strukturen nicht geeignet sind, um auf diese Anforderungen zu reagieren. Organisationen geraten immer mehr in ein unauflösbares Spannungsfeld. Einerseits muss die Formalstruktur einer Organisation hohe Konsistenzanforderungen erfüllen, weil sich ansonsten das Verhalten der Mitglieder nicht ausrichten ließe. Andererseits lassen diese schnell wechselnden und widersprüchlichen Anforderungen es kaum noch zu, dass eine Organisation von einem klar definierten Zweck aus formal durchprogrammiert werden kann.

Organisationen haben dieses Dilemma immer schon gelöst, indem sie den Mitarbeitern zwar ein formal konsistentes Regelwerk vorgeben, man gleichzeitig aber ein gewisses Maß an informalen Abweichungen duldet (siehe früh schon Sjoberg 1960, S. 201; Luhmann 1964b, S. 304f.).[53] Es wird akzeptiert, dass sich kleine und große Schleichwege ausbilden, die im Widerspruch zu den offiziellen Dienstwegen stehen (siehe Friedberg 1993). Es wird geduldet, dass Ziele, Verfahren und Richtlinien immer wieder umdefiniert, gedehnt und umgangen werden, sofern dadurch die Starre des formalen Regelwerks abgemildert werden kann (siehe Bosetzky 2019, S. 38). Es wird ertragen, wenn bei der Rekrutierung, Versetzung und Entlassung von Personal nicht immer alles nach den Regeln abläuft, weil sonst häufig nicht das geeignete Personal zur geeigneten Zeit zur Verfügung stände. Die Möglichkeit der Verletzung der formalen Ordnung ist geradezu Bedingung der Funktionsfähigkeit von Organisationen in einer widersprüchlichen Umwelt.[54]

Leichtigkeit und Geschmeidigkeit der Organisation

Diese Duldung punktueller Regelabweichungen könnte man als Schwäche von Organisationen betrachten, aber das Gegenteil ist der Fall. Die Möglichkeiten zur punktuellen Abweichung vom formalen Regelwerk geben der Organisation eine gewisse »Leichtigkeit« (Luhmann 1964b, S. 246f.). Widersprüchliche Anforderungen an die Mitarbeiter müssen nicht sofort durch ein neues formales Regelwerk entschieden werden, sondern man duldet, dass Mitarbeiter in gut begründeten Fällen von den formalen Regeln abweichen. Gleichzeitig verhindert die Existenz der formalen Ordnung, dass sich eine Organisation »balkanisiert« und alle tun, was sie wollen (Luhmann 1964b, S. 247).

Letztlich wird durch diese Duldung von Abweichungen die Regel selbst stabilisiert. Würde eine strikte Regelbefolgung eingefordert werden, würde für alle offensichtlich werden, dass diese für viele Entscheidungssituationen zu starr und zu unpassend ist. Ohne die Duldung von Abweichungen würde der Rechtfertigungsdruck für die Regel so stark werden, dass diese gerade wegen des Drucks, diese befolgen zu müssen, an Akzeptanz verliert. Eine begrenzte Duldung von Abweichungen ist also notwendig, um die Regel überhaupt beibehalten zu können. Überspitzt ausgedrückt: Die Duldung der Abweichung ist das nötige »Schmiermittel«, damit Regeln überhaupt funktionieren können.[55]

Dabei ist sämtlichen Beteiligten bewusst, dass sie sich im Zweifelsfall auf die formalen Regelungen der Organisation berufen und so informale Abweichungen unterbinden können. Organisationsmitglieder tarieren deswegen sorgfältig aus, wie stark sie in gut begründeten Fällen von formalen Regeln abweichen. Dabei kann es sehr wohl vorkommen, dass sich im Alltag der Organisation mit guten Gründen Abweichungen vom formalen Regelwerk der Organisation eingeschlichen haben, jedoch kann der Verweis auf die formale Struktur im Konfliktfall trotzdem als Trumpfkarte ausgespielt werden.[56]

In der Praxis wird in Organisationen deswegen permanent zwischen einer Orientierung an den formalen Regeln und informalen Abweichungen hin- und hergewechselt. Man überlegt, ob man eine kritische Information, wie formal gefordert, »zu den Akten« gibt oder zunächst entgegen den Vorschriften nicht schriftlich dokumentiert. Man lehnt die mündliche Anfrage einer anderen Abteilung ab und bittet um die Einhaltung des Dienstwegs, oder man gibt sich kollegial und beantwortet die Anfrage entgegen der offiziellen Geschäftsordnung informal. Man diskutiert einen Vorgang formal mit seinem Vorgesetzten und riskiert damit eine offizielle Ablehnung, oder man hält den Charakter des Gesprächs eher informal, um das eigene Anliegen in einem günstigeren Moment noch einmal präsentieren zu können (Luhmann 1964b, S. 117).[57]

Organisationale Klugheit liegt also weder in einem sklavischen Befolgen von außen vorgegebener oder von der Organisation selbst gesetzter Regeln, noch in deren prinzipieller Ignorierung, sondern in der Ermöglichung punktueller Abweichungen. Letztlich kann das Regelwerk einer Organisation nur durch die Duldung einer Vielzahl von Regelabweichungen aufrechterhalten werden (Luhmann 1983, S. 190).[58] Regeln müssen – jedenfalls von Zeit zu Zeit – verletzt werden, um dem Geist der Regeln gerecht zu werden (Dalton 1959, S. 219) und damit diese auch als Regeln weiterexistieren können (vgl. Friedberg 1993, S. 153). Statt »klinischer Sauberkeit«, so die Beobachtung von Fran Osrecki, ist es eher der »Schmutz der Systeme«, der die Immunität der Organisation stärkt (Osrecki 2014, S. 420).

Aber wie weit kann die situative Anpassung an geänderte Umweltbedingungen gehen?

1.4 Grauzonen zwischen Regeleinhaltung und Regelverletzung

Es wäre zu kurz gegriffen, würde man so tun, als sei immer allen klar, was erlaubt und was verboten ist. Sicherlich – man darf die Bemühungen von Organisationen oder auch von Staaten nicht unterschätzen, eindeutige Regeln zu definieren. Nur wenn das Regelwerk von Organisationen präzise ausdefiniert ist, eignet es sich als formale Ordnung, an der sich die Mitglieder orientieren können und müssen. Nur wenn staatliche Gesetze ein Mindestmaß an Eindeutigkeit haben, eignen sie sich dazu, eine Klarheit darüber herzustellen, welche Verhaltensweisen erlaubt und welche verboten sind.

Es gibt deswegen in Organisationen Fälle, in denen allen Beteiligten klar ist, ob gegen eine Regel verstoßen wird oder nicht. Wenn eine Mitarbeiterin eins zu eins dem Prozesshandbuch folgt und sich in Zweifelsfällen das Vorgehen von ihren Vorgesetzten genehmigen lässt, kann sie mit ziemlich hoher Sicherheit davon ausgehen, dass sie mit den Regeln der Organisation konform handelt. Und wenn eine Mitarbeiterin auf die Nichtberücksichtigung bei einem hierarchischen Aufstieg dadurch reagiert, dass sie – wie in den

USA nicht unüblich – mit einem Maschinengewehr ihre Kollegen niedermäht, weiß sie ziemlich sicher, dass sie nicht nur gegen eine Reihe formaler Regeln der Organisation, sondern aller Wahrscheinlichkeit nach auch gegen Gesetze des Staates verstoßen hat.[59]

Aber man würde in ein formalistisches, quasi-juristisches Denken verfallen, wenn man davon ausginge, dass sich prinzipiell alle Entscheidungen in das Schemata »erlaubt« oder »verboten« einordnen ließen. Die alltägliche Realität in Organisationen ist, dass es häufig gar nicht so einfach ist, festzustellen, ob gegen eine Regel verstoßen wird oder nicht. Wo genau ist die Grenze zwischen der in der Managementliteratur unter dem Schlagwort der Coopetition gepriesenen intelligenten Kooperation mit Konkurrenten und einer gesetzeswidrigen Kartellbildung zwischen Konkurrenten zum Schaden von Zulieferern oder Kunden (siehe Benz und Seibel 1992)? Wo verlaufen die Grenzen zwischen einer illegalen Abschaltung von Abgassäuberungseinrichtungen bei Automobilen und legalen Abschaltmöglichkeiten zum Schutz des Motors (siehe zu Unterschieden Jung und Sharon 2019)? Wo ist die Grenze zwischen einer gerade noch erlaubten »kreativen Buchführung« und einer »kriminellen Manipulation« der Bücher, um Aktienmärkten Erfolgsgeschichten zu bieten (siehe Graham et al. 2005)? Wo liegt die Differenz zwischen einer legalen Nutzung von Informationen über ein an der Börse gehandeltes Unternehmen und illegalem Insider Trading (siehe Solomon und Soltes 2015)? Wo ist die Grenze zwischen Steuerhinterziehung, die bei Entdeckung strafrechtliche Konsequenzen nach sich zieht, und Steuervermeidung, mit der es multinationalen Unternehmen gelingt, trotz Milliardengewinnen faktisch keine Steuern zu bezahlen (siehe dazu McGee 1993)? Ist es legal, wenn ein privatwirtschaftlich organisierter Stromkonzern bei starker Nachfrage wegen realer oder vermeintlicher Wartungsnotwendigkeiten mehrere Kraftwerke abschaltet und so den Strompreis kurzfristig verdreifachen oder vervierfachen kann, oder ist das schon die illegale Ausnutzung einer Monopolposition (siehe dazu Eichenwald 2005)?

Das Zwielicht beim Betrachten von Regelabweichung und Regelkonformität

Man kann von einem gewissen »Zwielicht« sprechen, an das man sich gewöhnen muss, wenn man sich mit der Frage auseinandersetzt, ob eine Handlung regelkonform ist oder nicht (Luhmann 1964b, S. 304). Man denke nur an das großzügige Auslegen, an das kreative Dehnen, geschickte Unterlaufen, dezente Ignorieren oder stillschweigende Übergehen von Regeln (Ortmann 2003, S. 33f.). Man denke ferner an das »Befolgen von Regeln auf Grund unerlaubter Motive oder zu unerlaubten Zwecken«, das »rechte Handeln zu unrechter Zeit« oder die »Aufschiebung der Befolgung« (vgl. Luhmann 1964b, S. 304; Luhmann 1972, S. 275).[60] Bei allen Versuchen, Klarheit herzustellen – gesetzliche Normen sind keine klaren »Linien«, die man nicht überschreiten darf, sondern »Zonen«, in denen erst ausgehandelt wird, was geduldet wird und was nicht (Williams 1970, S. 413).[61]

In der Sachdimension ist ein Grund für Graubereiche, dass auch jede noch so gut gemachte formale Regel ausdeutbar ist. Formale Erwartungen können noch so sorgfältig formuliert werden, aber der wirkliche Sinn faktischer Erwartungen lässt sich nie genau in Worte bringen. So sehen die offiziellen Regelungen an Fachhochschulen und Universitäten vor, dass Gruppenarbeiten aus markierten, individuellen Beiträgen der Autoren zu bestehen haben und diese individuell zu benoten sind. Aber alle Regelungen haben es nicht geschafft zu verhindern, dass Lehrende diese Intention dadurch sabotieren, dass sie den Mitgliedern einer Gruppe zwar individuelle, aber identische Noten geben. Es gibt notgedrungen Aspekte, die durch eine organisationsinterne Regel sachlich nicht geklärt werden können. Formalisierte Erwartungen bezeichnen deswegen letztlich immer nur Tendenzerwartungen (Luhmann 1964b, S. 311).

Ein weiterer Grund für die Ausbildung eines Zwielichts zwischen Regelkonformität und Regelabweichung liegt in der Sozialdimension. Formalisierte Regeln werden von Personen je nach Position in einer Organisation sehr unterschiedlich interpretiert. So legen die für Regeleinhaltung zuständigen und häufig mit Juristen besetzten Abteilungen Regeln eher restriktiver aus als die Abteilungen, die versuchen, trotz eines immer detaillierter werdenden Regelwerks die ihnen vorgegebenen Ziele zu erreichen. Das Hauptquartier einer global agierenden Organisation hat nicht selten für die Spezifik von Umwelt- oder Arbeitsschutzgesetzen in einem Land weniger Sensibilität als die in diesem Land angesiedelten Abteilungen, die unmittelbar von straf- oder zivilrechtlichen Verstößen betroffen sind. Insofern ist es nicht überraschend, dass es bei allen Versuchen zur Klarheit heftige Auseinandersetzungen gibt, wie Regeln zu interpretieren sind.

Ferner kommt hinzu, dass sich Regeln und ihre Auslegung in der Zeitdimension permanent verändern (siehe dazu Schütz et al. 2018, S. 176f.). Dabei kann man an formale Änderungen von Regeln denken, die in der Organisation nur zeitverzögert nachvollzogen werden. Man denke nur an die Verwendung von Insider-Informationen, die lange Zeit als nicht nur legitime, sondern auch legale Bonuszahlung für Manager betrachtet wurden, die aufgrund einer veränderten Rechtsprechung von Gerichten aber zunehmend als Verstoß gegen Aktiengesetze gewertet wurden.[62] Die Auslegung von formalen Regeln befindet sich in einem Prozess permanenter Veränderung, der es nicht selten schwer macht zu sagen, was regelkonform und was regelabweichend ist.

Zur Ausdehnung und Einengung von Graubereichen

Man könnte argumentieren, dass organisationale Regeln durch das Erlassen von formalen Vorschriften oder die Umsetzung eines Gesetzes in organisationale Programme geschaffen werden. Diese Auffassung hat ein hohes Maß an Plausibilität. Eine Umstellung im Organigramm führt dazu, dass Vorgesetzten-Untergebenen-Verhältnisse neu geordnet werden. Veränderungen in den Prozessen oder Zielvorgaben haben zur Folge, dass neue Kriterien für richtiges oder falsches Verhalten dominieren. Die Einstellung oder Versetzung einer Person auf eine genau beschriebene Stelle legt fest, welche Arbeit diese zu erledigen hat. Aber all dies ist nur der Ausgangspunkt einer formalen Verregelung von Organisationen.

Die genauen Konturen von Regeln bilden sich in Organisationen erst durch ihre Auslegung in der Entscheidungspraxis aus. Bei der Verabschiedung eines neuen Organigramms muss sich erst langsam ausmendeln, wie die dadurch definierten Vorgesetzten-Untergebenen-Verhältnisse genau definiert sind. Bei veränderten Prozessen oder Zielvorgaben entsteht erst schrittweise ein Verständnis dafür, was das genau für die alltägliche Praxis bedeutet. Und auch bei einer noch so genauen Stellenbeschreibung entwickelt sich erst mit der Zeit, wie diese durch eine neu eingestellte oder versetzte Person ausgefüllt wird. Regeln sind immer das Ergebnis der Praktiken, die sich auf der Basis der erlassenen Prinzipien ausbilden.

Das Schärfen von Regeln durch die Praxis der Regelauslegung bildet sich nicht nur bei formalen Regeln der Organisation, sondern auch bei staatlichen Gesetzen aus. Dabei können die sich in und zwischen Organisationen einspielenden Interpretationen und Auslegungen von Gesetzen und Verordnungen so dominant werden, dass sie die Entscheidungen von Gerichten prägen (siehe die aufschlussreiche Fallstudie über Antidiskriminierungsgesetze Edelman et al. 2011, S. 911ff.). Unklarheiten in den rechtlichen Formulierungen, Begrenzungen in der Reichweite von Maßnahmen und Schwierigkeiten in der Durchsetzung lassen Organisationen Gestaltungsmöglichkeiten, wie diese Vorgaben interpretiert werden, und diese sich ausbildenden Interpretationen dienen als Basis für die Auslegung vor Gericht (siehe dazu Edelman 1992, S. 1567).[63]

Es gibt sicherlich Unterschiede in der Verbindlichkeit von organisationsinternen Regeln und staatlichen Gesetzen. Es existieren Regelungen, die lediglich allgemein vorschreiben, wie in einer Organisation Maßnahmen gegen sexuelle Diskriminierung, zum Datenschutz oder zur Sicherstellung von Gesetzeseinhaltung zu ergreifen sind, der Organisation aber sehr viel Spielraum lassen, wie diese Maßnahmen umgesetzt werden. Und es gibt Regelungen zum Beispiel bei Arbeitszeitbestimmungen, Umweltschutzrichtlinien oder Korruptionsverboten, die einen vergleichsweise hohen Grad an Verbindlichkeit haben (siehe dazu Edelman und Suchman 1997, S. 482ff.). Aber auch im Fall vergleichsweise genauer Festlegungen von Regeln bildet sich erst in der Praxis aus, wie diese eigentlich genau bestimmt werden.

Beim Erlassen von Regeln werden in Organisationen allgemein sichtbare Symbole geschaffen, mit denen zum Ausdruck gebracht wird, dass die rechtlichen oder organisationalen Vorgaben ernst genommen werden. Es werden mit den Vorgaben übereinstimmende Programme definiert, man richtet Abteilungen ein, die die Beachtung der Vorgaben sicherstellen sollen, und stellt Personal für deren Umsetzung ein. Aber was die erlassenen Regeln genau bedeuten, schleift sich erst im Laufe der Zeit ein.

2 Verstöße gegen »Gesetze des Staates« und »Gesetze der Organisation«

»Wenn man zehntausend Vorschriften erlässt,
vernichtet man jede Achtung für das Gesetz.«
Premierminister Winston Churchill
vor dem House of Commons, 1949[64]

Das Bekenntnis zu Regeleinhaltung und Gesetzestreue gehört zur Selbstdarstellung jedes Organisationsmitglieds. Es würde jedenfalls Irritation auslösen, wenn die Vorstandsvorsitzende eines Unternehmens, der Leiter einer Sozialverwaltung oder die Kommandeurin eines Infanteriebataillons öffentlich erklären würde, dass man es mit der Einhaltung von staatlichen Gesetzen und formalen Richtlinien nicht so ernst nehme. Die Überraschung wäre groß, wenn eine neue Mitarbeiterin gegenüber ihren Vorgesetzten zu verstehen gäbe, dass sie immer schon Schwierigkeiten mit der Einhaltung von Regeln habe und deswegen gedenke, ihre erfolgreiche Karriere als Regelbrecherin auch in dieser Organisation fortzusetzen.[65]

In Organisationen wird in der Regel unterschieden, ob gegen Gesetze des Staates oder »nur« gegen Gesetze der Organisation verstoßen wird.[66] Bei Verstößen gegen Gesetze des Staates kann es sich um Verletzungen des Zivil-, Verwaltungs- oder Strafrechts, aber auch um die Missachtung von behördlichen Verordnungen handeln (Clinard und Yeager 1980, S. 16).[67] Verstöße gegen die Gesetze der Organisation bestehen aus kleinen und großen Abweichungen von ihren formalen Programmen, deren offiziellen Kommunikationswegen sowie den festgelegten Regeln zur Einstellung, Versetzung und Entlassung des Personals.

Auf den ersten Blick ist diese Trennung überzeugend, schließlich macht es einen erheblichen Unterschied, ob Mitglieder gegen ein Arbeitszeitgesetz verstoßen oder gegen eine interne Regel der Organisation zur Registrierung von Arbeitszeiten. Offensichtlich stellt es eine Differenz dar, ob das Mitglied einer Partei die gesetzlich verbindlichen Berichtspflichten über aus dem Ausland kommende Großspenden ignoriert oder bei der Erstellung eines Strategiepapiers lediglich gegen parteiinterne Richtlinien zur Abstimmung unter den Landesverbänden verstößt.

Doch lassen sich Verstöße gegen Gesetze des Staates und Regelabweichungen in einer Organisation wirklich so sauber trennen? Worin bestehen überhaupt die Gemeinsamkeiten und Unterschiede zwischen diesen beiden Arten von »Gesetzen«? Und wie hängen diese miteinander zusammen?[68]

2.1 Wie man Erwartungen fixieren kann – Ähnlichkeiten und Unterschieden von Positivierung und Formalisierung

Staaten und Organisationen haben eine zentrale Gemeinsamkeit: Sie nutzen einen sehr ähnlichen Mechanismus, um Erwartungen an Personen zu formulieren. Sie spezifizieren – meistens in schriftlicher Form –, was erlaubt ist und was nicht. Statt dass sich verbindliche Erwartungen in einem evolutionären Prozess ausmendeln, werden diese durch eine für alle verbindliche Entscheidung gesetzt. Bei der staatlichen Gesetzgebung spricht man von der Positivierung rechtlicher Erwartungen. Bei Organisationen bezeichnet man den gleichen Prozess als Formalisierung organisationaler Erwartungen.[69]

Hinter dem Prinzip der Positivierung staatlicher Gesetze und der Formalisierung organisationaler Erwartungen verbirgt sich eine höchst ungewöhnliche Entwicklung, deren Bedeutung man für die Entstehung der modernen Gesellschaft gar nicht hoch genug einschätzen kann. Durch die Festlegung von Erwartungen in Form staatlicher Gesetze oder formaler Ordnungen ist es möglich, über Entscheidungen sehr klar spezifizierte Anordnungen zu fixieren, an die sich alle zu halten haben und deren Verletzung abgestraft werden kann (siehe dazu Luhmann 2005b, S. 225).

Weitergehend können die in staatlichen Gesetzen und formalen Regeln fixierten Erwartungen mit einem Federstrich geändert werden, bei gleichzeitiger Aufrechterhaltung des Anspruchs, dass sich alle genauso selbstverständlich an die geänderten Erwartungen halten, wie sie sich an die vorigen Erwartungen gehalten haben. Während Normen sich in den meisten Stammesgesellschaften, aber auch in vielen frühen Hochkulturen nur langsam wandelten, können diese jetzt durch eine Gesetzesänderung, eine neue Verordnung oder eine geänderte Anweisung von einen Tag auf den anderen verändert werden. Man kann dies am permanenten Strom von geänderten Weisungen, modifizierten Regeln und umgestalteten Berichtswegen beobachten, die man als Organisationsmitglied offiziell zur Kenntnis zu nehmen hat.

Die Ähnlichkeit zwischen den Mechanismen der Positivierung durch staatliches Recht und Formalisierung durch organisationale Regeln ist in der

Organisationsforschung früh entdeckt worden (siehe nur beispielhaft Luhmann 1964b, S. 393).[70] Die Rede ist von formalen Erwartungen als einer Art »Sekundärrecht«, das sich in Ergänzung zum und in Bezugnahme auf das »Primärrecht« der staatlichen Gesetzgebung ausbildet. Das Recht wird in dem Fall nicht auf der Ebene des Staates gebildet, sondern auf der Ebene von Organisationen, aber in beiden Fällen wird die Akzeptanz normativer Erwartungen vorausgesetzt (Luhmann 1972, S. 256).[71] Diese Ähnlichkeit zwischen Positivierung und Formalisierung erklärt, weswegen sowohl die Zuwiderhandlungen gegen formale Erwartungen der Organisation als auch Verstöße von Organisationsmitgliedern gegen Gesetze mit dem Begriff der »brauchbaren Illegalität« bezeichnet werden (vgl. Luhmann 1964b, S. 304ff.).[72]

Worin bestehen die Unterschiede zwischen den Formen der Ausbildung verbindlicher Regeln im Rechtssystem einerseits und in Organisationen andererseits?

Die Unterschiede der Positivierung von Rechtserwartungen und Formalisierung von Organisationserwartungen

An einem zentralen Punkt unterscheiden sich Staaten und Organisationen grundlegend: bei den Mechanismen, mit denen Abweichungen von Erwartungen sanktioniert werden. Staaten haben ein spezifisches Repertoire, um Abweichungen von Erwartungen zu sanktionieren – Geldstrafen, Freiheitsentzug oder Todesstrafe. Die durch staatliche Gesetze vorgegebenen Verhaltensnormen werden dabei von den Bürgern so früh verinnerlicht, dass es gar nicht nötig ist, die Gesetzbücher zu kennen, aus denen sich diese Verhaltensnormen ergeben. Aber im Zweifelsfall können Abweichungen von staatlich kodifizierten Verhaltenserwartungen mit den Mitteln der Gesetze durchgesetzt werden.

Organisationen haben dieses Repertoire an Strafen nicht zur Verfügung. Es würde jedenfalls bei Organisationsmitgliedern Irritationen auslösen, wenn bei der Verweigerung einer Anweisung der Sicherheitsdienst einer Organisation gerufen, das Mitglied dann vor ein organisationsinternes Gericht gestellt würde, um schließlich in einem organisationseigenen Gefängnis neben dem Materiallager eingesperrt zu werden. Es würde aber auch zu erheblicher Empörung führen, wenn eine Organisation bei einem Verstoß gegen eine Regel nicht nur einen Teil des Lohns einbehalten, sondern wegen des dadurch entstandenen Schadens ohne Einschaltung eines

Gerichts auch noch Konto und Haus des Organisationsmitglieds pfänden würde.

Allerdings gibt es auch Ausnahmen. Armeen mit Wehrpflicht, Unternehmen mit Zwangsarbeitern oder Bautrupps mit wie Sklaven gehaltenen Mitarbeitern stellen ihren Mitgliedern den Austritt nicht frei und setzen deswegen Verhaltenserwartungen notfalls mit Mechanismen durch, die wir sonst nur von Staaten kennen, die ihre Bürger zu gesetzeskonformem Verhalten anhalten. Im Allgemeinen wird in Organisationen nicht »mit Pistolen regiert«, sondern mit »angedrohten Entlassungen« (Luhmann 2002a, S. 56). In Zwangsorganisationen fällt aber auf, dass Pistolen bereitgehalten werden, um Erwartungen durchsetzen zu können (Kühl 2012b, S. 345ff.). Der Ausnahmecharakter dieser Zwangsorganisationen sticht jedoch schon dadurch hervor, dass dieser Typus von Organisation in der modernen Gesellschaft zunehmend delegitimiert ist.[73]

Der Grund für diese Delegitimierung beim Einsatz von Zwang ist einfach: Organisationen verfügen über ein im Vergleich zur expliziten Gewalt deutlich effektiveres Instrument, um ihre Erwartungen gegenüber Mitgliedern durchzusetzen. Sie stellen ihren Mitgliedern frei, aus der Organisation auszutreten, wenn sie Erwartungen nicht mehr erfüllen wollen, und halten sich selbst die Möglichkeit offen, ihre Mitglieder zu entlassen, wenn sie diese Erwartungen nicht beachten. Dadurch ist es möglich, die Mitgliedschaft an die Einhaltung der von der Organisation vorgegebenen Verhaltenserwartungen zu binden (vgl. Luhmann 1972, S. 257). »Nur wer die Regeln anerkennt, kann eintreten. Wer sie nicht mehr befolgen will, muss austreten.« (Luhmann 2005a, S. 50) Solange eine Person Mitglied einer Organisation bleiben will, muss sie sich im »Rahmen der Regelordnung« verhalten, die sie »mit ihrem Beitritt akzeptiert hat« (Mayntz 1963, S. 106).

Das hat den Effekt, dass Organisationen in der Regel auf ein hohes Maß an konformem Verhalten ihrer Mitglieder setzen können.[74] Organisationen erklären all das, was sie als Handlungen, Einstellungen oder Selbstdarstellungen von ihren Mitgliedern brauchen, zur Mitgliedschaftsbedingung und erreichen so, dass sie ein solches organisationskonformes Verhalten von ihren Mitgliedern einklagen können. Darüber hinaus können Organisationen ihre Erwartungen auch nach dem Eintritt eines Mitglieds konkretisieren oder verändern, und die Mitglieder können dazu veranlasst werden, diese Veränderungen mitzutragen – jedenfalls solange sie Mitglied der Organisation bleiben wollen. Genau dieser Prozess wird mit dem Begriff der Formalisierung von Erwartungen bezeichnet (Luhmann 1964b, S. 38).

Die damit verbundenen »Steigerungsmöglichkeiten« von Erwartungshaltungen gegenüber Personen kann man gar nicht hoch genug einschätzen. Die schon auf der Ebene von Staaten durch die Positivierung von Gesetzen, Verordnungen und Richtlinien formulierten Erwartungsmöglichkeiten werden, so Niklas Luhmann (1972, S. 257), durch Organisationen nochmals »potenziert«. Organisationen können dabei Verhaltenserwartungen formulieren, die Staaten in vielen Fällen von ihren Mitgliedern nicht verlangen können. So ist es für Staaten nur in Ausnahmefällen möglich, von ihren Bürgern zu verlangen, sich jeden Tag früh morgens an einem festgelegten Ort einzufinden, alle vierzig Sekunden den gleichen Handgriff auszuführen und über Stunden die Beschimpfungen durch unangenehme Zeitgenossen zu ertragen.[75] Organisationen – jedenfalls diejenigen, die ihre Mitglieder bezahlen – können diese eher ungewöhnlichen Verhaltenserwartungen weitgehend problemlos als Mitgliedschaftsbedingungen formulieren.[76] Durch das Ausflaggen von Bedingungen für den Verbleib in Organisationen können diese – im Gegensatz zu Staaten – »in höchsten Maße unnatürliche Erwartungen« durchsetzen (Luhmann 1972, S. 257).

Zur Bedeutung von Gesetzen und Verordnungen für Organisationen

Bei allen Möglichkeiten von Organisationen, ihre eigenen detaillierten Regeln zu erlassen, sollte man die zentrale Bedeutung von staatlichen Gesetzen und Verordnungen für diese nicht unterschätzen. Organisationen werden durch die Eintragung in gesetzlich regulierte Vereins- und Handelsregister oder wie im Fall von Verwaltungen, Polizeien oder Armeen durch staatliche Gesetze und Verordnungen gegründet. Ihre Möglichkeiten zur Refinanzierung sind rechtlich geregelt, unabhängig davon, ob die Organisation Einnahmen durch den Verkauf von Produkten erzielt, ob sie Steuern erhebt oder Mitgliedsbeiträge einzieht. Tätigkeiten in Unternehmen oder Vereinen sind durch Arbeits-, Gesundheits- und Umweltgesetze genau reguliert, und die Arbeit von staatlichen Organisationen wie Ministerien, Verwaltungen, Polizeien oder Armeen ist bis ins Detail durch Gesetze und Verordnungen festgelegt. Ebenso ist ihre Auflösung durch Insolvenz, Anordnung staatlicher Behörden oder den Beschluss ihrer Mitglieder gesetzlich geregelt. Kurz – ob sie wollen oder nicht – moderne Organisationen sind in einem Netz von Gesetzen verfangen.[77]

Staatliche Gesetze und Verordnungen spielen für das Verhalten in Organisationen eine zentrale Rolle. In den meisten Organisationen wird – jedenfalls offiziell – erwartet, dass sich alle Entscheidungen in der Organisation im Rahmen der staatlichen Gesetze und Verordnungen bewegen. Es ist jedenfalls die Ausnahme, dass Organisationen offiziell fixieren, in welchen Feldern sich Organisationsmitglieder an Gesetze zu halten haben und wo sie diese ignorieren können.[78] Im Gegenteil – häufig findet man in Organisationen detaillierte Übersetzungen staatlicher Vorgaben in organisationale Regeln, weil man davon ausgeht, dass Organisationsmitglieder gerade sich schnell ändernde staatliche Gesetze und Verordnungen nicht in allen Auswirkungen auf organisationale Entscheidungen überblicken können. In den Rechtsreferaten großer Organisationen werden monatlich dicke Mappen mit neuen Regularien angeliefert, abgeheftet und in nicht wenigen Fällen in interne Umsetzungsrichtlinien übersetzt.

Gerade weil das Netz von Gesetzen so eng geknüpft ist, lässt es sich für Organisationen nicht vermeiden, dass sie sporadisch gegen Gesetze und Verordnungen verstoßen. Diese gelegentlichen Verstöße gegen Gesetze und Verordnungen sind an sich nicht problematisch. Wir wissen aus der kriminologischen Forschung, dass gerade kleinere Ordnungswidrigkeiten und Straftaten auch bei Personen, die sich selbst als gesetzestreu bezeichnen würden, vorkommen. Wenn man daran Zweifel hat, muss man sich lediglich eine Woche intensiver beim Auto- oder Radfahren beobachten lassen. Der Übergang zwischen den vielen Ordnungswidrigkeiten, die man in dieser Woche begeht, und einer Straftat, hängt häufig nur davon ab, ob eines der alltäglichen Vergehen einen tödlichen Unfall nach sich zieht oder nicht. In Organisationen ist dies letztlich nicht anders. Selbst bei Organisationsmitgliedern, die eher zum konformistischen Charaktertypus zählen, kann man vielfältige kleinere Regelverstöße beobachten. Die bei nicht wenigen Berufen verbreitete Aussage, dass man bei seiner Arbeit immer mit »einem Bein im Gefängnis« steht, besagt lediglich, dass man sich der alltäglichen Regelüberschreitungen bewusst ist.

Zur Unterscheidung von organisierter und organisationaler Kriminalität

In den meisten Fällen sind Organisationen sorgsam darauf bedacht, dass die formalen Anforderungen an ihre Mitglieder als mit den staatlichen Gesetzen und Verordnungen konform betrachtet werden. Es würde zu Legitimationsverlusten führen, wenn Organisationen nicht darauf achten würden, dass ihre formalen Anforderungen wenigstens grob mit den rechtlichen Anforderungen übereinstimmen oder zumindest mit Hilfe von guten Juristen als rechtskonform dargestellt werden können. Es gibt jedoch eine interessante Ausnahme. Bei kriminellen Organisationen wie terroristischen Vereinigungen, mafiösen Zusammenschlüssen oder Jugendgangs wird erwartet, dass staatliche Gesetze verletzt werden. Hier wird der grundlegende Unterschied zwischen organisierter und organisationaler Kriminalität deutlich.[79]

Bei organisierter Kriminalität wird der Anspruch des Staates, den gesetzlichen Rahmen zu setzen und Abweichungen zu sanktionieren, prinzipiell nicht akzeptiert (siehe dazu Levi 1998). Verbrechersyndikate, mafiöse Vereinigungen oder terroristische Organisationen würden ihre »Geschäftsgrundlage« verlieren, wenn sie sich staatlichen Gesetzen unterwerfen würden. Bei ihnen wird der Verstoß gegen Steuer-, Straf- oder auch Verwaltungsgesetze quasi Teil der formalen Erwartungen an ihre Mitglieder (siehe dazu Dorn und Hoebel 2013, S. 90).[80] Die Forderung eines Mitglieds einer Räuberbande, einer Mafiagruppierung oder einer Terrororganisation, nur im Rahmen der Gesetze zu handeln, führt aller Wahrscheinlichkeit nach zum Ausschluss aus der Organisation. Wenn kriminelle Organisationen mit Gesetzesverstößen konfrontiert werden, geben sie sich deswegen in der Regel nicht als reuige Sünder, sondern versuchen trotz des Verfolgungsdrucks als Organisation weiterzubestehen.

Bei organisationaler Kriminalität hingegen wird zwar der Anspruch des Staates, dass sich Organisationen im vorgegebenen Rahmen zu bewegen haben, formal akzeptiert, aber gleichzeitig informal von Organisationsmitgliedern erwartet, sich punktuell nicht nur in der Grauzone zwischen Legalität und Illegalität zu bewegen, sondern gelegentlich kontrolliert gegen Gesetze zu verstoßen (siehe dazu Braithwaite 1984, S. 6; Baker und Faulkner 1993, S. 842). Es handelt sich um eine Organisation, die sich insgesamt an staatliche Gesetze und Verordnungen hält, aber gelegentlich eine informal gestützte »kriminelle Verbandsattitüde« an den Tag legt (siehe zu dem Begriff Schünemann 1979, S. 22). Im Gegensatz zu kriminellen Organisationen reagieren diese Organisationen bei Aufdeckung von Gesetzesverstößen nicht damit, dass sie ihre Arbeit vollständig in den Untergrund verlegen, sondern sie zeigen sich nach einer Verurteilung reuig und geloben Besserung.[81]

Sicherlich – vereinzelt finden sich fließende Übergänge zwischen organisierter und organisationaler Kriminalität. Man denke nur an Armeeeinheiten in Mexiko, die aufgrund ihrer Arbeit gegen Drogenkartelle immer schon eher lockere Beziehungen zu den in den Ländern herrschenden Gesetzesnormen hatten und komplett in den Untergrund abwanderten, um sich selbst als konkurrierendes Drogenkartell zu etablieren.[82] Oder man denke an mafiöse Vereinigungen, die ihr in der Schutzgelderpressung, im Drogenhandel oder in der Prostitution erworbenes Kapital in legalisierte Geschäftsfelder wie Immobilienspekulation, Waffenhandel oder Abfallwirtschaft verlagern und so zu gesellschaftlich akzeptieren Organisationen mutieren.[83]

In der Regel sind solche Übergänge zwischen organisationaler und organisierter Kriminalität in Organisationen aber eher selten.[84] Das hängt einmal damit zusammen, dass der Wechsel von einer Organisation, die gelegentlich gegen staatliche Gesetze und Verordnungen verstößt, zu einer kriminellen Organisation anspruchsvoll ist. So wäre es für einen Automobilkonzern bei Anklagen wegen Verstößen gegen Umweltgesetze schwierig, sich der strafrechtlichen Verfolgung durch eine Verlagerung der Produktionsanlagen in den Untergrund zu entziehen. Vermutlich würde es bei einer solchen Mutation zur kriminellen Organisation auch zu erheblichen Personalfluktuationen kommen, weil viele Mitarbeiter mit anderen Vorstellungen als Montagearbeiter, Vertriebsspezialisten oder Marketingexperten bei dem Konzern angefangen hatten. Aber auch der umgekehrte Fall ist eher selten, weil Strafverfolgungsbehörden in der Regel die Mutation von kriminellen Organisationen zu legalisierten Organisationen nicht ohne weiteres akzeptieren. Ähnlich wie man einer Räuberin die Mutation zu einer ehrbaren Bürgerin erst nach Verbüßen einer Strafe zugesteht, würde man – wenn überhaupt – auch bei kriminellen Organisationen eine Sühnebereitschaft und ein Bekenntnis zur Gesetzeskonformität als Bedingung für eine Legalisierung sehen.[85]

In den konkreten Tätigkeiten unterscheiden sich, so eine gut etablierte soziologische Einsicht, Organisationen, die viel Wert auf ihre Gesetzeskonformität legen, kaum von kriminellen Organisationen, die Gesetze systematisch ignorieren (siehe dazu schon Tilly 1985). Die von einer terroristischen Organisation vorgenommene Exekution eines Verräters hat auf der Handlungsebene eine hohe Ähnlichkeit mit der Hinrichtung eines von einem chinesischen, US-amerikanischen oder saudi-arabischen Gericht verurteilten Straftäters (siehe zur Ähnlichkeit von Gewaltorganisationen Kühl 2014, S. 259f.). Die Praxis von Pharmakonzernen, ihre Patienten durch eine aggressive Verschreibungspraxis für opiathaltige Schmerzmittel »anzufixen«, unterscheidet sich nicht von der Strategie von Drogenringen, Neukunden über Lockangebote langfristig zu binden (siehe zu fließenden Übergängen McGreal 2018; Meier 2018). Die Abwicklung internationaler Geschäfte durch die Mafia ähnelt überraschend genau den Praktiken von Großunternehmen (siehe dazu Arlacchi 1986; Gambetta 1988; Gambetta 1993). Der einzige, aber zentrale Unterschied ist, ob man den Anspruch des Staates, allgemein verbindliche Gesetze zu erlassen, anerkennt oder nicht.

Wie geht man mit Gesetzesverstößen von Organisationen um, die eigentlich den Anspruch an sich selbst haben, gesetzlichen Anforderungen mehr oder minder gerecht zu werden?[86]

2.2 Die Zurechnung der Verantwortung für Gesetzesverstöße

Wenn es zu einem Gesetzesverstoß kommt, stehen ganz unterschiedliche Adressaten für die Zuweisung von Verantwortlichkeit zur Verfügung. Man kann die Organisationsmitglieder haftbar machen, die für den Gesetzesverstoß operativ verantwortlich waren, die Mitglieder der unmittelbaren Führungsebene, die die Gesetzeseinhaltung nicht sichergestellt haben, oder die Organisationsspitze. Man kann bei einem Gesetzesverstoß aber auch die Organisation als Ganzes adressieren und noch weitergehend gleich das Verhalten von allen Organisationen in einem organisationalen Feld markieren oder auch auf Lobbyorganisationen als Schuldige verweisen, die gerade durch ihre erfolgreiche Arbeit ihre Mitgliedsorganisationen blind für mögliche strafrechtliche Verfolgungen gemacht haben. Ebenso kann man auch auf den Staat verweisen, der durch die Formulierung von Gesetzen Organisationen oder Organisationsmitglieder überhaupt erst dazu gebracht hat, gegen diese zu verstoßen.

In der modernen Gesellschaft ist es zu einer »Zurechnungsexpansion«, wenn nicht sogar »Zurechnungsexplosion« gekommen (Lübbe 1998, S. 36).[87] Gewiss – die Zurechnung von Verantwortung muss plausibel sein, um soziale Unterstützung zu erhalten. Man würde auf wenig Verständnis stoßen, wenn man die Verantwortung beispielsweise bei einer Horde ja nur bedingt rechtsfähiger Elefanten, einer ungünstigen Stellung der Sterne oder der Fehleinschätzung eines in der Regel strafrechtlich nur schwer belangbaren Gottes suchen würde. Verantwortung lässt sich nur denjenigen zuweisen, denen in der modernen Gesellschaft der Status von handlungsfähigen Akteuren zugerechnet wird – und das sind besonders Einzelpersonen, Organisationen und Staaten (siehe zur Konstruktion von Akteuren aus neoinstitutionalistischer Perspektive besonders Meyer und Jepperson 2000; siehe dazu auch Hwang und Colyvas 2011).[88]

Die Schwierigkeit der Bestrafung von Organisationen

Es ist naheliegend, bei Fällen brauchbarer Illegalität erst einmal die Organisation als Ganzes zu adressieren. Weltweit geht der Trend der Rechtsprechung dahin, nicht nur einzelne Organisationsmitglieder strafrechtlich zu belangen, sondern die gesamte Organisation einem strafrechtlichen Zugriff auszusetzen (siehe dazu Geis 2007a, S. 827). Selbst in den wenigen Staaten, in denen Vergehen von Organisationen lediglich als Ordnungswidrigkeit – wie falsches Parken, lautes Musikhören oder Betteln in der Fußgängerzone – behandelt werden, wird intensiv darüber nachgedacht, ein Organisationsstrafrecht einzuführen.[89]

Dabei ist die sich weltweit durchsetzende Politik, dass Organisationen für Straftaten ihrer Mitglieder belangt werden können, wenn nachgewiesen werden kann, dass nicht die nötigen Maßnahmen ergriffen wurden, um diese Straftaten zu verhindern oder zumindest zu erschweren.[90] Um sich strafbar zu machen, müsse, so die Auffassung, eine Organisation gar nicht wie terroristische oder kriminelle Vereinigungen das Begehen krimineller Handlungen formal von ihren Mitgliedern verlangen. Für eine Bestrafung der Organisation reiche es aus, wenn nachgewiesen werden könne, dass die Organisation keine Maßnahmen ergriffen habe, um Gesetzesbrüche ihrer Organisationsmitglieder zu verhindern.[91]

Diese Auffassung hat ein hohes Maß an Plausibilität. Wenn in einem Unternehmen zur Gewinnung von Aufträgen über Jahre systematisch geschmiert, in Armeen die Folterung von Kriegsgefangenen geduldet oder in religiösen Organisationen der sexuelle Missbrauch als kostengünstiges Motivationsmittel ihres männlichen Personals genutzt wird, stellt sich zwangsläufig die Frage, weswegen lediglich die identifizierten Personen für das Handeln in der Organisation verantwortlich gemacht werden sollen und ob es nicht besser wäre, die Organisation für das Handeln ihrer Organisationsmitglieder verantwortlich zu machen (siehe dazu Brown 2000, S. 1317ff.).[92]

Praktisch ist eine solche Bestrafung einer Organisation möglich, weil Organisationen – anders als zum Beispiel Freundeskreise, Protestbewegungen oder Großfamilien – eindeutig adressierbar sind (siehe dazu Lieckweg 2001, S. 273). Man weiß als Ordnungsamt, Steuerverwaltung oder Polizei, an wen man sich wenden muss, wenn man eine Kirche, ein Unternehmen oder einen Verein als Organisation ansprechen will. Und auch Kirchen, Unternehmen oder Vereine wissen, an wen sie sich als Organisation wenden müssen, wenn sie eine Veranstaltung genehmigen lassen oder eine Steuererstattung beantragen wollen oder wenn sie Hilfe dabei suchen, sich von einem schwierigen Mitarbeiter zu trennen.

Dahinter steckt ein Prozess, in dem sich Organisationen über mehrere Jahrhunderte und gegen teilweise heftige Proteste als adressierbare Instanz ausgebildet haben.[93] Der Grund, weshalb Organisationen im Gegensatz zu Freundeskreisen, Protestbewegungen oder Großfamilien überhaupt durch das Rechtssystem anzusprechen sind, liegt in deren Möglichkeit, über die Formalstruktur Bedingungen für die Mitgliedschaft in ihnen zu setzen und das Verhalten der Mitglieder darüber zu steuern und zu sanktionieren. Erst dadurch wird ein auch für die Umwelt ausreichend stabiler Mechanismus zur Durchsetzung von Erwartungen geschaffen, damit diese Organisationen als Vertragspartner akzeptiert werden.

Dabei wurde deutlich, dass sich die Organisation in ihrer Rechtsfähigkeit gar nicht so sehr von einzelnen Personen unterscheidet. Die Bezeichnung von Organisationen als »juristische Personen«, die aus der Perspektive des Rechtssystems in einer ganzen Reihe von Aspekten ähnlich adressiert werden können wie »natürliche Personen«, ist Ausdruck dieser Ähnlichkeit. Auch der in der akteurszentrierten Soziologie übliche Begriff der »korperativen Akteure«, die eine Reihe von gleichen Merkmalen wie »individuelle Akteure« aufweisen, weist auf diese Ähnlichkeit hin.[94]

Die Vorzüge einer »legalen Fiktion« von Organisationen als Personen für die Herstellung langfristiger Kooperationsbeziehungen sind nicht zu übersehen. Wenn sich eine »natürliche Person« für die Tätigkeit in einer Schule, einem Krankenhaus oder einer Verwaltung als Organisationsmitglied anwerben lässt, kann sie sich gegenüber dieser »juristischen Person« auf den Arbeitsvertrag beziehen, auch wenn die Vorgesetzten, die die Person eingestellt haben, schon lange pensioniert sind. Auch zwischen zwei »juristischen Personen« funktioniert dieses Modell. Wenn ein Dienstleistungsunternehmen einen Vertrag mit einem Unternehmen, einer Universität oder einer Armee abschließt, kann man sicher sein, dass dieser Vertrag auch dann eingehalten wird, wenn die Personen, die diesen Vertrag verhandelt haben, gar nicht mehr für die betreffenden Organisationen tätig sind.

Bedingung ist jedoch, dass derartige Kooperationsbeziehungen in einem einigermaßen funktionierenden Rechtssystem stattfinden. Nur wenn sich das Organisationsmitglied darauf verlassen kann, dass es ausstehende Lohnzahlungen im Notfall vor Gericht einfordern kann, ist es dazu bereit, sich nicht nur auf eine Beziehung mit einer konkreten natürlichen Person, sondern auch mit einer juristischen Person einzulassen. Nur wenn Organisationen sicher sein können, dass sie ihre gegenseitigen Forderungen rechtlich durchsetzen können, sind sie überhaupt bereit, sich ohne persönliche Loyalitätsverbindungen auf Kooperationen einzulassen.

Die Schwierigkeit ist aber, dass Organisationen zwar mit Geldstrafen belegt und in letzter Konsequenz auch aufgelöst werden können, die bei Einzelpersonen sehr einschneidende Sanktion der Gefängnisstrafe jedoch nicht zur Verfügung steht. Es fehlt hier noch jegliche Fantasie, wie ein Gefängnis aussehen könnte, in das Organisationen eingesperrt werden könnten. »Keine Seele zu verdammen, kein Hintern zu treten« – »no soul to damn, no ass to kick« – so könnte man mit Verweis auf den Ausruf des einstigen Lordkanzlers von England, Edward Thurlow, die frustrierenden Schwierigkeiten bei der Sanktionierung von Organisationen beschreiben.[95]

Organisationale Stellen als interne Verantwortlichkeitszurechnungsmechanismen

Aufgrund der Schwierigkeiten der Bestrafung von Organisationen hat sich lange Zeit die Vorstellung gehalten, dass effektiv nur Mitglieder von Organisationen bestraft werden können. Organisationen seien eben nicht mehr als eine »rechtliche Fiktion«, und »rechtliche Fiktionen« könnten nicht bestraft werden.[96] Organisationen hätten, so das Argument, weder eigene Intentionen noch ein Schuldgefühl und könnten deswegen durch ein Strafrecht auch nicht erfasst werden (Fischel und Sykes 1996, S. 320).[97] Strafrechtlich belangt werden sollten, so die Position, die Mitglieder der Organisation, nicht die Organisation selbst.

Abgesehen von kriminellen oder terroristischen Vereinigungen, deren Mitglieder allein schon wegen ihrer Zugehörigkeit strafrechtlich belangt werden können, wäre es jedoch schwer zu begründen, dass alle Mitglieder einer Organisation bei einem Gesetzesverstoß strafrechtlich belangt werden. Eine mexikanische Fließbandarbeiterin eines Automobilkonzerns wäre überrascht, wenn sie ins Gefängnis müsste, weil einige deutsche Entwicklungsingenieure ein kreatives, aber illegales Instrument zum Abschalten der Abgasreinigung außerhalb des Prüfstandes entwickelt haben. Ein für die Verpflegung zuständiger ziviler Mitarbeiter der US-Armee wäre irritiert, wenn er sich vor Gericht persönlich für die Folter in irakischen Gefängnissen durch Angehörige der Militärpolizei verantworten müsste.

Deswegen wird die Verantwortung für Gesetzesverstöße in Organisationen konkreten Mitgliedern zugerechnet. Hier wird auf einen zweiten Aspekt der Formalisierung von Erwartungen in Organisationen zurückgegriffen, nämlich auf die Zurechnung von Verantwortung über die in der Formalstruktur verankerte Stelle. Durch eine Stelle wird formal bestimmt, welche Personen welche Aufgaben zu welcher Zeit erfüllen müssen, welche Regeln sie dabei zu beachten haben, von welchen anderen Personen sie Anweisungen erhalten können und welchen Personen sie Anweisungen geben können. Dadurch ist es möglich jede Entscheidung in Organisationen Personen zuzurechnen, sodass letztlich immer Individuen verfügbar sind, die für Probleme in der Organisation verantwortlich gemacht werden können (siehe dazu Luhmann 1964b, S. 177).

Die formale Zuweisung von Verantwortung auf Stellen kann sowohl vor als auch nach einer Entscheidung erfolgen. Als Organisationsmitglied weiß man aufgrund der Zuweisung auf eine Stelle ziemlich schnell, welche Aufgaben man zu erledigen, welche Regeln man bei der Aufgabenerfüllung zu beachten, wessen Anordnungen man auszuführen und wem man selbst welche zu geben hat. Es geht um die Übernahme von Verantwortung, weil Entscheidungen in Organisationen immer unter Unsicherheit getroffen werden. Aber die Stelle dient auch dazu, Personen zu identifizieren, wenn in der Organisation etwas schiefgegangen ist, um die Zuweisung von persönlicher Verantwortlichkeit für Fehler sicherzustellen. Wenn es aufgrund eines Gesetzesverstoßes zu einem Problem kommt, kann man identifizieren, welche Stelle dafür verantwortlich ist, wie diese Stelle formal programmiert ist, wer diese Stelle besetzt und wer sie hätte überwachen müssen (siehe dazu Luhmann 1964b, S. 178f.).[98]

Aber bei allen Versuchen, über Stellen Verantwortlichkeiten zu bestimmen, bleiben immer gewisse Unklarheiten, wer letztlich wofür genau verantwortlich gemacht werden kann. Die Arbeitsteilung in Organisationen hat zur Folge, dass Zurechnungsprozesse, die außerhalb von Organisationen noch einigermaßen funktionieren, in Organisationen deutlich schwieriger werden. Die Arbeitsteilung führt in Organisationen bei allen Formalisierungsversuchen zwar vielleicht nicht zwangsläufig zu einer »organisierten Unverantwortlichkeit«, aber doch häufig zu einer »organisierten Verantwortlichkeitsdiffusion«.[99]

Das erklärt, weswegen bei der Skandalisierung eines Gesetzesverstoßes in Organisationen in der Regel gegenseitige Schuldzuweisungen einsetzen. Eine Abteilung weist bei der Suche nach Verantwortlichen darauf hin, dass man lediglich die von einer anderen Abteilung vorgegebenen Prozeduren durchgeführt hat und davon ausgegangen ist, dass diese auf ihre Gesetzeskonformität geprüft worden seien, während die andere Abteilung erklärt, dass die ursprünglich komplizierte Prozedur mit den Gesetzen noch in Einklang gewesen sei und erst bei der Anwendung in einer anderen Abteilung ein Gesetzesverstoß aufgetreten ist. Untergebene verweisen darauf, dass sie mit einem Rechtsbruch lediglich die mehr oder minder expliziten Anweisungen ihrer Vorgesetzten ausgeführt haben, während Vorgesetzte darauf verweisen, dass sie von dem Gesetzesverstoß ihrer Organisationsmitglieder keine Kenntnis gehabt hätten (siehe zur Zurechnung von Schuld in Organisationen Laufer 2006, S. 130ff.).[100]

Das Ausspielen von Organisation und Organisationsmitgliedern

Bei Bekanntwerden von Gesetzesverstößen kann es im Interesse sowohl der Organisation als auch der Mitglieder sein, sich gegenseitig gegen Sanktionen zu schützen (siehe zu dieser Risikostrategie Laufer 1999, S. 1382ff.). Eine Strategie besteht darin, dass Organisationen ihren Mitgliedern zusagen, ihnen beim Ausscheiden aus der Organisation hohe Abfindungen zu zahlen und die gerichtlich verhängte Geldstrafe zu übernehmen, wenn sie auf belastende Aussagen gegen die Organisation verzichten (siehe zur Frage, wer Geldstrafen tragen sollte, Coffee 1980, S. 456ff.). Für Organisationsmitglieder kann das ein guter Deal sein, wenn die Organisation den Strafverfolgungsbehörden keine belastenden Informationen über sie zur Verfügung stellt und sie gleichzeitig finanziell großzügig entschädigt (siehe dazu Kraakman 1984, S. 858f.).[101]

Diese Variante bietet Organisationen eine vergleichsweise einfache Möglichkeit, sich einer strafrechtlichen Verfolgung zu entziehen. Sie greift auf die vorschnelle Personalisierung der Verantwortlichkeit bei Regelabweichungen und Gesetzesbrüchen zurück und nutzt die Möglichkeit, Personal auszutauschen. Dafür muss sie lediglich in rechtlich sensiblen Gebieten Stellen einrichten, deren Personal im Falle von Gesetzesverstößen ohne große Störungen für die Organisation ausgewechselt werden kann, und für die Entschädigung dieses als Bauernopfer dienenden Personals finanzielle Rücklagen bilden. Die Einrichtung umfassender Programme zur Verhinderung von Regelabweichungen und Abteilungen für Regeltreue haben nicht zuletzt die Funktion, die Verantwortlichkeit für Gesetzesverstöße möglichst gerichtsfest auf einzelne, leicht zu entfernende Organisationsmitglieder abzuwälzen.[102]

Wegen dieser Möglichkeiten zur Personalisierung der Verantwortlichkeit laufen die Strategien der Strafverfolgungsbehörden – ganz unabhängig von rechtstheoretischen Erwägungen – vielerorts im Moment darauf hinaus, sowohl die Organisation als auch die verantwortlichen Organisationsmitglieder zu belangen und dadurch das Bündnis zwischen unter Verfolgungsdruck stehenden Organisationen und den von Strafe bedrohten Organisationsmitgliedern zu zerstören.[103] Dabei wird den Organisationsmitgliedern Strafnachlass versprochen, wenn sie Belastungsmaterial gegen die Organisation zur Verfügung stellen. Gleichzeitig wird der Organisation eine Reduzierung der Strafzahlungen in Aussicht gestellt, wenn sie die für die Entscheidungen verantwortlichen Organisationsmitglieder ans Messer liefern.[104]

Letztlich wird hier von den Strafverfolgungsbehörden eine mehr oder minder komplexe Variante des Gefangenendilemmas durchgespielt (siehe dazu Rapoport und Chammah 1965). Die Beschuldigten – egal ob Organisationsmitglieder von verschiedenen Stellen oder Vertreter der Gesamtorganisation – werden kommunikativ so voneinander getrennt, dass sie ihre Verteidigungsstrategie nicht absprechen können. Dann wird ein erheblicher Strafnachlass in Aussicht gestellt, wenn sie durch ein Eingestehen der Straftat nicht nur sich selbst, sondern auch die jeweils andere Partei anschwärzen. Weil niemand sicher sein kann, wie sich die jeweils anderen unter Druck verhalten, ist es rational, bei der Aufdeckung der begangenen Straftat mitzuwirken.

Hier greifen Strafverfolgungsbehörden auf die beiden Adressaten zurück, denen Verantwortlichkeit zugerechnet werden kann. Sie nutzen einerseits die durch Ausbildung von Formalstrukturen ermöglichte Adressierung von Organisationen als juristische Personen, um die Organisation als Ganzes haftbar zu machen, und verwenden andererseits die durch die Formalstruktur mögliche Zurechnung von Verantwortung auf einzelne Stellen, um strafrechtlich auf einzelne Organisationsmitglieder zugreifen zu können. Die durch die Formalstruktur mögliche Diffusion von Verantwortlichkeit in Organisationen – zwischen Organisation und ihren Mitgliedern und zwischen Organisationsmitgliedern – wird hier also umgekehrt als Hebel genutzt, um die Gesetzesverstöße im Einzelnen aufdecken und bestrafen zu können.

2.3 Sensibilitäten und Toleranzen gegenüber Gesetzesverstößen

Das Management vieler Organisationen tendiert dazu, Verstöße gegen staatliche Gesetze deutlich problematischer und schwerwiegender einzuschätzen als Verstöße gegen die formalen Regeln der Organisation. Die Auffassung ist, dass sich Maßnahmen zur Durchsetzung von Regeltreue auf straf- oder bußgeldbewehrte Regelverstöße konzentrieren sollten, weil dort nicht nur besondere finanzielle Risiken beständen, sondern auch die Rufschäden für die Organisation besonders hoch seien (Preusche und Würz 2016, S. 9).

Im Fokus der Regelwächter liegen dabei nicht nur die Verhinderung klassischer Gesetzesverstöße in Organisationen wie Korruption oder Kartellbildung, sondern vor allem auch die Verletzung von Umweltschutz- oder Exportgesetzen. Als potenziell straf- und bußgeldbewehrte Regelverstöße werden zunehmend auch die fehlende Verhinderung der Diskriminierung einzelner Organisationsmitglieder, die Beschäftigung von Scheinselbstständigen oder Verstöße gegen Arbeitsschutzbestimmungen ins Auge genommen.

Aber wie sinnvoll ist es, unterschiedliche Toleranzgrenzen für Verstöße gegen staatliche Gesetze einerseits und formale Regeln der Organisation andererseits zu verkünden? Ist es plausibel, dass für Verstöße gegen staatliche Gesetze eine – wie in vielen Organisationen üblich – Null-Toleranzpolitik ausgerufen, während für Abweichungen von formalen Regeln eine gewisse Toleranz in Aussicht gestellt wird?

Toleranzen für die Duldung von Gesetzesverstößen

Es gibt Indizien, dass es für Organisationen einfacher ist, den Verstoß gegen Gesetze zu tolerieren als Verstöße gegen formale Ordnungen, die sich die Organisation ja letztlich selbst gegeben hat. Man denke an die in den meisten Ländern verbotene, aber trotzdem punktuell eingesetzte »Rettungsfolter«, durch die Polizisten versuchen, Entführern den Ort der Entführten abzupressen (siehe dazu Reemtsma 2011; Wagenländer 2011), an die in Speditionsfirmen erwartete Manipulation des elektronischen Fahrtenschreibers, um die Lenkzeiten der LKW-Fahrer illegalerweise zu verlängern (siehe dazu Gray und Silbey 2014) oder an die verbotene Überbrückung von Sicherungen mithilfe von Drähten, um Produktionsmaschinen trotz einer Störung weiter betreiben zu können.

In der Wahrnehmung der Organisation – oder zumindest der eigenen Organisationsspitze – dienen organisationsintern erstellte Regeln dazu, die von der Organisation erwarteten Leistungen effektiver und effizienter zu erbringen, während die von außen vorgegebenen Rechtsnormen häufig als unnötig rigide wahrgenommen werden. Die offizielle Akzeptanz dieser Rechtsnormen wird für die Legitimationsgewinnung der Organisation als zentral betrachtet, aber gleichzeitig wird intern kommuniziert, dass diese für den organisatorischen Alltag häufig ungeeignet sind.

Deswegen gibt es in Organisationen nicht selten ein hohes Maß an Toleranz, wenn von der an Umwelterwartungen ausgerichteten Formalstruktur abgewichen wird (so Meyer und Rowan 1977, S. 341). Abweichungen und Verstöße werden als nachvollziehbare Schutzreaktionen gegen unnötig rigide Gesetze, schlecht gemachte Verordnungen oder verkomplizierende Verwaltungsentscheidungen wahrgenommen. Es handelt sich letztlich um »aufgedrängte Illegalitäten« (so Luhmann 1964b, S. 306), die man zu einem gewissen Maße akzeptieren muss, weil Organisationen die gesetzlichen Rahmenbedingungen nicht selbst verändern können.

Fehlende Eingrenzungsmechanismen bei Gesetzesverstößen

Allerdings gibt es einen Grund, weswegen Organisationen bei Gesetzesverstößen besonders sensibel sind. Während Verstöße gegen die eigenen formalen Regeln von der Organisation selbst ohne Einschaltung Dritter gelöst werden können und das zuständige Management selbst entscheidet, ob es den Regelverstoß sanktioniert, ihn duldet oder ihn sogar zum Anlass nimmt, die Regel zu verändern, fehlt diese Autonomie bei Verstößen gegen staatliche Gesetze weitgehend.

Regelverletzungen in Form von Gesetzesbrüchen und Missachtungen von Verordnungen sind empfindlich gegenüber Aufdeckungen. Im Prinzip ist es jedem noch so rangniedrigen Organisationsmitglied möglich, einen Gesetzesverstoß den Strafverfolgungsbehörden zu melden, ohne dass die Organisation die dann einsetzenden Prüfmechanismen stoppen kann. Jeder Kunde oder Klient – egal ob es sich um den Käufer eines Produkts, die Studentin an einer Universität, den Patienten in einer Praxis beziehungsweise Klinik oder Strafgefangene in einer Justizvollzugsanstalt handelt – kann sich mit einer Anzeige an die Polizei oder Staatsanwaltschaft wenden und damit einen Untersuchungsprozess jenseits der Organisation lostreten.[105]

Bei Verstößen gegen Gesetze ist letztlich immer zu befürchten, dass Organisationsexterne darüber entscheiden, wie mit den Regelbrüchen umgegangen werden soll. Beim Versuch, Mitarbeiter von Ministerien oder Verwaltungen zu schmieren, um an große Aufträge für den Bau von Kampfschiffen, Autobahnen oder Flughäfen heranzukommen, geht dies mit dem nicht unerheblichen Risiko einher, dass eine Aufdeckung dieser Regelverletzung Verfolgungen nicht innerhalb, sondern außerhalb der Organisation in Gang setzt. Bei Verstößen gegen Gesetze ist man – so das plausible Argument – mehr oder minder der Willkür von Strafverfolgungsinstanzen oder zivilen Gerichten ausgeliefert, und deswegen müssten Organisationen besondere Vorkehrungen treffen, dass es nicht zu Gesetzesverstößen komme.

Verschärft wird dies noch dadurch, dass die Aufmerksamkeit für Gesetzesbrüche in der Öffentlichkeit wesentlich größer ist als für Verstöße gegen formale Regeln der Organisation. Während man bei Verstößen gegen die formale Ordnung einer Organisation wie dem Rauchverbot in einem Betrieb nicht erwarten kann, dass sich irgendjemand dafür interessiert, wecken Verstöße gegen staatliche Gesetze sofort Aufmerksamkeit weit über die Organisation hinaus (Luhmann 1972, S. 256).

2.4 Fließende Übergänge zwischen Verstößen gegen Gesetze und Verstößen gegen die Formalstruktur

Auf den ersten Blick erscheinen die Abgrenzungen zwischen Verstößen gegen staatliche Gesetze und formale Regeln vergleichsweise plausibel. Ein Organisationsmitglied kann – so könnte man argumentieren – schon am Titelblatt des Regelwerks erkennen, ob es mit staatlichen Gesetzen oder formalen Regeln der Organisation konfrontiert ist. Wenn das Dokument ein organisationsübergreifendes Regelwerk ist, das von einem Parlament oder einer Behörde erstellt wurde, kann man, so die mögliche Position, ziemlich sicher davon ausgehen, dass man es mit einem staatlichen Gesetz oder einer staatlichen Verordnung zu tun hat, während ein Verweis auf die eigene Organisation auf dem Titelblatt als Indiz gewertet werden kann, dass es sich um eine in der Reichweite begrenzte formale Ordnung handelt.

Auf den zweiten Blick sind die Abgrenzungen zwischen Verstößen gegen staatliche Gesetze und formale Regeln deutlich schwieriger. Die Anlage von »schwarzen Lagern«, um im Notfall auch beim Versagen der Logistik die Produktion aufrechterhalten zu können, ist erst einmal nur ein Verstoß gegen die Inventarisierungsregeln eines Unternehmens. Aber daraus können schnell Gesetzesverstöße werden, wenn aufgrund großer illegaler Lager die Bilanzen eines börsennotierten Unternehmens erheblich verzerrt werden. Das Verschenken einer Goldkette an die Repräsentantin einer Entwicklungsbank durch den staatlichen Kreditnehmer eines Entwicklungslandes kann erst einmal nur ein Verstoß gegen die formalen Regeln der eigenen Organisation sein, aber sehr schnell zu einem gerichtlich relevanten Korruptionsfall werden.

Letztlich kann alles, was in Organisationen geschieht, unter einem auch für Gerichte relevanten Aspekt betrachtet werden. Wenn eine Soldatin in einer Übung ums Leben kommt, gibt es keine Möglichkeit zu verhindern, dass Straf- und Zivilgerichte zur Prüfung von Verfehlungen der militärischen Organisation bemüht werden. Wenn ein Student eine schlechte Note in einer Prüfung bekommt, kann letztlich niemand ihn oder seine Eltern davon abhalten, vor einem Verwaltungsgericht den Prozess der Notengebung überprüfen zu lassen. Wenn eine Busfahrerin einen Unfall verursacht, hat eine Versicherung alle Möglichkeiten zu versuchen, die städtische Verkehrsgesellschaft mit Verweis auf »Organisationsfehler« in Haftung zu nehmen. Im Prinzip kann alles, was in einer Organisation getan oder nicht getan wird, nachträglich als eine Entscheidung rekonstruiert und damit rechtlich relevant gemacht werden (siehe dazu Geser 1990).

Schwierigkeiten der Abgrenzung zwischen Verstößen gegen staatliche Gesetze und formale Regeln

Die Ursache für diese Schwierigkeiten der Abgrenzung zwischen staatlichen Gesetzen und organisationalen Regeln liegt in der Ausweitung des staatlichen Rechts auf Organisationen. Schon das Prinzip moderner Organisationen basiert auf der rechtlichen Regulierung des Status von Organisationsmitgliedern. Nicht nur der Eintritt in die und der Austritt aus der Organisation, sondern auch die Versetzung innerhalb der Organisation sowie die Veränderung von Anforderungen können jederzeit zum Anlass arbeitsrechtlicher Auseinandersetzungen gemacht werden. Schließlich kann niemand die Organisation – und wichtiger noch – jedes einzelne Organisationsmitglied daran hindern, prüfen zu lassen, ob die an sie gestellten formalen Anforderungen legal sind oder nicht.

Dabei spielt eine wichtige Rolle, dass viele gesetzliche Vorgaben durch formale Regeln in Organisationen überhaupt erst aktualisiert und spezifiziert werden. Organisationen können nicht davon ausgehen, dass ihre Organisationsmitglieder alle für ihre Tätigkeiten relevanten staatlichen Gesetze und Verordnungen in- und auswendig kennen. Wenn man sich nur vor Augen führt, dass die Rechtsnormen zur Regulierung von Finanzmärkten jedes Jahr um mehrere zehntausend Seiten zunehmen, wird deutlich, dass Banken und Versicherungen diese notgedrungen für ihre Mitarbeiter zunächst in einer Weise in formalstrukturelle Anforderungen übersetzen müssen, dass diese nicht »aus Versehen« dagegen verstoßen (siehe dazu prägnant Haldane 2012). Kurz: Organisationen befassen sich fortlaufend damit, wie sie allgemeine rechtliche Vorgaben für ihre Mitglieder so konkretisieren können, dass sie für den Fall eines Falles aufzeigen können, alles getan zu haben, um der staatlichen Rechtssetzung innerhalb der Organisation Geltung zu verschaffen.

Verschärft wird diese Situation noch dadurch, dass jedes Ereignis in einer Organisation Anlass von straf-, verwaltungs- oder zivilrechtlichen Auseinandersetzungen werden kann. Bei den Vorschriften zur Größe von Dichtungsringen beim Verlegen von Rohren handelt es sich erst einmal nur um interne Arbeitsvorschriften, sie werden aber unmittelbar strafrechtlich relevant, wenn es aufgrund von Gasaustritten zu einer Explosion in der Fabrik kommt (siehe dazu klassisch Perrow 1984). Die Genehmigung von Veranstaltungen durch städtische Verwaltungen ist eine alltägliche Routinetätigkeit, wird aber sofort nicht nur verwaltungs-, sondern besonders auch strafrechtlich relevant, wenn es bei einer Großveranstaltung zu einer Massenpanik kommt (siehe zu Verwaltungsdesastern Seibel et al. 2017). Organisationen sind nicht dagegen geschützt, dass rechtlich geprüft werden kann, inwiefern sie bei mehr oder minder großen Katastrophen aufgrund ungenügender formaler Vorkehrungen eine Schuld trifft (siehe dazu allgemein Kette 2014).

Die Bedeutung des Rechts in der modernen Gesellschaft

Dieser Prozess des Zugriffs des Rechtssystems auf Organisationen ist nichts Ungewöhnliches. Letztlich kann jeder Konflikt in einer Familie, jedes Aufeinandertreffen von Bewohnern eines Hauses, jede Auseinandersetzung auf der Straße Anlass einer gerichtlichen Auseinandersetzung werden, und Gerichte können sich der Beschäftigung damit nicht entziehen.[106] In der sozialwissenschaftlichen Forschung wird dieser Prozess als Verrechtlichung bezeichnet (siehe dazu allgemein Teubner 1987a).

Die weitgehenden Zugriffsmöglichkeiten des Rechtssystems finden ihre Parallelen in einer Vielzahl von Expansionsbestrebungen aus anderen gesellschaftlichen Teilbereichen (siehe dazu Luhmann 1997, S. 763; Nassehi 2002, S. 43f.). Es wird eine totale Ökonomisierung der Gesellschaft diagnostiziert, in der die Logik der kapitalistischen Wirtschaft alle Aspekte des Lebens erfasse (vgl. Kurbjuweit 2003, S. 11). Mit dem Begriff des Primats der Politik wird die Möglichkeit beschrieben, dass sich keine soziale Beziehung dem Zugriff einer politischen Regulierung entziehen kann (vgl. Beck 1996, S. 19ff.). Mit dem Begriff der Verwissenschaftlichung wird umschrieben, dass letztlich eine wissenschaftliche Expertokratie zunehmend alle Lebensbereiche zu kolonialisieren strebt (vgl. Illich 1979, S. 7ff.). Die Komplexitätsanforderungen von Organisationen entstehen maßgeblich dadurch, dass sie parallel durch entgegenlaufende Prozesse der Verrechtlichung, Ökonomisierung, Politisierung oder auch Verwissenschaftlichung erfasst werden.

Für Organisationen ist die Tatsache, dass es in der modernen Gesellschaft parallel zur Verrechtlichung auch zur Ökonomisierung, Politisierung und Verwissenschaftlichung kommt, wenig beruhigend. Im Gegenteil. Sie müssen nicht nur ökonomische, politische oder wissenschaftliche, sondern auch rechtliche Konsequenzen von Entscheidungen im Blick haben. Letztlich kann dabei jede organisationale Entscheidung zum Anlass von rechtlichen Auseinandersetzungen über die Legalität oder Illegalität der daraus resultierenden Praktiken werden. Die Grenzen zwischen formalen Erwartungen der Organisation und rechtlichen Erwartungen des Staates sind folglich viel fließender, als man es auf den ersten Blick vermutet.

3 Die schwierige Unterscheidung zwischen brauchbarer und unbrauchbarer Illegalität

»Von Lastern frei zu sein, wird nie was andres sein als Utopie. Stolz, Luxus und Betrügerei muss sein, damit ein Volk gedeih.«

Der im 18. Jahrhundert lebende Philosoph Bernard Mandeville in seiner Bienenfabel[107]

Irgendjemand profitiert immer von der Abweichung von formalen Regeln oder staatlichen Gesetzen.[108] Bei brauchbarer Illegalität und funktionalen Regelabweichungen hat die Organisation ihre Vorteile. Das streng genommen verbotene, aber in der Praxis nicht verfolgte Hinterziehen von Steuern durch Internetkonzerne, das bestenfalls halblegale Ausplündern von Kunden durch Banken oder die Sprengstoffanschläge durch terroristische Gruppen mögen für die Bürger eines Staates, die Kunden einer Bank oder die Opfer eines Anschlages Nachteile mit sich bringen. Den Organisationen verschafft all dies aber erst einmal unmittelbare Vorteile. In vielen Fällen ziehen jedoch auch einzelne Organisationsmitglieder persönliche Vorteile aus illegalem Verhalten. Schließlich kann das Hinterziehen von Steuern, das Ausrauben von Bankkunden oder ein religiös motivierter Selbstmordanschlag dem Steuerhinterzieher, Räuber oder Attentäter unmittelbare Vorteile in Form von Steuerersparnissen, Geldeinnahmen oder im Paradies vorzufindenden Jungfrauen bringen.[109]

In Organisationen wird deswegen sehr genau beobachtet, wem die Regelabweichungen und Gesetzesbrüche zugutekommen.[110] Schließlich macht es für Organisationen einen grundlegenden Unterschied, ob von einer Steuerhinterziehung vorrangig sie selbst oder im Gegenteil das Organisationsmitglied profitiert, ob die Bank oder die Bankkunden ausgeplündert werden oder ob Mitglieder oder Gegner der Organisation einem Sprengstoffanschlag zum Opfer fallen. In dem einen Fall handelt es sich um Regelabweichungen, die von Organisationsmitgliedern zum Wohl der Organisation vorgenommen werden, um die Handlungen von »honest crooks« – ehrlichen Gaunern –, die wegen der Verletzung organisationseigener Regeln zumindest die Kündigung riskieren oder bei Verstößen gegen Gesetze sogar strafrechtliche Verfolgung. Im anderen Fall handelt es sich um Regelabweichungen, bei denen Mitarbeiter aus selbstsüchtigen Motiven der Organisation schaden (so z. B. Punch 1996, S. 2).[111]

Nachdem in der Forschung über Regelabweichungen mit dem Zentralbegriff der White-Collar-Kriminalität die Frage, wem dies nutzt, lange Zeit undifferenziert betrachtet wurde, wird in der Forschung über Illegalitäten in Organisationen zunehmend genauer beobachtet, wer davon profitiert (so prominent Coleman 1987, S. 406; siehe aber auch z. B. Palmer und Moore 2016, S. 205).[112] Es wird zwischen »Corporate Crimes«, Gesetzesverstößen zum Nutzen der Organisation, und »Occupational Crimes«, Regelabweichungen, die lediglich einzelnen Organisationsmitgliedern zugutekommen, unterschieden (Clinard und Quinney 1973). Bei Verwaltungen werden »State-organized Crimes«, also Fälle von für den Staat brauchbarer Illegalität, von Gesetzesverstößen unterschieden, bei denen Staatsbedienstete ihre Positionen für eigene Vorteile ausnutzen (siehe Chambliss 1989; Friedrichs 2010). Bei der Polizei werden Regelabweichungen, die dazu dienen, den Job besser zu machen, von Verstößen, die der persönlichen Bereicherung von Polizisten dienen, abgegrenzt (für einen Überblick siehe Barker und Carter 1994).[113]

Auf den ersten Blick könnte man davon ausgehen, dass man bei Regelverletzungen einfach feststellen kann, ob es darum geht, sich auf Kosten der Organisation einen eigenen privaten Nutzen zu verschaffen oder ob es sich um eine Regelabweichung zum Wohl der Organisation handelt. Wenn Manager Banken benutzen, um Sparer um ihre Geldanlagen zu bringen (siehe dazu Calavita und Pontell 1993) oder Politiker mit überhöhten Einkaufspreisen und fiktiven Rechnungen eine Stadt finanziell ausnehmen, fällt es schwer, den Nutzen für die Sparkassen oder die Stadtverwaltung zu erkennen (siehe z. B. Fallstudien in Miller 1992). Wenn Manager Banken dadurch zu retten versuchen, dass sie Bilanzen manipulieren oder Politiker mit großzügigen Interpretationen des Baurechts ein Großprojekt fristgerecht fertigstellen wollen, kann man erst einmal davon ausgehen, dass es sich um Regelabweichungen handelt, die der Organisation Vorteile verschaffen sollen.

Auf den zweiten Blick wird jedoch deutlich, dass bei vielen Regelabweichungen nicht klar zu unterscheiden ist, ob sie für die Organisation brauchbar sind oder den Mitgliedern der Organisation nützen. Denn in vielen Fällen kann die Regelabweichung sowohl für die Organisation – oder zumindest für einzelne Abteilungen – als auch für einzelne Mitglieder von Vorteil sein. Zum Beispiel wenn als übertrieben wahrgenommene Arbeitssicherheitsmaßnahmen umgangen werden, was der Organisation Effizienzgewinne bringt und einzelnen Mitgliedern persönlich nutzbare Zeitpuffer verschafft.

Der Eigennutz Einzelner bei Regelabweichungen ist differenzierter zu betrachten, als es die schnelle Verdammung von Regelabweichung zum persönlichen Vorteil nahelegen mag. Wie sind zum Beispiel Schmiergeldzahlungen durch die Mitarbeiter großer Elektronikkonzerne einzuschätzen, bei denen die Mitarbeiter zwar keine Gelder abgezweigt haben, aber aufgrund ihrer Vertriebserfolge deutlich höhere Prämienzahlungen durch die Organisation erhalten? Wie sollte man Insiderhandel von Banken beurteilen, bei dem zwar erst einmal die Bank auf Kosten von anderen Anlegern profitiert, aber auch die Händler der Bank ihren Schnitt machen? Wie den Fall einordnen, wenn ein ehemaliger Vorstandsvorsitzender eines Energiekonzerns seinen Posten als Vizepräsident eines Staates ausnutzt, um die Energiepolitik der Regierung »konzernfreundlicher« werden zu lassen?[114] Gerade die Grauzonen zwischen für die Organisation brauchbarer und unbrauchbarer Illegalität sind interessant.

3.1 Auf der Suche nach persönlichen Vorteilen – Unterschlagung, Korruption, Arbeitsverweigerung

In Organisationen ist man sich schnell einig, welche Regelabweichungen für Organisationen unbrauchbar sind – nämlich solche, die Mitarbeiter begehen, um sich auf Kosten der Organisation in verbotener Art und Weise persönliche Vorteile zu verschaffen. Man denke an das Stehlen von Kitteln durch Krankenschwestern und Pfleger, um daraus zu Hause Shorts oder Putzlappen zu machen (Dabney 1995, S. 320). Man erinnere sich an die Tricks, mit denen Stewardessen und Stewards aus den Flugzeugen verbotenerweise Getränke und Essen mitnehmen, indem sie sich den Kauf von Kollegen bescheinigen lassen und die Bescheinigung dann zerreißen, wenn sie beim Verlassen des Flughafens nicht kontrolliert werden. Oder man schaue sich die Raffinesse an, mit denen es Blackjack-Dealern in Kasinos gelingt, trotz strikter Regeln bezüglich des Umgangs mit Kunden und trotz genauer Videoüberwachung Spieler, die großzügige Trinkgelder geben, zu bevorteilen (Sallaz 2009).

Verschiedene Möglichkeiten, Vorteile aus einer organisatorischen Tätigkeit zu ziehen

Regelabweichungen zum eigenen Vorteil der Organisationsmitglieder werden in der Forschung als »Verbrechen gegen die Bürokratie« bezeichnet (Smigel und Ross 1970). Es wird zugestanden, dass Organisationen in Form mafiöser Vereinigungen, terroristischer Gruppierungen, marodierender Armeen oder korrupter Sportverbände selbst zu Tätern werden können, aber es wird zugleich herausgestellt, dass viele Illegalitäten der Organisationsmitglieder auf Kosten der Organisation gehen.

Die betrogene oder beraubte Organisation wird selbst zum Opfer von Illegalität, kann aber – anders als betrogene oder beraubte Personen – häufig nicht auf das ausgeprägte Mitleid der allgemeinen Öffentlichkeit hoffen (Smigel und Ross 1970, S. 4f.). Im Gegenteil – nicht selten entstehen außerhalb der Organisation Sympathien für Personen, denen es gelingt, der mächtigen Großorganisation ein Schnippchen zu schlagen und auf deren Kosten einen Vorteil zu erzielen. Man muss sich nur die Literatur mit Figuren wie dem Hauptmann von Köpenick (Zuckmayer 2004), dem braven Soldaten Schwejk (Hašek 1960) oder dem vermeintlichen Pan-Am-Piloten, falschen Oberarzt und Scheckbetrüger Frank Abagnale (2000) ansehen.[115]

Es gibt verschiedene Möglichkeiten, sich illegal Vorteile zu verschaffen. Eine besteht in der Unterschlagung von Material der Organisation. Das kann die verbotene Nutzung von Telefonen, Kopierern oder Werkzeugen für private Zwecke sein oder der illegale Verkauf von Materialien zum Zwecke der persönlichen Bereicherung.[116] Solche Unterschlagungen reichen vom verbotenen Verzehr eines für den Abfall vorgesehenen Brötchens durch das Service-Personal eines Restaurants über das private Zweitgeschäfte mit Ressourcen der Organisation bis hin zum Verkauf ganzer Waffensysteme von Armeeangehörigen auf dem Schwarzmarkt (siehe zum Entwenden von Materialien in Organisationen z. B. Tucker 1989).[117]

Eine andere Möglichkeit ist der Einsatz korrupter Praktiken zur persönlichen Bereicherung. Dabei nutzt ein Organisationsmitglied seine Tätigkeit an der Grenzstelle einer Organisation aus, um sich persönliche Vorteile zu sichern. Dabei kann es sich um den Einkäufer eine Unternehmens handeln, der bei der Vergabe eines Auftrages dafür sorgt, dass »kick backs« auf sein privates Konto fließen, um Angestellte staatlicher Verwaltungen, die für eine beschleunigte Bewilligung von Sozialhilfe-, Bau- oder Visaanträgen ihnen persönlich zugutekommende Geldzahlungen verlangen oder um Polizisten, die gegen eine kleinere oder auch größere Gefälligkeit von einer Strafverfolgung absehen. Anders als bei Unterschlagungen, die von einem Organisationsmitglied allein vorgenommen werden kann, basiert Korruption *immer* auf einer Kooperation in Form eines unmoralischen, in vielen Fällen auch verbotenen Tauschs mit einem Organisationsexternen (Neckel 1995).[118]

Eine weitere Variante ist die Schaffung von formal verbotenen Arbeitserleichterungen in der Organisation. Meistens wird beim Einkauf von Arbeitskraft der formale Rahmen festgelegt, in denen sich Mitarbeiter bewegen können: Beginn und Ende der Arbeitszeit, Regeln für Arbeitspausen, Verrichtung von persönlichen Tätigkeiten in der Arbeitszeit oder krankheitsbedingte Abwesenheiten. Entgegen dem Regelwerk können sich Organisationsmitglieder illegal persönliche Vorteile verschaffen, indem sie verspätet zur Arbeit kommen, früher gehen, die Pausen ausdehnen, die Arbeitszeit für persönliche Aktivitäten wie Börsenspekulationen, Pflege von Internetfreundschaften oder Drogenkonsum nutzen oder krankheitsbedingte Abwesenheiten simulieren.[119]

Regelabweichung durch Einzelne, Gruppen von Personen oder alle Organisationsmitglieder

Die Schaffung illegaler Vorteile auf Kosten von Organisationen kann durch Einzelne stattfinden. In der Literatur werden sie als Falken oder Geier bezeichnet. Bei Falken handelt es sich um Organisationsmitglieder, die häufig ganz selbstverständlich davon ausgehen, dass ihre besondere Leistung durch Belohnungen, notfalls auch am Rande der Legalität, vergütet wird; diese Haltung findet sich nicht selten bei Journalisten, Vertriebsmitarbeitern oder Investmentbankern (siehe dazu Mars 1982, S. 40ff.; Mars 2013, S. 39f.). Bei Geiern handelt es sich um einzelne Organisationsmitglieder, die zwar mit anderen Organisationsmitgliedern kooperieren, um sich an der Organisation zu bereichern, die aber, sobald die »Beute erlegt« ist, versuchen, sich – auch auf Kosten der Kollegialität – die Beute anzueignen. Es handelt sich dabei häufig um Handwerker, Arbeiter oder Ausfahrer, die die vielfältigen Möglichkeiten, sich kleine oder auch größere Vorteile auf Kosten der Organisation zu verschaffen, ausnutzen (siehe dazu Mars 1982, S. 108ff.; Mars 2013, S. 41).

Häufig finden sich aber auch Gruppen von Personen, die verabreden, sich an der Organisation zu bereichern. Es handelt sich dabei um Beutegemeinschaften oder Cliquen, die gemeinsam auf Kosten der Organisation persönliche Vorteile erzielen. In der Literatur werden sie als Wolfsrudel bezeichnet. Solche Gruppen weisen nicht selten informale Führer und starke Solidarität untereinander auf, wenn sie bei der Bereicherung auf Kosten der Organisation eng miteinander kooperieren. Man denke nur an Teams von Müllmännern in der Abfallwirtschaft, Entladeteams in Häfen und Lagern oder an Polizisten einer Wache, die Verhaftungen bevorzugt kurz vor Dienstschluss vornehmen, um finanziell lukrative Überstunden zu generieren (siehe dazu Mars 1982, S. 89ff.; Mars 2013, S. 40).[120]

Es gibt aber auch Organisationen, in denen sich fast alle Mitglieder auf Kosten der Organisation bereichern. Aus Bergbauunternehmen ist bekannt, dass von der Personalabteilung geduldet wird, wenn ein informaler Sonderurlaub für Mitarbeiter mit der Bemerkung »Krank ohne Krankenschein« in der Schichtplanung eingetragen wird. In einigen Organisationen ist die informale Abwesenheit von Personal so in die Erwartungshaltung eingebaut, dass die Anwesenheit des gesamten Personals ein Problem für die Organisation darstellt. In der Forschung ist die Rede von »Organisationen korrupter Individuen« (Pinto et al. 2008, S. 688).

Regelabweichungen auf verschiedenen Ebenen der Organisation

Wir wissen, dass sich Regelabweichungen in allen funktionalen Bereichen und auf allen hierarchischen Ebenen von Organisationen finden lassen. So lassen sich Regelverletzungen aus Eigennutz in Forschung und Entwicklung, im Ein- und Verkauf, in der Produktion oder der Personalverwaltung und im Qualitätsmanagement beobachten. Und es ist bekannt, dass Regelabweichungen aus Eigennutz bei Spitzenmanagern der obersten Hierarchieebene, beim mittleren Management, bei den Vorarbeitern und Teamleitern der untersten Führungsebene und bei Mitarbeitern der untersten Hierarchieebene vorkommen (siehe dazu Wardi und Weitz 2004, S. 4).

Auffällig ist, wie sehr dabei differenziert wird, je nachdem, ob die Personen, die Illegalitäten aus Eigennutz begehen, in der Organisation »unten« oder »oben« stehen (siehe dazu Horning 1970). Wenn es sich um Personen auf den unteren Hierarchiestufen handelt, ist die Rede von »Kriminalität am Arbeitsplatz«, »Arbeitsplatz-Devianz« oder »kontraproduktivem Arbeitsverhalten«.[121] Wenn es sich um Personen der oberen Hierarchiestufen handelt, ist von »upper world crimes«, Oberschichtenkriminalität (Morris 1934,

S. 153f.), von »suite crimes«, Kriminalität in Business-Räumlichkeiten, oder von der »white collar criminality«, Kriminalität der Personen mit den weißen Hemdkragen die Rede.[122]

Bei der Begriffswahl wird deutlich, wie stark der Organisationsfokus von einem an Klassenunterschieden ausgerichteten Fokus überlagert wird.[123] Mit dem Begriff »crimes of the upper world«, »suite crime« oder »white collar crime« soll darauf aufmerksam gemacht werden, dass Gesetzesverstöße eben nicht nur von Mitgliedern der verarmten »unteren Klassen«, sondern auch von Mitgliedern der »oberen Klassen« begangen werden. Deren Regelverstöße würden aber nicht in der gleichen Weise verfolgt werden, weil Personen aus den oberen Klassen in der Lage seien, sich arbeitsrechtlichen Sanktionen oder polizeilichen Strafverfolgung zu entziehen und selbst, wenn sie ertappt werden, vor Gericht milder behandelt werden (Sutherland 1983, S. 5ff.).[124]

Die Organisation wird dabei entweder Opfer ihrer Mitglieder, oder sie wird von ihren Mitgliedern benutzt, um sich auf verbotene Weise persönliche Vorteile zu verschaffen. Statt wie Straßenkriminelle Pistolen oder Messer als Mittel für ihre Verbrechen einzusetzen, nutzen die Verbrecher hier die Organisation als Instrument (Wheeler und Rothman 1982, S. 1406; nach Punch 1996, S. 214).

3.2 Illegale Lösungen für das Motivationsproblem

Während man bei einzelnen Regelabweichungen zum Nutzen der Organisation teilweise mit großem Verständnis in Organisationen rechnen kann, findet man für Regelabweichungen, die lediglich dem persönlichen Nutzen dienen, innerhalb der Organisation kaum Verständnis.[125] Man mag bei der einen oder anderen Gelegenheit kleinere Möglichkeiten zur persönlichen Vorteilsnahme in der eigenen Organisation nutzen; werden diese Fälle bekannt, kann man in der Organisation kaum mit sozialer Unterstützung rechnen. Vielmehr heißt es dann, dass die alltäglichen Unterschlagungen, die epidemische Korruption und die systematische Arbeitsverweigerung die Leistungsmoral in der Organisation untergraben (siehe dazu Höffling 2002, S. 13).

Aber wenn man genau hinschaut, erkennt man, dass in vielen Organisationen akzeptiert wird, wie sich Mitarbeiter auf illegale Weise kleine persönliche Vorteile verschaffen. Man denke nur an die Duldung der eigentlich verbotenen Nutzung von Diensttelefonen, Dienstfahrzeugen oder Dienstwerkzeugen für den privaten Gebrauch, an das weitgehend akzeptierte Nutzen von Dienstkopierern für private Zwecke oder die tolerierte Nutzung des Internets während der Arbeitszeit, um Facebook-Freundschaften zu pflegen, sich über die politische Weltlage zu informieren oder das private Börsenportfolio zu optimieren.

Was sind die Gründe für diese Duldung eigentlich verbotener persönlicher Vorteile? Kann es für Organisationen vielleicht in einzelnen Fällen funktional sein, dass sich Mitarbeiter durch Unterschlagungen, Diebstahl oder Arbeitsentzug persönliche Vorteile verschaffen?

Zum Motivationsproblem von Mitarbeitern

In den meisten Organisationen – man denke nur an Unternehmen, Verwaltungen oder Armeen – wird man nicht Mitglied, weil einem die Zwecke der Organisation so förderungswürdig erscheinen oder die in der Organisation angebotenen Tätigkeiten so attraktiv sind. Die Fließbandmontage von Kühlschränken, der Verkauf von Versicherungspolicen, die Bearbeitung von Asylanträgen oder das Exerzieren auf einem Kasernenhof haben jedenfalls für die meisten Personen keinen so hohen Befriedigungsgehalt, dass sie ohne äußeren Anreiz einen erheblichen Teil ihres Tages mit diesen Tätigkeiten verbringen würden.[126]

Organisationen setzen deswegen ein bewährtes Mittel ein, um Organisationsmitglieder für eher unattraktive Tätigkeiten zu motivieren – Geld. Der Vorteil von Geld liegt in der hohen Flexibilität bei der Herstellung von Motivation (Luhmann 1964b, S. 94ff.). Durch Geldzahlungen können Mitglieder veranlasst werden, unterschiedliche Tätigkeiten auszuüben – unabhängig davon, wie attraktiv sie sind. Selbst für Aufgaben wie das Reinigen von ölverseuchten Stränden, das Kopieren von dicken Büchern oder die Bearbeitung von Baugenehmigungen können Personen motiviert werden, vorausgesetzt, die Organisation ist bereit, ihre Mitglieder dafür zu bezahlen.

Dabei müssen Mitglieder nicht durch Geldzahlungen für jede Handlung einzeln motiviert werden. Eine Chefin muss ihre Assistenten nicht für jeden abgestimmten Termin, für jede erstellte Folienpräsentation oder für jeden geschriebenen Brief gesondert entlohnen, sondern sie geht davon aus, dass all diese Tätigkeiten im Rahmen der monatlichen Gehaltszahlung abgegolten werden. Ein Unteroffizier muss seine Soldaten nicht für jede ordentlich geputzte Waffe, jedes korrekt gemachte Bett oder jeden erfolgreich durchgeführten Gewaltmarsch vergüten, sondern geht davon aus, dass seine Anweisungen befolgt werden, solange die Soldaten Interesse daran haben, in der Armee zu verbleiben. In der Organisationswissenschaft wird dieser Prozess als Generalisierung der Mitgliedschaftsmotivation bezeichnet (Luhmann 1964b, S. 93ff.).

Sicherlich – die über Geld geschaffene Indifferenzzone von Mitarbeitern gegenüber organisatorischen Erwartungen kann nicht beliebig ausgeweitet werden. Die meisten Mitarbeiter in der öffentlichen Verwaltung sind nicht bereit, körperliche Gewalt gegen Klienten anzuwenden, die meisten Mitarbeiter in klassischen Produktionsunternehmen würden sich weigern, eine Woche ohne jede Pause durchzuarbeiten, und auch Soldaten sind nicht bereit, alles zu tun, was die Militärführung von ihnen verlangt. Aber in den meisten Fällen ist die Indifferenzzone der Mitarbeiter ausreichend groß, damit Organisationen Mitarbeiter mit sehr unterschiedlichen Anforderungen konfrontieren können.

Für die Organisation hat das einen großen Vorteil. Man kauft Leistungen – die Arbeitskraft ihrer Organisationsmitglieder – pauschal ein und erspart sich dadurch die Notwendigkeit, dass jede einzelne Aktivität erfasst und vergütet werden muss. Man geht einfach davon aus, dass die Mitarbeiter im Rahmen der Lohn- und Gehaltszahlung das erfüllen, was von ihnen erwartet wird.

Das Problem der Übersetzung in reale Arbeitsleistungen

Bei der Motivation von Organisationsmitgliedern mithilfe von Geldzahlungen gibt es jedoch ein Problem. Die Entlohnung von Mitarbeitern stellt erst einmal nur sicher, dass diese zu einer bestimmten Zeit in der Organisation anwesend und verfügbar sind. Aber die Organisation erwirbt damit noch keinen steuernden Zugriff auf das Verhalten der Mitarbeiter in dieser Zeit. Anders als bei Maschinen kann die Organisation bei eingekaufter Arbeitskraft nicht davon ausgehen, dass diese sich reibungslos in den Arbeitsprozess einordnen lässt (vgl. Braverman 1974, S. 57; Friedman 1977, S. 78; Berger 1999, S. 155).

In der Forschung wird dieses Problem aus unterschiedlichen theoretischen Perspektiven beschrieben. Marxisten sprechen davon, dass der Einkauf von Arbeitskraft durch den Kapitalisten nicht gleichbedeutend mit der realen Nutzung der Arbeitskraft durch das Kapital ist (vgl. Marx 1962, S. 532f.). Systemtheoretiker reden von dem Problem, dass die Mitgliedschaftsmotivation – also die Motivation zum Eintritt und Verbleib in der Organisation – nicht automatisch zu einer Leistungsmotivation – die Erbringung der von der Organisation erwarteten Leistung – führt (Luhmann 1975, S. 104ff.). Und Institutionenökonomen sprechen von dem Problem, dass der Prinzipal an der Spitze der Organisation nur begrenzt in der Lage ist, sicherzustellen, dass die mit Geld eingekauften Agenten auch faktisch im Sinne der Organisation tätig werden (Saam 2002, S. 28ff.).

In Organisationen wird deswegen ein hohes Maß an Kreativität entwickelt, um dieses Problem der Übersetzung von Mitgliedschaftsmotivation in Leistungsmotivation in den Griff zu bekommen. Mitarbeiter am Fließband bekommen Akkordprämien, wenn sie überdurchschnittliche Leistungen erbracht haben. Vertriebsmitarbeiter werden dafür belohnt, wenn sie außergewöhnlich viele Produkte verkaufen. Professoren bekommen im Rahmen von leistungsorientierter Mittelzuweisung für jeden publizierten Artikel oder jedes eingeworbene Drittmittelprojekt eine kleine finanzielle Belohnung. Die Vorstellung ist, dass man die Arbeitskraft von Mitarbeitern besser nutzen kann, wenn man diese nicht nur pauschal bezahlt, sondern zusätzlich für genau definierte Leistungen entlohnt.

Die Grenzen dieser formalisierten Leistungsanreize werden jedoch schnell deutlich. Die Kriterien zur Erreichung von Leistungsprämien müssen im Voraus genau definiert werden. Das Leistungssystem muss soweit verallgemeinert und objektiviert werden, dass alle Mitarbeiter Zugang zu diesen Prämien haben. Und häufig ist auch die Zustimmung der Mitarbeitervertretung zu diesen Prämienzahlungen nötig. Das System der Leistungsanreize wird dadurch zwangsläufig so statisch, dass es sich bestenfalls für hochstandardisierte Arbeitsprozesse wie die Arbeit am Fließband, den Verkauf von Produkten oder – so jedenfalls die Vorstellung einiger Universitätsleitungen – für das Schreiben von wissenschaftlichen Fachartikeln eignet.[127]

Wie lassen sich die Nachteile solcher formalisierter Leistungsanreizsysteme vermeiden?

Subtile Belohnungsmechanismen

Eine Möglichkeit besteht darin, informale Belohnungssysteme für besondere Leistungen der Mitarbeiter zuzulassen. Wir kennen unterschiedlichste Organisationen, in denen informale Belohnungsmechanismen von Vorgesetzten nicht nur geduldet, sondern häufig sogar befördert werden. De jure sind dies arbeits- und strafrechtlich relevante Formen von Unterschlagung, Bestechung, Betrug oder Vergewaltigung, de facto gleichzeitig aber auch nicht selten effiziente informale Gratifikationssysteme der Organisation (Dalton 1959, S. 208).

Eine Variante für diese informalen Belohnungssysteme besteht in der kontrollierten Duldung von Unterschlagungen und Diebstahl. Man denke an die teilweise ausgeklügelten Systeme, mit denen in Häfen, Hospitälern oder Kaufhäusern Produkte als beschädigt deklariert werden, damit diese günstig oder unentgeltlich von besonders verdienten Mitarbeitern erworben werden können. Man denke an die Kellner in Restaurants, deren kleine Tricksereien an der Kasse, die von ihnen – aber nicht selten auch von ihren Vorgesetzten – als Teil ihres Lohns betrachtet werden. Oder man denke an Zeitungsredaktionen, in denen lange Zeit die Regel galt, dass eine »gute Geschichte« durch besonders großzügige Aufwandsentschädigungen belohnt wird.[128]

Eine andere Variante subtiler Belohnungen ist die Duldung von verschiedenen Formen von Korruption. Das kann die geduldete Aneignung von Bestechungsgeldern, die Erwartung größerer Geschenke oder die Duldung der Annahme sexueller Dienstleistungen sein. So wissen wir von vielen Organisationen, dass Vorgesetzte in begrenztem Rahmen die Annahme kleinerer Annehmlichkeiten von Kunden oder Zulieferern dulden oder dass Kommandeure trotz ausdrücklichen Verbotes der obersten Heeresleitung die sexuellen Beziehungen von Soldaten zu Einheimischen dulden, wenn sie den Eindruck haben, dass Erstere bei der Tötung von gegnerischen Soldaten – oder auch Zivilisten – ihr Soll übererfüllen (vgl. zum extremeren Fall der Duldung sexueller Gewalttaten von deutschen Soldaten in der Sowjetunion Mühlhäuser 2010).

Eine weitere Variante ist die Duldung von Abwesenheiten. Unter Bergarbeitern bildet sich die Erwartung aus, dass in der Zeit unter Tage hart angepackt wird – auch über die formalen Vorgaben hinaus – und man sich nach drei oder vier Tagen harten Arbeitens einen eigentlich nicht vorgesehenen freien Tag genehmigen kann, an dem man sich gemeinsam betrinkt (vgl. Gouldner 1954b). In Unternehmen, die verdienten Mitarbeitern aufgrund von konzernweiten Richtlinien nicht mehr bezahlen können, gibt es die Strategie, diesen vertragswidrig freie Arbeitstage zuzugestehen, um sie nicht als Mitarbeiter zu verlieren (Dalton 1959, S. 204).

3.3 Der Charme informaler Entlohnungen in Organisationen

Man fragt sich, warum man die Belohnungsstruktur nicht einfach formalisiert. Gerade an der Spitze der Organisation kann man ja erkennen, dass sich Organisationsmitglieder vielfältige Privilegien nicht nur in Form von hohen Gehältern, sondern auch durch die Nutzung firmeneigener Fahrzeuge für private Zwecke, durch firmenfinanzierte Freizeitmöglichkeiten für die ganze Familie oder Zugang zu Sport-Events auf legalem Wege zugestehen. Was läge also näher, als für alle Mitglieder die vielfältigen informalen Belohnungsmechanismen zu formalisieren?

Gründe für informale Belohnungen

Ein Grund für die Beibehaltung informaler Entlohnung ist, dass eine Beförderung oder eine höhere Entlohnung häufig formal nicht durchsetzbar ist (Dalton 1959, S. 198). In vielen Organisationen sind wegen des pyramidenartigen Aufbaus die Aufstiegsmöglichkeiten begrenzt. Es stehen nicht ausreichend Stellen zur Verfügung, um Leistungsträger zu befördern. Gleichzeitig sind aber auch die Möglichkeiten, Gehälter für Personen auf einer bestimmten Hierarchiestufe zu erhöhen, begrenzt. In solchen Fällen können informale Formen von Belohnung eingesetzt werden, um diese Leistungsträger nicht zu verlieren.

Ein anderer Grund liegt darin, dass Organisationsmitglieder für besonders unattraktive Tätigkeiten motiviert werden müssen (Dalton 1959, S. 198). In jeder Organisation gibt es Aufgaben, für die nur schwer Personal zu finden ist. Man denke nur an Tätigkeiten in der für den Rostschutz wichtigen Galvanik in der Automobilzulieferindustrie, an die Reinigungstätigkeiten in Bussen und Zügen oder an die Löschung von Kinderpornographie bei den Internetbetreibern von sozialen Netzwerken. Hier bilden sich nicht selten inoffizielle Deals aus, dass Mitarbeiter Werkzeuge für private Zwecke verwenden können, dass sie sich von Kunden liegen gelassene Gegenstände aneignen dürfen oder sich formal nicht erlaubte Arbeitserleichterungen herausnehmen können, wenn sie nur die Aufgaben zur Zufriedenheit der Organisation erledigen.

Manchmal geht es dabei gar nicht so sehr nur um kleinere illegale Vergünstigungen und Erleichterungen, sondern um die Anreicherung der Arbeit mit zusätzlicher Spannung. Wenn Mitarbeiter anfangen, sich bei der

Arbeit zu langweilen, nutzen sie kleinere Diebstähle, das Erschleichen von Vorteilen im Kundenkontakt und das Erschummeln von Arbeitserleichterungen, um ihre Arbeit wieder interessanter zu machen. Durch das Tun von Verbotenem bekommt die Arbeit einen Thrill, den Lawrence R. Zeitlin (1971, S. 24) als eine Art selbstorganisierter Arbeitsanreicherung bezeichnet. Durch spielerische Abweichungen und Bereicherungen auf Kosten der Organisation, geben Organisationsmitglieder ihrer Arbeit wieder einen Sinn.[129]

Nicht zuletzt wird informale Entlohnung eingesetzt, wenn Mitglieder für offiziell verbotenes Verhalten motiviert werden müssen. Man denke beispielsweise an Fälle, in denen der Vorstand mit kreativen Finanzinstrumenten wie den berüchtigten Special Purpose Entities die Bilanzen fälscht und sich für diese Leistung – abgesegnet durch die Wirtschaftsprüfungsgesellschaft – als Geschäftsführer der Entities zusätzlich Millionen auszahlen lässt.[130] Mitglieder eines Organisationskomitees für eine Fußballweltmeisterschaft bekommen dann Provisionen in der Höhe von mehreren Hunderttausend Euro nicht nur für die Vermittlung von rechtlich legalen Sponsoring-, Werbe- und Finanzierungsverträgen, sondern besonders für den illegalen Stimmenkauf bei Fußballfunktionären. Oder man denke an die SS-Männer, Ordnungspolizisten oder Wehrmachtssoldaten, die sich während der NS-Zeit an ihren jüdischen Opfern bereichert haben, was zwar offiziell bei Todesstrafe verboten war, aber noch im Graubereich des Erlaubten lag und von ihren Vorgesetzten geduldet wurde, weil diese Tötungsaufgaben als belastend definiert waren. Solche Formen von brauchbarer Illegalität können allein schon deswegen nicht offiziell entlohnt werden, weil dadurch die illegalen Praktiken bekannt würden (Dalton 1959, S. 215).

Vorteile informaler Belohnungen

Informale Belohnungen bringen offensichtliche Vorteile mit sich. Die formale Struktur von Organisationen ist »tauschfeindlich« gebaut. Mitarbeiter werden von Organisationen in der Regel durch einen Pauschallohn vergütet und können nicht erwarten, dass sie für jede Handlung zusätzlich von Kollegen, Vorgesetzten oder Untergebenen be- oder entlohnt werden (vgl. Luhmann 1964b, S. 288ff.). Ein Kollege, der eine Information nicht wie formal vorgeschrieben an eine Kollegin weitergibt, sondern die Informationsweitergabe gern als persönlichen Gefallen wahrgenommen sehen möchte, würde bei der Kollegin Irritationen hervorrufen.

Tausch spielt aber bei der Durchsetzung informaler Erwartungen eine zentrale Rolle. Selten findet dieser Tausch in Organisationen unmittelbar statt. Direkte Deals etwa in der Form »Du erlaubst mir jetzt das Rauchen in meinem Büro, dafür bleibe ich heute länger« sind eher die Ausnahme. Stattdessen wird davon ausgegangen, dass sich das informale Entgegenkommen gegenüber einem Kollegen, einem Vorgesetzten oder einem Untergebenen später schon auszahlen wird (vgl. Luhmann 2002b, S. 44). Man pflastert den kleinen Dienstweg mit Gefälligkeiten und hofft, dass der andere seinen Teil zur Wegpflege beiträgt. Die Duldung von Unterschlagungen, Korruption und Arbeitserleichterungen ist eine billige Möglichkeit, die Loyalität von Organisationsmitgliedern zu erhalten (Martin 1962, S. 115).[131]

Letztlich ist dies für die Seite, die in Vorleistung geht, riskant. Man kann nie sicher sein, ob das eigene Entgegenkommen vom Gegenüber durch Entgegenkommen honoriert wird. Wenn eine Mitarbeiterin bereit ist, bei wichtigen Aufträgen auch einmal über die gesetzliche Arbeitszeit hinaus in der Firma zu bleiben, kann sie hoffen, dass ihre Chefin beim gelegentlichen Zuspätkommen am Morgen beide Augen zudrückt. Sicher sein kann sie nicht. Wenn der Generalsekretär einer Partei beim Bekanntwerden illegaler Parteispenden für seinen Parteivorsitzenden den Kopf hinhält und zurücktritt, kann er darauf hoffen, dass er später durch einen Posten als Verteidigungs- oder Arbeitsminister belohnt wird, sicher ist das jedoch nicht. Diese Form von Leistungen, bei denen es keine Sicherheit gibt, dass Vorleistungen auch entgolten werden, basiert auf einer Haltung, die in der Literatur gefeiert wird: auf Vertrauen (vgl. dazu theoretisch immer noch maßgeblich Luhmann 1968, S. 48ff.).

3.4 Die Grenzen informaler Belohnungssysteme

Das Problem informaler Belohnungen besteht darin, dass alle Mitarbeiter sie in Anspruch nehmen möchten. In fast jeder Organisation gibt es die Tendenz, dass sich Mitarbeiter im Vergleich zu anderen schlechter behandelt fühlen. Wird jetzt beobachtet, dass andere Mitarbeiter durch Aneignung von Materialien, Entgegennahme von Geschenken oder die Schonung ihrer Arbeitskraft Vorteile erlangen, wächst das Verlangen nach vergleichbarer Belohnung. Aus diesen Gründen versuchen Organisationen, informale Belohnungssysteme einzuregulieren.

Sensibilitäten

Eine Form der Einregulierung ist eine Generalisierung der informalen Belohnung für alle Mitarbeiter. Es fällt auf, wie sensibel in Organisationen darauf geachtet wird, dass informale Belohnung nicht das Privileg weniger gut positionierter Mitarbeiter bleibt, sondern dass diese allen Leistungsträgern zugutekommen. Nicht selten gibt es in Organisationen Mechanismen, mit denen die informalen Belohnungen, die Mitarbeiter im Außendienst erzielen, mit den Mitarbeitern im Innendienst geteilt werden. Durch diese häufig fein austarierte Verteilung von informalen Vorteilen wird sichergestellt, dass Mitarbeiter die informale Belohnung nicht als unfair empfinden und sich insofern auch keine unschönen Verteilungskonflikte oder gar Beschwerden ergeben.

Eine andere Form der Einregulierung besteht in einem hohen Maß an Sensibilität dafür, auf wessen Kosten man sich individuelle Vorteile verschafft (siehe zur Problematik Robinson und Bennett 1995). Studien über Regelabweichungen in Restaurants, im Einzelhandel und in Krankenhäusern haben gezeigt, dass sehr genau unterschieden wird, ob sich Mitarbeiter auf Kosten der Organisation, auf Kosten der Kunden oder auf Kosten der anderen Mitarbeiter bereichern (siehe dazu z. B. Martin 1962, S. 82f.; Mars 1973, S. 201; Hawkins 1984b, S. 48f.). Am wenigsten scheint akzeptiert zu sein, wenn sich Mitarbeiter auf Kosten anderer Mitarbeiter bereichern – zum Beispiel in Form von Tricksereien bei der Verteilung von Prämien oder Trinkgeldern oder beim Diebstahl von Eigentum anderer (siehe dazu Horning 1970). Die persönliche Bereicherung durch Mitnahme von Organisationseigentum, Nutzung von Werkzeugen für private Zwecke oder durch Manipulation von Reisekostenabrechnungen wird noch am ehesten toleriert. Die Bereicherung auf Kosten von Kunden und Klienten zum Beispiel durch überhöhte Rechnungen, durch Tricksereien bei der Rückgabe von Restgeld oder Diebstahl von Eigentum wird als wenig legitim betrachtet, scheint aber Akzeptanz zu finden, wenn sich die Mitarbeiter in ihrer Leistung durch diese nicht ausreichend gewürdigt fühlen.

Eine weitere Form der Einregulierung ist die informale Verständigung über die Form illegaler Belohnungen. So wird im Hotel- und Gaststättengewerbe akzeptiert, dass man bei der Erstellung von Rechnungen und der Rückgabe von Quittungen trickst, aber das Bestehlen des Gastes gilt als Tabu (Mars 1973, S. 201). Bei der Aneignung von Waren durch Entladeteams am Hafen gilt es als legitim, sich bei den für den Verkauf bestimmten Gütern wie Whisky, Armbanduhren oder Radios zu bedienen, aber der Diebstahl von persönlichem Gepäck gilt als illegitim (Mars 1974, S. 224). Durch all diese Prozesse der Einregulierung wird sichergestellt, dass die Mitarbeiter den Bogen nicht überspannen.

Die Rolle von Kollegen, Vorgesetzten und Untergebenen

Genauso wenig, wie einzelne Mitarbeiter die ihnen formal zustehenden Gehälter, ihre offiziellen Arbeitszeiten und ihre amtlichen Stellenbeschreibungen selbst festlegen, können sie ihre informalen Belohnungen, inoffiziellen Arbeitszeiten und faktischen Arbeitsanforderungen selbst bestimmen. Sicherlich – es gibt Unterschiede. Die formalen Entlohnungen, die offiziellen Arbeitszeiten und amtlichen Stellenbeschreibungen werden durch Entscheidungen reguliert, können in den Akten nachgelesen und vor Gericht eingeklagt werden. Informale Entlohnungen, inoffizielle Arbeitszeiten und faktische Arbeitserleichterungen spielen sich dagegen eher langsam ein, werden nicht in den Akten festgehalten und können auch nicht vor Gericht durchgesetzt werden. Aber in beiden Fällen handelt es sich um die Ausbildung von Erwartungen, die nicht von einzelnen Mitarbeitern entschieden werden können.

Bei der Einregulierung informaler Entlohnung nehmen die unmittelbaren Kollegen eine wichtige Rolle ein. Sie achten darauf, dass sich die Gewährung von Vorteilen an generalisierten Gerechtigkeitsnormen orientiert. Aber auch Vorgesetzte spielen bei der Einregulierung eine wichtige Rolle, weil sie über mehr oder minder subtile Zeichen signalisieren, wo die Grenzen informaler Belohnung liegen. Selbst Untergebene können bei der Einregulierung eine wichtige Bedeutung haben, weil Vorgesetzte wissen, dass ihr formal nicht korrektes Verhalten durch diese beobachtet und gemeldet werden könnte.

Durch diese gegenseitige Beobachtung entsteht eine Sensibilität dafür, dass informale Belohnungen mit Leistungen im Sinne der Organisation verknüpft bleiben. So kann sichergestellt werden, dass die Aneignung von Materialien, die Entgegennahme von kleinen Vergünstigungen von Kunden oder das Zugestehen von formal nicht vorgesehenen Arbeitserleichterungen den Mitarbeitern zugutekommen, die sich durch eine besondere Leistungsbereitschaft hervorgetan haben. Schließlich macht es für eine Organisation einen zentralen Unterschied, ob beispielsweise Polizisten einen kleinen Teil des bei einer Razzia beschlagnahmten Drogengeldes von Kriminellen als Prämie für besonderes Engagement an sich nehmen oder ob sie sich mit Drogengeld von Kriminellen bestechen lassen und eine Razzia nicht durchführen.

Unterbindung oder Duldung

Die Risiken informaler Belohnung für Organisationen dürfen nicht übersehen werden. Informale Belohnungen können Bestandteil der normalen Lohnerwartung von Organisationsmitgliedern werden (siehe dazu Dalton 1959, S. 213). Aber in der Organisation droht das Verständnis für die Duldung von Unterschlagungen, milde Formen von Korruption oder punktuelle Arbeitsbefreiung verloren zu gehen, wenn sie Mittel zur Motivation für besondere Leistungen sind. Die informale Entlohnung, die eigentlich verbotene Prämienzahlung durch Kooperationspartner oder eine vertraglich nicht vorgesehene punktuelle Arbeitsbefreiung werden dann unabhängig von besonderen Leistungen für die Organisation in Anspruch genommen.

Die Mechanismen informaler Belohnung bringen die üblichen Nachteile illegaler Märkte mit sich (siehe dazu Schmidt und Garschagen 1978, S. 567f.). Wegen des »Untergrundcharakters« des informalen Belohnungssystems herrscht ein hohes Maß an Intransparenz. Der Umfang des informalen Belohnungssystems kann weder systematisch erhoben noch offen diskutiert werden. Wegen der Intransparenz besteht die Gefahr, dass die Organisation wegen des informalen Belohnungssystems immer mehr als Selbstbedienungsladen gesehen wird.

Daher liegt es nahe, dass die Organisationen auf Unterschlagungen, Korruption und Arbeitsverweigerung mit einer Unterbindung des informalen Belohnungssystems reagieren und die Mitglieder mit Abmahnung, Kündigung und strafrechtlicher Verfolgung sanktionieren. Die Praxis in Organisationen scheint jedoch häufig eine andere zu sein: Die Erzielung persönlicher Vorteile wird in einem allgemein geteilten Rahmen geduldet (siehe dazu Henry 1978).

Vielleicht steckt hinter dieser Duldung ein gewisses Maß an organisatorischer Weisheit, weil die Organisation dadurch Flexibilitätsvorteile im Belohnungssystem erlangt.[132] Weil es sich bei Unterschlagungen, Korruption und Arbeitserleichterungen um Formen von Privilegien handelt, die den Mitarbeitern laut Arbeitsvertrag formal nicht zustehen, können besonders Vorgesetzte die Inanspruchnahme dieser informalen Belohnungen jederzeit unterbinden, wenn die Leistungen nicht mehr stimmen. Weitergehend können Vorgesetzte sogar die Inanspruchnahme von Privilegien durch ihre Untergebenen als Form negativer Sanktionierung nutzen, indem sie Mitarbeiter wegen Unterschlagung, Korruption oder Leistungsverweigerung arbeits- oder strafrechtlich belangen.

4 Zur Erosion formaler Normen – Der Kontakt von Organisationen mit eingehegter Illegalität zu Organisationen mit entgrenzter Illegalität

»Die Fehlerhaftigkeit unserer Gesetze wird durch ihre Nichtbeachtung kompensiert.«
Russisches Sprichwort[133]

Das Erstellen einer Regel ist vergleichsweise einfach. Jede Hausmeisterin kann ein Schild aufhängen, das Ballspielen im Hinterhof verbietet. Aber Regeln werden nur »lebendig«, wenn sie auch »benutzt« werden, »oder wenn man zumindest mit der Möglichkeit rechnen muss, dass dies geschieht« (Luhmann 1964b, S. 308). Wird eine Regel nicht zitiert, wird sie schnell vergessen. Wenn das Ballspielverbot nicht eingeklagt wird, verkommt das Verbotsschild zu einem irgendwann nur noch für Antiquitätenhändler interessantem Schmuckstück. Die Regel selbst erodiert.[134]

Die Wirkmächtigkeit von Regeln hängt davon ab, ob sich jemand auf sie beruft, welche Bedeutung dieser Jemand hat, in welcher Situation das geschieht und mit welchen Folgen zu rechnen ist, wenn man diesen Jemand ignoriert. Die Regeleinhaltung wird dabei nicht allein durch diejenigen gewährleistet, die die Regel erlassen. Auch andere können an die Regel erinnern und so dafür sorgen, dass die Wahrscheinlichkeit ihrer Einhaltung steigt. Das Ballspielverbot im Hinterhof wird häufig nicht durch die an diesen Fragen meist desinteressierten Hausmeistern durchgesetzt, sondern durch kinderlose Mieter, die die Einschaltung von Hausmeistern als Drohkulisse für ihre Klagen nutzen.

Ein erstes Kriterium, um die Wirkmächtigkeit von Regeln zu testen, ist, ob die Regelverletzung mühsam versteckt oder offen gezeigt wird. So ist bekannt, dass in Konfliktsituationen Soldaten und Polizisten immer wieder als Gegner eingeschätzte Gefangene misshandeln oder töten.[135] Es macht aber einen zentralen Unterschied, ob diese Misshandlungen und Tötungen öffentlich durchgeführt werden oder im Verborgenen stattfinden. Das Verstecken der Regelabweichung ist dabei immer Ausdruck der eigentlichen Akzeptanz der Regel durch die Abweichler. Das offene Zeigen von Regelabweichungen stellt dagegen die Existenz der Regel an sich in Frage (Luhmann 1964b, S. 311).

Das zweite Kriterium zur Einschätzung der Wirkmächtigkeit ist, wie Regelverletzer sich verhalten, wenn ihr Vergehen bekannt wird. Das Entschuldigen für die Regelverletzung stabilisiert letztlich die Regeln. Wenn man zu spät zu einer Sitzung erscheint, von den vorgeschriebenen Abläufen abweicht oder die offiziellen Kommunikationswege ignoriert, ist das Vorbringen von Entschuldigungen Ausdruck der Akzeptanz der Regel. Dabei kann der vorgebrachte Grund für die Regelabweichung fiktiv und dieser Fiktionsgrad allen bekannt sein. Wichtig ist nur, dass der Versuch, eine entschuldigende Begründung für die Regelabweichung vorzubringen, die Gültigkeit der Regel an sich bestätigt (Luhmann 1972, S. 61). Die Verweigerung einer Entschuldigung für Regelabweichungen delegitimiert letztlich die Regel. Sie bringt zum Ausdruck, dass man keinen Grund sieht, diese Regel zu akzeptieren.

Das dritte Kriterium betrifft die Frage, wie bei Bekanntwerden der Abweichung mit dem Regelverletzer umgegangen wird. Soll an einer Regel festgehalten werden, müssen diejenigen, die abgewichen sind, damit rechnen, »allein zu bleiben« (Luhmann 1964b, S. 69). Die Isolierung der Regelverletzer trägt dazu bei, dass die Wirkmächtigkeit der Regel erhalten bleibt. Ein US-amerikanischer Präsident mag noch so eng mit dem Vorstandsvorsitzenden eines Energiekonzerns verbandelt sein – in dem Moment, in dem von den Massenmedien thematisiert wird, dass dieser Bilanzen manipuliert hat, wird der Präsident versuchen, Abstand zu schaffen und so zur Stabilisierung des verletzten Gesetzes beitragen.[136] Der Präsident eines internationalen Sportverbandes kann über Jahrzehnte korrupte Funktionäre im Vorstand nicht nur dulden, sondern auch bedienen, wird aber auf Distanz gehen, sobald sich diese bei der Bereicherung erwischen lassen und dann die eigene Organisation als Opfer korrupter Einzelpersonen darstellen. Wenn jedoch beim Bekanntwerden einer Regelabweichung nicht die regelverletzenden, sondern die auf Regeleinhaltung drängenden Organisationsmitglieder sozial isoliert werden, geht die Wirkmächtigkeit der Regel verloren.

Kurz – eine Regelverletzung ist an sich kein Problem für die Wirksamkeit einer Regel. Im Gegenteil – wenn die Regelverletzung kaschiert wird, bei deren Bekanntwerden Entschuldigungen vorgebracht werden und Regelverletzer sozial isoliert werden, trägt dies letztlich zur Stützung der Regel bei. Es wird deutlich gemacht, dass man sich den »Luxus« eines Regelbruchs oder eines Gesetzesverstoßes leisten kann, man aber auch etwaige Konsequenzen zu tragen hat. Darüber hinaus verstärken öffentliche Empörung und Sühnebekenntnisse der Schuldigen, so schon die Beobachtung Émile Durkheims (1984, S. 156ff.), die Wirkmächtigkeit der verletzten Norm. Wenn dagegen die Normverletzung öffentlich stattfindet, nicht sanktioniert wird oder der Normverletzer sozial nicht isoliert wird, kommt es zu einer Erosion der formalen Normen. Niemand fühlt sich mehr an diese gebunden.

Was bedeutet diese Unterscheidung nun für das Verständnis von Regelabweichungen in Organisationen?

4.1 Epidemische und eingedämmte Regelabweichung

Würde man eine Weltkarte von Organisationen anfertigen, fiele nicht nur auf, wie verbreitet diese inzwischen über die ganze Welt sind, sondern es würde auch deutlich werden, wie überraschend ähnlich sich Organisationen in verschiedenen Teilen der Erde auf den ersten Blick entwickelt haben (siehe zum Folgenden Kühl 2015b, S. 258). Schaut man sich die Kommandostrukturen und Regelwerke von Armeen in Großbritannien, Argentinien, Mali und Sri Lanka an, überrascht deren Ähnlichkeit. Ein Ministerium für Wissenschaft und Technik gibt es in den USA und Frankreich genauso wie in Taiwan, Pakistan, Nigeria oder Chile (Jang 2000). Universitäten mit sehr ähnlichen Fakultätsaufteilungen existieren in Berlin wie in Mexiko City, Kabul, Jakarta oder Kinshasa (Ramirez und Riddle 1991). Schulen in Deutschland, Japan, Brasilien und Ghana ähneln einander in Bezug auf die Länge der Schulzeit und die Curricula viel stärker, als es die unterschiedlichen ökonomischen Situationen dieser Länder erwarten ließen (Meyer et al. 1992b).

Wenn man sich diese Organisationen jedoch näher anschaut, erkennt man in vielen Fällen eine lediglich zeremonielle Übernahme der von Max Weber beschriebenen bürokratischen Standards von Organisationen (siehe nur beispielhaft Rottenburg 1995a, S. 19). Schon früh wurde herausgearbeitet, dass Organisationen in Asien, Afrika und Lateinamerika nicht wie Kopien von als modern verklärten Organisationen in Nordamerika, Europa oder Australien funktionieren. Es wurde festgestellt, dass es in vielen Ländern – man denke nur an Studien über die öffentlichen Verwaltungen auf den Philippinen (vgl. Heady 1957), in Ägypten (vgl. Sharp 1957) oder Thailand (vgl. Riggs 1966) – durch Organisationen nicht zu einer Ablösung ihrer Strukturen von Verwandtschaftsnetzwerken oder Clan-Beziehungen kam. Stattdessen wurden Tätigkeiten in Organisationen mit existierenden Verwandtschaftsnetzwerken und Clan-Beziehungen verflochten und dadurch formale Zugriffsmöglichkeiten auf Organisationsmitglieder begrenzt.

Welche Rolle spielen Abweichungen von formalen Regeln und staatlichen Gesetzen in diesen Organisationen? Wie unterscheiden sich diese von Organisationen, in denen nur punktuelle, für die Organisation brauchbare Regelabweichungen geduldet werden?

Zwischen entgrenzter und eingehegter Informalität

In einer Organisation, in der Verstöße gegen formale Regeln oder der Bruch von Gesetzen offen dargestellt und nur in Ausnahmefällen sanktioniert werden, wird für alle Beobachter deutlich, dass diese Organisation es mit den von ihr aufgestellten Regeln nicht so ernst nimmt. Weil es in derartigen Organisationen keine Stoppmechanismen für Gesetzesverstöße und Regelabweichungen gibt, kommt es zu epidemischen Abweichungen von der nur noch als Schauseite dienenden Formalstruktur. Hier wird von Organisationen mit entgrenzter oder entfesselter Illegalität gesprochen.[137]

Sie unterscheiden sich deutlich von Organisationen, in denen davon ausgegangen wird, dass die formalen Regeln im Großen und Ganzen gelten. Sicherlich – es wird Mitgliedern auch in diesen Organisationen zugestanden, dass sie immer wieder gegen formale Erwartungen verstoßen. Aber durch diese Illegalitäten werden Lücken ausgefüllt, die durch die Formalstruktur der Organisation bestehen gelassen werden. Man kann dieses Phänomen als eingehegte Illegalität bezeichnen, weil es die Geltung der Formalstruktur nicht außer Kraft setzt, sondern im Gegenteil zu ihrem Gelingen beiträgt.

In allen Organisationen gehört der Tausch von Gefälligkeiten, Hilfeleistungen jenseits des formal Erlaubten und die Rücksichtnahme auf persönliche Befindlichkeiten zur Tagesordnung. Bei Organisationen mit entgrenzter Illegalität existiert die informale Ordnung jedoch nicht als eine mehr oder minder ausgeprägte Ergänzung der formalen Ordnung, sondern als deren weitgehender Ersatz. In Organisationen mit eingehegter Illegalität dienen Abweichungen zur Reduzierung der Reibungsverluste einer zu rigiden Formalstruktur und werden gleichzeitig durch die Formalstruktur begrenzt.[138]

Der Lackmustest – Wie wird auf Regel- und Gesetzesverstöße reagiert?

Der Lackmustest für die Unterscheidung von Organisationen mit eingehegter und entgrenzter Illegalität besteht im Umgang mit bekanntgewordenen Regel- und Gesetzesverstößen. Es ist offensichtlich, dass die Polizei in jedem Staat Gesetze kreativ auslegen oder verletzen kann, Verwaltungsmitarbeiter die vorgegebenen Richtlinien bei der Vergabe von Leistungen ignorieren und Unternehmensverbände sich in Parlamenten an willige Politiker halten können. Die interessante Frage ist, wie in Organisationen – oder weitergehend im Rechtssystems des Staates – beim Bekanntwerden der Regelverstöße reagiert wird. Wird die Abweichung von Regeln als normal betrachtet oder als Normbruch skandalisiert?

In Organisationen mit eingehegter Illegalität führt das Bekanntwerden von Regelverstößen zu Sanktion und Systemreparatur. Es setzen die üblichen Mechanismen aus sozialer Isolierung und sichtbarer Bestrafung ein, um die Norm zu erhalten (siehe dazu Luhmann 1964b, S. 310f.). Man tut zum Beispiel so, als hätte man die Regel nicht gekannt und deswegen unbeabsichtigt gegen sie verstoßen. Man deutet die außergewöhnlichen Gründe für die Abweichung an und zeigt damit, dass man sich im Normalfall selbstverständlich an die Regeln hält und die Ausnahme diese letztlich nur bestätigt (siehe dazu Luhmann 1964b, S. 107). In diesen Organisationen ist allen bewusst, dass immer wieder von den offiziellen Regeln abgewichen wird, aber im Zweifelsfall man mit Verweis auf die formale Ordnung trumpfen kann.

In Organisationen mit entgrenzter Illegalität hat das Bekanntwerden von Regelverstößen keine oder nur geringe Konsequenzen. Allen ist klar, dass die Organisation auf der Schauseite nur so tut, als hätten formale Strukturen eine allgemein verbindliche Gültigkeit, aber in der alltäglichen Praxis wird man mit dem Verweis auf diese formalen Strukturen kaum Erwartungen durchsetzen können. In diesen Organisationen erntet man nur ein Lächeln, wenn man als Mitglied, Klient, Zulieferer oder Kooperationspartner davon ausgeht, dass im Zweifelsfall auf die formalen Erwartungen der Organisation zurückgegriffen wird.

Man kann das testen, indem man schaut, wie weit man in einer Organisation mit Vorstellungen einer Orientierung an Formalstrukturen kommt. Man würde als hochgradig naiv gelten, wenn man in Kongo-Brazzaville davon ausginge, dass bei Abstimmungen zwischen Ministerien die mit Hilfe von Beratern entwickelten Kabinettsrichtlinien gelten. Man würde ungläubiges Staunen ernten, wenn man davon ausginge, dass das Beschaffungswesen in einem kubanischen Krankenhaus nach den staatlichen Vorgaben abläuft. Es handelt sich hier um potemkinsche Organisationen, in denen zwar der Anschein der Orientierung an einer Formalstruktur erweckt wird, formale Regeln aber faktisch ohne Konsequenzen ignoriert werden können.[139]

Man darf jedoch nicht übersehen – auch in Organisationen mit entgrenzter Illegalität gibt es ausgefeilte und ausgeprägte Erwartungsstrukturen, an die man sich zu halten hat. Sprüche wie »das machen hier alle so«, »das wurde hier schon immer so gemacht« oder »ohne das geht es nicht« sind Ausdruck davon, wie stark Erwartungen des Regelbruchs in diesen Organisationen institutionalisiert sind. Es gibt genaue Vorstellungen darüber, wie Abstimmungen in der Organisation stattfinden oder organisationsübergreifende Vertrauensnetzwerke zu funktionieren haben. Anders als formale Erwartungen sind diese aber nicht schriftlich niedergelegt, sondern man muss sich das Wissen über sie durch eigene Erfahrungen, Beobachtungen anderer oder Aufklärung durch Bekannte mühsam erwerben. Solche Erwartungen bilden eine Art informale Superstruktur der Organisation, die die Formalstruktur weitgehend zu einer Schauseite degenerieren lässt.

Zum Verbreitungsgrad von Organisationen mit erodierender Formalität

Aus einer ethnozentrischen Sicht mag man unter erodierenden Organisationen zuallererst Unternehmen, Verwaltungen, Krankenhäuser, Schulen, Armeen oder Polizeien in afrikanischen, asiatischen oder lateinamerikanischen Ländern vermuten.[140] Diese Assoziation ist sicherlich nicht völlig falsch. Wer schon einmal versucht hat, sich im Straßenverkehr in Kamerun zu bewegen, eine Baugenehmigung auf den Philippinen zu bekommen oder einen Universitätsabschluss in Tadschikistan zu erhalten, wird feststellen, dass sich die zuständigen Mitarbeiter der staatlichen Verwaltungen in der Regel nur begrenzt an die offiziellen formalen Vorgaben halten und sich auch durch den Verweis auf die Existenz dieser in ihren Entscheidungen wenig irritieren lassen.[141]

Aber man sollte nicht denken, dass sich solche Organisationen mit epidemischen Abweichungen von der Formalstruktur nur in Yaoundé, Manila oder Duschanbe finden lassen. Auch in Ländern, die auf den globalen Korruptionsindizes ziemlich gut dastehen, lassen sich Organisationen identifizieren, in denen ein – vorsichtig ausgedrückt – entspanntes Verhältnis zur formalen Ordnung auffällt und illegale Praktiken durch eine sehr zurückgenommene Verfolgungsbereitschaft von Polizei und Staatsanwaltschaft geduldet werden. Man braucht sich dafür nur manche in der Schweiz ansässige internationale Organisation, einzelne Hafenunternehmen in Süditalien oder einige Polizeitruppen in den USA näher anzusehen.[142]

4.2 Eine Frage der Loyalität – Organisationsmitglieder in Rollenkonflikten

In Organisationen ohne funktionierende Stoppregeln gegen Regelbrüche verschieben sich die Motivationen für die Mitgliedschaft. Während in Organisationen mit eingehegter Illegalität der »Deal« darin besteht, dass Mitglieder gegen die Zahlung eines Lohnes die von den Organisationen verlangten Leistungen erbringen, gibt es in Organisationen mit entgrenzter Illegalität ein stilles Einverständnis, dass Mitglieder ihre Stellung in der Organisation dafür ausnutzen, persönliche Vorteile für sich zu erzielen.

Eine zentrale Frage zur Unterscheidung von Organisationen mit entgrenzter respektive eingehegter Illegalität ist, wem die Loyalität der Mitglieder gilt. Wird akzeptiert, dass Mitglieder dafür sorgen, dass Familienangehörige oder Freunde auch bei unzureichender Qualifikation Aufträge oder Stellen bekommen, oder wird erwartet, dass bei der Vergabe von Aufträgen von familiären und freundschaftlichen Verpflichtungen abgesehen wird? Hat man bei einer Verhaftung durch die Polizei bessere Karten, wenn man mit der Polizistin befreundet beziehungsweise verwandt ist, oder verhindert die Organisation systematisch eine Bevorzugung aufgrund von familiären und freundschaftlichen Verpflichtungen?

Die Institutionalisierung der Erwartung zur Abweichung

Organisationen mit eingehegter Illegalität erwarten, dass die Loyalität ihrer Mitglieder primär der Organisation dienen soll. Sie stellen sich – mit Max Weber gesprochen – als »stahlharte Gehäuse der Hörigkeit« dar, in denen Personen die Anforderungen der eigenen Organisation über die ihrer Familie zu stellen haben, jedenfalls solange sie als deren Mitglied agieren. Die »Lebenswelt« der Personen wird durch das formale System der Organisation in einer Weise »kolonialisiert«, dass sie als Mitglieder der Organisation von anderen Rollenbezügen systematisch zu abstrahieren haben. In Organisationen mit entgrenzten Illegalitäten gilt die Loyalität der Mitglieder nicht primär der Organisation, sondern den außerhalb der Organisation angesiedelten verwandtschaftlichen, freundschaftlichen oder ethnischen Netzwerken. Im Zweifel wird erwartet, dass man auch als Organisationsmitglied die Ansprüche von Familienangehörigen, Freunden oder Bekannten über die Ansprüche der Organisation stellt.

Zugestanden – in allen Organisationen gibt es immer wieder Fälle, bei denen es aufgrund familiärer Bekanntschaften, freundschaftlicher Verbindungen oder ethnischer Zugehörigkeiten zu Bevorzugungen kommt. Der Punkt ist jedoch, wie sich die Organisationen angesichts dieser Bevorzugungen verhalten. Organisationen mit eingehegter Illegalität versuchen systematisch, solche partikularistische Bevorzugung von Familienangehörigen zu verhindern und Stellenbesetzung sowie Leistungserbringung lediglich nach dem Kriterium des Nutzens für die Organisation zu entscheiden. Einzige Ausnahme stellen – jedenfalls in kapitalistischen Wirtschaftssystemen – Familienunternehmen dar, in denen die Kapitalbesitzer Familienangehörige bei Stellenbesetzungen bevorzugen können, auch wenn es für die Organisation hochgradig schädlich ist (siehe dazu Scott 1969b, S. 320). In Organisationen mit entgrenzter Illegalität funktionieren solche Eingrenzungsmechanismen partikularistischer Bevorzugung nur bedingt.

Mitglieder in Organisationen mit entgrenzter Illegalität sind in erheblichem Maße konkurrierenden Erwartungen ausgesetzt. In Organisationen mit entgrenzter Illegalität wird wenigstens auf der Schauseite zwar noch der Anspruch aufrechterhalten, dass sie vorrangig zur Leistungserbringung da sind und nicht dazu, von ihren eigenen Mitgliedern ausgeplündert zu werden. Auf der anderen Seite wird an Familien, Clans oder Ethnien die Erwartung herangetragen, dass sie Organisationsmitgliedschaften zu eigenen Gunsten ausnutzen. Man kann als Mitglied einer Behörde, als Angehöriger einer Polizeieinheit oder Mitarbeiter der Verkehrsbetriebe Angehörigen der eigenen Familie, des eigenen Clans oder der eigenen Ethnie Wünsche nicht einfach mit dem Verweis auf die von Max Weber propagierte Trennung von Amt und Person ausschlagen. In vielen Regionen der Welt würde es hochgradig irritierend wirken, wenn jemand von seiner Zugehörigkeit zu einem Clan, einer Kaste oder einer Ethnie mit Verweis auf seine Organisationsmitgliedschaft abstrahieren würde, und zwar nicht nur bei den Angehörigen seiner, sondern auch bei den Angehörigen anderer Clans, Kasten oder Ethnien.

In der Literatur hat sich eine Perspektive ausgebildet, die unterstellt, dass Personen Kosten und Nutzen rational berechnen, wenn sie gegen organisationale Regeln oder staatliche Gesetze verstoßen (siehe zu Korruption nur beispielhaft Rose-Ackerman 1978; Klitgaard 1988; Shleifer und Vishny 1993).[143] Diese Annahme mag für Organisationen mit eingehegter Illegalität plausibel sein, in denen Organisationsmitglieder Nutzen und Kosten kalkulieren, wenn sie die Organisation bestehlen, Bestechungsgelder annehmen oder der Arbeit verbotenerweise fernbleiben. Sie unterschätzt aber, dass in vielen Regionen der Erwartungsdruck des eigenen Clans, der eigenen Kaste oder der eigenen Ethnie so stark ist, dass es kaum zur rationalen Kosten-Nutzen-Abwägung kommt. Verhaltenserwartungen von Familien, Clans oder Ethnien werden als tief in der regionalen Kultur verankerte, moralische Verpflichtungen wahrgenommen, die ganz selbstverständlich schwerer wiegen als die Verhaltenserwartungen einer als anonym betrachteten Organisation.[144] So ist es selbstverständlich, dass die Verbindungen zu Familien, Clans oder Ethnien langfristige Sicherheit garantieren, während die Loyalität zu einer Organisation als tendenziell prekär, weil kurzfristig aufkündbar wahrgenommen wird, sodass Nutzen und Kosten bei Loyalitätskonflikten gar nicht durchkalkuliert werden (siehe dazu Rottenburg 1992; siehe zum gleichen Fall auch Rottenburg 1996).

Diese kulturell verankerten Erwartungen jenseits der formalen Strukturen von Organisationen werden in verschiedenen Ländern der Welt unterschiedlich beschrieben (siehe den umfassenden Überblick bei Ledeneva 2018). In China spricht man von Guanxi (siehe Xin und Pearce 1996; ausführlich Guthrie et al. 2002), in Russland von Blat (siehe Ledeneva 2008; ausführlich Ledeneva 1998) und im Mittleren Osten von Wasta (siehe Cunningham und Sarayrah 1993). In Kuba ist von Sociolismo die Rede (siehe Díaz-Briquets und Pérez-López 2006), in Brasilien von Jeitinho (siehe Motta und Alcadipani 1999) und in Georgien von Natsnoboba (siehe Aliyev und Honsel 2015). In Japan bezeichnet man diese häufig auf Familien oder Clan-Strukturen aufsetzenden Gefälligkeitsnetzwerke als Jinmyaku (siehe Lincoln und Gerlach 2004), in Chile und anderen lateinamerikanischen Ländern als Compadrazgo (siehe Gomez Diaz und Rodriguez Ortiz 2005) und in Bulgarien als Vruzki (siehe Williams und Yang 2017). Sicherlich – in einigen Ländern haben sich diese Erwartungsstrukturen unter einem nicht selten von außen verordneten Modernisierungsdruck zu informalen Ergänzungen der formalen Struktur abgeschwächt. In vielen Ländern sind diese Prinzipien jedoch die dominante Erwartungsstruktur, für die die Formalstruktur der Organisation bestenfalls eine Fassade bildet.[145]

Die Organisation als Beute

Organisationen werden im Falle entgrenzter Illegalität vorrangig als Beute ihrer Mitglieder betrachtet (Holzer 2015, S. 51).[146] Damit verschiebt sich die Motivation zur Mitgliedschaft. Kurz, in Organisationen mit entgrenzter Illegalität geht man nicht arbeiten, um von dem Lohn zu leben, sondern man geht arbeiten, um die durch die Organisation geschaffenen Möglichkeiten, sich persönlich zu bereichern, zu nutzen.[147] Mit Max Weber (1976, S. 136) kann man dies als eine moderne Form des Präbendalismus bezeichnen, in dem Mitglieder versuchen, auf Pfründe der Organisation zuzugreifen.[148]

Dabei können sich unterschiedliche Formen ausbilden, wie Mitglieder von der Organisation zu profitieren suchen (siehe zum Folgenden Rottenburg 1994, S. 218). Die einfachste Form besteht darin, die Organisationsmitgliedschaft zu nutzen, Leistungen der Organisation für Gegenleistungen zu tauschen. Für die Vermittlung eines schwer zugänglichen Studienplatzes, die Zuweisung einer subventionierten Wohnung oder die bevorzugte Behandlung in einem Krankenhaus lässt man sich vom Gegenüber in Form von Geldzahlungen, Baumaterialien, Schmuckstücken, Uhren oder sexuellen Dienstleistungen vergüten, ohne dass sich daraus zwangsläufig langfristige Kooperationsbeziehungen ergeben (siehe dazu ausführlich Noonan 1984). Komplexer werden diese Tauschbeziehungen, wenn nicht auf unmittelbare, spezifische Bezahlungen gesetzt wird, sondern sich langfristige, auf Vertrauen basierende Tauschbeziehungen aufbauen. Man lässt jemandem einen Arbeitsplatz, eine bevorzugte Behandlung vor Gericht oder dessen Kindern ein gutes Zeugnis zukommen und erwartet, dass sich der Nutznießer bei passender Gelegenheit erkenntlich zeigen wird. Klientelistisch werden diese Tauschbeziehungen, wenn eine der Seiten über deutlich mehr Einfluss verfügt. Man zeigt sich einer einflussreichen Person gegenüber loyal, darauf setzend, dass diese ihren Einfluss im Gegenzug für den eigenen Vorteil geltend macht (siehe zu Klientelismus allgemein Hutchcroft 1997; Stokes 2007; Hilgers 2011; speziell zu Afrika Lemarchand 1972; Berman 1974; van de Walle 2009).

Dabei bestehen unterschiedliche Möglichkeiten, sich auf Kosten der Organisation zu bereichern. Eine erste Möglichkeit ist die systematische Unterschlagung von Eigentum der Organisation. Organisationseigentum wird nicht als Werkzeug zur Erfüllung ihrer Aufgaben betrachtet, sondern als Möglichkeit zur persönlichen Bereicherung (siehe zur Kleptokratie in Afrika Andreski 1979). Eine weitere Möglichkeit ist die persönliche Bereicherung durch Korruption. Dabei nutzt man eine Position mit Außenkontakt der Organisation zu Kunden, Klienten, Patienten, Schülern, Studenten oder Gefangenen aus, um sich persönlich Vorteile zu verschaffen. Eine weitere Möglichkeit ist die systematische Verweigerung von Arbeit bei gleichzeitigem Bezug der Leistungen. In nicht wenigen Staaten gibt es Organisationen, in denen Mitglieder mit einer Adresse bei der Organisation gemeldet sind, um Geld zu beziehen, ohne aber jemals zur Arbeit zu erscheinen.[149] Häufig sehen sich Organisationsmitglieder sozialem Druck ausgesetzt, wenigstens auf eine dieser Möglichkeiten zur Bereicherung zurückzugreifen. Wenn es keine Möglichkeit gibt, Schmiergelder anzunehmen oder Material der Organisation abzuzweigen, muss das Organisationsmitglied wenigstens seine Arbeitszeit reduzieren, um anderen Geschäften nachgehen zu können (siehe dazu am Beispiel von Tansania Rottenburg 1995b, S. 100).

Auf den ersten Blick scheinen die Prinzipien zur Erzielung persönlicher Vorteile den Mechanismen zu ähneln, mit denen in Organisationen die informalen Formen von Belohnung organisiert werden. Auf den zweiten Blick wird jedoch ein grundlegender Unterschied deutlich. Im Fall von Organisationen mit eingehegter Illegalität dient die Duldung von Unterschlagungen, Korruption und Arbeitsverweigerung lediglich dazu, Mitgliedern punktuell informale Belohnungen für besondere Leistungen zukommen zu lassen. In Organisationen mit entgrenzter Illegalität stehen Unterschlagungen, Korruption und Arbeitsverweigerung hingegen in keiner Relation zu den erbrachten Leistungen.

Im Extremfall sind normenerodierende Organisationen nur noch Hülsen, in denen es vorrangig darum geht, dass sich Organisationsmitglieder persönlich bereichern können. Manche Verwaltungen in Zentralafrika dienen nur noch dazu, das Personal bei möglichst wenig Arbeit mit einem steuerfinanzierten Gehalt zu versorgen. Manches staatliche Unternehmen in Asien wird nur noch betrieben, weil es einem politischen Affront gleichkäme, dem einer Ethnie angehörigen Personal den Zugang zu persönlichen Bereicherungsquellen zu nehmen.[150] Aber das sind eher Ausnahmen.

In den meisten Organisationen mit erodierten formalen Normen werden Leistungen erbracht. In einem ägyptischen Hafen werden Schiffe abgefertigt. Die Polizei im Tschad klärt gelegentlich auch einmal ein Verbrechen auf. Selbst die korruptesten internationalen Sportorganisationen schaffen es in den meisten Fällen, alle vier Jahre den Rahmen für eine Weltmeisterschaft zu setzen. Diese Leistungserbringung muss aber durch an jeweils einzelne Organisationsmitglieder persönlich adressierte Entlohnungen motiviert werden. Dabei kann man sich in der Regel auf elaborierte Systeme verlassen, bei denen eine motivierende Zahlung an einen einzelnen Empfänger dazu führt, dass er mit anderen Mitgliedern seiner Organisation teilt, was dazu beiträgt, dass die erwartete Leistung erbracht wird.

Die Bedeutung der formalen Ordnung in formalitätserodierenden Organisationen

Das bedeutet nicht, dass die formale Ordnung keine Rolle spielt. Gerade in Organisationen, die von ihren Mitgliedern vorrangig als Beute betrachtet werden, fällt auf, wie umfassend deren formales Regelwerk ist. Formale Ordnungen werden aber grundlegend anders genutzt, als man bei einem Blick auf moderne Organisationen annehmen würde (siehe zum folgenden Kuchler 2014, S. 6ff.).

Die formale Ordnung dient den Organisationsmitgliedern beispielsweise dazu, von Außenstehenden Schmiergeldzahlungen für die Durchführung einer rechtmäßigen Praxis zu erhalten. So verlangt ein Standesbeamter von einem heiratswilligen Paar mit Verweis auf die formale Ordnung der Stadtverwaltung die Vorlage immer obskurer Dokumente solange, bis das Paar einen 20-Dollar-Schein auf den Tisch des Standesbeamten legt und damit das »Dokument« vorlegt, auf das der Standesbeamte die ganze Zeit gewartet hat (siehe zu Kasachstan Rigi 2004, S. 111; zu Ghana Price 1974, S. 117ff.). Die Leiterin des Studierendensekretariats einer Universität verweist auf rigide Zulassungsbeschränkungen, um dann anzudeuten, dass man vielleicht gegen eine kleine Gefälligkeit doch einen Weg zur begehrten Universitätszulassung aufzeigen könnte (siehe zu Indonesien Alatas 1980, S. 4). Eine Polizeibeamtin erklärt sich nur bereit, einen Einbruch zu verfolgen, wenn die Geschädigten ihr Verfolgungsinteresse durch eine persönliche Zuwendung unterstützen. Organisationsmitglieder erklären sich zur Anwendung rechtmäßiger Prinzipien nur bereit, wenn sie dafür persönliche Zahlungen in Form von »Administrationsgeld« oder »Beschleunigungsgeld« erhalten (siehe dazu Znoj 1994, S. 143).

In einer verschärften Variante wird die formale Ordnung von Organisationsmitgliedern als Drohung gegenüber Außenstehenden verwendet, um Schmiergelder zu erpressen. In vielen Ländern werden Gewerbetreibende von Beamten der Zollverwaltung, der Steuerverwaltung, des Gewerbeamts oder des Gesundheitsamts mit Verstößen gegen Arbeitsschutz-, Hygiene-

oder Steuervorschriften konfrontiert, die nur durch Schmiergeldzahlungen abgewendet werden können (siehe zu Kasachstan Rigi 2004, S. 111ff.). In nicht wenigen Ländern dienen Verkehrsregeln nicht – wie der Name vermuten ließe – zur Regulierung des Verkehrs, sondern als Möglichkeit zur Finanzierung von Polizeibeamten. Kaum mehr erkennbare Verkehrsschilder werden von Polizisten genutzt, um Verkehrsteilnehmer anzuhalten, darauf hoffend, dass diese längere Diskussionen durch eine Schmiergeldzahlung abkürzen (siehe zum sogenannten Straßengeld – Okpoho Nda Usung – in Nigeria Ekpo 1979, S. 171). Auch organisationsinterne formale Regeln dienen nicht vorrangig zur Strukturierung der Tätigkeiten innerhalb der Organisation, sondern werden von Vorgesetzten lediglich dafür eingesetzt, Organisationsmitglieder abzustrafen, die keine oder zu wenige Schmiergelder an ihre Vorgesetzten weiterreichen.

In einer noch weiter gesteigerten Variante werden Regeln zur Kontrolle und Durchsetzung der formalen Ordnung für die persönliche Bereicherung der Organisationsmitglieder genutzt. Inzwischen haben sich Anti-Korruptions-Standards – häufig in sehr ähnlichen Formulierungen – weltweit durchgesetzt (siehe Gutterman und Lohaus 2018; Hansen 2012; Jakobi 2013). Diese Anti-Korruptions-Regeln werden in vielen Fällen nicht nur dafür genutzt, die formale Ordnung durchzusetzen, sondern auch, um Personen innerhalb des auf persönlicher Patronage basierenden Systems gefügig zu machen. In Staaten sind Behörden für Korruptionsbekämpfung nicht nur für die Legitimationsgewinnung gegenüber der internationalen Gemeinschaft wichtig, sondern auch ein zentrales Machtinstrument gegen politische Konkurrenten (siehe früh für Nigeria Ayeni 1987). In mit korrupten Funktionären durchsetzten internationalen Sportverbänden dienen Ethik-Kommissionen nicht nur als Teil der Schauseite, sondern werden auch dafür eingesetzt, unliebsame Konkurrenten, die sich nicht in die existierenden Netzwerke einfügen wollen, loszuwerden.

Kurz, letztlich kann man sich im Zweifelsfall nicht auf geltendes Recht beziehen, geschweige denn verlassen. Gleichzeitig muss man aber jederzeit damit rechnen, dass einflussreiche Spieler positiviertes staatliches Recht oder formale organisationale Regeln punktuell dafür einsetzen, Konkurrenten aus dem Feld zu räumen. So wird in Ländern ohne ein funktionierendes Rechtssystem die illegale Bereicherung einflussreicher Oligarchen geduldet, solange sie die regierende Partei unterstützen. Das Rechtssystem wird allerdings immer dann bemüht, wenn ein Oligarch eigene politische Ambitionen entwickelt. In anderen Ländern ohne unabhängiges Rechtssystem duldet die

Bundesanwaltschaft über Jahrzehnte die Korruption internationaler Organisationen, hilft aber punktuell durch das Lancieren von Informationen und das Einleiten von Strafverfahren gegen Personen aus dem eigenen Netzwerk dabei, unliebsame Konkurrenten aus dem Weg zu räumen.

Die Unwahrscheinlichkeit der Ausbildung von Organisationen

Aus einer ethnozentrischen Sicht ist eine Kritik an Organisationen mit entgrenzter Illegalität, an denen sich Mitglieder durch Korruption, Unterschlagung und Absentismus persönlich bereichern, einfach. Die Absichten der gewählten Volksvertreter würden durch die allein an ihren eigenen Vorteilen orientierten Organisationsmitglieder unterlaufen. Das Vertrauen in die staatliche Ordnung werde systematisch unterminiert, weil sich niemand mehr auf die Wirkmächtigkeit von Gesetzen und Verordnungen verlässt. Das Leistungsethos werde systematisch untergraben, wenn beobachtet wird, dass Organisationsmitglieder sich ohne Gegenleistung persönlich bereichern (siehe nur beispielhaft Banfield 1975; Klitgaard 1988).[151]

Dabei darf jedoch nicht übersehen werden, wie unwahrscheinlich die Erwartung ist, dass Organisationsmitglieder nicht Freunde und Verwandte bevorzugt behandeln und die Mitgliedschaft in der Organisation zur Versorgung ihrer Netzwerke nutzen (siehe dazu früh Bayart 1989). Die Zugehörigkeit zu Familien, Clans oder Stämmen basiert auf Beziehungen zwischen Personen mit all ihren Sorgen und Nöten. Die konkreten Kenntnisse anderer Personen und die Bereitschaft, sich auf sie zu verlassen, ermöglicht die Ausbildung von Vertrauensbeziehungen. Die Zugehörigkeit zu Unternehmen, Verwaltungen oder Vereinen reduziert Beziehungen erst einmal auf den Austausch zwischen Rollenträgern. Nicht mehr persönliches Vertrauen steht im Vordergrund, sondern angemessenes Verhalten in einer vorgegebenen Rolle. In vielen Gesellschaften ist die Loyalität gegenüber der eigenen Familie, dem eigenen Clan, dem eigenen Dorf, der eigenen Kaste oder der eigenen Ethnie deswegen wichtiger als die Befolgung formaler Kriterien einer Organisation (speziell für Burma siehe Furnivall 1948, S. 170ff.; für Asien allgemein Myrdal 1977, S. 166ff.).

Gewiss – die stabile Kombination von familiärer Zugehörigkeit, gesellschaftlicher Stellung und finanziellen Möglichkeiten hat sich im »Strudel der Modernisierung« zu erheblichen Teilen aufgelöst (Luhmann 1995, S. 21). Dynastien, die davon ausgehen konnten, dass sich in einer Familie Einkommen und gesellschaftliche Stellungen über Generationen vererben lassen, finden sich höchstens noch in Staaten wie Nordkorea, Kenia oder den USA, sind aber auch dort schon in einem hohen Maße delegitimiert (siehe zu Nordkorea Martin 2004, zu Kenia Tignor 1971; zu den USA Scott 1969a).[152]

Aber das ändert nichts daran, dass in vielen Regionen stabile, auf Familien- oder Clanstrukturen basierende Netzwerke erhalten geblieben sind. Die partikularistische Bevorzugung von Familienangehörigen, Freunden oder Clanmitgliedern stellt auf den ersten Blick einen Rückfall in vormoderne Beziehungsmuster dar, aber diese bieten angesichts der fragilen Zugehörigkeit zu Organisationen Halt.

Diese Umweltbedingungen sind schwer zu ignorieren. Wenn man im Jemen oder in Somalia Geschäfte machen wollte, wäre man gut beraten, sich nicht allein an den offiziellen Gesetzen, sondern zu einem erheblichen Maße auch am Einfluss verschiedener Clans in der Region zu orientieren (siehe dazu Lewis 2015). Wenn man versuchen wollte, die Politik in Kirgisistan, Tadschikistan oder Usbekistan zu beeinflussen, kommt man aller Wahrscheinlichkeit nach nicht darum herum, sich intensiver mit den Clanstrukturen der politischen Eliten auseinanderzusetzen (siehe dazu Collins 2006). In diesen Regionen ist die Zahlung von Bestechungsgeldern, das Dulden von Unterschlagungen oder das Ertragen unproduktiver, aber gut vernetzter Organisationsmitglieder kein Sand, sondern das Öl im Getriebe (siehe zu dem Bild Jackall 1988, S. 110).[153]

4.3 Kontaktflächen – Kooperationen zwischen Organisationen mit eingehegter und entgrenzter Illegalität

Organisationen können sich nur sehr begrenzt aussuchen, mit welchen anderen Organisationen sie in Beziehung treten wollen. Theoretisch mag es vorstellbar sein, das Unternehmen sich dazu entscheiden, nur mit Unternehmen Geschäfte zu machen, die sich den gleichen Organisationsprinzipien verschreiben wie sie selbst. Das hätte für sie aber ökonomische Nachteile, weil sie nicht die Möglichkeiten einer globalisierten Wirtschaft ausnutzen würden. Nationale Polizeien könnten sich in ihren grenzübergreifenden Kooperationen darauf beschränken, nur mit ausländischen Polizeien zusammenzuarbeiten, die nach ähnlichen Prinzipien funktionieren wie sie selbst, und sie können mit diesen auch nur in einer nach hehren ethischen Werten wirkenden internationalen Polizeiorganisation kooperieren. Aber das würde Verbrechern ermöglichen, die Mitgliedsliste von Interpol dafür zu nutzen, die Länder mit dem für sie geringsten Fahndungsdruck herauszufinden. Das internationale olympische Komitee könnte sich dazu entscheiden, nur Organisationen aufzunehmen, die den gleichen universalistischen – und damit fast zwangsläufig als westlich identifizierten – Standards entsprechen. Aber die olympischen Sportveranstaltungen würden so ihren globalen Charakter verlieren, weil nur noch Athleten aus wenigen Staaten teilnehmen dürften.

Es spricht also wenig dafür, dass Organisationen allzu wählerisch sein können, welches Verhältnis ihre Kooperationspartner zu ihren formalen Regeln oder staatlichen Gesetze haben. Im Gegenteil – Unternehmen können den Raum zwischen den Rechtssystemen nutzen, um Steuerzahlungen zu vermeiden, rigide Arbeitsschutzrichtlinien zu ignorieren oder Umweltschutzrichtlinien zu umgehen (Michalowski und Kramer 1987).[154] Für staatliche Sicherheitsorgane europäischer Staaten kann es sinnvoll sein, mit anders funktionierenden Verwaltungen in nordafrikanischen Staaten zu kooperieren, weil diese andere Möglichkeiten zum Beispiel zur Eindämmung von Migrationsbewegungen oder zur Bekämpfung des Terrorismus haben.

Notwendige Übersetzungsleistungen

Die Herausforderung für Komitees, die sich um internationale Sportereignisse bewerben, für internationale Entwicklungshilfeorganisationen oder für Filialen westlicher Großunternehmen besteht darin, mit aus ihrer Perspektive vormodernen Organisationen zusammenarbeiten und gleichzeitig die ihnen selbst aufgelegten rigiden Standards einhalten zu müssen. Es kommt in der Kooperation darauf an, dass den Beteiligten in den Bewerbungskomitees, Entwicklungshilfeorganisationen oder Großunternehmen kein Verstoß gegen eigene Vorschriften oder Gesetze nachgewiesen werden kann, obwohl sie wenigstens teilweise auf die Praktiken ihrer Geschäftspartner eingehen müssen (siehe dazu Rottenburg 2000, S. 143ff.).[155]

Systemtheoretisch ausgedrückt, müssen sie zwischen den auf Personenvertrauen basierenden Organisationsprinzipien ihrer Partner und den ihnen selbst aufgelegten, auf Systemvertrauen basierenden rechtsstaatlichen Prinzipien Übersetzungen erreichen. Die zentrale Leistung besteht dabei darin, dass unter ihrer Regie auf der einen Seite Entscheidungen unter Bedingungen von Compadrazgo, Guanxi oder Blat getroffen werden und auf der anderen Seite Entscheidungen stehen, die auch rigiden externen Prüfungen standhalten müssen.[156]

Diese Herausforderung ist nicht zu unterschätzen. Wie soll die Fregatte einer europäischen Armee die schnelle Durchfahrt eines Kanals im Nahen Osten erwirken, wenn allen klar ist, dass dies – jedenfalls in Friedenszeiten – nur durch Schmiergeldzahlungen möglich ist? Wie sollen sich nationale Sportorganisationen die Austragung internationaler Wettbewerbe sichern, wenn klar ist, dass ein erheblicher Teil der Mitglieder des Auswahlgremiums ihre Entscheidung von persönlichen Vorteilen abhängig macht?

Jenseits einfacher Unterscheidungen

Der Blick auf die Kontaktstelle, in denen beide »Regelwelten« aufeinandertreffen, könnte zu einer einfachen Unterscheidung verleiten. Auf der einen Seite befinden sich Organisationen, deren Vertreter – in vielen Fällen aus der Not heraus – vorrangig an persönlichen Vorteilen interessiert sind und ihre Positionen dafür ausnutzen, für sich und ihre Netzwerke auch auf illegale Weise Vorteile herauszuholen. Auf der anderen Seite stehen Organisationen, die sich ihrerseits notgedrungen diesen Erwartungen ihrer Kooperationspartner anpassen müssen, deren Vertreter sich aber nicht persönlich bereichern wollen, sondern das Bedienen von Bereicherungsnetzwerken auf der anderen Seite als Aufgabe im Rahmen ihrer Mitgliedschaftspflichten betrachten. Organisationen, die aus Mitgliedern mit einer hohen Bereitschaft zu eigennütziger Illegalität bestehen, treffen auf Organisationen, deren Mitglieder ein Verständnis für das Konzept der brauchbaren Illegalität haben (siehe zu deren unterschiedlicher Beobachtung und Bewertung Hiller 2005, S. 65).

Es gibt Fälle, in denen die Trennung zwischen Organisationen mit allein an ihren eigenen Vorteilen orientierten Mitgliedern einerseits und allein an der Funktionalität für die Organisation orientierten Gesetzesbrüchen und Regelabweichungen andererseits fast idealtypisch vorzufinden ist (so Pohlmann et al. 2016). Das Beeindruckende an den systematischen Schmiergeldzahlungen westeuropäischer oder nordamerikanischer Elektronik-Unternehmen zur Auftragsgewinnung ist, dass sie den Entscheidern der griechischen, brasilianischen und kenianischen Auftragnehmer persönliche Bereicherung ermöglichen, gleichzeitig aber durch detaillierte informale Prozesse und die

Genehmigung durch ein informales Vieraugen-Prinzip sichergestellt wurde, dass sich die eigenen Mitarbeiter nicht an diesen illegalen Praktiken beteiligen (in die Richtung argumentierend z. B. Sidhu 2009; Dombois 2009; Klinkhammer 2015).

Ähnliche Übersetzungsleistungen lassen sich ansatzweise auch bei den erfolgreichen Versuchen Deutschlands sowie Südafrikas, Russlands und Katars beobachten, Austragungsland einer Fußballweltmeisterschaft zu werden. Zur Erzeugung einer positiven Grundstimmung werden verschiedene Maßnahmen ergriffen, die in den Organisationen der Bewerberländer korrekt verbucht, aber ohne viel Fantasie als Bestechung von Entscheidungsträgern interpretiert werden können. Das deutsche Bewerbungskomitee stellt Freundschaftsspiele in Malta, Thailand, Tunesien sowie Trinidad und Tobago in Aussicht – also in Staaten, aus denen die wichtigen Wahlmänner kommen – und erklärt sich später für die Korruption bei der Verwendung der Einnahmen aus diesen Freundschaftsspielen als nicht zuständig. Das russische Bewerbungskomitee lässt Mitglieder des FIFA-Exekutivkomitees nicht direkt schmieren, sondern vergibt kurz nach deren Abstimmung über ein großes Staatsunternehmen einen lukrativen Werbevertrag. Das Bewerbungskomitee von Katar vermeidet direkte Geldzahlungen an ein Mitglied des Exekutivkomitees, dessen Sohn erhält jedoch danach einen hoch dotierten Job in der nationalen Vermarktungsagentur. Das Prinzip ist immer das gleiche: Es gibt zwar eine auffällige zeitliche Nähe zwischen der Entscheidung eines Organisationsmitglieds und der finanziellen Belohnung dieses Mitglieds, ohne dass jedoch eine direkte kausale Verbindung zwischen Entscheidung und Geldzahlung rekonstruiert werden kann.

Mit der Finanzierung von Warlords in Afghanistan durch Besatzungstruppen und staatliche Entwicklungshilfeorganisationen wird deren punktuelles Wohlverhalten eingekauft. Diese Finanzierungen können indirekt laufen, indem den Warlords zentrale Ministerien angedient werden und geduldet wird, dass sie diese als Basis für die Finanzierung ihres ethnischen Netzwerkes nutzen, oder auch direkt, indem sichergestellt wird, dass jeden Monat ein Koffer mit 100.000 Dollar ins Privatdomizil des betreffenden Warlords geliefert wird. Während Mittel in ethnisch strukturierten Netzwerken, bei denen man aufgrund fehlender Formalstrukturen bestenfalls von rudimentären Organisationen sprechen kann, über den Clanchef verteilt werden, wird bei Organisationen darauf geachtet, dass die zur Ruhigstellung der Warlords zur Verfügung gestellten Mittel formal korrekt verbucht werden können.[157]

Auf den ersten Blick hat man es hier mit einer einfachen Unterscheidung zu tun. Auf der einen Seite Organisationen mit kontrollierter Illegalität, die Regelabweichungen und Gesetzesbrüche für das Beste der Organisation einsetzen. Auf der anderen Seite Organisationen mit tendenziell entgrenzter Illegalität, bei denen sich Organisationsmitglieder primär selbst bereichern. Auf den zweiten Blick jedoch verwischt sich mit der Dauer dieser Kontakte die Unterscheidung zwischen Organisationen mit eingehegter brauchbarer Illegalität auf der einen Seite und Organisationen mit entgrenzter, nur am persönlichen Nutzen ausgerichteter Illegalität auf der anderen Seite.

4.4 Organisationen im Graubereich zwischen kontrollierter und unkontrollierter Regelabweichung

Die Forschung hat sich bisher vorwiegend damit beschäftigt, wie sich Organisationen in sogenannten Entwicklungs- und Schwellenländern als modern bezeichneten Standards anpassen, um sich Organisationen, die durch moderne Standards geprägt sind, als geeignete Ansprechpartner anzudienen (siehe dazu ausführlich Kühl 2015b).[158] Bemerkt wurde, dass sich dabei nicht selten Organisationen herausbilden, in denen Prinzipien von generalisierten Mitgliedschaftserwartungen westlicher Organisationen mit der Konstanz partikularistischer Orientierungen ihrer Mitglieder kombiniert werden. Die Rede ist von »prismatischen Organisationen«, in denen moderne und traditionelle Strukturen wie in einem Prisma fusionieren (Riggs 1964, S. 20ff.).[159]

Dabei wird jedoch häufig übersehen, dass auch von Organisationen mit eingehegter Illegalität ein erhebliches Anpassungsvermögen verlangt wird, wenn sie mit Organisationen in Kontakt treten, in denen die Formalstruktur fast nur noch als Schauseite der Organisation dient. Je größer die Erwartung ist, im Kontakt mit solchen Organisationen Erfolge zu erzielen, desto mehr passen sie sich auch in ihren internen Vorgehensweisen diesen an.

Zu Anpassungen

Wenn durch einen zu intensiven Kontakt mit Organisationen entgrenzter Illegalität das Gespür für die Anforderungen der Organisationen aus den Entsendungsländern verloren geht, wird in letzteren gerne von »Verbuschung« gesprochen.[160] Es kann sich dabei um Entwicklungshelfer handeln, die so lange im Tschad tätig waren, dass sie für die Abrechnungsprozeduren staatlicher Entwicklungshilfeorganisationen kein Gespür mehr haben, um Vertriebsmitarbeiter multinationaler Unternehmen, deren Praktiken zur Auftragsgewinnung nur noch sehr lose mit den offiziellen Vorschriften in Einklang stehen oder um Angehörige westlicher Geheimdienste, die zunehmend Respekt für die mit Menschenrechtsvorschriften nur begrenzt zu vereinbarenden Verhörmethoden ihrer Partnerorganisationen entwickeln.

Der Prozess der »Verbuschung« muss sich nicht nur auf das Personal beziehen, sondern kann ebenso ganze Kommunikationswege von Organisationseinheiten betreffen. So wissen wir über Militäreinheiten, die während eines Krieges über Monate auf Inseln oder im Dschungel von den regulären Befehlswegen abgeschottet sind, dass ihre internen Kommunikationswege erodieren. Die klassisch hierarchische Befehlsstruktur der Einheit verliert zunehmend an Bedeutung und wird durch eine eher auf Gleichrangigkeit setzende Umgangsform ersetzt, die auf der Ebene einzelner, persönlicher Beziehungen funktioniert.[161] »Verbuschung« kann aber auch die Programme dieser Organisationseinheiten betreffen und ihre vorgegebenen Ziele und Handlungsanweisungen erfassen.

Der Einfluss unterschiedlicher Kontextbedingungen

In einzelnen Regionen kann es so zu starken Überformungen der dort tätigen westlichen Organisationen kommen. In Krisenländern wie Afghanistan oder Mali kursieren Erzählungen, wie ausländische Armeen und internationale Entwicklungshilfeorganisationen nicht nur die Korruption von regionalen Clanchefs oder durch Ministerposten ruhig gestellten Warlords bedienen, sondern auch wie stark diese Praktiken in die Organisationen hineinwirken. Wenn Mitarbeiter dieser Organisationen Korruption unterbinden wollen und beispielsweise Mittel für Kurreisen einheimischer Minister nach Europa nicht freigeben, führt das nicht zur Unterbindung der Korruption, sondern zum Abzug dieser Mitarbeiter aufgrund fehlender kultureller Sensibilität. Bedrohen einheimische Mitarbeiter staatlicher Hilfsorganisationen ihre europäischen Kollegen mit dem Tod, weil sie Kick-Back-Zahlungen unterbinden wollten, müssen sie keine Entlassung fürchten, wenn sie nur ausreichend in den afghanischen oder malischen Netzwerken verankert sind.

Die Anpassung an lokale Verhältnisse führt zur Diagnose, dass sich nicht nur die jeweiligen Verbindungsstellen in den einzelnen Ländern, sondern die ganze Organisation immer mehr den Gegebenheiten in ihren Einsatzländern anpassen. Ein Spruch, mit dem dies zum Ausdruck gebracht wird, lautet, dass Afghanistan im Dag-Hammarskjöld-Weg in Eschborn beginnt – dem Sitz der zentralen staatlichen deutschen Entwicklungsorganisation. Damit wird darauf verwiesen, dass sich Organisationen, die in permanentem Kontakt mit Organisationen mit entgrenzter Illegalität stehen, fast zwangsläufig deren Strukturen angleichen müssen (siehe dazu Kühl 2015b).

Aber man darf diese spontan plausiblen Diagnosen nicht übertreiben. Die Toleranz für Regelabweichungen bleibt in westlichen Organisationen begrenzt. So mag von Entwicklungshilfeorganisationen geduldet werden, dass sich über Jahre in Afrika eingesetzte Entwicklungshelfer über mehrere Länder effiziente Patronage-Netzwerke und lukrative Nebengeschäfte aufbauen, die persönliche Bereicherung auf Kosten der eigenen Organisation durch Unterschlagung, Korruption oder Absentismus wird jedoch unterbunden. Das Bewerbungskomitee für eine Fußballweltmeisterschaft mag dulden, dass ein offiziell ehrenamtlich für die Bewerbung tätiger Fußballkaiser über Werbeverträge von dieser profitiert, aber das Komitee reagiert sensibel, wenn besagter Kaiser direkte Schmiergeldzahlungen annimmt.

Auf Organisationen mit entgrenzter Illegalität und Organisationen mit eingehegter Illegalität unterliegen unterschiedlichen Einwirkungen. Organisationen mit entgrenzter Illegalität befinden sich nicht selten in Staaten, in denen offene Gesetzesbrüche nicht nur von den Mitgliedern der Organisation, sondern auch von Nichtmitgliedern als normal betrachtet werden. Polizeien, die ihre Gefangenen unter Ignorierung staatlicher Gesetze foltern, Verwaltungen, bei denen man nur mit Hilfe von Bestechungen Ausweispapiere bekommt oder Unternehmen, die sich das Wohlwollen von Politikern erkaufen, werden nicht als mafiöse, verbrecherische oder kriminelle Organisationen betrachtet, sondern als nach den Standards dieses Staates normal funktionierende Polizeien, Verwaltungen und Unternehmen (siehe zu Russland Ledeneva 2001, S. 10).

Dagegen agieren Organisationen mit eingehegter Illegalität in grundlegend anderen Umweltbedingungen. Häufig sind in Gegenden, in denen sich die Idee der Kleinfamilie durchgesetzt hat, die Kontaktnetze nur noch so lose gekoppelt, dass man sich keine Sorge machen muss, dass ein entfernter Cousin vor der Tür steht, um Hilfe bei der illegalen Vermittlung eines Jobs oder dem Niederschlagen einer Anklage einzufordern (siehe zu diesem Phänomen

Granovetter 2007). Die Arbeitslosigkeit ist so gering und das Sozialsystem so stabil, dass es nicht existentiell ist, sich mit Hilfe von Beziehungen einen Arbeitsplatz zu besorgen (siehe zu Vitamin B als deutsche Variante des Phänomens Kubbe 2018). Ein funktionierender Rechtsstaat als zentrale Umweltbedingung bedeutet nicht nur, dass man damit rechnen muss, dass illegale Praktiken polizeilich verfolgt und gerichtlich sanktioniert werden, sondern auch, dass in den Massenmedien Gesetzesverstöße in der Regel skandalisiert werden.

Bei allen Anpassungen an die Bedingungen der Arbeit mit Organisationen in europäischen, asiatischen, afrikanischen oder amerikanischen Entwicklungsländern gibt es die Notwendigkeit, auf die Bedingungen eines funktionierenden Rechtsstaates, eines sensiblen politischen Systems und an Skandalisierung interessierten Massenmedien Rücksicht zu nehmen. Das führt dazu, dass man in diesen Organisationen zwar immer wieder Bereiche entgrenzter Illegalität beobachten kann, die formale Ordnung sich im Zweifelsfall jedoch letztlich durchsetzt.

5 Entstehung, Durchsetzung und Regulierung von Regelabweichungen

»Angesichts der großen Belohnung und des geringen Aufdeckungsrisikos – Warum verhalten sich so viele Geschäftsleute ökonomisch irrational und halten sich an Gesetze?«

John Braithwaite, Kriminologe[162]

Organisationsmitglieder können sich auf der sicheren Seite wähnen, wenn sie sich sklavisch an organisationale Regeln und staatliche Gesetze halten. Schließlich geben sie Vorgesetzten damit keinen Grund für eine Abmahnung oder Kündigung. Organisationsmitglieder, die staatliche Gesetze genau befolgen, bieten des Weiteren keinen Anlass für Strafverfolgungen oder Zivilklagen und brauchen sich auch deswegen keine Vorwürfe machen zu lassen. Aber warum – so die naheliegende Frage – gehen Organisationsmitglieder dann überhaupt das Risiko der Regelverletzung und des Gesetzesverstoßes ein?

In der Organisationsforschung ist umstritten, wie stark Organisationsmitglieder Nutzen und Kosten bei Abweichungen von formalen Regeln und staatlichen Gesetzen abwägen. Ein prominenter Forschungsstrang geht davon aus, dass Organisationsmitglieder über ihre Regelverletzungen und Gesetzesverstöße rational entscheiden. Sie überlegen sehr genau, welchen Nutzen sie aus der Regelverletzung ziehen und welche Risiken sie dabei eingehen. Die Vorteile aus einer Ignorierung staatlicher Gesetze und formaler Regeln würde von ihnen dabei systematisch in Beziehung zu Risikofaktoren wie Verfolgungsbereitschaft, Aufdeckungswahrscheinlichkeit und möglicher Sanktionshöhe gesetzt und auf dieser Basis würde dann eine rationale Entscheidung getroffen.[163]

Letztlich würden, so die Annahme, Gesetzesbrecher und Regelabweichler in Organisationen häufig noch rationaler kalkulierend vorgehen als gewöhnliche Kriminelle und Normenbrecher außerhalb von Organisationen (zur Rationalität von Straßenverbrechern siehe einschlägig Becker 1964). Während es außerhalb von Organisationen immer wieder zu spontanen, emotionalen Straftaten komme, seien Gesetzesverstöße innerhalb von Organisationen fast immer Handlungen rational handelnder, risikokalkulierender Akteure (so Braithwaite und Geis 1982, S. 302f.; Paternoster und Simpson 2009, S. 196).[164] Organisationen seien, so die Unterstellung, die Verkörperung von Rationalität in der modernen Gesellschaft, und dementsprechend müsse man davon ausgehen, dass bei der Entscheidung zur Verletzung staatlicher Gesetze und formaler Regeln Kriterien von Rationalität dominieren (siehe für eine Übersicht und Kritik dieses Ansatzes Coffee 1980, S. 419ff.; Friedrichs 2010, S. 227; Parker und Nielsen 2011, S. 10; Bergmann 2016, S. 8f.).

Für derartig rationale Kalkulationen bei der Abweichung von Regeln gibt es eine Reihe überzeugender Indizien.[165] So ist zum Beispiel erkennbar, dass Organisationsmitglieder bei Entscheidungen für Regelverletzungen mangelnden Verfolgungswillen einkalkulieren. Dafür kann es ganz unterschiedliche Gründe geben: Der Nachweis einer Regelverletzung kann wegen eines komplizierten Regelwerks sehr schwierig sein, sodass vor der Verfolgung zurückgeschreckt wird, bei den Verstößen handelt es sich um Bagatellen, für deren Verfolgung kaum soziale Unterstützung mobilisiert werden kann oder die Regeln können – was bei Organisationen nicht selten vorkommt – schlichtweg vergessen worden sein (Baysinger 1991, S. 354f.).[166] Es kann für Organisationsmitglieder sinnvoll sein, diese mangelnde Verfolgungsbereitschaft bei Entscheidungen einzukalkulieren.

Man kann diesen Effekt in einem kleinen Experiment aus Anlässen für Verspätungszuschläge von Finanzämtern testen, indem man prinzipiell Einspruch gegen diese einlegt. Wenn eine bestimmte Summe des Verspätungszuschlags nicht überschritten wird, wird diesen Einsprüchen von den meisten Finanzämtern grundsätzlich stattgegeben. Das Stattgeben des Einspruchs und die Rückerstattung des Verspätungszuschlags hängen dabei nicht vom Wohlwollen einzelner Sachbearbeiter ab, sondern werden nach – aus nachvollziehbaren Gründen nicht veröffentlichten – Regeln des Finanzamts entschieden, die festschreiben, dass unterhalb einer genau definierten Summe jedem Einspruch pauschal stattzugeben ist. Dabei ist es – auch das kann man testen – egal, ob man die Verspätung mit »Problemen mit der neuen Buchhaltungssoftware«, einer »Erkrankung der Urgroßschwiegereltern«, »anhaltender Lustlosigkeit beim Ausfüllen von Steuererklärungen« oder »Schwierigkeiten beim Einhalten von Terminen aufgrund frühkindlicher Sozialisation« begründet. Der Einspruch wird gebilligt, weil die Bearbeitung dieser Fälle deutlich kostspieliger ist als die zusätzlichen Einnahmen, die man mit der Durchsetzung von vergleichsweise geringen Verspätungszuschlägen erzielen kann. Dieses Entscheidungsverhalten von Organisationen kann man als Einzelperson antizipieren und nutzen. Es unterscheidet sich dabei nicht grundlegend von Kalkulationen der Verfolgungs- und Entdeckungsrisiken, die Organisationen mit Hilfe von Rechtsanwaltskanzleien und Wirtschaftsprüfungsgesellschaften erstellen lassen.[167]

Eine weitere, auf rationalen Kalkulationen basierende Herangehensweise an Regelabweichungen besteht in der Inkaufnahme von Konsequenzen. Organisationsmitglieder unternehmen kurze Streifzüge in den Bereich der Illegalität, wissend, dass die Strafen überschaubar sind, wenn die Regelverletzung erkannt wird.[168] So kann es für die Spitzen von Ministerien rational sein, von Verwaltungsgerichten verhängte Strafzahlungen für ihre Gesetzesverstöße in Kauf zu nehmen. Gerade bei Ministern, die aufgrund von längeren Regierungszeiten ihrer Partei ein entspanntes Verhältnis zur Idee des Rechtsstaats entwickelt haben, kann man zum Beispiel im Bereich des Umweltschutzes beobachten, dass sie sich weigern, gerichtlich angeordnete Maßnahmen zur Einhaltung gesetzlich vorgeschriebener Grenzwerte zu ergreifen. Die nach Klagen von Umweltschutzverbänden ausgesprochenen Strafzahlungen werden in Kauf genommen, weil dadurch lediglich das Geld von der »linken Tasche« des Staates – des Verkehrsministeriums – in die »rechte Tasche« – des Finanzministeriums – wandert. Sicherlich führt diese offene Ignorierung von Gesetzen durch Ministerien mittelfristig zu einer Erosion der Gesetzestreue im Staat. Kurzfristig kann dies aber für einen Minister oder eine Ministerin eine rationale Entscheidung sein, um als unangenehm empfundene Umweltschutzauflagen zu umgehen.[169]

Bekannt ist ein solches rationales Einkalkulieren von Strafzahlungen aus experimentellen Studien über Kindertagesstätten, anhand derer gezeigt wurde, wie Eltern Strafen beim verspäteten Abholen ihrer Kinder einkalkulieren. Als mehrere Kindertagesstätten eine Geldstrafe von umgerechnet drei Euro einführten, wenn ein Kinder mehr als zehn Minuten verspätet abgeholt wird, kam es nicht zur erhofften Reduzierung der verspäteten Abholung, sondern die Anzahl der verspäteten Abholungen erhöhte sich erheblich. Die Eltern wogen die Nachteile einer Strafzahlung gegen die Vorteile einer verspäteten Abholung ab und entschieden sich in vielen Fällen für eine verspätete Abholung unter Inkaufnahme einer Strafzahlung (Gneezy und Rustichini 2000). Es sprich wenig dafür, dass man sich als Organisationsmitglied in einer solchen Situation anders verhalten würde.[170]

Eine weitere rationale Herangehensweise besteht im »Outsourcing« des Risikos für Regelabweichungen. Abweichungen von Regeln sind für Organisationsmitglieder immer riskant, weil sich Interpretationen des Graubereichs zwischen Legalität und Illegalität verschieben können und sich der ursprünglich gering eingeschätzte Verfolgungswille von Staatsanwaltschaft und Polizei aufgrund politischer Veränderungen oder massenmedialer Skandalisierung plötzlich intensivieren kann. Gerade Verantwortliche in Unternehmen, Ministerien, Verwaltungen oder Armeen tendieren deswegen dazu, Aktivitäten, die sich am Rande der Legalität bewegen, an Spezialanbieter zu vergeben. Es werden dafür Unteraufträge an Kleinstorganisationen vergeben, die nicht den gleichen rigiden Vorgaben und einer genauen Überwachung unterliegen und sich deswegen viel souveräner im Graubereich zwischen Legalität und Illegalität bewegen können. Die Indizien für solche Hilfskonstruktionen über Kleinstorganisationen sind vielfältig. In Konsortien für große U-Boot-Projekte tauchen kleine Partner auf, deren Expertise nicht im Biegen oder Zusammensetzen von Stahl, sondern in der Anwendung kreativer Methoden zur Auftragsgewinnung liegt. Bei größeren Aufträgen in der Flugzeugindustrie werden zwei oder auch dreistellige Millionenbeträge als Beratungsaufträge an Kleinstorganisationen überwiesen, die die Geschäftsabwicklung unterstützen sollen. Bei Militäreinsätzen werden Unteraufträge an private Söldnertruppen vergeben, die andere Möglichkeiten der Gegnerbekämpfung haben als die unter stärkerer öffentlicher Beobachtung stehenden staatlichen Armeen. Werden Regelverstöße bekannt, liegt die Verantwortung zunächst vorrangig bei der Kleinstorganisation.

Aus dieser Perspektive scheint sich das regelabweichende Verhalten von Mitgliedern in Organisationen nicht grundlegend vom Verhalten von Teilnehmern im Straßenverkehr zu unterscheiden.[171] Öffentlich bekennt man sich zur Regelkonformität, nutzt im Alltag aber systematisch verschiedene Möglichkeiten der kontrollierten Regelverletzung. Man fährt mit leicht überhöhter Geschwindigkeit, parkt das Auto so, dass es nur mit sehr viel Fantasie nicht im Parkverbot steht und nutzt als Fahrradfahrer je nach Bedarf die Grünphase der Fußgänger oder der Autofahrer, daraufsetzend, dass in diesen rechtlichen Grauzonen keine Verfolgung stattfindet. Teilnehmer vermuten im Straßenverkehr oft, dass es bei vielen Regelüberschreitungen einen mangelnden Verfolgungswillen gibt. Es hilft Autofahrern zu wissen, bei welchen Regelverstößen Polizisten ausgeprägte Sensibilitäten zeigen, und Fahrradfahrer wissen ebenso genau zu unterscheiden, in welchen Großstädten das Überfahren roter Ampeln von Polizisten eher geduldet wird (Hamburg) und in welchen eher nicht (München). Auch das Einkalkulieren von Sanktionen gehört für Teilnehmer im Straßenverkehr ganz selbstverständlich mit dazu, wenn sie berechnen, welche Strafen für »etwas zu schnell fahren«, »etwas zu viel getrunken« oder »überqueren von etwas zu roten Ampeln« drohen.[172] Selbst das Outsourcing von Regelverletzungen kann man beobachten, wenn angesichts eines drohenden Verlusts des Führerscheins bei einer Geschwindigkeitsüberschreitung die Beifahrerin plötzlich zur Fahrerin mutiert.

Wenn diese Rationalitätsunterstellungen bei Abweichungen stimmen, dann wären die Instrumente zur Verhinderung von Regelverstößen und Gesetzesbrüchen einzelner Organisationsmitglieder vergleichsweise einfach. Zur Identifizierung von Regelabweichlern, muss man sich lediglich überlegen, wo sich Regelabweichungen besonders lohnen und dort die Überwachungsaktivitäten erhöhen (siehe zu einer solchen Kontingenztheorie bei Regelabweichungen Yeager 2007, S. 29; Croall 2009, xvi). Natürlich müssen Überwachungs- und Kontrollinstanzen immer die Kosten für Überwachung und Bestrafung mit dem Nutzen verhinderter Regelabweichungen in Beziehung setzen (siehe zu diesem Kalkül grundlegend Becker 1968 und in Anwendung auf White-Collar-Kriminalität Wheeler 1982).[173] Wenn man bei diesen Kalkulationen dazu kommt, dass Regelverstöße und Gesetzesbrüche in einem höheren Maße verhindert werden sollten, dann müssten, so die Annahme, die Verantwortlichen in der Organisation lediglich dazu gebracht werden, durch verstärkte Kontroll- und Verfolgungsbemühungen die Aufdeckungswahrscheinlichkeit zu erhöhen und parallel die Sanktionen im Fall eines Regelverstoßes zu verschärfen, um die Anzahl von Regelverstößen und Gesetzesbrüchen zu reduzieren (vgl. zu einer solchen Perspektive z. B. McVisk 1978; Coleman 1985; Paternoster und Simpson 1993).[174]

Aber wie kann trotz dieser Rationalitätsunterstellungen die Bereitschaft von Organisationsmitgliedern, bei der Entstehung von Regelabweichungen in Organisationen mitzuwirken, erklärt werden? Wie wichtig sind rationale Kalkulationen von Organisationsmitgliedern beim Erlernen von regelabweichenden Praktiken? Welche Rolle spielt die Abwägung von formalen und informalen Sanktionen bei der Beteiligung an abweichenden Praktiken?[175]

5.1 Die Entstehung von regelmäßigen Regelabweichungen

Das Experimentieren mit Regelabweichungen stellt für Organisationen eine eigene Form des Innovationsmanagements dar. Die Entwicklung einer Software, die erkennen kann, dass ein Auto auf dem Prüfstand steht und dann die Motorleistung so anpasst, dass vorbildliche Abgaswerte erzielt werden, war ohne Zweifel eine kreative Neuerung bei der Softwareentwicklung für die Automobilindustrie (Ewing 2017a). Die Einrichtung von sogenannten Special Purpose Vehicles zum Aufhübschen der eigenen finanziellen Situation war eine nicht unbeachtliche Innovation im Bereich des Finanzmanagements (Salter 2008). In Krisen wie Kriegen, Katastrophen oder Pandemien werden in aller Schnelle Umgangsformen gefunden, die häufig mit geltenden staatlichen Gesetzen oder organisatorischen Regularien nicht abgestimmt sind (Weick 1988).[176]

Diese informalen Formen des Innovationsmanagements werden in der auf Formalität fixierten Managementlehre gerne übersehen. In der klassischen Konzeption des Innovationsmanagement ist vorgesehen, dass sich bei der Identifizierung eines Problems Organisationsmitglieder aus allen betroffenen Bereichen zusammensetzen und gemeinsam überlegen, wie man das Problem lösen kann. Dafür sollen dann – so die offizielle Lehre – verschiedene Methoden des Innovationsmanagements eingesetzt werden. Unter modischen Namen wie Design Thinking werden Innovationsprogramme aufgelegt, Mitarbeiter in Innovationszirkeln zusammengezogen und vom Kerngeschäft entkoppelte Innovation Labs eingerichtet. Die Idee ist, dass die dort erarbeiteten Lösungen von der Führungsebene geprüft, bei Eignung in ein mit Gesetzen konformes formales Regelwerk gefasst und dann in für alle Mitarbeiter verbindliche Anforderungen überführt werden sollen.[177]

In der Praxis entstehen Innovationen aber häufig anders. Organisationsmitglieder, die sich mit einem Problem konfrontiert sehen, fangen jenseits der Formalstrukturen an, mit möglichen Lösungen zu experimentieren, ohne sich permanent Gedanken darüber zu machen, ob diese Innovationen mit den Regeln der Organisation vereinbar sind oder nicht. Das Experimentieren findet dabei im Rahmen der alltäglichen Arbeit statt, ohne dass es dafür zwangsläufig eine Genehmigung oder die Zuweisung eines Budgets geben muss. Wenn sich bei diesem Experimentieren eine Lösung für die betroffenen Mitarbeiter als zufriedenstellend herausstellt, dann setzt sie sich durch, ohne dass diese gleich in einen formalen Prozess überführt wird.[178]

Viele innovative Lösungen bewegen sich dabei in der Grauzone zwischen Regelkonformität und Regelabweichung. So ist es auch Ausdruck der Innovationskraft der Automobilindustrie, die Verbrauchs- und Abgaswerte ihrer Autos bis an die Grenzen des gerade noch Vertretbaren zu schönen. Es werden schmale Reifen mit sehr guten Abrolleigenschaften eingesetzt, die den Rollwiderstand reduzieren, die Testfahrzeuge haben keine Spezialausstattung und damit weniger Gewicht, Türschlitze werden abgeklebt, um die Aerodynamik zu verbessern, was den Verbrauch reduziert, und Testfahrten werden bei optimalen Temperaturbedingungen und in hohen Gängen durchgeführt, weil der Motor dann weniger Kraftstoff verbraucht. Der Einsatz einer Software, die erkennt, dass das Auto auf dem Prüfstand steht und den Motor dann so einstellt, dass für den Genehmigungsprozess optimierte Abgaswerte entstehen, ist aus dieser Perspektive nur ein weiteres innovatives Mittel, Autos als umweltfreundlich darzustellen.[179]

Kurz: Bei dezentral entwickelten Innovationen wird zwar mitreflektiert, wie sich Lösungen zum existierenden formalen Regelwerk und zu vorgegebenen Gesetzen verhalten, aber es findet bei dieser inkrementalen Entwicklung von Innovationen keine systematische Prüfung ihrer Konformität statt. Vorgesetzte werden zwar über die gefundenen Lösungen informiert oder bekommen das Experimentieren mit neuen Praktiken mit, aber ihnen wird keine offizielle Entscheidung abverlangt, mit der diese neuen Praktiken formalisiert würden.[180]

Imitationen von Innovationen

Die Verbreitung dieser informal entwickelten Innovationen findet nicht über eine formale Entscheidung an der Spitze der Organisation statt, sondern sie diffundieren schleichend in der Organisation. In Organisationen wird sehr genau beobachtet, ob sich eine im Schatten der Formalstruktur entwickelte Innovation in Form einer neuen Softwarekomponente oder auch eines neuen Arbeitsverfahrens bewährt oder nicht. Wird wahrgenommen, dass sich durch diese innovativen Lösungen neue Anforderungen an die Organisation befriedigen, Probleme lösen oder Arbeitsprozesse erleichtern lassen, werden diese imitiert. Die Regelabweichung wird schleichend zur alltäglichen Routine in der Organisation (Clinard und Yeager 1980, S. 43).

Über Imitationen verbreiten sich innovative formal und häufig auch rechtlich illegale Lösungen dann über Organisationsgrenzen hinweg (siehe dazu Cressey 1976; Baker und Faulkner 1993; Gabbioneta et al. 2013).[181] Man kann solche Imitationen zum Beispiel beim Austausch über neuartige, aber bei genauem Hinschauen verbotene Methoden des Pharma-Marketings beobachten, bei der Diffusion des Wissens über verbotene Folterpraktiken von Geheimdiensten oder beim Kopieren bewährter, aber im engeren Sinne gegen das Kriegsrecht verstoßender Kampfmethoden einer verbündeten oder auch gegnerischen Armee.

Diese Kopierprozesse muss man sich nicht so vorstellen, dass Unternehmen in Arbeitskreisen zu »bewährten branchenspezifischen Praktiken im Graubereich zwischen Legalität und Illegalität« zusammenkommen, dass Geheimdienstmitarbeiter auf Sicherheitskonferenzen die Vor- und Nachteile verbotener Foltermethoden diskutieren oder Vertreter von Armeen sich zum offiziellen Austausch darüber treffen, wie man am geschicktesten gegen die Haager Landkriegsordnung verstößt. Vielmehr findet die Diffusion innovativer Praktiken eher stillschweigend statt. Durch Personalwechsel übernehmen Unternehmen Praktiken anderer Unternehmen, ohne dass dabei intensiv geprüft wird, ob diese rechtskonform sind, Geheimdienste ahmen in der alltäglichen Kooperation bewährte Praktiken befreundeter Dienste nach, die in deren Ländern erlaubt sind und Armeen eignen sich im Krieg Methoden an, die sie bei Verbündeten oder Gegnern beobachten, ohne im Detail zu prüfen, ob sie mit den eigenen »Rules of Engagement« vereinbar sind.

So bildet sich in organisationalen Feldern ein institutionalisiertes Verständnis davon aus, was legal und was illegal ist. Es entstehen, wie früh am Beispiel der Preisabsprachen in der Elektronikindustrie gezeigt wurde (Geis 1995b), branchenspezifische Normen, aufgrund derer Abweichungen von Gesetzen als so normal betrachtet werden, dass diese von den Mitarbeitern der beteiligten Firmen teilweise gar nicht mehr als Gesetzesverstöße erkannt werden. Dieses Verständnis im organisationalen Feld prägt dann das Verhalten der Mitglieder in den einzelnen Organisationen (Edelman und Talesh 2011).

Die Etablierung der Abweichung von Regeln als organisationskulturelle Erwartung

Durch Wiederholung etablieren sich in Organisationen abweichende informale Regeln. Es kommt zu einer zunehmenden »Normalisierung« der Regelabweichung (siehe zum Konzept der Normalisierung Gioia 1992; Brief et al. 2001; Ashforth und Anand 2003). Diese wird als für die lokale Situation effiziente und durch die Zielerreichung gerechtfertigte Praktik betrachtet, die sich überdies als in der Wiederholung legitimierte Anpassung bewerten lässt (so Snook 2002, S. 183). Die Regelabweichung ist dann nicht mehr das Ergebnis spontaner Abweichungen weniger Personen, sondern wird zu einem Teil der in der Organisation gepflegten Erwartungen (Ermann und Lundman 1982, S. 91). Es entstehen »ungeschriebene Gesetze« oder – um die

Managementsprache zu verwenden – eine Art »informal standard operating procedure« (siehe dazu früh Downs 1967, S. 62).

In der Soziologie wird dieser Prozess als schrittweise Institutionalisierung von Erwartungen bezeichnet (in Bezug auf Organisationen prägnant schon Selznick 1948, S. 27). Mit Institutionalisierung ist gemeint, dass man davon ausgehen kann, dass eigene Erwartungen durch relevante Dritte gestützt werden. Dies können konkrete Dritte sein wie Kollegen, beste Freunde oder die eigene Familie. Es können aber auch anonyme Dritte sein, indem man davon ausgeht, dass man in seinen Erwartungen schon gestützt würde, wenn andere davon erfahren (Luhmann 1972, S. 65f.).

5.2 Das Erlernen von Regelabweichungen

Für Organisationen ist es zentral, dass neue Mitglieder mit den in der Organisation herrschenden Erwartungen vertraut gemacht werden. Sichtbar sind dabei besonders die Maßnahmen, mit denen Organisationen neuen Mitgliedern ihre formalen Regeln vermitteln. Neue Mitarbeiter bekommen eine Mappe mit Informationen über die zentralen Arbeitsprozesse und relevanten Ansprechpartner an die Hand, in On-Boarding-Seminaren üben sie die formalen Prozessen ein, und es werden ihnen erfahrene Mitarbeiter zugeordnet, die sie beim Erlernen der formalen Prozesse begleiten sollen. Man kann diese geplante Vermittlung von Wissen als Erziehung bezeichnen (Luhmann 1987, S. 177).

Durch diese in der Formalstruktur verankerten Maßnahmen lassen sich bewährte, brauchbare Illegalitäten jedoch nicht vermitteln. Es würde Irritationen auslösen, wenn neue Mitglieder eine Mappe in die Hand gedrückt bekämen, in der neben formalen Arbeitsprozessen ausführlich bewährte Regelbrüche und Gesetzesbrüche der Organisation dargestellt würden. Es würde zu Überraschungen führen, wenn in Seminaren für neue Mitarbeiter zunächst Folien mit den offiziellen Arbeitsprozessen nach den vorgegebenen Qualitätsstandards gezeigt würden und danach Folien mit den bewährten regelabweichenden Praktiken.

Deren Vermittlung an neue Mitarbeiter findet deswegen auf andere Weise statt. Neue Mitarbeiter beobachten, wie erfahrene Mitarbeiter immer wieder von der offiziellen Praxis abweichen und übernehmen diese Abweichungen, oder sie werden von erfahrenen Mitarbeitern zur Seite genommen und bekommen vorgemacht, wie man ein Problem effizienter löst, als in den offiziellen Regeln vorgesehen.[182] Erfahrene Polizisten nehmen ihre jüngeren Kollegen zur Seite und machen ihnen deutlich, dass sie alles vergessen sollten, was sie in der Ausbildung gelernt haben, und führen sie stattdessen schrittweise an die reale Praxis der Polizeiarbeit heran (Caldero/Crank 2011). Bei der Ausbildung von Jugendgruppenleitern wird formal darauf hingewiesen, dass sie auf Ferienreisen das Rauchen von Jugendlichen zu unterbinden haben, in den Pausen wird dann jedoch informal vermittelt, in welchen Situationen man darüber hinwegsehen und in welchen man eingreifen sollte (Schäfers 2018). Dieser Prozess des Erlernens von Verhaltenserwartungen lässt sich als Sozialisation bezeichnen (Luhmann 1987, S. 176f.).[183]

In der Regel werden diese für Neulinge wichtigen informalen Regeln nicht schriftlich niedergelegt, sondern mündlich überliefert. Es gibt aber auch Fälle, in denen Dokumente kursieren, mit denen sich Neulinge darüber informieren können, wie »es wirklich läuft«. In der Pharmaindustrie werden unter der Hand streng vertrauliche Berichte über die Herstellung von Medizinpräparaten weitergegeben, damit Neulinge schnell erfassen können, wie der Herstellungsprozess am Rande der Legalität abläuft. In der Entwicklungshilfeszene werden am Rande von Schulungsmaßnahmen Bücher empfohlen, die realitätsnahe, aber wenig schmeichelhafte Beschreibungen der Arbeit von Entwicklungsbanken liefern (besonders beliebt Rottenburg 2009).

Dabei läuft dieser Prozess des Vertrautmachens mit regelabweichenden Praktiken meistens im Rahmen des allgemeinen Sozialisationsprozesses ab (Brief et al. 2001, S. 487). Es ist eher selten, Neulinge in Organisationen explizit darauf hinzuweisen, dass es sich bei einer in der Organisationseinheit eingespielten Routine um einen Regelverstoß oder Gesetzesbruch handelt. Die Einführung in die informalen Praktiken erfolgt in der Regel ohne ausführliche Rechtsbelehrungen.

Häufig werden Neulingen schrittweise in die abweichenden Praktiken eingeführt (siehe dazu auch Palmer 2012, S. 162). Meistens werden anfangs Erwartungen formuliert, die von Neulingen vielleicht als ungewöhnlich, in ihrer Konsequenz aber nicht schlimm eingeschätzt werden. Wenn sie sich jedoch einmal zu solchen Praktiken bereiterklärt haben, gibt es häufig keine Gründe, nicht eine weitere, in Dimension und Konsequenz schwerwiegendere Abweichung von der Regel vorzunehmen (siehe zur sozialpsychologischen Beschreibung dieser »Foot-in-the-door-technique« Freedman und Fraser 1966).[184]

Gerade bei Neulingen ist die Rationalität von Entscheidungen begrenzt. Man ist durch die Anforderungen der Organisation überfordert, sodass man sich an dem Verhalten der Kolleginnen und Kollegen orientiert. Abkupfern, Nachahmen und Imitieren sind die Verhaltensweisen, mit denen man gerade zu Beginn einer Mitgliedschaft in einer Organisation am besten fährt (siehe zur Aufnahme von Neulingen in Organisationen Schein 1964, S. 71f.; Neuberger 1994b, S. 124f.).

Kontrolle des Sozialisationsprozesses

Dabei bilden sich in Organisationen nicht selten sehr genaue Vorgehensweisen aus, mit denen Mitarbeiter kontrolliert in illegale Praktiken eingeführt werden. Organisationsmitglieder lernen nicht nur, wie von organisationsinternen Regeln oder staatlichen Gesetzen abgewichen werden kann, sondern auch, in welchen Situationen diese Abweichungen angewendet werden können und in welchen nicht (Sutherland 1983, S. 245). Die informale Kontrolle in Organisationen besteht also nicht vorrangig in der Verhinderung von Regelabweichungen (so z. B. Braithwaite 1989, S. 144f.; Simpson 2002, S. 106f.), sondern im Einsteuern des akzeptierten Maßes an Regelabweichung.

Faktisch existieren in vielen Organisationen im Schatten der von den Ausbildungs- und Personalentwicklungsabteilungen verantworteten formalen Einführungen ausgefeilte, wenn auch nie systematisch entwickelte Programme zur Sozialisation neuer Mitarbeiter.[185] In Armeen werden Neulinge nicht nur von Ausbildern und Vorgesetzten über die formalen Sicherheitsrichtlinien beim Einsatz von Waffen belehrt, sondern auch informal mit den Möglichkeiten und Grenzen der Umgehung der formalen Sicherheitsrichtlinien vertraut gemacht. In Flugzeugfabriken werden Neulinge schrittweise an die Verwendung des strikt verbotenen Gewindebohrers herangeführt, und dabei wird auch gleichzeitig über die Grenzen bei der Verwendung aufgeklärt.[186]

Inoffizielle Auszeichnungen

Es ist schon sehr früh in der Forschung herausgearbeitet worden, dass gerade Neulinge in Organisationen einen gewissen Stolz bei der zunehmend professionelleren Handhabung von Regelabweichungen entwickeln. Man erhält Anerkennung, wenn man weiß, wie man das »System« austricksen kann, um die vorgegebenen Ziele zu erreichen. Die Anerkennung erfolgt häufig nicht in materieller Form, sondern dadurch, dass der Status bei als relevant betrachteten Kolleginnen und Kollegen steigt (siehe dazu Ashforth und Anand 2003, S. 13).

Manchmal werden Statusaufstiege auch durch inoffizielle Auszeichnungen symbolisiert. In der Flugzeugfabrik ist die Duldung des Besitzes eines eigentlich verbotenen »eigenen Gewindebohrers« eine für die Mitarbeiter wichtigere Auszeichnung als ein Zertifikat der Personalabteilung über einen erfolgreich absolvierten Schweißkurs. Bei Soldaten, die im Auslandseinsatz in Afghanistan, Irak, der Zentralafrikanischen Republik oder Mali gewesen sind, dulden Vorgesetzte das Tragen von Palästinensertüchern, die eigentlich nur für den Einsatz in sandigen Gebieten erlaubt sind. Auch in den USA, Frankreich oder Deutschland wird das Tragen dieser Tücher von den Soldaten als inoffizielle Auszeichnung für die Absolvierung eines Auslandseinsatzes angesehen und hat für sie eine wichtigere Bedeutung als die offiziell verliehenen Tapferkeitsorden.

Die Attraktivität dieser inoffiziellen Auszeichnungen für Organisationsmitglieder besteht nicht nur darin, dass sie in informalen Subkulturen selbst geschaffen wurden, sondern auch, dass sie mit den Abweichungen der informalen Struktur spielen. Wir wissen spätestens seit Émile Durkheim, dass gerade die Distanz zu allgemein geteilten Normen ein hohes Maß an Identitätsstiftung auslösen kann (March 2016, S. 81). Das gilt sowohl für Kleingruppen von Punks, Avantgardisten oder Revolutionären, die ihre Identität aus ihrer Stellung als Außenseiter der Gesellschaft beziehen (Becker 1963, S. 8f.) als auch für Cliquen in Organisationen, die ihre Identität gegen »die da oben« bestimmen (Luhmann 1964b, S. 331f.).

Dabei werden informale Auszeichnungen nicht dafür vergeben, dass man die Organisation für individuelle Vorteile übers Ohr gehauen hat, sondern dass man die vorgegebenen Ziele erreicht hat, obwohl einem – so jedenfalls die Wahrnehmung – die Organisation durch formale Regeln bei der Zielerreichung permanent Knüppel zwischen die Beine schmeißt. So entsteht eine ganz eigene Form von professioneller Identität.

5.3 Die Herstellung von Kooperationsbeziehungen bei brauchbarer Illegalität

In der auf formale Strukturen fokussierten traditionellen Managementlehre wird die Kooperationsbereitschaft zwischen Organisationsmitgliedern vorausgesetzt.[187] Diese Auffassung ist auf den ersten Blick plausibel. Organisationen nutzen das Prinzip der Formalisierung von Erwartungen, um Kooperationsbeziehungen innerhalb der Organisation herzustellen. Wenn Personen in eine Organisation eintreten, verpflichten sie sich dazu, den an sie gestellten Kooperationserwartungen zu folgen, unabhängig davon, ob sie eine »gute Beziehung« zu ihrem Kooperationspartner haben oder nicht. Wenn sie sich diesen formalen Erwartungen entziehen, riskieren sie ihre Mitgliedschaft in der Organisation.

Auf den zweiten Blick erkennt man jedoch, dass die durch die Formalstruktur vorgegebene Kooperationserwartung häufig nicht ausreicht. Ihr fehlt es schlicht an situativer Elastizität. Wenn sich Organisationsmitglieder darauf beschränken, nur auf formal vorgeschriebenen Wegen miteinander zu kommunizieren, entsprechen die Abstimmungen häufig nicht den Anforderungen der Organisation. Neben der Sicherstellung einer grundlegenden Kooperationsbereitschaft über die formale Struktur wird in Organisationen ein weitaus feineres Netz von Kooperationserwartungen über informale Strukturen geknüpft. Die Begriffe, mit denen diese informalen Kooperationserwartungen bezeichnet werden, sind Kollegialität oder Kameradschaft.

Tausch in Organisationen

Kollegialitäts- und Kameradschaftserwartungen basieren maßgeblich auf Mechanismen des Tauschs zwischen Organisationsmitgliedern. Es gilt die Regel: »Wenn Du etwas Nettes für mich tust, werde ich auch etwas Nettes für Dich tun« (Boulding 1963, S. 424). Wenn Du meine kleinen notwendigen Tricksereien bei Ausschreibungen deckst, kannst Du dich darauf verlassen, dass ich Dich dabei unterstütze, dass die Verträge von den Wirtschaftsprüfern nicht beanstandet werden können.[188]

Die Ausbildung von Mechanismen des Tauschs in Organisationen sind insofern auffällig, als die Formalstruktur von Organisationen »tauschfeindlich« gebaut ist. Mitarbeiter können nicht erwarten, dass sie für jede Handlung zusätzlich von Kollegen, Vorgesetzten und Untergebenen be- oder entlohnt werden (vgl. Luhmann 1964b, S. 288ff.). Ein persönlicher Assistent, der von seiner Chefin erwartet, dass jeder Brief, den er tippt, mit Pralinen und Blumen, Sonderurlaub oder verlängerten Pausen belohnt wird, hätte mittelfristig Schwierigkeiten, sich in der Organisation zu halten. In der Informalstruktur ist die Organisation jedoch in außerordentlichem Maße »tauschfreundlich« (vgl. Luhmann 1964b, S. 339; Bosetzky und Heinrich 1980, S. 163).

Informale Tauschprozesse finden häufig zwischen Mitarbeitern der gleichen Hierarchiestufe statt. Produktionsverantwortliche in Papierfabriken erwarten von Wartungsmitarbeitern, dass sie unabhängig von anderen Verpflichtungen bei »heißen Aufträgen« sofort alles stehen und liegen lassen, um die kaputte Maschine zu reparieren. Für dieses Entgegenkommen können die Wartungsmitarbeiter dann wiederum darauf vertrauen, dass die Produktionsverantwortlichen dazu beitragen, Fehler der Wartungsarbeiter vor dem Management zu verbergen (Dalton 1959, S. 34). Informale Tauschprozesse finden sich aber auch zwischen Mitarbeitern verschiedener Hierarchiestufen. Auf Langstreckenflügen kommt es schon einmal vor, dass angesichts der durch den Autopiloten entstandenen bleiernen Monotonie beide Piloten sanft einschlummern. Von den Flugbegleitern wird dann informal erwartet, dass sie die Piloten durch Klopfen und Räuspern so dezent wecken, dass dieser formal schwerwiegende Regelverstoß nicht als solcher thematisiert werden muss. Umgekehrt können die Flugbegleiter sich darauf verlassen, dass die Piloten nicht gleich aus jedem Zuspätkommen zu einem Briefing sofort eine große Sache machen (zur Rolle von Flugbegleitern allgemein Scott 2003).[189]

Durch die Verstetigung und Ausweitung solcher personalen Beziehungen können in Organisationen Loyalitätsnetzwerke, Cliquen, Seilschaften und Promotionsbündnisse entstehen, in denen sich Mitglieder einer Organisation langfristig aneinanderbinden. Wenn diese Netzwerke zwischen Personen auf der gleichen Hierarchiestufe gebildet werden, ist von engen kollegialen oder kameradschaftlichen Beziehungen die Rede (siehe z. B. für die Polizei Stoddard 1968). Wenn diese Netzwerke hingegen von einer Person dominiert werden, kann man in Anlehnung an den Roman »Der Pate« (Mario Puzo 1971) vom Don-Corleone-Prinzip in Verwaltungen, Unternehmen, Krankenhäusern und Parteien sprechen. Genauso wie der Mafia-Chef durch »gute Taten« Loyalität seiner Untergebenen erzeuge, kämen auch Vorgesetzte ihren Mitarbeitern mit einer Guttat entgegen, um zu einem späteren Zeitpunkt mit ihrer Loyalität rechnen zu können (Bosetzky 2019, S. 29ff.).[190] Der soziale Mechanismus, auf denen solche Beziehungen basieren, ist Vertrauen.

Die Bedeutung von Vertrauen

In der Managementlehre dominiert dabei ein verklärtes, fast naives Bild von Vertrauen. Monoton wird mit Schlagworten wie »Vertrauen führt« (Sprenger 2002), »Vertrauen siegt« (Höhler 2005) oder »Erfolg durch Vertrauen« (Nieder 2013) der Wandel von der »Misstrauensorganisation« zur »Vertrauensorganisation« gefordert. Je größer die in der Organisation wahrgenommenen Verunsicherungen, desto wichtiger sei es, die Zusammenarbeit zwischen den Mitgliedern über vertrauensbildende Maßnahmen zu koordinieren. Das Erfolgsrezept für »gute Ehen« und »gute Freundschaften« (Personenvertrauen) sei, so jedenfalls die Vorstellung, auch das Erfolgsrezept für »gute Organisationen«.

Bei der Verklärung von Vertrauen wird jedoch übersehen, um welche Errungenschaft es sich handelt, wenn man in der modernen Gesellschaft nicht mehr vorrangig auf Personenvertrauen angewiesen ist. Es erleichtert den Einkauf erheblich, dass man sich im Supermarkt darauf verlassen kann, auch ohne gute Bekanntschaft zum Kassierer gegen Geld Produkte einkaufen zu können. Und es hat gewisse Vorteile, sich an die Polizei wenden zu können, auch wenn man nicht weiß, mit welchem Polizisten man es zu tun bekommt. Die Leistungsfähigkeit moderner Organisationen basiert maßgeblich auf der Abstraktion von Personenvertrauen. In Organisationen kann man sich darauf verlassen, dass Arbeitsverträge gelten, dass Gehälter gezahlt und notfalls eingeklagt werden können und Abteilung Informationen liefern, weil die formalen Regeln das vorsehen, und zwar unabhängig davon, ob man zu den zuständigen Mitarbeitern eine persönliche Beziehung unterhält oder nicht (vgl. Luhmann 1964b, S. 72). Systemvertrauen ist der kompliziert klingende Begriff, mit dem diese Abstraktion von Personenvertrauen bezeichnet wird (vgl. ausführlich Luhmann 1968).

Trotzdem haben Managementberater, die sich öffentlich für Vertrauen begeistern, einen Punkt. Ohne Personenvertrauen als informalem »Schmierstoff« für formale Strukturen können Organisationen gar nicht existieren. Allerdings erscheinen informale Koordinationsmechanismen bei Managementberatern in seltsam »verklärter« Form. Sie denken bei der Wirksamkeit von Personenvertrauen zuerst an informale Erwartungen, die formale Erwartungen produktiv ergänzen oder auch ersetzen können. Sicherlich gibt es vielfältige organisationskulturelle Erwartungen, die mit den formalen Regelwerken von Organisationen kompatibel sind. In Organisationen existieren vielfältige organisationskulturelle Erwartungen, die zwar nicht mit

Verweis auf die Mitgliedschaft durchgesetzt werden, aber auch nicht gegen die formalen Regeln verstoßen (vgl. Luhmann 1964b, S. 283ff.). Man denke zum Beispiel an die Wartungsarbeiter bei Xerox, deren Wissensaustausch nicht über formalisierte Wissensplattformen der Organisation läuft, sondern über Treffen außerhalb der Arbeitszeit, in denen bei dem einen oder anderen Drink »Kriegsgeschichten« über den Umgang mit außergewöhnlich komplizierten Kunden und besonders eigensinnigen Kopiermaschinen ausgetauscht werden (vgl. Orr 1996, S. 125ff.). Oder man denke an die kostümierten Mitarbeiter im Disneyland, die aufgrund organisationskultureller Erwartungen der »smile factory« die formalen Erwartungen sogar übererfüllen (van Maanen 1991).

Was aber in der Managementliteratur über Vertrauen dezent übersehen wird, ist, dass sich viele auf Personenvertrauen basierende organisationskulturelle Erwartungen nicht reibungslos in die Steuerungslücken der Formalstruktur einfügen, sondern im Gegenteil Verstöße gegen die formale Struktur der Organisation oder staatliche Gesetze darstellen. Es ist für den Vorstand eines Autokonzerns leicht zu fordern, dass sich die Abgasreinigung im Rahmen der Umweltgesetze bewegt, der Benzinverbrauch sich nicht erhöht, die dafür notwendige Apparatur wenig Platz einnimmt und Kunden nicht häufiger als unbedingt notwendig in die Werkstätten gezwungen werden. Spätestens in der konkreten Planung wird jedoch deutlich, dass sich diese Zielvorgaben grundlegend widersprechen und von den Mitarbeitern erwartet wird, dass sie bei diesen widersprüchlichen Zielen Prioritäten setzen. Das führt nicht selten zu Abweichungen von gesetzlichen Vorgaben, um andere Ziele erreichen zu können. Wenn Manager oder Berater also Vertrauen als zentrale Steuerungsform propagieren, müssten sie sich bewusst sein, dass sie jenen Mechanismus propagieren, der für die Praxis brauchbarer Illegalität zentral ist.

5.4 Zur Durchsetzung informaler Erwartungen

Für die Durchsetzung formaler Erwartungen gibt es in Organisationen einen einfachen Mechanismus: Ihre Erfüllung ist die Bedingung dafür, Mitglied der Organisation bleiben zu können. In seltenen Fällen müssen Organisationsmitglieder durch explizite Anweisungen oder schriftliche Abmahnungen an die Erfüllung der formalen Erwartungen erinnert werden. In den allermeisten Fällen orientieren sich Organisationsmitglieder unaufgefordert an den formalen Erwartungen der Organisation. Das erklärt die im Vergleich zu Kleinfamilien, Freundesgruppen oder Protestbewegungen ausgesprochen hohe Konformitätsbereitschaft in Organisationen.

Bei der Durchsetzung informaler Erwartungen besteht die Herausforderung darin, dass diese nicht mit Verweis auf die Mitgliedschaftsbedingungen der Organisation durchgedrückt werden können. Weil man als Organisation nicht offiziell verkünden kann, dass bei besonders wichtigen Aufträgen die Arbeitszeitrichtlinien auch mal missachtet werden dürfen, kann man auch keinen Mitarbeiter offiziell dafür abstrafen, wenn er am Ende der offiziellen Arbeitszeit seine Firma verlässt. Deswegen wird auf informale, häufig implizit kommunizierte Mechanismen der Durchsetzung gesetzt (Pinto et al. 2008, S. 692).

Letztlich kann sich jedes Mitglied auf seine formale Rolle zurückziehen und damit informale Erwartungen außer Kraft setzen. Schließlich kann niemand davon abgehalten werden, das Befolgen formaler Regeln einzufordern, auch wenn deren Missachtung seit Jahren in der Organisation informal erwartet wurde (Ortmann 2003, S. 104). Dieses Zurückziehen auf die formale Rolle kann dem Mitglied nur unterschwellig zum Vorwurf gemacht, jedoch nicht offen als Versagen angekreidet werden (vgl. Luhmann 1964b, S. 64).

Trotzdem überlegen sich Mitglieder sehr genau, ob sie die informale Anforderung zur Verletzung formaler Strukturen ignorieren. Die Frage ist für sie nicht allein, ob sie formal im Recht sind oder nicht, sondern ob und von wem sie im Konflikt soziale Unterstützung erwarten können. Ähnlich wie im Rechtssystem müssen sie nicht nur voraussehen, wie die formale Frage in der Organisation entschieden wird, sondern besonders auch, wie sich ihr relevantes Umfeld zu ihrem formalen Klärungsversuch verhält (Luhmann 1981, S. 61). So kann es gut sein, dass sie mit ihrer Verweigerung von Regelbrüchen formal im Recht sind, sich aber durch ihre Initiative sozial isolieren.[191]

Im Hintergrund lauert immer die Drohung einer über Macht durchgesetzten negativen Sanktionierung der Verweigerung, sich an Regelabweichungen zu beteiligen. Bei diesen negativen Sanktionierungen handelt es sich um den Spiegelmechanismus der positiven Sanktionierungen einer informalen Ordnung (siehe dazu Kuchler 2014, S. 3). Während der Tauschmechanismus auf dem Versprechen basiert »Wenn Du mir etwas Gutes tust, dann werde ich Dir auch etwas Gutes tun«, basieren negative Sanktionen auf der Drohung »Wenn du mir nicht etwas Gutes tust, werde ich Dir etwas Unangenehmes antun« (Boulding 1963, S. 426).

Die Methoden, mit denen die Befolgung informaler Erwartungen durchgesetzt wird, erleben Mitglieder als folgenreicher denn die formal beschränkten Durchgriffsmöglichkeiten von Vorgesetzten. Die Mechanismen, mit denen in Armeeeinheiten Soldaten dazu gebracht werden, informale Normen zu befolgen, sind häufig brutaler als der offizielle Strafkatalog. Die Mechanismen, mit denen »zickigen Kollegen« in Verwaltungen wichtige Informationen vorenthalten werden, die diese eigentlich dringend zur Erledigung ihrer Aufgaben brauchen, haben schon zu mancher Kündigung einer lebenslangen Stelle geführt. Und Selbstmord von Mitarbeitern in Unternehmen ist häufig nicht das Ergebnis formal vorgegebener Erwartungen, sondern informalen Drucks, der von Kollegen, Vorgesetzten und manchmal auch Untergebenen aufgebaut wird.

Informale Sanktionierungen finden besonders zwischen Organisationsmitgliedern auf der gleichen Hierarchiestufe statt. Dies ist für Organisationsmitglieder besonders folgenreich, weil man in vielen Arbeitsschritten auf kollegiale oder kameradschaftliche Unterstützung angewiesen ist. Informale Sanktionierungen werden aber auch von Vorgesetzten gegenüber Untergebenen eingesetzt, um informale Erwartungen gegenüber diesen durchzusetzen. Berufen sich »Untergebene« zu sklavisch auf ihre formalen Rechte, kann der Vorgesetzte »Bossing«, also Mobbing von oben, betreiben und dem Untergebenen wichtige Ressourcen zu Erledigung von Aufgaben vorenthalten. Allerdings lassen sich informale Sanktionierungen auch von unten nach oben betrachten. Wenn sich eine Vorgesetzte der »Unterwachung« durch ihr nachgestellte Mitglieder entzieht, verzichten ihre Mitarbeiter darauf, Fehler der »unkooperativen Chefin« gegenüber anderen Abteilungen zu decken und lassen sie so ins offene Messer laufen.

Bei informalen Sanktionierungen geht es nur im Extremfall um den Ausschluss von Kollegen. Nur wenn man die Hoffnung aufgegeben hat, dass es mit dem Organisationsmitglied »noch etwas wird«, geht es darum, von unten eine Art informales Entlassungsverfahren anzustoßen, das letztlich auch zur formalen Trennung der Organisation vom Mitglied führt. In den meisten Fällen reichen zur Durchsetzung informaler Normen das punktuelle Ausschließen aus Informationsströmen, die zeitweise Ignorierung bei für die Arbeit wichtigen Zusammenkünften oder auch eine heftige Ansprache aus, um das Organisationsmitglied wieder zu einem »guten Kollegen« oder einer »guten Kollegin« zu machen.

Rückgriff auf formale Ressourcen

Bei der Durchsetzung informaler Erwartungen kann auch auf Ressourcen zurückgegriffen werden, die durch die Formalstruktur der Organisation zur Verfügung gestellt werden (siehe dazu Kühl 2020a, S. 110f.). So haben Direktoren von Berufsschulen aufgrund ihrer schwachen hierarchischen Stellung Schwierigkeiten, Erwartungen gegenüber den Lehrern ihrer Schule durchzusetzen. Sie verfügen in der Regel nicht über Exit-Macht gegenüber den Lehrern, und auch die Möglichkeiten ihre Karriere zu beeinflussen, sind eher gering. Ein Mittel, störrische Lehrer zu konformem Verhalten zu bewegen, ist, ihnen unbeliebte Fächer wie Deutsch und Geschichte für die Klassen »Schlachter Kurs I« und »Fleischverkäufer Kurs II« zuzuweisen. Wenn sie das Signal nicht verstehen, werden sie durch die Stundenplanung zu »Wanderpredigern« in permanent wechselnden Klassen, bis sie entweder wohlfeiles Verhalten zeigen oder von sich aus um die Versetzung in eine andere Schule bitten.

Aus dieser Sicht kann es funktional sein, wenn – wie in einigen Organisationen üblich – Organisationsmitglieder mit formalen Erwartungen heillos überfordert werden. Aus der permanenten Verletzung formaler Erwartungen entstehen für Vorgesetzte Sanktionsmöglichkeiten, die gegen das Wohlverhalten der Untergebenen getauscht werden können. Für Armeen ist nachgewiesen worden, dass sich Soldaten in einer »Normenfalle« befinden. Über eine Vielzahl von formalisierten Normen, die von Gruß- und Haltungsformen über Uniform- und Körperpflege bis zum Sauberhalten von Räumlichkeiten und Gerätschaften reichen, wird ein Soldat in einen »Zustand der ständigen Kritisierbarkeit« versetzt (vgl. Treiber 1973, S. 51). Dadurch erhalten Vorgesetzte die Möglichkeit, durch die Duldung der Verletzung formeller Erwartungen Wohlwollen bei ihren Untergebenen zu produzieren, das sie wiederum einsetzen können, um nicht durch die Formalstruktur gedecktes Verhalten bei Untergebenen durchzusetzen. Ähnlich wie bei Vorgesetzten können aber auch Untergebene davon profitieren, wenn die Organisation stark formalisiert ist. Ausgefeilte Regeln, genaue Arbeitsanweisungen, bürokratische Vorschriften und präzise Arbeitszeitdefinitionen sind für Mitarbeiter nicht nur Restriktionen, sondern immer auch Verhandlungsgüter gegenüber Vorgesetzten, sofern Abweichungen von diesen Regeln notwendig werden (vgl. Gouldner 1954a).

Jenseits der Klage

Solche Sanktionierungspraktiken werden mit klagendem Unterton gerne als Mobbing bezeichnet. Der »Psychoterror am Arbeitsplatz« wird gebrandmarkt, die »Schikane im Büro« verurteilt oder das »unmenschliche Verhalten unter Kollegen« kritisiert (vgl. den guten Überblick bei Neuberger 1994a). Dabei ist die Wahrnehmung des »Sadismus einer Chefin«, der »Brutalität von Kollegen« oder der »Grausamkeit von Untergebenen« durch einzelne Mitglieder sicherlich gerechtfertigt. Aus organisationswissenschaftlicher Sicht ist es aber nötig, systematisch danach zu fragen, wem dieses Mobbing nutzt.

Sicherlich, in vielen Fällen handelt es sich um Mobbing, das lediglich der Befriedigung der persönlichen Bedürfnisse einzelner Organisationsmitglieder dient. Die sexuelle Belästigung von Mitarbeiterinnen in einem japanischen Automobilkonzern dient der persönlichen Befriedigung männlicher Führungskräfte. Die Durchsetzung informaler Anforderungen der Organisation spielt dabei eine vergleichsweise geringe Rolle (siehe dazu Ashforth und Anand 2003, S. 4)

Aber es gibt auch Fälle, bei denen es sich um Versuche handelt, mit Hilfe informaler Sanktionierungen die für die Organisation zentralen informalen Normen durchzusetzen (so Kieserling 2001). In diesem Fall werden Organisationsmitglieder vor die Entscheidung gestellt, sich entweder an die formalen Vorgaben oder die informalen Normen zu halten. Auch wenn Organisationsmitglieder in der Regel keine systematische Kosten-Nutzen-Analyse vornehmen werden, ob sie eher bei einem formal korrekten oder informal erwarteten Verhalten relevante soziale Unterstützung erhalten, spielen Abwägungen zwischen den bei Regelabweichungen drohenden formalen Sanktionsmöglichkeiten und den bei strikter Regelkonformität drohenden informalen Sanktionsmöglichkeiten eine nicht irrelevante Rolle.

5.5 Öffnung und Schließung von Fenstern rationaler Kalkulationen

Es wäre naiv, davon auszugehen, dass Regelabweichungen immer auf Kalkulationen rational handelnder Organisationsmitglieder zurückgehen. Häufig ist gar nicht klar, wie stark der Verfolgungswille letztlich ist, welche Strafen drohen und ob das Kalkül, Risiken durch Ausgliederung von Verantwortung zu minimieren, überhaupt aufgeht (Vaughan 1998, S. 29fff.). Die Komplexität staatlicher Gesetze und formaler Regeln führt dazu, dass Mitglieder häufig nicht überblicken, ob sie abweichend handeln oder nicht (Palmer 2012, S. 64). Die Arbeitsteilung in Organisationen lässt Mitglieder zwar erahnen, wenn sie gerade gegen Regeln verstoßen, sie sind sich häufig aber gar nicht über die Dimension ihrer Regelabweichungen bewusst (Stone 1975, S. 51f.). In der Regel sind Entscheidungen in Organisationen das Ergebnis nur begrenzt verfügbarer Informationen, die durch in der Organisation gepflegte Mythen, Dogmen und Fiktionen beeinflusst werden sowie ohnehin in der Regel Kompromisse auf Grundlage eines kleinsten gemeinsamen Nenners darstellen (March 2016, S. 56f.).[192]

Dennoch scheint es immer wieder Entscheidungsfenster zu geben, in denen Organisationsmitglieder sorgsam abwägen, ob sie von einer Regel abweichen oder nicht (in diese Richtung argumentieren zum Beispiel Luhmann 1985, S. 119; Box 1998, S. 41ff.; Palmer 2012, S. 43f.).[193] Das Faktum der Abweichung führt in solchen Fällen dazu, dass es auch in Organisationen, in denen ansonsten eine Orientierung an Routinen vorzufinden ist, zu einer Abschätzung des Nutzens des Regelverstoßes im Vergleich zum Risiko der Aufdeckung desselben und der Höhe einer möglichen Strafe kommt (siehe dazu Paternoster und Simpson 1993, S. 37ff.). Dabei konfligieren zwangsläufig die institutionalisierten formalen Erwartungen, die die Einhaltung von Regeln verlangen, mit den informalen Erwartungen, dass gegen diese Regeln verstoßen wird (siehe dazu z. B. Warren 2003, S. 624). Organisationsmitglieder sehen sich einerseits mit der Erwartung konfrontiert, sich an die vorab entschiedenen Entscheidungsprämissen, also die formalen Regeln zu halten, andererseits aber auch die nicht entschiedenen Entscheidungsprämissen, die nicht selten auch die Verletzung von Regeln beinhalten können, zu befolgen. In solchen Fällen handeln die Mitarbeiter entweder gemäß der formalen oder der informalen Erwartungen, und nicht selten ist der Effizienz- oder Innovationsdruck in Organisationen so groß, dass die Mitarbeiter aus rationalen Gründen gegen Regeln der Organisation oder auch staatliche Gesetze verstoßen.[194]

Wenn Organisationsmitglieder gezwungen sind, ihre Entscheidung für regelabweichende Praktiken zu begründen, lassen sich vielfältige Neutralisierungstechniken beobachten (dazu allgemein Sykes und Matza 1957 und auf Deutsch Sykes und Matza 1968; siehe dazu auch Kaptein und van Helvoort 2019). Die Regeln, gegen die verstoßen wurde, werden als schlecht gemacht und völlig ungeeignet bezeichnet und dabei ihre Vagheit und Widersprüchlichkeit hervorgehoben. Der besondere Nutzen der Regelabweichung für die Organisation – vielleicht auch für die Gesellschaft als Ganzes – wird herausgestellt und mit den überschaubaren Risiken verglichen. Sollte die Regelabweichung bekannt werden, wird erklärt, dass sie letztlich zu keinen größeren Opfern geführt hat und deswegen das Kosten-Nutzen-Kalkül immer noch aufgegangen ist (siehe Anwendungen des Arguments auf Abweichung von Regeln z. B. bei Box 1998, S. 54ff.; Piquero et al. 2005, S. 163f.; Umphress und Bingham 2011, S. 625f.).

Entscheidungssituationen, in denen die Vor- und Nachteile der Regelabweichung derartig sorgsam abgewogen und systematisch Alternativen gegenübergestellt werden, sind jedoch die Ausnahme.[195] Wenn sich informale Organisationspraktiken fortschreitend einspielen und bewähren, werden die ursprünglich bestehenden offenen Entscheidungssituationen zunehmend »wegdefiniert«. Organisationsneulinge erleben die an sie gestellten informalen Erwartungen als so selbstverständlich, dass sie gar nicht erst anfangen, sich die Gedanken eines risikokalkulierenden und nutzenmaximierenden Akteurs machen (siehe aus der Perspektive der Gehorsamkeitsforschung Hamilton und Sanders 1992; Hamilton und Sanders 1999). Die Beteiligten sind so sehr in informale Tauschverhältnisse eingebunden, dass eine Verweigerung der Teilnahme an regelabweichenden Praktiken gar nicht mehr ins Auge gefasst wird (siehe dazu besonders Umphress et al. 2010). Durch Wiederholung gewinnen Regelabweichungen immer mehr an Selbstverständlichkeit. Es wird unterstellt, dass diese ursprünglich mit guten Gründen eingeführt wurden und man diese Gründe nicht noch einmal überprüfen muss (siehe dazu Ashforth und Anand 2003, S. 8; Schütz et al. 2018, S. 176f.).[196] So werden die Entscheidungsfenster, in denen systematisch Vor- und Nachteile regelabweichenden oder regelkonformen Verhaltens abgewogen werden, durch eingespielte informale Praktiken zusehends verschlossen.[197]

6 Regelbuch statt Regelbruch – Reaktion auf das Bekanntwerden brauchbarer Illegalität

»Kein System sozialer Normen könnte einer perfekten Verhaltenstransparenz ausgesetzt werden, ohne sich zu Tode zu blamieren.«

Der Soziologe Heinrich Popitz über die Präventivwirkung des Nichtwissens[198]

Die meisten Normbrüche, Regelabweichungen und Gesetzesverstöße bleiben unentdeckt, und vermutlich ist das auch gut so.[199] Würde jede Verletzung einer gesetzten Norm entdeckt, würden – so eine Beobachtung des Soziologen Heinrich Popitz (1968, S. 4) – menschliche Zusammenschlüsse zu Gesellschaften von Richtern, Polizisten und Gefängniswärtern degenerieren und Organisationen – so könnte man ergänzen – zu Ansammlungen von Überwachern, Kontrolleuren und Sanktionierern mutieren.[200]

Deswegen herrscht in Organisationen ein hohes Maß an Sensibilität dafür, welche Normbrüche, Regelabweichungen und Gesetzesverstöße thematisiert werden und welche nicht. Polizisten haben einen genauen Blick dafür, welche Gesetzesbrüche sie wahrnehmen müssen und welche sie auch einmal übersehen können (Lundman 1979). Inspektoren für Arbeitssicherheit bestrafen eine Vielzahl von Verstößen nicht, sondern sind eher bemüht, diese durch eine Mischung aus gutem Zureden und latenter Drohung zu verbessern (Carson 1970). Umweltschutzbehörden nehmen nicht jede Umweltverschmutzung zum Anlass für eine Intervention, sondern schreiten erst ein, wenn die Gesetzesbrüche so offensichtlich sind, dass die Legitimität der Behörde in Frage gestellt ist (Hawkins 1984a).[201]

Organisationen bekommen jedoch immer dann ein Problem, wenn aus dem einen oder anderen Grund Normbrüche, Regelabweichungen und Gesetzesverstöße über die Grenze der Organisation hinaus bekannt werden.[202] Manchmal sind es Einzelne, die Klagemöglichkeiten vor Gericht nutzen, um illegale Praktiken aufzudecken. Die Gesetzgebung in einigen Ländern setzt Organisationsmitgliedern finanzielle Anreize, Behörden gesetzeswidrige Praktiken zu melden.[203] Gerade in der Pharmaindustrie hat das dazu geführt, dass Mitarbeiter illegale Marketingpraktiken gemeldet haben und im Zuge dessen von den Strafzahlungen der Konzerne an den Staat profitieren konnten (siehe Greve et al. 2010, S. 79).[204] Manchmal sind es Katastrophen, die Regelabweichungen zum Skandal machen. Wenn ein Unfall in einer indischen Fabrik eines US-amerikanischen Konzerns zum Tod von 3.000 Menschen führt (siehe Shrivastava 1987), eine Raumfähre explodiert und alle an Bord befindlichen Astronauten getötet werden (siehe Heimann 1993), wenn die Luftwaffe in einem Krieg ihre eigenen Kampfhubschrauber abschießt (siehe Snook 2002) oder beim Unfall eines Tankers 40 Millionen Liter Öl auslaufen und über hunderte Kilometer eine Küste verschmutzen – in solchen Fällen wird die Aufmerksamkeit fast zwangsläufig auf Regelabweichungen im Vorfelde der Katastrophen gelenkt (siehe Williams und Treadaway 1992).[205] Manchmal sind es aber auch nur Zufälle, die Regelverstöße bekannt werden lassen. Ein Anwalt lässt im Rahmen eines Arbeitsprozesses eher zufällig fallen, dass der Kauf der Dienstleistung von Prostituierten eine bewährte Methode zur Motivation von Mitarbeitern im Strukturvertrieb von Versicherungen ist. In einer Zeit, in der die Exzesse des Finanzkapitals beklagt werden, greifen die Massenmedien die Geschichte auf, ohne dass die Versicherungen in der Lage sind, deren Veröffentlichung zu stoppen (Osang 2017, S. 56). Oder Wissenschaftler entdecken quasi zufällig, dass die Abgaswerte der Modelle eines deutschen Automobilkonzerns auf dem Rollprüfstand in keiner Weise mit den auf der Straße gemessenen Werten übereinstimmen, was wiederum der Strategie einer Umweltschutzbehörde gegenüber dem Automobilkonzern gelegen kommt (Ewing 2017b, S. 17ff.).

Auch wenn das Bekanntwerden von Regelverletzungen selten ist – werden sie erst einmal publik, folgen selbstverstärkende Effekte (siehe einschlägig Ortmann 2003, S. 268ff.). Massenmedien greifen das Thema mit ihrem Interesse an Skandalen, Konflikten und Zuspitzungen auf, fungieren also als Lautverstärker. Bei Staatsanwaltschaften gehen Klagen ein, die am Ende nicht unbedingt zu Verurteilungen führen, aber zunächst weitere Aufmerksamkeit auf den Fall lenken. Zu guter Letzt sehen sich Politiker veranlasst, zu dem Skandal Stellung zu nehmen, was weitere Berichterstattungen generiert.

Die Folge dieser verstärkten Aufmerksamkeit ist häufig, dass weitere Verfehlungen der Organisation bekannt werden, die sonst womöglich unbemerkt geblieben wären. Massenmedien recherchieren intensiv über die betroffene Organisation und versuchen, weitere Verstöße aufzudecken. Bei Durchsuchungen und Befragungen durch Staatsanwaltschaften treten als »Beifang« weitere Gesetzesbrüche zu Tage, die die Legitimationsprobleme der Organisation verschärfen. Politiker richten Untersuchungsausschüsse ein, die nicht nur die Aufmerksamkeit für diesen Fall aufrechterhalten, sondern ebenso weitere Details an die Öffentlichkeit bringen.

In der aufgeladenen öffentlichen Stimmung verschwimmen nicht selten die Grenzen zwischen Gesetzesverstößen, Verletzungen organisationsinterner Regeln und Missachtungen allgemeiner öffentlicher Akzeptanznormen. Wenn die Unternehmen der Autoindustrie wegen gesetzeswidriger Manipulationen von Abgaswerten erst einmal am Pranger stehen, haben sie kaum noch eine Chance, sich gegen die Skandalisierung ihrer Abgasversuche an Tieren und Menschen zu wehren, auch wenn mit diesen weder gegen staatliche Gesetze noch interne Richtlinien verstoßen wurde. Ist die Öffentlichkeit einmal für die Gesetzesverstöße einer Organisation sensibilisiert, werden alle weiteren illegalen, aber auch legalen Verfehlungen der Organisation als Symbole ihrer Skrupellosigkeit betrachtet.

Wie reagieren Organisationen auf diese Skandalisierung ihrer Regelabweichungen? Welche Folgen haben diese Reaktionen in den Organisationen?

6.1 Auf der Suche nach der transparenten, durchformalisierten Organisation

Wenn Organisationen wegen Regelabweichungen unter Druck geraten, setzen erhebliche Bemühungen zur Verbesserung ihrer Außendarstellung ein.[206] Unternehmen nehmen die heftige Kritik an der geplanten Versenkung einer Bohrplattform zum Anlass, öffentlichkeitswirksam in einen Dialog mit Nichtregierungsorganisationen zu treten (siehe Holzer 2010). Finanzinstitute, die lange Zeit kritische Berichterstattungen in den Massenmedien zu verhindern suchten, sehen sich angesichts milliardenschwerer Strafzahlungen aufgrund illegaler Finanzgeschäfte in den USA dazu gezwungen, auch als kritisch geltenden Journalisten Gespräche mit dem Top-Management zu ermöglichen (siehe Laabs 2018). Der Namenswechsel von Söldnerfirmen – man denke nur an die Umbenennung von Blackwater zu Xe Services und wenige Jahre später zu Academi – ist der verzweifelte Versuch, dem Reputationsverlust nach der Ermordung von Zivilisten durch das eigene Personal zu begegnen (siehe Scahill 2011).

Für das Aufhübschen ihrer Schauseiten wenden Organisationen erhebliche Ressourcen auf. Die Marketingabteilungen schalten ganzseitige Anzeigen, in denen sich das Topmanagement für sein Versagen entschuldigt und

Besserung gelobt. Die Presseabteilungen engagieren Spezialisten für Krisenkommunikation, die die üblichen Textbausteine recyceln, nach denen die Organisation alles »zur Aufklärung des Verdachtsfalles unternimmt« sowie »vollumfänglich mit den Strafverfolgungsbehörden« kooperiert, und Personalabteilungen starten aufwendige Projekte zur Fehlerkultur, mit der zukünftige Abweichungen von Regeln und damit auch weitere Skandale vermieden werden sollen.

Sicherlich – auch solche vorrangig für die Schauseite gedachten Maßnahmen haben Auswirkungen auf die Organisation (siehe dazu Edelman 1992). Ganzseitige Anzeigen in Tageszeitungen mit Entschuldigungen ihrer Repräsentanten reduzieren kurzfristig die Handlungsmöglichkeiten von Organisationsspitzen angesichts ihrer verkündeten Selbstverpflichtung. Das Engagement von Spezialisten für Krisenkommunikation hat einen Einfluss darauf, wie innerhalb einer Organisation über Regelabweichungen gesprochen werden kann. Aber die Wirkungen dieser Maßnahmen auf die Kernprozesse der Organisation sind gering.[207]

Doch schlimmer für die Organisation ist, dass Legitimationsgewinne durch Fassadenkosmetik nach hinten losgehen können. Teure Werbekampagnen für die Einhaltung sozialer Standards und außergewöhnlich dicke Nachhaltigkeitsberichte können mit großer Plausibilität als Indiz dafür angesehen werden, dass diese Organisationen besondere Schwierigkeiten mit der Einhaltung von Sozialstandards und Umweltschutzrichtlinien haben. Organisationen, die sich einen Ethik-Kodex zulegen und diesen offensiv in der Öffentlichkeit verkünden, setzen sich fast zwangsläufig dem Verdacht aus, dass dort die Wahrscheinlichkeit von betrügerischen Verhalten überproportional hoch ist. Organisationen, die sich nach einem Skandal besonders offensiv als transparent präsentieren, bieten in diesem Sinne Anhaltspunkte dafür, dass es mit ihren faktischen Maßnahmen zur Durchsetzung von Regeltreue nicht besonders weit her ist.[208]

Ansatzpunkte zur Veränderung der Formalstruktur

Wird eine Regelabweichung in den Massenmedien erst einmal skandalisiert, reichen reine Bekenntnisse zur Besserung nicht aus. Eine Aktualisierung der auf der Schauseite ausgestellten Werteliste der Organisation wird als ungenügend betrachtet und kosmetische Veränderungen der Fassade werden als Indiz dafür angesehen, dass die Organisation faktisch nichts ändern möchte. Organisationen müssen deswegen sichtbare Veränderungen ihrer formalen Strukturen vornehmen, um zu signalisieren, dass sie ernsthaft bemüht sind, die Gesetzesbrüche und Regelverstöße abzustellen. Von der konsolidierten Organisation wird eine »Zäsur« verlangt, durch die sie sich einerseits zu den Fehlern der Vergangenheit bekennt, aber andererseits durch Veränderungen in der formalen Struktur deutlich markiert, dass vieles jetzt anders laufen wird (zur Markierung von Zäsuren bei Katastrophen siehe Kette 2014, S. 174f.).

Die erste Reaktion der Organisation ist, ihre Kommunikationswege so zu verändern, dass die Regeleinhaltung an Bedeutung gewinnt. Öffentlich bekanntgewordene Gesetzesverstöße sind immer Wachstumsprogramme für die Abteilungen Compliance, Controlling und Auditing. Nach Skandalen wird in diesen Abteilungen das Personal aufgestockt, und deren Führungskräfte in der Hierarchie werden weiter oben angesiedelt. Aufwendig werden Verfahren zur Regelkommunikation festgelegt, mit denen die Rechtmäßigkeit von Prozessen künftig sichergestellt werden soll. Die Organisation signalisiert dadurch, dass sie es ernst meint, wenn die Organisationsspitze verkündet, dass sie die Einhaltung der staatlichen Gesetze und der internen Regeln sicherstellen will.

Eine zweite Reaktion ist, die Programme der Organisation so zu verfeinern, dass Skandale unwahrscheinlicher werden. Ziel ist dabei, die relevanten Erwartungen in der Organisation zu formalisieren, also deren Erfüllung zur einklagbaren und kontrollierbaren Mitgliedschaftsbedingung zu machen. Dafür wird die ganze Organisation bis ins Detail über Zielvorgaben – Stichwort Management by Objectives – durchgeplant und genau spezifiziert, welche Mittel zur Erreichung der Ziele erlaubt sind und welche nicht. Gleichzeitig werden Handlungsanweisungen in Form von Wenn-Dann-Regelungen, an die sich alle zu halten haben, weiter detailliert und früher eher grob formulierte Regeln für Personaleinstellungen, Auftragsvergaben oder Buchhaltung verfeinert, sodass sie eine Vielzahl von Zweifelsfällen regeln.

Die dritte Reaktion auf enthüllte Skandale besteht in der Veränderung des Personals. Bei der häufig zur Rückgewinnung von Legitimation notwendigen Neubesetzung freiwerdender Spitzenpositionen wird darauf geachtet, dass unbelastete Personen eingestellt werden (siehe dazu Bonazzi 1983). Verwaltungen, in denen das Spitzenpersonal in der Regel aus den eigenen Reihen rekrutiert wird, holen dieses dann von außerhalb, weil man davon ausgeht, dass es von den Skandalen unberührt ist. Ministerien, deren Führungsriege fast ausschließlich aus Männern bestanden hat, nehmen jetzt verstärkt Frauen auf, um Offenheit für einen Kulturwandel zu signalisieren. Unternehmen, die wegen der Skrupellosigkeit ihres in Business Schools sozialisierten Personals unter Druck geraten, stellen Juristen ein, denen im Vergleich zu Betriebswirten eine größere Neigung zur Gesetzestreue unterstellt wird. Nicht selten ist bei diesen Personaleinstellungen die Erhöhung der Legitimität der Organisation wichtiger als die fachliche Passung der neuen Personen zur Organisation. Die Idealvorstellung eines Mitarbeiters ist die des »Homo Compliance«, der alles daransetzt, sich im Rahmen der vorgegebenen Formalstruktur zu verhalten.

Das implizite Maschinenmodell der Organisation

Durch diese Reaktionen fallen viele Organisationen in ein zweckrationales Organisationsverständnis zurück. Angesichts der skandalisierten Regelabweichung soll die ganze Organisation auf die von oben vorgegebenen Zwecke ausgerichtet und die Befolgung von Gesetzen dabei als zentrale Rahmenvorgabe betrachtet werden. Sowohl die Zielvorgaben als auch die Wenn-Dann-Programme der einzelnen Abteilungen sollen konsequent an diesen Zwecken orientiert und damit die Verselbständigung einzelner Abteilungen unterbunden werden. Bei der Besetzung der Stellen und im Hinblick auf die Qualifikation des Personals soll dann darauf geachtet werden, dass dieses in der Lage ist, sowohl die Zielvorgaben als auch die Wenn-Dann-Programme umzusetzen, ohne dass gegen Gesetze verstoßen wird. Alles, was in der Organisation stattfindet, soll der formal korrekten Erreichung der von oben vorgegebenen Ziele dienen (siehe dazu Kühl 2020a, S. 15ff.; Bergmann 2015b, S. 242f.).

Begleitet wird die Propagierung dieses zweckrationalen Idealbilds durch die inzwischen in den meisten Unternehmen, Krankenhäusern, Universitäten und Schulen, aber auch in vielen Armeen, Polizeien sowie Verwaltungen übliche Partizipationsprosa. Die Vorstellung ist, dass eine regelkonforme Organisation nur dann gebildet werden kann, wenn Führungskräfte die »Ziele gemeinsam mit den Mitarbeitern vereinbaren« und »dabei den Mitarbeitern die Möglichkeit« geben, ihre »Meinung einzubringen«, um sodann »aktives Interesse dafür zu zeigen, wie die Mitarbeiter die gemeinsam vereinbarten Ziele erreichen«. Dabei käme es darauf an, dass die Führungskräfte ihren Mitarbeitern »proaktiv« klarmachen, dass Regelabweichungen niemals im Sinne der Organisation sein können. Gegenüber den Mitarbeitern wird kommuniziert, dass man »proaktive Kommunikation von Problemen« und ein »aktives Fehlermanagement« erwartet. Führungskräfte sollten dafür »Bedenken und Ängste der Mitarbeiter ernst nehmen«, für Probleme »gemeinsame Lösungen finden« und auch mal »nicht Machtbares akzeptieren« (siehe charakteristisch für eine solche Vorstellung Müthel 2017, S. 35).

Die Vorstellung ist, dass Organisationen das Problem der Abweichung von staatlichen Gesetzen und internen Regeln in den Griff bekommen können, wenn sie darauf achten, dass es keine Diskrepanzen zwischen den nach außen dargestellten Prinzipien und der alltäglich in der Organisation gelebten Praxis gibt. Dafür sei es, so die Ideologie, notwendig, die formale Struktur sowohl für alle Organisationsmitglieder als auch für Außenstehende so transparent wie möglich zu machen. Letztlich sei, so die Vorstellung, Transparenz das beste »Desinfektionsmittel«, um das erneute Wachsen »verfaulter Äpfel« zu verhindern (siehe zu diesem Bild Etzioni 2010; siehe zu Transparenz allgemein Power 1997; Hood 2001; Heald 2006; Ringel 2017).[209]

Durch die Verfeinerung der Formalstruktur sollen Risiken für die Organisation minimiert werden, indem klar definiert wird, welche Stelle der Organisation welche Entscheidung oder Nicht-Entscheidung zu verantworten hat. Statt darauf zu setzen, dass Organisationsmitglieder ein Gespür dafür entwickeln, wie weit sie von formalen Regeln abweichen können, ohne die Existenz der Organisationseinheit oder gar der ganzen Organisation zu gefährden, sollen für alle denkbaren Eventualitäten formale Regeln entwickelt werden. Für den Fall, dass die detaillierten Vorgaben in einem Sachverhalt aufgrund dessen Eigenart nicht anwendbar sein sollten, werden möglichst viele formale Regeln zur Abweichung oder zumindest Kommunikationswege, über die Entscheidungen abgesichert werden können, eingerichtet (siehe zur wachsenden Bedeutung des Risikomanagements Hood et al. 2001b; Kalthoff 2005; Power 2005; Power 2007; Ringel 2017).

Letztlich liegt diesem Verständnis das Idealbild der Organisation als perfekt funktionierender Maschine zugrunde (siehe dazu Kühl 2020a, S. 78). Es mögen nur wenige US-Präsidenten glauben, dass ihre Administration schon wenige Tage nach der Amtsübernahme wie eine »gut abstimmte Maschine«, eine »fine tuned machine«, funktioniert, aber die Hoffnung bleibt, sich durch eine konsequente Formalisierung aller Prozesse diesem Idealbild schrittweise annähern zu können. Die Arbeit der Sozialingenieure besteht in dieser Vorstellung darin, das Räderwerk einzurichten, in Gang zu setzen und immer wieder nachzuregulieren. Wie in Maschinen sollen sie dabei sicherstellen, dass sich die Organisation aus präzise definierten Einzelteilen zusammensetzt, jedes Einzelteil dabei einer genau festgelegten Funktion innerhalb der Maschinerie dient und dadurch jedes Rad sauber ins andere greifen kann (vgl. Ward 1964, S. 37ff.).

Durch die Veränderung von Strukturen signalisieren Organisationen, dass sie sich einem »Prozess der Selbstreinigung« unterziehen. Die »schmutzige Organisation« setze sich, so die Message in Krisenzeiten, der »reinigenden Kraft« eines strikt an Werten der Gesetzestreue, Integrität und Transparenz orientierten Strukturveränderungsprozesses aus.[210] Das Motto nach einem Skandal sei, so Sven Kette, »fortan alles nach dem Regelbuch!« Es dürfe nichts unversucht bleiben, um die informalen Prozesse »ans Licht der Formalität« zu zerren und so die »Differenz von Formalität und Informalität« in »Richtung auf Formalität« aufzulösen (Kette 2018a, S. 5; siehe auch Kette 2018b).

6.2 Ungewollte Nebenfolgen einer Politik konsequenter Regelkonformität

Auf den ersten Blick wirkt das Idealbild einer zweckrational ausgerichteten, konsequent durchformalisierten und konsistent transparent auftretenden Organisation überzeugend. So würde es jedenfalls irritieren, wenn Manager verkündeten, dass ihnen die Ausrichtung an den Zwecken der Organisation nicht wichtig sei und Organisationsmitglieder selbst entscheiden können, ob sie sich an die formalen Vorgaben halten oder nicht. Es wäre begründungspflichtig, wenn Manager für eine möglichst inkonsistente und intransparente Organisationsform plädieren würden, in der sie regelmäßig noch richtige Überraschungen erleben könnten.

Die Anfangsplausibilität dieses Idealbildes einer zweckrational durchformalisierten und transparenten Organisation ist der wesentliche Grund für Organisationen, sich in ihrem Selbstverständnis daran auszurichten. Klassische Expertenberatungsfirmen bestätigen sie dabei in der Annahme, dass sie sich diesem Idealbild annähern können, wenn sie sich ihre Organisation nur konsequent genug durchrationalisieren lassen. Und auch die an Optimierung der Organisation orientierte Managementlehre trägt dazu bei, dieses Bild aufrechtzuerhalten.

Die Hoffnung der Vertreter eines zweckrationalen Organisationsverständnisses ist, dass die Aufstellung genauer und detaillierter Regeln nicht nur die Qualität, sondern auch die Effizienz der Organisation steigert. Ein

»voll entwickelter bürokratischer Mechanismus«, so schon das Diktum von Max Weber, sei aufgrund seiner »Präzision«, »Schnelligkeit«, »Eindeutigkeit«, »Aktenkundigkeit« und »straffer Unterordnung« nicht nur präziser, sondern auch billiger als andere Mechanismen der Erledigung komplexer Aufgaben (Weber 1976, S. 561f.).

In der Realität zeigt sich, dass diese mit einem zweckrationalen Organisationsverständnis einhergehende Effizienzversprechen häufig illusionär bleiben. Die Durchformalisierung einer Organisation bringt diese dem zweckrationalen Organisationsbild nicht näher, sondern führt im Gegenteil zu immer stärkeren Abweichungen davon. Man kann dies an drei ungewollten Nebenfolgen beobachten, die sich einstellen, wenn Organisationen nach einem Skandal auf eine verstärkte Formalisierung setzen.[211]

Bürokratisierungseffekte in formalen Organisationen

Nach einem Skandal ergänzen Organisationen immer neue formale Regeln, allerdings ohne das bestehende Regelwerk grundlegend zu überarbeiten. Und selbst da, wo die formalstrukturellen Regeln überarbeitet werden, komme es, so die Beobachtung von Sebastian Barnutz und Sven Kette, fast nie zu einem Ausdünnen des Regelwerks, sondern eher zu einem »Vergenauern«. Es würden immer mehr Regelspezifikationen, Auslösebedingungen und Ausnahmeregeln definiert, um endlich »Klarheit« zu schaffen. Der Effekt wäre dann, dass die Formalstruktur der Organisation anfängt, »nach innen« zu wuchern (Kette und Barnutz 2019, S. 57).

Man kann dieses Wuchern der Formalstruktur »nach innen« wie durch ein Brennglas bei Atomkraftwerken, Flugzeugträgern und Weltraumraketen beobachten. Die Überlegung ist, dass bei diesen Organisationen ein andauernd hohes Maß an Achtsamkeit notwendig ist, weil schon kleine Unaufmerksamkeiten zu Katastrophen führen können (siehe dazu Roberts 1989; Roberts und Rousseau 1989; Rochlin 1996; Tolk et al. 2013). In diesen Organisationen komme es, so das Argument, darauf an, eine geringe Quote an Unfällen nicht für gegeben zu erachten, sondern das Wissen über (Fast-)Unfälle in der Vergangenheit wach zu halten. Zwischenfälle sollten als Anlass für eine permanente Verfeinerung und Verbesserung des formalen Regelwerks dienen. Eine derart genaue formale Spezifikation von Wenn-Dann-Programmen, Verhaltensvorschriften in Ausnahmesituationen und Meldesystemen für Beinahe-Unfälle ist offensichtlich sinnvoll, weil bei Kraftwerken, Kriegsschiffen oder Raketen eine Kumulation von kleineren Fehlern und Versäumnissen erhebliche Auswirkungen haben kann. Fraglich bleibt jedoch, ob dieses auf eine Ausweitung und Verdichtung formalstruktureller Regeln zielende Konzept unter dem Begriff der »High Reliability Organization« als Erfolgsrezept für jede Form von Organisation zu propagieren ist (so besonders Weick und Sutcliffe 2007).[212]

Organisationswissenschaftliche Studien haben gezeigt, dass die Detaillierung der formalen Regeln, die Zuweisung von klaren Verantwortlichkeiten und die damit verbundenen weitreichenden Protokollierungspflichten zu einer erheblichen Verschärfung der üblichen Pathologien bürokratisierter Organisationen führen (siehe den Überblick bei Ringel 2017, S. 81ff.). Bei Polizeien führt die Erhöhung der Dokumentationspflichten und eine damit verbundene verstärkte Überwachung durch Vorgesetzte dazu, dass Polizisten sich auf »Papierkriege« konzentrieren (siehe die Studien von Anechiarico und Jacobs 1994; Chan 1999). In Universitäten führt die Bestrebung, Mauscheleien bei der Besetzung von Professuren oder Rektoraten durch detailliertere Regeln und die Herstellung eines hohen Maßes an Transparenz zu verhindern, zu einem Anwachsen der auch öffentlich einsehbaren Dokumentationen (siehe die Studie von McLaughlin 1985).[213]

Diese Auswirkungen der Verfeinerung des formalen Regelwerks sind besonders bei durch Skandale erschütterten Organisationen zu beobachten.[214] Anfangs leiden die Organisationen an den durch die Gerichte angeordneten Strafzahlungen, dem Weggang der für die Gesetzesverstöße verantwortlich gemachten Führungskräfte und dem Reputationsverlust in der Öffentlichkeit. Diese Effekte schleichen sich aber aus, weil sich die Verfahren vor Gerichten klären, neue Führungskräfte eingearbeitet werden und die massenmediale Aufmerksamkeit nicht zuletzt durch Skandale anderer Organisationen nachlässt. Immer deutlicher treten dann die Auswirkungen des verfeinerten formalen Regelwerks und der verstärkten Regelüberwachung zutage: Die Organisation hat an Schnelligkeit in der Entscheidungsfindung eingebüßt, und Flexibilität ist verloren gegangen. Die Delegitimierung jeder Form von Regelabweichung und Regelverletzung führt zu einer »unbrauchbaren Legalität« (so prägnant Kette 2018b), sodass gar ein »Scheitern nach Vorschrift« droht (Kette und Barnutz 2019, S. 35).

Zweck-Mittel-Verschiebungen – Lieber Regeln einhalten als Ergebnisse erzielen

Die Idee des klassisch zweckrationalen Organisationsverständnisses ist simpel: Die Leitung legt einen allgemeinen Zweck für die Organisation fest und definiert dann für alle Mitglieder die formalen Regeln, mit denen dieser oberste Zweck erreicht werden soll. Das formale Regelwerk ist demnach das geeignete Mittel, um den Zweck der Organisation zu erreichen. Das Idealbild eines solchen zweckrationalen Organisationsverständnisses hat aber mit der Realität von Organisationen nichts zu tun. Organisationen haben konkurrierende Zwecke, und die eingesetzten Mittel können entweder mit dem Verweis auf den einen oder auf den anderen Zweck gerechtfertigt werden. Auch können die Mittel ein Eigenleben entwickeln und sich zunehmend verselbständigen, statt, wie eigentlich intendiert, Mittel zum Zweck zu sein.

Man kann derartige Verselbständigungen von Mitteln wie durch ein Brennglas bei Restrukturierungen nach einer Krise aufgrund einer entdeckten Regelabweichung beobachten. Durch das notwendige Bekenntnis zur Regelkonformität wird die Einhaltung von Regeln wichtiger als das Erreichen der Ziele. Die Fokussierung der Regeltreue kann für die Organisation kostspielig werden. Nicht etwa wegen den Kosten der Abteilungen für Compliance, Controlling und Audits oder für das Engagement externer Wirtschaftsprüfungsgesellschaften, Rechtsanwaltskanzleien und Beratungsunternehmen, sondern wegen der Verschiebung der Aufmerksamkeit weg von den für das Überleben der Organisation zentralen Themen (so schon Klitgaard 1988, S. 25ff.).

Beispielhaft zeigt sich dieser Effekt bei staatlichen Verwaltungen, die aufgrund von Korruptionsfällen die formalen Regeln der Auftragsvergabe immer weiter verschärfen. Aufträge müssen vor der Vergabe genau spezifiziert werden, je nach Auftragsvolumen müssen sie national oder international ausgeschrieben werden, und alle Informationen im Rahmen der Auftragsvergabe müssen jederzeit einsehbar sein. Weil unterlegene Konkurrenten stets wegen Verstoß gegen Ausschreibungsregeln klagen können, konzentrieren sich diese immer mehr auf die Einhaltung der Ausschreibungsregeln. Das Ziel, das mit der Ausschreibung erreicht werden soll, geht verloren (siehe Lennerfors 2007). Bei Polizeien führt die Einführung einer strengen Überwachung dazu, dass im Mittelpunkt nicht mehr das »Fangen von Verbrechern« steht, sondern das Einhalten der strikt überwachten Regeln (siehe

Fallstudie von Anechiarico und Jacobs 1996, S. 180). In Universitäten führt die Orientierung an detaillierten formalen Regeln bei der Berufung von Professoren und Rektoren dazu, dass die Einhaltung der Regeln wichtiger wird als die Gewinnung der am besten geeigneten Kandidaten (siehe McLaughlin 1985). Die strikte Befolgung der Gesetze und Regeln, so schon die Beobachtung von James Q. Wilson (1989, S. 69), wird wichtiger als die Erreichung der ursprünglichen Ziele.

In der Organisationsforschung wird diese ungewollte Verschiebung der Aufmerksamkeit als Zweck-Mittel-Verdrehung bezeichnet (Merton 1940, S. 563). Für Parteien ist das Gewinnen von Stimmen bei einer Wahl nicht mehr das Mittel, um ihr Programm umzusetzen, sondern das Erzielen von Mehrheiten wird zum Selbstzweck und Parteiprogramme werden diesen Zwecken angepasst (vgl. Kirchheimer 1965, S. 20ff.). Zensuren sind nicht mehr das Mittel, um Schülern eine Kontrolle ihrer Lernfortschritte zu ermöglichen, sondern werden für die Schüler zum eigentlichen Grund des Lernens (vgl. Illich 1973, S. 17ff.), und die Regeleinhaltung nimmt in Verwaltungen eine höhere Priorität ein als die Bedienung der Bedürfnisse der Bürger, für die diese Regeln einmal eingeführt wurden (vgl. Luhmann 1973, S. 273f.). Schleichend wird so das Mittel, das ursprünglich zur Erreichung eines Zweckes formuliert wurde, selbst zum Zweck.

Solche Zweck-Mittel-Verdrehungen müssen nicht unbedingt ein Problem sein. Für manches Produktionsunternehmen, das mit einer konsequenten Digitalisierung eine effizientere Produktion erreichen wollte, ist diese so wichtig geworden, dass der Umsatz nicht mehr mit dem ursprünglichen Produkt gemacht wird, sondern aus der Unterstützung anderer Unternehmen bei deren Digitalisierungsvorhaben resultiert. Für staatliche Entwicklungshilfeorganisationen war die Einhaltung formaler Prozeduren zur Vergabe von Entwicklungshilfegeldern ursprünglich ein Mittel, um die Situation in Entwicklungsländern zu verbessern, doch ist die Beherrschung der immer weiter verfeinerten und kontrollierten Prozeduren mit der Zeit zur Kernkompetenz geworden. Diese Verschiebung kann für Entwicklungshilfeorganisationen funktional sein, weil deren Überleben nicht vorrangig von der effizienten Bekämpfung von Wasserknappheit, Unterernährung, Kindersterblichkeit oder Energieknappheit abhängt, sondern von der Fähigkeit, große Geldsummen ohne formale Beanstandung durch Rechnungsprüfer in Entwicklungsländer abfließen zu lassen. Und es ist nicht ausgeschlossen, dass die eine oder andere staatliche Verwaltung auch dann überleben kann, wenn sie zwar ihren Zweck wie die Wiedereingliederung von Langzeitarbeitslosen, die Reduzierung von Verkehrstoten oder den Gewinn von Kriegen aus den Augen verloren hat, aber ihre Prozesse mustergültig an die Gesetze angepasst sind. Solche Fälle bilden aber eher die Ausnahme.

In den meisten Fällen, in denen die Einhaltung von Regeln wichtiger wird als die Erreichung der zentralen Ziele der Organisation, hat das für die Organisation verheerende Effekte. Die ganze Organisation wird nur noch darauf ausgerichtet, den immer genauer spezifizierten Regeln zu folgen, und verliert dadurch aus den Augen, wofür diese Regeln einmal geschaffen wurden (siehe dazu Anonymous 2003, S. 2141). Man kann diesen Effekt nicht zuletzt an der Demotivation des Personals erkennen (siehe dazu Anechiarico und Jacobs 1996, S. 62). Sicherlich – es mag Personen geben, die in der Einhaltung von Regeln den eigentlichen Sinn ihrer Organisationsmitgliedschaft, manchmal auch ihres Lebens sehen (siehe dazu Whyte 1956). Aber viele sehen den Sinn ihrer Mitgliedschaft in einer Organisation eher in der Erreichung von Organisationszielen. Und genau sie können durch eine zu starke Betonung von Regelkonformität demotiviert werden.

Die Verschiebung der Machtverhältnisse

Die Idee des zweckrationalen Managements geht davon aus, dass die verschiedenen Abteilungen einer Organisation wie Zahnräder einer Maschine ineinandergreifen. Wenn die Organisationsspitze nur ihrem Zweck nach einer sauberen Beschreibung von Aufgaben nachkäme, dann könnten die verschiedenen Abteilungen weitgehend konfliktfrei miteinander kooperieren. Die Aufgabe der sogenannten Gewährleistungsabteilungen wie Personal, Qualität oder Compliance bestünde dabei darin, die für die Kernprozesse der Organisation zentralen operativen Abteilungen zu unterstützen (siehe dazu Thompson 1967). Die Realität in Organisationen weicht von diesem zweckrationalen Idealbild jedoch erheblich ab. Faktisch bilden Abteilungen immer eigene lokale Rationalitäten aus (siehe dazu Cyert und March 1963). Die von oben vorgegebenen Zwecke einer Abteilung werden – das scheint fast eine Art Naturgesetz der Arbeitsteilung in Organisationen zu sein – von dieser wichtiger genommen als die Ziele anderer. Die Folgen sind zwangsläufig Konflikte zwischen den Abteilungen, die darum ringen, ihre Ziele letztlich auch auf Kosten anderer durchzusetzen.

Man kann dies fast idealtypisch bei der Stellung von Abteilungen für Compliance, Controlling und Audits beobachten. In ihren Selbstbeschreibungen präsentieren sich diese und die ihnen zuarbeitenden externen Wirtschaftsprüfer, Rechtsanwaltskanzleien und Qualitätsberater als Dienstleister für alle anderen. Aber diese Selbstbeschreibungen kaschieren lediglich die Interessengegensätze zwischen den Abteilungen für Regeleinhaltung und allen anderen Abteilungen der Organisation. In den Abteilungen für Compliance, Controlling oder Audits herrscht nicht selten die Haltung vor, dass nur sie die epidemischen Regelabweichungen und Gesetzesverstöße verhindern können. In anderen Abteilungen kommt es dann vor, dass die Compliance Officer, Controller und Auditoren als Personen beschrieben werden, die auf ihrem Feldherrnhügel aus sicherer Distanz vor Gewehrkugeln und Explosionen die Schlacht beobachten und erst, nachdem sich der Rauch verzogen hat, herabsteigen und die Überlebenden erschießen (Jackall 1988, S. 29).

Wird die hierarchische Stellung der Abteilungen Compliance, Controlling und Audits im Nachspiel eines Skandals erhöht, ist der zwangsläufige Effekt eine Verschiebung der Machtverhältnisse – weg von den für die »eigentliche Arbeit« zuständigen operativen Abteilungen und hin zu den Abteilungen, die für die Überwachung zuständig sind. In einer Studie über die Einführung von weitgehenden Compliance-Maßnahmen in einer öffentlichen Verwaltung wurde gezeigt, wie die neu eingerichteten Überwachungsabteilungen versuchten, alle relevanten Entscheidungen anderer Abteilungen abzusegnen (Anechiarico und Jacobs 1996, S. 63ff.). In Universitäten haben die immer komplexeren Studienreformen dazu geführt, dass die Rechtsabteilungen immer mehr an Macht gewonnen haben und mit Verweis auf faktisch existierende oder auch frei erfundene Rechtslagen in die Studienganggestaltung der Fakultäten eingreifen können (Kühl 2012a, S. 107ff.).

Die Machtverschiebung zugunsten der Abteilungen für Regeleinhaltung wird dadurch verstärkt, dass sich Vorgesetzte nicht mehr sicher sein können, ob ihre Mitarbeiter im Konfliktfall nicht lieber diese Kontrollabteilungen einschalten, als Konflikte ohne diese und somit eher informal zu lösen. Mitarbeiter in Unternehmen können sich so über Hotlines an zentrale Beschwerdestellen wenden und auf Regelverstöße ihrer Vorgesetzten aufmerksam machen, Soldaten können Wehrbeauftragte einschalten, wenn sie Verstöße gegen das Soldatengesetz beobachten, und Verwaltungsmitarbeiter werden motiviert, Verstöße anonym zu melden.[215] Der Effekt kann nicht nur die Erosion des Personenvertrauens zwischen Vorgesetzten und Untergebenen sein, sondern die Unterminierung der Autorität von Vorgesetzten generell. Die Chefs können nicht mehr sicher sein, ob kritische Entscheidungen nicht doch von ihren Mitarbeitern zum Anlass genommen werden, sich an zentrale Beschwerdestellen zu wenden.[216]

Es entstehen Unklarheiten, welche Stelle für zentrale strategische Entscheidungen zuständig ist – die zuständigen operativen Bereiche der Organisation oder die für Überwachung zuständigen Abteilungen? Insbesondere nach Skandalen gibt es gute Gründe, sich sowohl für eine Zentralisierung der Entscheidungsfindung an der Organisationsspitze als auch für eine Verschiebung der Machtverhältnisse zugunsten der für Konformität zuständigen Abteilungen auszusprechen. Letztlich verschieben sich dadurch aber die Anweisungsrechte zu den Stellen in der Organisation, die nicht qualifiziert sind, informierte Entscheidungen zu treffen. Die formalen Kompetenzen liegen dann bei Stellen, deren fachliche Kompetenz bezüglich der betroffenen Themen eher gering einzustufen ist.[217]

6.3 Das geschicktere Verstecken von Regelabweichungen

Eine naheliegende Reaktion von Organisationsmitgliedern auf eine Verschärfung der Regeln und eine Intensivierung von Kontrollen ist der Dienst nach Vorschrift. Die von oben vorgegebenen Regeln mögen für die konkrete Problemlage nicht passen, problematische Nebenfolgen haben oder sogar die Existenz der Organisationen gefährden. Solange ein Organisationsmitglied sich jedoch strikt an die formalen Regeln hält, kann ihm nichts vorgeworfen werden.

Aber in vielen Situationen stellt ein Dienst nach Vorschrift für Organisationsmitglieder keine Option dar. Oft werden nicht nur das Regelwerk verfeinert und Kontrollen verschärft, sondern gleichzeitig eine höhere Kundenzufriedenheit, größere Effizienz und mehr Innovationskraft erwartet – den Umstand verkennend, dass diese Anforderungen in der konkreten Anwendung einander widersprechen können. Häufig ist das Selbstverständnis von Mitarbeitern, die sich sehr mit der Organisation identifizieren, nicht damit vereinbar, dass Ziele aufgrund allzu rigider Vorschriften nicht erreicht werden können.[218]

Die Ironie der Regelverschärfung

Weil Organisationen nicht auf Regelabweichungen verzichten können, führt die konsequente Umsetzung eines Programms zur Regeldetaillierung und Kontrollintensivierung dazu, dass Organisationsmitglieder mehr Mühe aufwenden müssen, ihre Regelabweichungen zu verbergen. Der erhöhte Aufwand ist deshalb notwendig, weil besagte Abweichungen zum einen wegen der zunehmenden Regeldetaillierung immer nötiger werden und diese zum anderen vor den obersten Führungsebenen sowie den kontrollierenden Abteilungen erst recht nicht entdeckt werden dürfen. Man kann hier von einer Ironie der Regelverschärfung sprechen.[219]

Automobilkonzerne machen ihren Zulieferern nicht nur sehr präzise Qualitätsvorgaben bezüglich der zu liefernden Armaturenbretter, Lenkräder oder Achsen, sondern nehmen über Zertifizierungsverfahren ebenfalls starken Einfluss auf die Produktionsabläufe. Diese Eingriffe der Automobilkonzerne sind inzwischen so rigide geworden, dass Zulieferer keine andere Möglichkeit haben, als parallel zur immer weiter fortschreitenden Standardisierung und Formalisierung die aufgrund von kurzfristigen Produktionsanpassungen notwendigen Abweichungen von diesen Vorgaben immer weiter zu routinisieren und ein zweites inoffizielles Steuerungssystem aufzubauen (Kühl 2015c, S. 80ff.). In Stadtverwaltungen greifen die Verwaltungsmitarbeiter angesichts der rigiden Überwachung dazu, für ihre Amtsgeschäfte öffentliche Telefonzellen und Privattelefone zu benutzen. Es geht ihnen dabei gar nicht darum, etwa illegale Praktiken zur persönlichen Bereicherung zu verbergen, sondern bei der Abwicklung ihres Alltagsgeschäfts nicht durch die Hüter der formalen Ordnung gestört zu werden (Anechiarico und Jacobs 1996, S. 89ff.). Verstärkte Audit-Initiativen in Hochschulen führen derweil dazu, dass Informationen auf den verschiedenen Ebenen »gefiltert« werden. Schon auf der Ebene der Fakultäten werden Informationen geschönt weitergegeben, die dann von der Organisationsspitze noch mal so aufbereitet werden, dass die Universität einen guten Eindruck macht. Effekt ist dabei, dass Prozesse bereits innerhalb der Universität intransparenter werden, weil die Fakultäten »Sichtschutz« gegen die Organisationsspitze aufbauen (Neyland 2007, S. 510ff.).

Durch Transparenzmaßnahmen unter Druck gesetzt, bilden sich in Organisationen ausgeprägte Kulturen mündlicher Abstimmungen aus. Statt sich kurz schriftlich zu verständigen, spricht man über relevante Punkte nur noch in Face-to-Face-Kommunikation, weil dadurch die Wahrscheinlichkeit geringer ist, dass Spuren in den Akten hinterlassen werden. Bei der Face-to-Face-Kommunikation wird darauf geachtet, dass keine Power-Point-Präsentationen gehalten werden, weil die als Dateien auffindbar sein können, und dass keine schriftlichen Protokolle der Sitzung erstellt werden (siehe dazu die Fallstudien von z. B. von Roberts 2006; Ringel 2018). Es bilden sich »Sofa-Kulturen« heraus, in denen Abstimmungen nicht mehr in formalen, protokollierten Sitzungen, sondern nur noch in informalen, nicht dokumentierten Zirkeln stattfinden.[220]

Das rigide Regime zur Durchsetzung von Regeltreue führt, so Fran Osrecki (2015a, S. 355), dazu, dass Organisationen gleichzeitig sehr viel transparenter und sehr viel intransparenter werden.[221] In der Formalstruktur wird in den durch Transparenzmaßnahmen erfassten Organisationen alles zugänglich gemacht. Prozesse sind allgemein einsehbar, Dokumente sind zugänglich und Anweisungen werden in Aktennotizen niedergelegt. Es bilden sich ausgeprägte »Ankreuz-Kulturen« aus, in denen Organisationsmitglieder permanent bezeugen müssen, dass sie eine Information zur Kenntnis genommen, eine Prozedur beachtet oder eine Handlung ausgeführt haben (siehe dazu einschlägig O'Neill 2010).[222] Begleitet wird dies jedoch in der Informalstruktur von immer undurchsichtigeren Informations- und Dokumentationsprozessen. Es werden bewusst Aktenwüsten produziert, in denen sensible Informationen unauffindbar sind, oder oberflächliche Power-Point-Präsentationen werden als Protokolle abgelegt, um genaue Dokumentationen zu verhindern, und sensible Kommentare werden mit Post-It-Notes angebracht, weil diese vor einer Archivierung entfernt werden können (siehe zu diesen Strategien Hood 2007, S. 204).

Der bürokratische Teufelskreis

Besonders wenn Organisationen durch Skandale sensibel gegenüber Regelverletzungen geworden sind, wird versucht, auch diese noch verbleibenden Sümpfe der Abweichung auszutrocknen. Das Aufdecken einer Regelabweichung führt dann im Normalfall zur Einführung weiterer Regelungen, die dann wiederum neue Formen von Regelabweichungen wahrscheinlich machen. Dies führt wiederum zu einer weiteren Verschärfung und Detaillierung der Regeln, die Organisationsmitglieder zu neuartigen Regelabweichungen zwingen, wenn sie ihren Job anständig machen wollen.

In der Organisationsforschung wird dieser Prozess einer immer weitergehenden Ausbuchstabierung formaler Regelwerke als bürokratischer Teufelskreis bezeichnet (Crozier 1963, S. 247ff.).[223] Die Reaktion auf Regelverletzungen, Regelinkonsistenzen oder Regelirritationen ist nicht die Abschaffung oder Hinterfragung der Regel, sondern vielmehr deren Ergänzung, Ausdifferenzierung oder Erweiterung, welche die Notwendigkeiten zur Regelabweichung vervielfachen. Dadurch, dass sich Entscheidungsprogramme im Prinzip beliebig in Subprogramme und Subsubprogramme untergliedern lassen, können Organisationen nahezu »beliebig nach innen wachsen«, ohne dass dadurch Aufgaben auch nur einen Deut besser erledigt werden (Luhmann 1988, S. 289).

Man kann dies zum Beispiel beobachten, wenn Verwaltungen nach einem Skandal Richtlinien zur »Verwendung der E-Mail-Adressfelder ›An‹, ›Cc‹ und ›Bcc‹« erlassen. Diese Richtlinien dienen dazu, dass sich Manager im Zweifelsfall auf die Position zurückziehen können, sie hätten »toxische Emails« mit kritischen Informationen nicht gelesen, weil sie diese nur im »Cc« erhalten haben (siehe dazu z. B. Lepper 2018). Die Einführung neuer Richtlinien führt dann aber wiederum zu Unklarheiten und Abweichungen, die nähere Spezifikationen notwendig machen. Am Ende wird das Regelwerk so komplex, dass die Mitarbeiter kaum noch überschauen können, wie sie formal korrekt Mails versenden sollen.

Auch die Bürokratisierung an Universitäten, die durch die Hochschulreformen losgetreten wurden, sind auf einen solchen Teufelskreis zurückzuführen. Die Abstimmung zwischen den sich manchmal fast im Jahresturnus verändernden Studien- und Prüfungsordnungen ein und desselben Studiengangs bedarf immer wieder neuer Regelungen, die ihrerseits neue, ungewollte Nebenfolgen produzieren. Die Schaffung von immer mehr Regeln führt zu vielen wildwüchsigen lokalen Anpassungen, um Studierenden überhaupt noch zu ermöglichen, ihr Studium in einer akzeptablen Zeit abzuschließen. Auf diese lokalen Verfahren reagieren die Organisationsspitze und die ihnen unterstellten Justiziariate dann wiederum mit dem einzigen Mittel, das ihnen zur Verfügung steht: dem Erlass neuer Regeln (siehe dazu Kühl 2012a, S. 112ff.).

Die staatlichen Unternehmen des Ostblocks waren Musterfälle, in denen man die Effekte einer zu starken Formalisierung beobachten konnte. Die Anzahl und Qualität der Produkte, die ein Unternehmen zu produzieren hatte, wurde von staatlichen Planungsbehörden genauso festgelegt wie die Zulieferteile, die das Unternehmen dafür erhalten sollte. Die Folge war, dass sich in den sozialistischen Planwirtschaften ein intensives, auf Tauschbeziehungen basierendes »Unterleben« ausbildete. Der Direktor oder die

Direktorin eines Unternehmens in der Sowjetunion, der DDR oder Jugoslawien konnte nur erfolgreich sein, wenn eine Vielzahl offiziell verbotener Praktiken in der Abstimmung mit anderen Unternehmen angewandt wurde. Die Reaktion des Staates auf diese Abweichungen war dann aber nicht etwa eine Reduzierung der Regeln, sondern eine Verschärfung des Regelwerkes und dessen Überwachung in der praktischen Anwendung (Berliner 1952, S. 353ff.; ausführlich Berliner 1957; Nove 1961; Dobb 1970).

Statt durch eine verstärkte Formalisierung der Organisationsstrukturen die Erwartungssicherheit zu steigern, führt der bürokratische Teufelskreis dazu, dass die Erwartungsunsicherheit erheblich ansteigt (hierzu Kette 2018b). Anstelle eingespielter und dadurch berechenbarer Interdependenzen zwischen formalen und informalen Erwartungen wird die Diskrepanz zwischen diesen immer größer.

6.4 Die Zerstörung des informalen Wissensmanagements

In vielen Organisationen lässt sich beobachten, dass Mitglieder ihre kreativen Abweichungen nicht gezielt vor ihren Vorgesetzten verstecken, sich darauf verlassend, dass diese die für die Organisation funktionalen Regelabweichung augenzwinkernd dulden (Laufer 1999, S. 1403). Kommandeure haben ein Gespür dafür, wann sie Diskussionsrunden ihrer Offiziere wegen eines dringenden Telefonats verlassen müssen, um den Austausch über Praktiken an den Grenzen der Legalität nicht zu verhindern. Vorgesetzte in Verkehrsunternehmen wissen genau, in welche Richtung sie schauen müssen, wenn bei einer Besichtigungstour ein unvorsichtiger Handwerker aus einem illegal genutzten Raum stolpert (Kühl 2007a, S. 285). Die Bezeichnung in der Rechtstheorie dafür ist »gewollte Blindheit«, das absichtliche Übersehen von Verletzungen der formalen Regeln oder staatlicher Gesetze in Organisationen (siehe dazu Wilson 1979).

Diese Praktiken zwischen Vorgesetzten und Untergebenen spielen sich über eine längere Zeit ein. Untergebene entwickeln ein Gespür dafür, welche Informationen Vorgesetzte offiziell nicht erhalten wollen, und verzichten dann darauf, diese über formale Dienstwege in Kenntnis zu setzen. Wenn Untergebene aber so naiv sind, ihre Vorgesetzten mit Hinweisen auf eine brauchbare Illegalität in der Organisation zu belasten, dann werden diese mit Aussagen wie »das habe ich nicht gehört« oder »das will ich gar nicht wissen« darauf hingewiesen, dass man auf diese Form der Information von Vorgesetzten verzichten sollte, weil sie sie zum Einschreiten zwingen würde.

Diese Praxis der formalen Schonung von Vorgesetzten hat den Vorteil, dass diese zwar informal Bescheid wissen, was in der Organisation passiert, gleichzeitig aber nicht zum Einschreiten gezwungen sind und auch später nur schwer verantwortlich gemacht werden können, weil ihnen diese Informationen nicht formal zur Kenntnis gegeben wurden. Dadurch haben sie die Möglichkeit, die Risiken abweichender Praktiken in verschiedenen Bereichen einzuschätzen und zu beurteilen, ob unterschiedliche Abweichungen sich so kumulieren können, dass es zu einer Katastrophe kommen kann.

Der Effekt von verschärften Maßnahmen zur Regeltreue ist nun, dass sie diese bewährte Form des informalen Wissensmanagements zerstören.[224] Das Wissen über die Regelverletzungen wird nicht mehr bereitwillig in den betroffenen Teilen der Organisation mit den Vorgesetzten geteilt, sondern nur noch in kleinen Cliquen vertrauter Mitarbeiter der gleichen hierarchischen Ebene gepflegt. Organisationen sind mit ihren strikten Regelwerken nicht mehr über alltägliche Praktiken im Bilde, sondern werden stattdessen durch Regelbrüche und Gesetzesverstöße zunehmend überrascht.

Mit der Verlagerung des Wissens über Gesetzesverstöße und Regelverletzungen in kleine, geschützte Zirkel steigt die Wahrscheinlichkeit, dass die daraus erwachsenden Vorteile in Form von Flexibilitäts- oder Effizienzgewinnen nicht mehr dem Unternehmen zum Vorteil gereichen, sondern nur noch dem gegen die Regeln verstoßenden Mitarbeiter. Illegale Softwareinnovationen dienen nicht mehr der Anpassung der Produkte an allzu scharfe Umweltgesetze, sondern nur noch der eigenen Arbeitserleichterung, Schmiergeldzahlungen haben nicht mehr den Zweck der Verkaufsförderung des Unternehmens, sondern dienen lediglich der persönlichen Bereicherung des Vertriebsmitarbeiters, und der Bordellbesuch ist dann keine Maßnahme zum Motivationssteigerung von Außendienstmitarbeitern mehr, sondern nur noch ein von der Firma finanzierter angenehmer Mitnahmeeffekt. Der Zwang zur rigiden Geheimhaltung der Regelabweichungen in kleinen Zirkeln führt dazu, dass aus einer für Organisationen brauchbaren Illegalität unbrauchbare Illegalität wird.

7 Die Moralisierung der Organisation – Zur Produktion von Heuchelei

»Tugend war zu jeder Zeit/nur Mangel an Gelegenheit«

Wilhelm Busch zugeschrieben[225]

Schaut man sich Organisationen an, die wegen Regelabweichungen in die öffentliche Kritik geraten sind, fällt eines auf: Vor dem Bekanntwerden des Skandals hatten sich diese Unternehmen nicht selten Systeme zur Sicherung von Gesetzeskonformität gegeben, die vielfach als musterhaft galten (siehe dazu Chen und Soltes 2008, S. 116f.). Als herauskam, dass ein Elektronik-Konzern systematisch Schmiergeldzahlungen zur Auftragsgewinnung eingesetzt hat, wurde dieses Unternehmen weltweit als einer der Vorreiter im Compliance Management betrachtet. Schließlich hatte sich der Konzern mit der Mitgliedschaft im Global Compact verpflichtet, auf Korruption zu verzichten (Dombois 2009, S. 131). Bis zum Bekanntwerden der Manipulation bei Abgastests galt System zur Sicherung von Regeleinhaltung eines Automobilkonzerns als vorbildlich. Das Unternehmen hatte im Zuge eines Schmiergeldskandals kurz nach der Jahrhundertwende ein Regelwerk zur Verhinderung von Verstößen gegen Arbeits-, Kartell- und Umweltgesetze aufgesetzt, das anderen Automobilkonzernen weit überlegen war (Bauschke 2014, S. 174).[226] Doch scheint ein noch so ausgefeiltes System zur Kontrolle der Regeleinhaltung – so die Lektion aus diesen Fällen – nicht davor zu schützen, dass Organisationen durch Regelverletzungen in existenzbedrohende Legitimationskrisen geraten.[227]

Das ist ein zentraler Beweggrund für immer mehr Organisationen, das Management von moralischer Integrität als neue Wunderwaffe gegen Gesetzesverstöße und Regelverletzungen für sich zu entdecken (siehe für einen Überblick Paine 2006; George 2010; Wieland 2010; Schöttl 2018).[228] Mit einem Management von Integrität verbindet sich die Erwartung, dass Organisationen als Ganzes moralisch handeln können. Die Forderung nach einer sozialen Verantwortung von Organisationen läuft darauf hinaus, die im Konzept des »ehrbaren Kaufmanns« noch offensichtlich am individuellen Akteur verankerten Moralvorstellungen auf jetzt nur noch als kollektive Akteure begriffene Organisationen auszuweiten. Wenn einer Organisation als kollektivem Akteur wie bei individuellen Akteuren Entscheidungen zugerechnet werden können, dann hätten Organisationen, so das Argument, auch die Verantwortung sicherzustellen, dass diese Entscheidungen unter moralischen Gesichtspunkten getroffen werden.[229] Unternehmen, Vereine, aber auch Krankenhäuser, Armeen, Universitäten und Schulen seien letztlich nichts anderes als »zusammengesetzte Moralpersonen«, deren Handeln sich an ethischen Werten messen lassen müsse.[230]

Die Konsequenzen, die aus diesem Streben nach Integrität für die moralischen Ausrichtung der einzelnen Organisationsmitglieder gezogen werden, sind eindeutig. Organisationsmitglieder sollten sich, so der Tenor, nicht nur an die formalen Regeln halten, sondern ihr Handeln auch systematisch an Werten wie Integrität, Menschenwürde, Toleranz oder Gerechtigkeit orientieren (siehe früh in diesem Sinne z.B. Badaracco und Ellsworth 1989; Srivastva 1988; Paine 1994). In Organisationen sollte nicht die stupide Befolgung von Regeln im Mittelpunkt des Handelns stehen, sondern es komme auf die Entwicklung einer »spezifisch werteorientierten Haltung« an, die weit über die durch die Organisation gesetzten Regeln hinausgehe (Schöttl und Ranisch 2016). Organisationsmitglieder sollten, so die Forderung, sich aus »Einsicht in die Richtigkeit« an zentrale moralische Werte halten und nicht, weil ein Verstoß gegen diese mit schmerzhaften Sanktionen verbunden ist (Grüninger et al. 2015, S. 7).

Ausdruck findet dieses Streben nach Moralität in der Verabschiedung von Moralrichtlinien (siehe für die damit verbundenen Hoffnungen z.B. Ferrell und Gardiner 1991; Weaver et al. 1999). Im Englischen werden diese als Code of Ethics, Code of Conduct, Corporate Credo oder Value Statement bezeichnet. Im Deutschen ist je nach Organisation von Ethikcode, Moralkodex, Wertebekenntnis oder Verhaltensleitbild die Rede. Die genaue Bestimmung, was diese Richtlinien leisten, changieren dabei zwischen eher allgemeinen Wertformulierungen einerseits und sehr konkreten Verhaltensprogrammen andererseits. Bei allen Unterschieden im Detail – in der Regel handelt es sich um ein offizielles Dokument, durch das verbindliche moralische Standards für alle Organisationsmitglieder gesetzt werden sollen (siehe dazu Schwartz 2001, S. 248).[231]

Begleitet wird dieser Prozess durch »Moralunternehmer«, die Organisationen »Moral« verkaufen. Durch die von Moralunternehmern angebotenen Seminare, Checklisten und Zertifizierungen werden Verhaltensweise wie kontrollierte Verstöße gegen Gesetze oder die kreative Auslegung von Regeln für alle sichtbar als abweichend und moralisch verwerflich markiert. Dabei geht es nicht nur darum, allgemein geteilte Regeln moralisch durchzusetzen, sondern auch mit Verweis auf hehre Ziele neue moralische

Regeln zu setzen (siehe zum Konzept der Moralunternehmer Becker 1963, S. 147ff.).[232]

Legitimatorisch abgesichert werden diese »Moralunternehmer« durch Wissenschaftler, die versuchen, die in den Organisationen propagierten moralischen Prinzipien mit einer anspruchsvollen ethischen Reflexionstheorie zu fundieren.[233] Dabei hat sich unter Begriffen wie Organisationsethik, Wirtschaftsethik oder Geschäftsethik eine eigene wissenschaftliche Subdisziplin ausgebildet, der es darum geht, die in Organisationen eingeführten moralischen Prinzipien theoretisch zu begründen und deren Umsetzung in die Praxis zu unterstützen.[234] Neben der Politikethik, der Wissenschaftsethik, der Medizinethik, der Religionsethik und der Sportethik, die als Dienstleister für die in den jeweiligen gesellschaftlichen Teilbereichen verorteten Organisationen auftreten, gibt es dann für das ökonomische Feld eben auch eine Wirtschaftsethik.[235]

Im Rahmen solcher Moralrichtlinien werden Mitarbeiter mit einem fast unendlichen Anforderungskatalog vorbildlicher Verhaltensweisen konfrontiert (siehe nur beispielhaft Kuhn und Weibler 2012b). Mitarbeiter sollen »in Einklang mit den eigenen Werten« handeln und sich dabei permanent um einen »fairen Ausgleich« bemühen zwischen dem, was ihnen persönlich hilft, und dem, was anderen nützt. Dabei käme es, so der Tenor, auf »Authentizität« an – auf die Übereinstimmung zwischen den »Werten, die man vertritt, und den Handlungen, die man vollführt« (Kuhn und Weibler 2012a, S. 70). Wichtig sei bei integrem Verhalten die »moralische Standhaftigkeit im Angesicht von Widerständen« – also in Konfliktsituationen auf das Ergebnis abzuzielen, das »die bestmögliche Realisierung der vertretenen Werte ermöglicht« (Grüninger et al. 2015, S. 8). Mitarbeiter müssten die »Charakterstärke« entwickeln, auch in schwierigen Situationen für »das Richtige und Gerechte« einzustehen und zwar auch dann, wenn dieses Verhalten mit einem hohen Preis für sie selbst verbunden ist (Kuhn und Weibler 2012a, S. 72).[236] Die ganze Organisation wird folglich von einer »Appellitis« erfasst, durch die sich Organisationsmitglieder gegenseitig belehren, wie man sich moralisch korrekt zu verhalten habe.[237]

Weil sich Einstellungen und Haltungen nicht von oben befehlen lassen, hat die Popularität des Themas Integrität zu einem Boom von Kulturprogrammen in Organisationen geführt.[238] Viele Manager und Berater haben dabei die Vorstellung, die Wertekultur einer Organisation gestalten zu können. Dafür sollen »sinnvermittelnde Maßnahmen« eingesetzt werden, durch die den Mitarbeitern die »Werte« ihrer Organisation nahegebracht werden sollen. Mit Integritäts-Trainingsprogrammen soll ein »do-it-right«-Klima etabliert werden, in dem Werte wie »honesty« und »fair play« impliziert werden sollen (Paine 1994, S. 111ff.). In Workshops zur Fehlerkultur wird gefordert, dass man ein »vorbildliches Führungsverhalten zeigen«, »Freude an Verantwortung ermutigen«, »Zutrauen demonstrieren« und »vertrauensorientiertes Fehlermanagement fördern« sollte. Eine Rotation von moralisch vorbildlichen »Subkulturträgern« soll zur Förderung der Integrität beitragen. »Interdisziplinäre Lerngruppenzusammensetzungen« sollen als »Maßnahme der Personalentwicklung« dazu dienen, die propagierten Moralvorstellungen in der Organisationskultur zu verankern (Bleicher 1986, S. 105). Die Mitarbeiter von Großorganisationen werden von »Chief Integrity Evangelists« auf »Culture Journeys« geführt, auf denen sie von Kleinstorganisationen lernen sollen, wie sie die »dunkle Triade« aus »autoritärer Führung«, »aggressiven Zielen« und »Hire-and-fire-Kultur« überwinden können. Es werden Kulturleitbilder erlassen, durch die Mitarbeiter dazu verpflichtet werden, sich »aufrichtig zueinander« zu verhalten, »unkompliziert und verlässlich miteinander umzugehen«, sich »auf Augenhöhe« zu begegnen und sich »freundschaftlich verbunden« zu fühlen. Kurz: Eine Förderung von moralischer Integrität über vielfältige Organisationskulturprogramme scheint für viele Manager und Berater die Lösung für das Problem zu sein, dass – jedenfalls in ihrer Wahrnehmung – die klassischen Maßnahmen zur Regeleinhaltung versagen.

7.1 Zum Unterschied von Legalität und Moralität

Durch die Forderung nach Integrität ist es in Organisationen zu einer seltsamen Vermischung von Legalität und Moralität gekommen.[239] Verstöße gegen organisationsinterne Regeln oder staatliche Gesetze werden nicht nur als illegales, sondern auch als amoralisches Verhalten betrachtet (so zum Beispiel Anand et al. 2005, S. 9). Als »organisationale Verbrechen« werden in dieser Logik alle Entscheidungen betrachtet, die einen körperlichen oder finanziellen Schaden bei den eigenen Kunden, den Mitarbeitern der Organisation, anderen Organisationen, staatlichen Institutionen oder der allgemeinen Öffentlichkeit anrichten – unabhängig davon, ob es sich tatsächlich um einen Gesetzesverstoß handelt oder nicht (so z. B. Frank und Lynch 1992, S. 17). Aus der Perspektive dieser »moralischen Formalisten« sind alle Organisationsmitglieder, die Verstöße gegen staatliche Gesetze rational abwägen, nicht etwa nur »illegalitätstolerante Berechner«, sondern gleich auch »amoralische Kalkulatoren« (Kagan und Scholz 1984).[240]

Zum Verhältnis von Moralität und Legalität

Auf den ersten Blick hat diese Verknüpfung von Moralität und Legalität eine gewisse Plausibilität. Wenn Gesetze allzu sehr von allgemein gültigen Moralvorstellungen entfernt wären, dann wäre es schwer, sie durchzusetzen. Die Polizei, Staatsanwaltschaften, und Gerichte wären in einer Art Dauereinsatz, um dem Gesetz gegenüber einer allgemein geteilten Moralvorstellung Geltung zu verschaffen. Der Staat wäre gezwungen, in immer stärkerem Maße auf sein Gewaltmonopol zurückzugreifen, um die Rechtsverbindlichkeit der Gesetze womöglich gegen die Bürger zu garantieren.[241] Die moralischen Legalisten unter den Rechtsphilosophen vertreten deswegen die Auffassung, dass jede staatliche Rechtssetzung von Moral durchdrungen sein müsse. Jede Rechtsprechung sei deswegen zwangsläufig auch mit einem moralischen Urteil verbunden.[242]

Rechtssetzung und Rechtsprechung schließen dabei nicht nur an allgemeine gesellschaftliche Moralvorstellungen an, sondern – und dieser Punkt wird häufig übersehen – die Gesetze prägen auch die Moralvorstellungen in der Gesellschaft.[243] Man kann dies beispielhaft an der unterschiedlichen Bewertung von Produzenten erlaubter und verbotener Drogen beobachten. Die moralische Verdammung von Heroinherstellern oder Kokainhändlern erscheint vielen Beobachten moralisch geboten, weil diese Betäubungsmittel gesetzlich verboten sind, während die Verdammung von Zigarettenproduzenten oder Alkoholikadealern nicht in gleicher Form moralisch verwerflich erscheint, weil diese Drogen in den meisten Ländern nicht verboten sind. Konsequenterweise genehmigen Politiker den Betreibern von großen Koks-Laboren oder Dealer-Netzwerken in den meisten Fällen keine Stände auf ihren Parteitagen, lassen ihnen keine Lobbyistenausweise für Parlamente ausstellen und würden Treffen mit ihnen nicht auf ihrer Website veröffentlichen, während die Lobbyvertreter der Zigaretten- und Alkoholkonzerne als gut zahlende Werbepartner für Parteitage begehrt sind, ihnen problemlos Zugang zum Parlament gewährt wird und Treffen mit ihnen in aller Öffentlichkeit stattfinden.[244]

Auf den zweiten Blick gestaltet sich das Verhältnis von Moralität und Legalität deutlich komplexer (siehe dazu einschlägig Heimer 2010).[245] Das kann man daran erkennen, dass bereits viele legale Entscheidungen von Kritikern als moralisch verwerflich eingeschätzt werden können. Man sieht dies beispielsweise an der moralisch aufgeladenen Kritik an abhängig machenden Produkten wie Zigaretten, Alkohol oder Schmerzmitteln, an der aggressiven Propagierung von Salz-Fett-Zucker-Mischungen als Lebensmittel oder am Export von Maschinengewehren und Panzerfahrzeugen in Staaten, von denen immer wieder berichtet wird, dass Regimekritiker in Gefängnissen zu Tode gefoltert werden. Für den Verkauf von Drogen, gesundheitsschädlichen Lebensmitteln oder Waffen mag es in den meisten Staaten eine gesetzliche Grundlage geben, die moralische Kritik keineswegs ausschließt. Im Gegenteil – gerade weil ein Verhalten als mit den Gesetzen vereinbar angesehen wird, kann es besonders heftig kritisiert werden, damit es gesetzlich verboten werde.[246]

Umgekehrt kann aber auch offensichtlich illegales Verhalten als hochgradig moralisch betrachtet werden (siehe dazu Hasnas 2006, S. 59f.). Die Ermordung von Staatsoberhäuptern, das Nichtbefolgen militärischer Befehle oder das Eindringen von Schiffen in nationale Hoheitsgewässer werden in den meisten Staaten als Gesetzesbruch geahndet, können aber moralisch als vorbildlich gewertet werden. Man denke nur an die gesetzlich als Mordversuch einzuordnenden Attentate auf Hitler zur Zeit des Nationalsozialismus in Deutschland, an die strafrechtlich scharf verfolgten Gehorsamsverweigerungen in Kambodscha während des Pol Pot Regimes oder das erzwungene Absetzen von Flüchtlingen in Italien durch Schiffe von privaten Rettungsmissionen. Gerade das mit dem gesetzlichen Verbot verbundene Risiko für die Einzelnen trägt maßgeblich zu einer positiven moralischen Bewertung bei. Es ist, so könnte man mit Georg Wilhelm Friedrich Hegel sagen, manchmal die moralische Ehre großer Charaktere, sich rechtlich schuldig zu machen.

Sicherlich, es gibt Fälle in denen Staaten eine enge Kopplung von Moralität und Legalität gelingt. Die engste Verknüpfung kann man in Staaten beobachten, die versuchen, allgemein verbindliche Rechtsvorstellungen konsequent auf eine moralische Basis zu stellen. Man denke nur an Länder mit starken evangelikalen Bewegungen mit ihren strengen Regulierungsversuchen des Familienrechts, an Staaten unter Kontrolle von Islamisten mit ihren Bestrebungen zur Etablierung einer allgemein verbindlichen Scharia oder nicht zuletzt an sozialistische Staaten mit ihren Vorstellungen einer an die Ideologie des Marxismus-Leninismus angelehnten richtigen Lebensführung. All diesen Staaten ist gemein, dass sie nicht mehr nur versuchen, ihre Rechtsordnung mit eher allgemeinen Verweisen auf weitgehend konsensfähige Wertekataloge zu legitimieren, sondern mit Verweis auf eine für alle verpflichtende Moral konkrete Verhaltensweisen vorschreiben.[247] Jedoch sind Staaten mit einer solchen engen Kopplung von Moralität und Legalität schnell dem Vorwurf des Totalitarismus ausgesetzt, weil Moral als ein über das Rechtssystem durchgesetztes Staatsprogramm schnell zur Tyrannei wird (siehe dazu Arendt 1958).[248]

Es scheint offensichtliche Vorteile zu haben, dass in der modernen Gesellschaft Moralität und Legalität in der Regel nur lose miteinander gekoppelt sind. Die Rechtssetzung und Rechtsprechung kann moralisch aufgeladene Debatten nicht komplett ignorieren, aber es wirkt konfliktreduzierend, dass sie nicht jede Entscheidung zusätzlich unter moralischen Gesichtspunkten abwägen muss. Der Bruch von staatlichen Gesetzen muss also nicht systematisch auch ein Verstoß gegen gesellschaftliche Moralvorstellungen darstellen, und nicht jeder Verstoß gegen gesellschaftliche Moralvorstellungen muss auch gleichzeitig ein Bruch von staatlichen Gesetzen sein.[249]

Unterschiedliche Eindeutigkeiten von Legalität und Moralität

Ein Grund für die lose Kopplung von Moralität und Legalität besteht in deren unterschiedlicher Spezifität. Bei allen Grauzonen – ob etwas legal oder illegal ist, ist vergleichsweise klar. Eine rechtliche Normierung von Verhaltenserwartungen funktioniert nur, wenn genau spezifiziert wird, was erwartet und was nicht erwartet werden kann (Luhmann 2008c, S. 127). Sicherlich, eine vollkommene Eindeutigkeit bei der Formulierung von rechtlichen Verhaltenserwartungen lässt sich nicht erreichen. Aber mit Gerichten steht letztlich ein über mehrere Instanzen gehender, aufwendiger Klärungsprozess zur Herstellung von Eindeutigkeit zur Verfügung. Man mag ein Urteil moralisch nicht richtig finden, ist aber trotzdem rechtlich verpflichtet, sich an dieses zu halten.

Im Gegensatz zu dieser prinzipiellen Möglichkeit, die Legalität und Illegalität von Verhalten feststellen zu lassen, sind die Möglichkeiten, klare Unterscheidungen zwischen Moralität und Immoralität zu ziehen, deutlich begrenzter (Luhmann 1972, S. 217). Zwar scheint man sich im Allgemeinen schnell darauf einigen zu können, dass Moral für die Gesellschaft wichtig ist, kann sich dann aber trefflich darüber streiten, was jetzt ein unter Gesichtspunkten der Moral richtiges Verhalten ist. Gerade angesichts der Beschwörung von Moral als notwendigem Kitt der Gesellschaft fällt auf, wie unterschiedlich die Vorstellungen sind, was gut und was schlecht ist (Luhmann 1993, S. 78).

Was als moralisch und was als unmoralisch betrachtet wird, ist – jedenfalls in der modernen Gesellschaft – immer vom Standpunkt der jeweiligen Beobachter und des sich herausmendelnden Zeitgeistes abhängig (siehe dazu schon allgemein Cooper 1981 und in Bezug auf Organisationen Manning und Anteby 2016). Wenn Staaten – vielleicht als Reaktion auf moralische Kritik – den Verkauf und Konsum bisher legalisierter Drogen, das Anbieten von zu Fettleibigkeit führenden Fertigprodukten oder den Export von Waffen in Folterstaaten verböten, würde das die Differenz zwischen Legalität und Moralität nicht auflösen. Im Gegenteil: Man kann sicher sein, dass sich Beobachter über die Freiheitseinschränkungen durch eine von einer Ökodiktatur träumenden Elite echauffieren und mit moralischer Verve ein Ende dieser »Verbotspolitik« fordern würden.

Die Verschärfung der Diskrepanz in Organisationen

Die Diskrepanz zwischen Legalität und Moralität verschärft sich in Organisationen noch einmal erheblich. Während staatliche Gesetze in der Regel eher einen groben Rahmen rechtlich verbindlicher Verhaltenserwartungen vorgeben, werden diese in der Form von formalen Verhaltenserwartungen in Organisationen deutlich gesteigert (Luhmann 1972, S. 257).[250] In Organisationen kann formal festgelegt werden, wann man wo zu sein, welche Handgriffe man auszuführen und welche Kleidung man dabei zu tragen hat. Es findet über die Formulierung von Mitgliedschaftsbedingungen eine Spezifikation von Verhaltenserwartungen an Personen statt, die diese außerhalb der Organisation als Zumutung empfinden würden.

Diese bis ins Detail gehende Durchformalisierung von Organisationen gerät noch stärker als die im Vergleich dazu eher generell gehaltene staatliche Gesetzgebung in einen Kontrast zu durch subjektive Färbung gekennzeichnete Moralvorstellungen in Organisationen. Sicherlich – man könnte einwenden, dass die moralischen Richtlinien in Organisationen häufig nur abstrakte Leitfäden sind, aus denen sich keine konkreten Handlungsanweisungen ableiten ließen. Die moralischen Richtlinien, so das Argument, würden lediglich abstrakte Vorgaben wie Respekt vor Anforderungen der Organisation, Kollegialität in der Zusammenarbeit oder Wertschätzung gegenüber Kunden, Klienten oder Patienten, aber keine konkreten Verhaltenserwartungen formulieren.

Damit übersehen die Verfechter einer Moralisierung der Organisation allerdings den zentralen Effekt der von ihnen verlangten moralischen Integrität. In einer durch Moralkampagnen erfassten Organisation kann letztlich jede Verhaltensweise unter moralischen Gesichtspunkten betrachtet werde. Das verspätete Erscheinen am vorgeschriebenen Ort kann als Respektlosigkeit, die Verweigerung eines formal vorgeschriebenen Handgriffs als mangelnde Kollegialität und Unachtsamkeiten bei der Kleidung als mangelnde Wertschätzung gegenüber dem Kunden, Klienten oder Patienten verurteilt werden. Es gibt im Prinzip für Organisationsmitglieder keine Sicherheit mehr, dass ihr Verhalten nicht von irgendjemandem unter moralischen Gesichtspunkten betrachtet wird.[251]

7.2 Moral als Ausdruck der Achtung und Missachtung von Personen

Das Bekenntnis zu in moralischer Kommunikation verwendeten Werten hat auf den ersten Blick eine gewisse Plausibilität.[252] Es wäre auch überraschend, wenn die Geschäftsführer eines Unternehmens offen für eine »korrupte Unternehmenspolitik« einträten, eine »unmoralische Haltung« ihrer Mitarbeiter einforderten und eine von »Werten befreite Führung« propagierten. Der Reiz von Werten ist, dass sie »hohe Konsenschancen« haben, weil man sich abstrakt und schnell darauf einigen kann, dass Menschenrechte, Umweltschutz und Gerechtigkeit, Frieden und Freiheit anzustreben sind (Luhmann 1972, S. 88f.).[253]

Man kann in offiziellen Verlautbarungen oder öffentlichen Konferenzen erkennen, wie durch die Aneinanderreihung von Werten dieses Konsensbedürfnis bedient wird. Managementberater können ohne Widerspruch in Organisationen fordern, dass »vorbildliches Führungsverhalten« gezeigt, »Gemeinschaft gestaltet« und »konstruktives Führungsverhalten« an den Tag gelegt werden sollen. Spitzen von Organisationen können sich in ihren Reden ohne Widerspruch dazu bekennen, dass »destruktives Führungsverhalten abgebaut«, »selbstkritische Auseinandersetzungen mit dem eigenen Führungsverhalten stattfinden« sowie »ineffektive und ineffiziente Maßnahmen gestoppt werden« müssen. Auch Organisationsmitglieder können sich ohne Risiko in öffentlichen Veranstaltungen dazu bekennen, dass »Zutrauen demonstriert«, »Freude an Verantwortung gezeigt« und »Eigeninitiative gestärkt« werden muss.[254] Kurz: »Man geht davon aus, dass in Bezug auf Wertschätzungen Konsens besteht« (Luhmann 2008b, S. 241).[255]

Durch die Verwendung abstrakter Wertformulierungen wird letztlich ein harmonistisches Bild der Organisation gezeichnet, bei dem davon ausgegangen wird, dass die Normen, an denen sich Organisationen orientieren, problemlos mit den herrschenden Normen in der Gesellschaft kombinierbar sind.[256] Abstrakt können sich alle darauf einigen, dass es zu einem bürgerschaftlichen Verhalten von Organisationen gehört, allgemeine gesellschaftliche Werte wie den Erhalt der Natur, menschenwürdige Arbeitsbedingungen, die Gleichstellung der Geschlechter oder den Erhalt individueller Freiheit zu erhalten und zu fördern.[257]

Aber weil man sich so schnell auf Werte in ihrer Abstraktheit einigen kann, geben sie nur sehr unbestimmte Anhaltspunkte für Entscheidungen. Sie lassen weitgehend unklar, welche Entscheidung einer anderen vorgezogen werden muss (Luhmann 1972, S. 88f.; Luhmann 1997, S. 343; siehe auch Groddeck 2011, S. 73). Wie soll man darauf reagieren, wenn die Freiheit, sich mit einem Auto beliebig fortzubewegen, den vorzeitigen Tod von Tausenden Anwohnern von Schnellstraßen durch Stickoxide und Feinstaubbelastung zur Folge hat? Soll man im Konfliktfall für die Durchsetzung von Menschenrechten einen Krieg unterstützen und den Export von Rüstungsgütern in ein Krisengebiet dulden? Die Orientierung an Werten führt – anders als die Orientierung an Programmen – bei konkreten Entscheidungen zu einer Vielzahl von sehr praktischen Widersprüchen.

Welche Effekte treten ein, wenn diese allgemein akzeptierten und wohlklingenden Werte mit bestimmten moralischen Ansprüchen aufgeladen werden?

Die Konkretionssuggestion von Moral

Wenn man moralisch argumentiert, nutzt man die allgemeine Akzeptanz von Werten, suggeriert dabei jedoch, dass sich aus den proklamierten Werten sehr spezifische Handlungen ergeben.[258] Die Kritiker des auf Automobilen mit Verbrennungsmotoren basierenden Individualverkehrs bedienen mit ihrer Forderung nach verstärkten Umweltschutzbemühungen einen auch unter Autofahrern weitgehend konsensfähigen Wert, moralisieren aber das Thema, wenn sie aus diesem die Notwendigkeit eines individuellen Verzichts auf die Nutzung von Automobilen ableiten. Durch das Einfließen der Proklamation allgemeiner Werte in die Einforderung einer spezifischen Moral wird von den moralischen Vorkämpfern eine Konkretion der Werte postuliert, die in der Wahrnehmung vieler nicht schlüssig ist. Der Effekt dieser Konkretionssuggestion ist, dass die Moralisierung zu heftigen Auseinandersetzungen führen kann, obwohl sich in Bezug auf die Werte, aus denen die moralischen Handlungsmaximen abgeleitet werden, (fast) alle einig sind.

Durch die Proklamation von Moralvorstellungen wird Achtung oder Missachtung gegenüber Personen zum Ausdruck gebracht (siehe allgemein zur Achtungskommunikation Luhmann 1984a, S. 319; Luhmann 1990b, S. 18; Luhmann 1997, S. 397; Luhmann 2008c, S. 102ff.). Man kann sich durch die Einnahme einer moralischen Position selbst als »achtungswürdig« präsentieren, oder man kann prüfen, ob sich jemand durch seine Reaktion »Achtung verdient«. Man kann andere durch Moralisierung im »Netz der Achtungsbedingungen fangen, um sie dann darin abzuschleppen« oder sie, darin gefangen, in einem Meer aus moralischen Anforderungen treiben zu lassen (so Luhmann 1984a, S. 215f.).

Durch Achtung honoriert man andere dafür, dass sie sich so verhalten, wie man es für richtig hält. Wertschätzung ist dabei die Währung, die man denjenigen zukommen lässt, die in Wort und Tat den eigenen moralischen Vorstellungen nahekommen (Luhmann 1984a, S. 318). Anerkennung verdienen Personen, die in ihrem Denken, Fühlen und Handeln konsistent sind und die proklamierten Werte – auch gegen Widerstände – mit ihrem konkreten Handeln in Einklang bringen (Palanski und Yammarino 2007).

Bei moralisch vorgebrachten Anforderungen an andere Personen verbergen sich möglicherweise persönliche Interessen hinter der Berufung auf ein allgemeines Wohl (Luhmann 1997, S. 1038f.). Man präsentiert sich dabei als Vertreter des »großen Ganzen«, der »bisher Missachteten« oder »zukünftigen Generationen« (siehe dazu Luhmann 1991, S. 5). Nur durch diese – stets kommunikative – Abstrahierung von eigenen Interessen des moralisch Argumentierenden erhalten moralische Ansprüche überhaupt erst ihre Wucht beim Appell an andere. Den moralisch vorgetragenen Anforderungen kann man sich kommunikativ nur schwer entziehen, ohne dass einem egoistische Motive unterstellt werden können (Besio 2013, S. 316).

Moralisierung als Personalisierung

Durch die Forderung nach einem an breit geteilten Moralvorstellungen ausgerichteten Integritätsmanagement wird das Thema von Regelverletzungen in Organisationen in einem bisher nicht gekannten Maße personalisiert. Wenn es zu einem Verstoß gegen Gesetze kommt, wird dies auf das »fehlende Wertegerüst«, das »mangelnde Rückgrat« oder die »moralische Rückständigkeit« der als Regelbrecher identifizierten Personen zurückgeführt.

Zwar wird zugestanden, dass Personen in Organisationen immer in Rollen als Organisationsmitglieder handeln. Aber letztlich wird erwartet, dass sie in ihrer Rolle Anforderungen widerstehen, die als unmoralisch gewertet werden. Kalkulierte Gesetzesverstöße oder kreative Regelabweichungen werden dann nicht mit der Notwendigkeit flexiblen Handelns im Rahmen informaler Rollenerwartungen interpretiert, sondern als zu verachtende Charakterschwäche der ganzen Person betrachtet.

Weitergehend impliziert die Moralisierung, dass von dem Verhalten in der Rolle als Organisationsmitglied auf die persönliche Integrität insgesamt geschlossen werden kann. Wer in seiner Rolle als Organisationsmitglied gegen Gesetze verstößt, wird es, so die Implikation, auch in anderen Rollen mit der Regeltreue nicht ernst nehmen. Wer in seiner Rolle als Organisationsmitglied andere Menschen quält, kann das nicht dadurch wiedergutmachen, dass er oder sie außerhalb der Organisation eine fürsorgliche Familienmutter oder ein liebevoller Familienvater ist.[259] Moralisch verwerfliches Verhalten »kontaminiert« Personen nicht nur in ihrer Rolle als Organisationsmitglied, sondern als Person zur Gänze (Fuchs 2010, S. 18).

Wie wirkt sich eine derartige Moralisierung konkret in Organisationen aus?

7.3 Moralisch aufgeladene Kulturprogramme als Aufforderung zur Heuchelei

Dass Werte keine konkreten Anhaltspunkte für Entscheidungen bieten, stellt für Organisationen an sich keine Schwierigkeit dar. Wenn man den Idealismus des Organisationsneulings abgelegt hat, lernt man sehr schnell zu akzeptieren, dass die an hehren Werten orientierte Außendarstellung der Organisation nur sehr lose mit der faktischen Entscheidungsebene verbunden ist.

Angesichts des populären Wertes der »Authentizität« mag es plausibel klingen, wenn das Spitzenpersonal fordert, dass Organisationsmitglieder sagen müssen, was sie denken, und tun müssen, was sie sagen. Aber gleichzeitig ist allen klar, dass das Verhältnis zwischen dem, was gedacht, gesagt und gemacht wird, in Organisationen eher lose gekoppelt ist (vgl. Brunsson 1989).

Problematisch wird es immer dann, wenn eine Organisation zum Beispiel nach einem Skandal aufgrund von Gesetzesverstößen oder Regelbrüchen den moralischen Druck auf ihre Mitglieder erhöht. Denn die Forderung nach einer Orientierung der Organisationsmitglieder an dem Wert der Integrität führt nicht dazu, dass sie sich moralischer verhalten. Moral funktioniert nicht wie eine Trivialmaschine, bei der man auf der einen Seite die Forderung nach moralgeleiteten Einstellungen hineinsteckt und dann auf der anderen Seite moralisches Handeln herausbekommt.

So haben verschiedene empirische Forschungen erheblichen Zweifel aufkommen lassen, ob Ethikrichtlinien, Moralcodices oder Leitbilder zu grundlegenden Verhaltensänderungen in Organisationen führen (so zum Beispiel früh Cressey und Moore 1983 oder Weaver 1984).[260] Kaum ein Organisationsmitglied ist in der Lage, eine Situation zu benennen, in der es durch Bezug auf Ethikrichtlinien ein anderes Verhalten erreichen konnte (Schwartz 2001, S. 247). Organisationsmitglieder berichten, dass ihnen diese wenig dabei helfen, Anforderungen zu regelabweichendem Verhalten abzuwehren (Badaracco und Webb 1995, S. 10). Organisationsmitglieder entscheiden immer wieder nach ethischen Gesichtspunkten, aber diese werden nicht durch Ethikrichtlinien der Organisation beeinflusst, sondern widersprechen diesen sogar teilweise (Cleek und Leonard 1998, S. 628f.).[261]

Der Effekt von Integritätskampagnen ist vorrangig, dass Mitarbeiter ihr Handeln auf Workshops oder Konferenzen anders darstellen. Sie realisieren schnell, dass sie ihr Handeln angesichts der von der Organisationsspitze betriebenen Aufladung mit Werten nicht mehr nur als regelkonform, effizient und innovativ, sondern zusätzlich auch als moralisch vorbildlich präsentieren müssen. Alle wissen, dass es die »unmoralische Welt« in der Organisation gibt, sehen sich durch Integritätskampagnen aber gezwungen, organisationsöffentlich so zu tun, als würden sie in einer »moralischen Welt« leben (siehe Weltz 2011, S. 67ff.).[262] Kampagnen zur Integrität produzieren genau das, was sie eigentlich verhindern wollen: Heuchelei.[263]

Heuchelei statt Konflikt – Effekte moralischer Kommunikation in Organisationen

Dass Moralkampagnen zu Heuchelei führen, mag auf den ersten Blick überraschen. Schließlich wissen wir aus der empirischen Forschung, dass das Ergebnis von moralisch aufgeladener Kommunikation zuallererst Konflikte sind (siehe dazu Luhmann 1997, S. 404). Moralische Auseinandersetzungen führen zu einem »Überengagement der Beteiligten«, das nicht selten zu kaum noch einzugrenzenden Konflikten führt (Luhmann 1990b, S. 26). »Wenn man sich«, so Niklas Luhmann (2008d, S. 349), »moralisch auf der richtigen Seite sieht, besteht wenig Grund, sich noch um eine Verständigung zu bemühen. Dann kann es nur darum gehen, der guten Sache zum Sieg zu verhelfen, und sei es mit immer stärkeren Mitteln«.[264]

Wegen dieser mit Moral verbundenen Konflikthaftigkeit galt früher bei vielen Familienfeiern die Regel, dass religiöse oder politische Themen nicht angesprochen werden sollten. Durch die »pseudoethische Rechthaberei« in solchen Konflikten lässt man sich selbst als moralisch »gut« und die anderen als moralisch »schlecht« erscheinen – eine Beschreibung, die die anderen häufig nicht bereitwillig akzeptieren. Die Gefahr war deswegen groß, dass nicht mehr einzuhegende Konflikte durch die zum Ausdruck gebrachte persönliche Achtung oder Missachtung entstanden (siehe zur Moralisierung in Familien Tyrell 2008, S. 330). Denn eine »offene Moralisierung« ist immer auch ein mehr oder minder gewagtes »Konfliktangebot« (Luhmann 2008c, S. 112).

Es scheint einige wenige Organisationen zu geben, in denen Themen mit Fragen der Achtung und Missachtung aufgeladen werden und sich daraus heftige Konflikte ergeben – man denke beispielsweise an selbstverwaltete Betriebe, religiöse Basisorganisationen oder politische Parteien.[265] In diesen Organisationen werden wegen der hohen Identifikation mit ihren Zwecken wirtschaftliche, religiöse oder politische Themen im Hinblick auf die Lebensführung ihrer Mitglieder betrachtet. Die sich daraus ergebenden moralischen Konflikte sind teilweise so heftig, dass es immer wieder zu Abspaltungen aus der Organisation kommt. Sachkonflikte, die man in jeder Organisation findet, werden durch Moralisierung zu Identitätskonflikten, in denen es für die Mitglieder »um alles« geht. Aufgrund der weitgehenden formalen Gleichberechtigung ihrer Mitglieder gibt es keinen effizienten Mechanismus, mit dem man mit Fragen von Achtung und Missachtung aufgeladene Konflikteskalationen stoppen kann.[266]

In den meisten Organisationen kommt es jedoch wegen ihrer hierarchischen Grundstruktur bei Moralisierungen gerade nicht zum Streit, sondern zur Heuchelei. Der Grund dafür liegt in der erheblichen formalen Machtasymmetrie dieser Organisationen. Wenn die über formale Hierarchie definierte Spitze der Organisation die Devise ausgibt, dass sich alle Mitglieder zukünftig an den aktuell in der Gesellschaft populären Werte zu orientieren haben, ist es in den meisten Organisationen für deren Mitglieder nicht ratsam, diese Werte dafür zu nutzen, hierarchisch höher gestellten Mitgliedern gegenüber ihre persönliche Missachtung wegen Verletzung moralischer Standards zum Ausdruck zu bringen (siehe dazu auch Jackall 1988, S. 6). Die moralisch aufgeladene Kommentierung des Verhaltens in der Organisation findet eher hinter der Bühne statt. Auf der Bühne bedienen die Organisationsmitglieder die offiziell verkündeten Werte.

Die über Programme zur wertzentrierten Organisationsführung und zu integritätsorientiertem Management eingeforderte Heuchelei ist für Organisationen funktional. Keine Organisation, das wissen wir aus der Organisationsforschung, kann auf ein gewisses Maß an Scheinheiligkeit verzichten (Brunsson 1989, S. 194ff.; siehe auch Brunsson 1986; Brunsson 1993).[267] Jedes Unternehmen, jede Verwaltung, jedes Krankenhaus, jede Partei und jede Nichtregierungsorganisation ist darauf angewiesen, ihrer Umwelt immer auch eine geschönte Darstellung ihrer selbst zu präsentieren (siehe dazu Kühl 2020a, S. 121ff.). Heuchelei ist lediglich der in der Organisationswissenschaft etablierte, für Praktiker aber zunächst vielleicht unfreundlich klingende Begriff für ein solches Aufhübschen der Schauseite.

Heuchelei ist dabei zugleich eine langfristige Investition in die in Organisationen gepflegte Moralität (March 1978, S. 604).[268] Man ist sich bewusst, dass es eine Organisation ruinieren würde, wenn diese konsequent nach den proklamierten moralischen Standards geführt werden würde. Durch diese Heuchelei wird der moralische Standard als Teil der Schauseite der Organisation aufrechterhalten, gleichzeitig innerhalb der Organisation jedoch ein hohes Maß von Abweichung von eben diesen Standards geduldet. Durch Heuchelei wird also die proklamierte Moral gestützt, weil bei allen Abweichungen Organisationsmitglieder gezwungen werden, sich zu diesen zu bekennen.[269]

Aber es gibt gute Gründe, dieses für die Herstellung von Legitimation notwendige Aufhübschen der Organisation Spezialisten zu überlassen. Es ist zentraler Bestandteil der Jobbeschreibungen von Geschäftsführern, Marketingexperten und Pressesprechern, eine überzeugende Fassade der Organisation aufzubauen, zu pflegen und notfalls zu reparieren. Verlangt eine Organisationsspitze jedoch von allen Mitarbeitern lautstarke Bekenntnisse zu moralischer Integrität, blockiert dies die notwendigen Auseinandersetzungen innerhalb der Organisation. Integrität wird zu einer abstrakten Formel, zu der man sich – will man Karriere in der Organisation machen – bekennen muss.

Die Ausbildung von Zensurmechanismen

Das Ergebnis der Moralisierung sind in Organisationen Zensureffekte.[270] Zur Eröffnung von Veranstaltungen zu integrem Verhalten oder zu Fehlerkulturen verkündet die Organisationsspitze gerne, dass »alles auf den Tisch« kommen könne. Es wird erklärt, dass für alle Mitarbeiter, die einen Regelverstoß oder Gesetzesbruch in der Organisation beobachten, ihre »Türen jederzeit offenstehen«. Es wird von oben das Motto ausgegeben, dass jetzt »alles offen besprochen werden kann«. Aber Organisationsmitglieder wären naiv, wenn sie dieser Aufforderung der Spitze nach Offenheit Folge leisten würden. Allen ist bewusst, dass es auf Veranstaltungen zur Moralität in Organisationen, zu integrem Verhalten und zu Fehlerkulturen immer eine offizielle und eine inoffizielle Agenda gibt. Offiziell wird signalisiert, dass Tacheles geredet werden soll und Gründe für Regelverstöße offen angesprochen werden können. Inoffiziell herrschen jedoch sehr genaue Normen darüber, was gesagt und was nicht gesagt werden darf, und Mitarbeiter, die diese nicht kennen, würden in einem hohen Maße Irritationen auslösen.

Auf Workshops zum Qualitätsmanagement in Unternehmen wissen alle, dass eine Erfolgsmeldung nach der anderen an die Führung gemeldet werden muss und dass diejenigen, die auch strafrechtlich relevante »Tricksereien« bei der Vergabe von Aufträgen oder die illegale Nutzung von Spielräumen offen ansprechen, nicht nur Druck von ihren Kollegen, sondern besonders auch von der Führung bekommen würden. Auf Veranstaltungen von Armeen zum Thema »Fehlerkultur« ist allen klar, dass dort der obersten Heeresleitung Formalitätsfassaden vorgeführt werden und über eine Regimentskommandeurin, die offen auf grundlegende Probleme hinweist, in der Kaffeepause gewitzelt werden wird, dass sie wohl bereits vom militärischen Geheimdienst abgeholt worden sei (siehe ausführliche Empirie dazu bei Kühl 2007a).

Auf Veranstaltungen zu Integrität und Moral stellen sich in den meisten Fällen drei Effekte ein. Der erste ist eine Flucht zurück in allgemeine Werteformulierungen. In jeder Organisation kursieren eine Menge von Werteformeln, zu denen man sich ohne jegliche Probleme bekennen kann – Kollegialität, Integrität, Kreativität, Vertrauen oder Offenheit. Wenn man in Workshops zur Fehlerkultur, Veranstaltungen zu moralischem Management oder integren Organisationen nicht völlig verstummen will, besteht immer die Möglichkeit, die allgemein gepflegten Werte der Organisation zu feiern. Beobachter können leicht den Eindruck bekommen, an einer gottesdienstähnlichen Veranstaltung teilzunehmen, in denen ein Teilnehmer nach dem anderen ein öffentliches Bekenntnis für den gerade aktuellen Wertekatalog der Organisation ablegt.

Ein zweiter Effekt ist die Zelebrierung von Regelkonformität. Es wird in monotonen Wiederholungen so getan, als könne die Organisation nach an hehren moralischen Werten orientierten formalen Prinzipien funktionieren. Wenn überhaupt über Abweichungen von Regeln gesprochen wird, dann nur unter dem Gesichtspunkt, dass diese Abweichungen zukünftig verhindert werden müssen. Alle Teilnehmer sind sich bewusst, dass es in der Organisation notwendig ist, unauffällig Dienstwege zu umgehen, Programme der Organisation zu missachten oder Ziele ohne Rücksprache mit der Hierarchie zu modifizieren – aber in den Veranstaltungen wird so getan, als seien diese alltäglichen Formen des Regelbruchs für die Organisationen letztlich nicht nötig (siehe dazu Kette 2018b).

Ein dritter Effekt ist die Flucht in unverfängliche Themen. Wenn in den Veranstaltungen Druck aufgebaut wird, jetzt mal die »Hosen herunterzulassen«, werden unverfängliche Themen herangezogen. Dann werden unter dem Thema Fehlerkultur nicht die Tricks zur Manipulation von Ausschreibungen, die Nutzung verbotener Werkzeuge oder die regelmäßige Überschreitung von Arbeitszeiten erwähnt, sondern risikolose Themen wie möglicherweise ausstehende Impfungen, die unzureichende Reinigung von Sozialräumen oder kaputte Desinfektionsanlagen in den Duschen angesprochen. Man kennt diese Tricks des Ablenkens aus den Vorlagen für Wirtschaftsprüfungsgesellschaften oder Finanzämter. Man erlaubt den Blick auf kleine Ungereimtheiten, um von den größeren Unregelmäßigkeiten abzulenken (siehe dazu Kühl 2007a).

Dieses Verschweigen kritischer Themen in Interaktionen bezeichnet man in der Wissenschaft als »Tabu« oder – präziser – »Kommunikationslatenz«. Es handelt sich systemtheoretisch ausgedrückt um das »Fehlen bestimmter Themen zur Ermöglichung und Steuerung von Kommunikation« (Luhmann 1984a, S. 457). Fast alle wissen über sensible Themen Bescheid, gleichzeitig ist dieser Umstand aber nicht oder nur unter großen Schwierigkeiten ansprechbar. Es ist ein »offenes Geheimnis«, dass problematische Themen nicht angesprochen werden dürfen. Gerade in Veranstaltungen zu Moral und Integrität hat man häufig den Eindruck, es mit einer ziemlich lauten »Verschwörung des Verschweigens« zu tun zu haben (Luhmann 1964b, S. 281).[271]

Für die Ausbildung dieser geschwätzigen Schweigezirkel in moralisch aufgeladenen Organisationen gibt es sicherlich gute Gründe. Die informalen Zensurmechanismen dienen dem »Strukturschutz« der Organisation (vgl. Luhmann 1984, S. 459), weil die formalen Interaktionen mit zu vielen kritischen Informationen überlastet würden. In formalen Interaktionsformaten – in Fortbildungsveranstaltungen, Workshops oder Konferenzen – sind sie, so die plausible Annahme, kaum thematisierbar.[272]

7.4 Die Akzeptanz der Funktionalität von Regelabweichungen

Auf formale Versuche, in Organisationen eine »offene Kommunikation« unter dem Label »moralische Integrität« einzuführen, gibt es nicht selten moralisch aufgeladene informale Gegenreaktionen. Während formal aufgesetzte Kulturprogramme Kollegen zugestehen, in Workshops und auf Konferenzen zur Fehlerkultur Bekenntnisse zur offiziellen Moral abzulegen, wird ein solches Verhalten außerhalb dieses Rahmens nicht selten moralisch verurteilt. Die Rede ist dann von »Speichelleckern«, »Arschkriechern« oder »Radfahrern«, die durch besonders laute Moralbekenntnisse nach oben buckeln, während sie im Gegensatz zu den proklamierten Moralprinzipien heftig nach unten und gelegentlich auch zur Seite treten.[273]

Die einzige Möglichkeit, Regelabweichungen in Organisationen auch im formalen Rahmen zu thematisieren, besteht in einer konsequenten Entmoralisierung.[274] Statt über die Proklamation von moralischen Richtlinien die alltäglichen Regelabweichungen mit Fragen von persönlicher Achtung und Missachtung zu verbinden, werden durch Entmoralisierung – und der damit verbundenen Entpersonalisierung – die Gründe für Regelabweichungen systematischer auf informale Verhaltenserwartungen in Organisationen zurückgeführt.

Erst durch diese Entpersonalisierung der Regelabweichung besteht überhaupt die Möglichkeit, zumindest einzelne kommunikative Nischen zu schaffen, in denen über die spezifischen Regelabweichungen gesprochen werden kann. Für Mitarbeiter entstehen so kommunikative Schutzräume, in denen die Funktionalitäten und Dysfunktionalitäten von Regelabweichungen besprochen werden können, ohne dass über eine von oben moralisch aufgeladene Kommunikation Verstöße sofort mit persönlichen Verfehlungen der Mitarbeiter in Verbindung gebracht werden.

Diese Entmoralisierung wird jedoch dadurch erschwert, dass der Druck zur Ausbildung von Moralkommunikationen in Organisationen stark zugenommen hat. Die Spitzen von Organisationen können nicht nur straf- und zivilrechtlich belangt werden, wenn sie ihre formale Aufsichtspflicht verletzt haben, sondern auch wenn sie die Entwicklung einer Organisationskultur der Regelabweichung zugelassen haben. Die Spitzen von Organisationen seien, so die immer lauter werdenden Stimmen, schließlich nicht nur für Lücken in der formalen Struktur, sondern auch für toxische Effekte in informalen Strukturen verantwortlich (siehe frühe Überlegungen unter anderem bei Bucy 1991).

Der Versuch, über Ethikrichtlinien und Integritätskampagnen auf diese Organisationskultur einzuwirken, ist nicht nur wirkungslos, sondern aufgrund der damit verbundenen Zensureffekte in nicht wenigen Fällen sogar kontraproduktiv. Sie können aber für die Spitze der Organisation als Rechtfertigung dienen, dass man alles unternommen habe, um einer Organisationskultur entgegenzuwirken, durch die Mitarbeiter zu Gesetzesverstößen ermutigt werden.

Aufgrund des Legitimationsdrucks können Organisationen nur begrenzt selbst regulieren, wie stark sie moralisch nach innen wirken wollen. Organisationen, die beispielsweise wegen einer Skandalisierung von Gesetzesverstößen oder Regelbrüchen unter besonderem Legitimationsdruck stehen, haben kaum andere Möglichkeiten, als durch Ethikrichtlinien und Integritätskampagnen ihren »guten moralischen Willen« zu demonstrieren. Aber dies sind denn auch die Organisationen, in denen es aufgrund der mit der Moralisierung verbundenen Zensureffekte am wenigsten gelingt, wesentliche Gesetzesverstöße und Regelbrüche zu thematisieren.

8 Zum Management von Regelkonformität und Regelabweichung – Ein Fazit

»Wären Schlösser je zu ihrer jetzigen Vollkommenheit gediehen, wenn es keine Diebe gäbe? Wäre die Fabrikation von Banknoten zu ihrer gegenwärtigen Vollendung gediehen, gäbe es keine Falschmünzer? Hätte das Mikroskop seinen Weg in die gewöhnliche kommerzielle Sphäre gefunden […] ohne Betrug im Handel? Verdankt die praktische Chemie nicht eben soviel der Warenfälschung und dem Bestreben, sie aufzudecken, als dem ehrlichen Produktionseifer? […] Und verlässt man die Sphäre des Privatverbrechens: Ohne nationale Verbrechen, wäre je der Weltmarkt entstanden? Ja, auch nur Nationen? Und ist der Baum der Sünde nicht zugleich der Baum der Erkenntnis seit Adams Zeiten her?«

Karl Marx in »Abschweifung über produktive Arbeit« aus den Jahren 1862/1863[275]

Jenseits der nach Skandalen populären Verdammung von Gesetzverstößen und Regelabweichungen gibt es in der Managementliteratur einen auf den ersten Blick überraschenden Trend, Regelverletzungen in Organisationen zu verklären. Die Rede ist von »Musterbrechern«, die unter hohem Risiko die eingefahrenen Wege der Organisation verlassen (Kaduk et al. 2013), von »Organisationsrebellen«, die sich gegen die formalen Anforderungen der Organisation auflehnen (Kelly 2014), und von »Unternehmensrevolutionären«, die etablierte Strukturen aufbrechen (Peters 1988). Als Erfolgsrezept der »großartigsten Manager der Welt« wird ausgegeben, dass sie »alle Regeln« brechen (Buckingham und Coffman 2000). »Wirkliche Kreativität«, die für bahnbrechende Veränderungen in der Gesellschaft sorge, basiere, so die Maxime, immer auf der Verletzung von Regeln (Farson 1997, S. 103).

In der Managementliteratur kursieren Geschichten von Musterbrechern, Organisationsrebellen und Unternehmensrevolutionären, die erst durch Regelverletzungen grundlegende Innovationen möglich gemacht haben. In der Computerindustrie werden Heldensagen verbreitet, in denen Programmierer und Ingenieure ohne Genehmigung von oben und am Rande des gesetzlich Erlaubten Computer entwickelten, die sich später als den offiziellen Entwicklungen weit überlegen herausstellten (siehe Kidder 1981). In Automobilkonzernen werden nicht die Geschichten erzählt, in denen aufgrund der sorgfältigen Planung des Vorstandes ein neues Auto entwickelt wird, sondern wie Ingenieure ohne Wissen, teilweise sogar gegen die ausdrückliche Anweisung des Vorstands ein Auto mit Vierrad-Antrieb auf den Markt bringen (siehe Ewing 2017b, S. 66f.). In Armeen werden nicht jene Schlachten mythisch verklärt, die aufgrund der Genialität der obersten Heeresleitung gewonnen wurden, sondern die entschieden wurden, weil sich Kommandanten über Anweisungen hinweggesetzt haben (siehe zu Nelson in der Schlacht von Kopenhagen Pope 2001).

In dieser Begeisterung für Musterbrecher, Organisationsrebellen und Unternehmensrevolutionäre kumuliert die Kritik an durch Ordnungswahn und Regulierungswut gekennzeichneten Organisationen. Bürokratische Vorgaben und steile Hierarchien hinderten, so das Argument, Organisationsmitglieder daran, »Initiativen zu entfalten« sowie »schöpferisch tätig zu werden«, und es brauche Mut, sich der einengenden Formalstruktur zu widersetzen (Bosetzky 2019, S. 38). Musterbrecher, Organisationsrebellen und Unternehmensrevolutionäre werden als Gegenbild zu den Paragraphenreitern, Korinthenkackern und Formalisten präsentiert, die viel zu lange die Organisation beherrscht hätten.

Dabei macht es wenig Sinn, wie in der Managementliteratur üblich, die Konzepte von »Musterbrechern«, »Organisationsrebellen« und »Unternehmensrevolutionären« legalistisch zu verklären. Überspitzt ausgedrückt: In der Managementliteratur wird suggeriert, dass Musterbrüche in Organisationen dadurch entstehen können, dass Organisationsrebellen ihre Vorgehensweise konsensual abstimmen, die detailliert geplante Organisationsrevolution zuerst von den eigenen Juristen auf Gesetzeskonformität überprüfen lassen und diese dann in neue formale Vorschriften überführen, sodass sich alle Musterbrecher, Rebellen und Revolutionäre sicher sein können, formal auf der richtigen Seite zu stehen. Das Bild ist – um ein Bonmot von Lenin aufzugreifen – das eines Organisationsmitglieds, das zuerst eine Bahnsteigkarte löst, bevor es eine – sich strikt im gesetzlichen Rahmen bewegende – Revolution lostritt.

Es wird übersehen, dass sich die in der Managementliteratur verklärten »Musterbrecher«, »Organisationsrebellen« und »Unternehmensrevolutionäre« mit ihren Innovationen nicht nur am Rande des Erlaubten bewegen, sondern permanent gegen formale Regeln oder staatliche Gesetze verstoßen. Musterbrüche entstehen in der Regel nicht dadurch, dass Organisationsmitglieder ihre Ideen zuerst von Compliance-Abteilungen prüfen, dann durch die Organisationsspitze absegnen und schließlich in ein neues formales Regelwerk überführen lassen. Vielmehr wird dabei im Graubereich zwischen Legalität und Illegalität experimentiert, die Vorgesetzten werden eher im

Unklaren darüber gelassen, was man da gerade vorhat, und neue Praktiken werden zuerst im Schatten der existierenden Formalstruktur eingeführt.

8.1 Regelkonformität und Regelabweichung als Sprichwörter des Managements

Schon Herbert A. Simon (1946, S. 53; 1957, S. 20) hat darauf aufmerksam gemacht, dass die landauf, landab verkündeten Prinzipien des Managements wie Bauernregeln funktionieren. Zu jedem vor Weisheit strotzenden Sprichwort lässt sich ein ähnlich plausibel klingendes Sprichwort finden, das genau das Gegenteil belegen soll. Soll man bei der Beziehungsanbahnung eher der Maxime »gleich und gleich gesellt sich gern« folgen oder dem Prinzip »Gegensätze ziehen sich an«? Ist es der »frühe Vogel, der den Wurm fängt«, oder doch eher die »zweite Maus, die den Käse bekommt«?

Zu jeder Bauernregel, die ein Managementberater verkündet, lässt sich, so die Beobachtung Simons, die Bauernregel eines anderen Managementberaters finden, die einem genau das Gegenteil empfiehlt (siehe Pfeffer und Sutton 2006, S. 34ff.). Soll man eher der plausiblen Empfehlung von Beratern folgen, Hierarchien abzuflachen und damit die Kontrollspannen einzelner Führungskräfte anwachsen lassen, oder soll man der Empfehlung folgen, die Kontrollspannen möglichst klein zu halten, um die Ansprechbarkeit von Führungskräften zu gewährleisten, auch wenn das zwangsläufig eine Zunahme von Hierarchiestufen mit sich bringt?

In der Managementliteratur ist die Auseinandersetzung über Regeleinhaltung und Regelbruch weitgehend zu einem Propagieren der einen oder anderen Bauernregel degeneriert. Die einen verdammen die Tendenz zum Regelbruch als »Grundübel« und fordern mehr »Integrität« in Organisationen, die anderen verurteilen die Fixierung auf die Einhaltung von Regeln als »Bürokratismus« und huldigen mit Begriffen wie »Musterbruch« oder »Rebellentum« das intelligente Ignorieren von Regeln.

Nicht selten werden die gegenteiligen Prinzipien von derselben Person eingefordert. Häufig finden sich in Reden von Führungskräften – nur mühsam sprachlich kaschiert – gleichzeitig Forderungen nach Regelkonformität und Regelabweichung. Auf der einen Seite wird betont, dass sich die Organisationsmitglieder selbstverständlich an staatliche Gesetze und organisationsinterne Regeln halten sollen. Auf der anderen Seite wird von ihnen aber auch »Eigeninitiative«, »selbständiges Denken« oder »Anpassungsgeschick« gefordert und Verständnis dafür, dass sich hinter diesen Begriffen die Erwartung verbirgt, zur Erreichung der Ziele in die Grenzbereiche des gerade noch Erlaubten vorzudringen und notfalls auch darüber hinauszugehen. »Kreativität« oder »Flexibilität« sind dabei lediglich die »wohlklingenden Formeln«, um »das Risiko der Illegalität nach unten abzuwälzen« (Luhmann 1964b, S. 305).

Organisationsmitglieder geraten in diesem Spannungsfeld von Regeleinhaltung und -abweichung permanent in Entscheidungsdilemmata. Einerseits müssen sie einschreiten, wenn sie auf illegale Praktiken oder Gesetzesverstöße aufmerksam werden, anderseits können sie diese nicht immer unterbinden, weil sie für die Organisation nicht selten hochgradig funktional sind. Die Vorarbeiter einer Flugzeugfirma sind einerseits für die Einhaltung der formalen Ordnung zuständig und deswegen verpflichtet, den Einsatz von Gewindebohrern konsequent zu unterbinden, andererseits sollen sie sicherstellen, dass ihre Teams die Zeitvorgaben erfüllen, notfalls unter Einsatz eines Gewindebohrers (Bensman und Gerver 1963, S. 590ff.). Einerseits ist die Leitung eines Krankenhauses für die Einhaltung der formal vorgeschriebenen Prozesse zuständig, andererseits ist sie auf ein Vertrauensverhältnis zu den dort beschäftigten Ärzten und Pflegern angewiesen, weil sie nicht jeden Schritt im Behandlungsprozess kontrollieren kann. Sie muss sich darauf verlassen, dass Ärzte und Pfleger ihr »keine faulen Eier« ins Nest legen, und als Gegenleistung wird erwartet, dass die Leitung die ein oder andere für die Organisation nützliche Regelabweichung durchgehen lässt (Kühl 2007a, S. 269ff.).

Wenn Organisationsmitglieder angesichts dieser Entscheidungsdilemmata nur die formale oder informale Klaviatur spielen können, stoßen sie zwangsläufig an Grenzen. Würden sie konsequent die als einengend empfundenen Regeln ignorieren, würden sie schnell die Toleranzgrenzen der Organisation überschreiten. Es würde ihnen deutlich mitgeteilt werden, dass es Grenzen der Kreativität bei der Auslegung von Regeln gibt. Würden sie dagegen versuchen Regelabweichungen konsequent zu unterbinden, würde die Organisation an ihrer Inflexibilität zugrunde gehen.

Angesichts dieses Entscheidungsdilemmas ist das Bedürfnis nach Orientierung groß. In welchen Situationen sollte man Regeln sklavisch befolgen und in welchen kann man diese auch einmal missachten? In welchen Positionen liegt das Einhalten von Regeln nahe und in welchen ist man auf die Duldung von Regelbrüchen angewiesen? In welchen Momenten ist eine strikte Regelbefolgung gefragt, wann sind die Möglichkeiten für Regelbrüche größer?

8.2 Daumenregeln zum Umgang mit brauchbarer und unbrauchbarer Illegalität

Das Problem ist, dass jede Entscheidung über Regeleinhaltung oder Regelbruch immer sowohl Vor- als auch Nachteile mit sich bringt.[276] In einigen Aspekten kann die Bereitschaft zum Regelbruch für die Organisation auch wegen kalkulierbarer Risiken funktional sein, in anderen kann sie sich aufgrund unkalkulierbarer Risiken als dysfunktional herausstellen. Was in der einen Abteilung eine funktionale Regelabweichung darstellt, kann für eine andere Abteilung erhebliche Probleme nach sich ziehen. Was in einem Moment als ein nützlicher Gesetzesbruch erscheint, kann zu einem anderen Zeitpunkt zu einer Krise führen.

Entscheidungen haben es an sich, dass sie immer mit dem Risiko verbunden sind, der Organisation zu schaden. Wenn es möglich wäre, sicher zu bestimmen, was für eine Organisation am besten ist, bräuchte man keine Entscheidungen mehr zu fällen. Man könnte die beste Lösung zwischen verschiedenen Alternativen einfach berechnen. Trotz dieser Unmöglichkeit der Bestimmung optimaler Entscheidungen gibt es Daumenregeln, die einem das Manövrieren im Spannungsfeld zwischen Regelbefolgung und Regelverletzung erleichtern können.

Sachfragen – Sensibilität für die Effekte von Strukturentscheidungen

Wir wissen inzwischen gut, wie Strukturentscheidungen in Organisationen die Wahrscheinlichkeit von Gesetzesverstößen oder Regelbrüchen erhöhen beziehungsweise verringern. Eine weitgehende Strukturierung der Organisation durch Regeln führt fast zwangsläufig dazu, dass auch mehr Regeln gebrochen werden müssen. Ein erhöhter Druck zur Zielerreichung hat beispielsweise den Effekt, dass die Bereitschaft steigt, Mittel einzusetzen, die sich manchmal nicht einmal mehr nur am Rande der Illegalität bewegen.[277] Der Abbau von Puffern zum Beispiel bei der Lagerung von Ersatzteilen führt fast zwangsläufig dazu, dass schwarze Lager gebildet werden, weil auf die Just-in-time-Anlieferung von Ersatzteilen nicht vertraut wird.[278]

Trotz dieses Wissens dominiert bei Überlegungen zu Strukturentscheidungen eine auffällig formalistische Verengung der Perspektive. Es wird intensiv geprüft, welche Effizienzvorteile mit einer Strukturentscheidung einhergehen, welche Qualitätseffekte erzielt werden können und welche Innovationspotenziale entstehen, es wird aber, wenn überhaupt, nur am Rande mitbedacht, welche informalen Reaktionen und Ausweichbewegungen durch diese Strukturentscheidungen produziert werden. Damit nimmt man sich die Möglichkeit, systematisch zu reflektieren, ob durch formale Strukturentscheidungen produzierte Regelkonformitäten oder Regelabweichungen für die Organisation funktional sind oder nicht.

Soziale Fragen – Unterschiedliche Perspektiven auf Regelabweichungen

Arbeitsteilung führt zwangsläufig dazu, dass je nach Stellung in der Organisation Fragen der Brauchbarkeit oder Unbrauchbarkeit von Regelabweichungen unterschiedlich beurteilt werden. Die Einheiten für Compliance, Controlling oder Auditing mit ihrer Zuständigkeit, Regelabweichungen aufzuspüren und zu verfolgen, haben in der Regel wenig Verständnis für die Funktionalität von Regelverletzungen. Einheiten, die für den Vertrieb von Produkten oder wie im Fall von Krankenhäusern, Schulen oder Universitäten für die Erbringen von Leistungen am Klienten zuständig sind, haben dagegen Toleranzen dafür, wenn Regeln so gedehnt werden, dass die erwarteten Leistungen erbracht werden können. Personalabteilungen sind dafür zuständig, Mitarbeiter für die Organisation zu gewinnen und – jedenfalls im Regelfall – zu halten und bilden deswegen ein eigenes Verhältnis zu den alltäglichen Regelabweichungen in Organisationen aus. Diese Abteilungen mit ihren unterschiedlichen Perspektiven geraten zwangsläufig in Konflikte miteinander, weil jede versucht, ihre Interessen auch auf Kosten anderer Einheiten durchzusetzen.[279]

In der klassischen Managementlehre tendiert man dazu, diese Konflikte zwischen Abteilungen als problematisch einzuschätzen und den Betroffenen Intensivtrainings im Konfliktmanagement zu verordnen. Derartige Konflikte sind jedoch überlebenswichtig, weil die widersprüchlichen Anforderungen aus der Umwelt innerhalb der Organisation von unterschiedlichen Einheiten mit jeweils eigenen lokalen Rationalitäten vertreten werden. Erst durch Konflikte wird die Organisation überhaupt sensibel für Widersprüchlichkeiten und Veränderungen in ihrer Umwelt (siehe zu diesem Argument Kraatz und Block 2008, S. 247f.; Pache und Santos 2010, S. 460f.). Das Ergebnis der Aushandlungen zwischen Abteilungen darf deswegen auch nicht die »Homogenität der Überzeugungen« sein. Die Gefahr des »Übersehens« oder »Unterdrückens« von Signalen wäre viel zu groß. Vielmehr geht es um die Erhaltung der durch die Organisation produzierten »Diversität« im Rahmen einer durch die Organisation zu gewährleistenden »zivilisierten Friedlichkeit« (Luhmann 1996c, S. 45).

Zeitfragen – »Richtige« und »falsche« Zeiten für Regelabweichungen

Ob bei Aushandlungen zwischen Abteilungen eine Regelabweichung insgesamt als brauchbar oder unbrauchbar angesehen wird, kann sich mit der Zeit verändern. So können sich in Organisationen angesichts einer von außen verordneten fortschreitenden Verregelung weitestgehend geduldete Muster kontrollierter Regelverletzungen ausbilden, während die Toleranz für Regelverletzungen nach Skandalen oder Katastrophen aufgrund von Regelbrüchen oder Gesetzesverstößen deutlich abnimmt.

Wegen der sich permanent verändernden Stimmung stehen sowohl die Duldung als auch die Verhinderung von Regelabweichungen in Organisationen stets unter einem »Widerrufsvorbehalt«. Was gestern noch geduldet wurde, kann morgen schon nicht mehr toleriert werden. Es ist deswegen nötig, dass immer wieder »Neuverhandlungen« darüber stattfinden, wie stark von Regeln in einer Organisation abgewichen werden darf (Luhmann 1996c, S. 44).

Zur Bestimmung der Bezugsprobleme

Ob eine Regelabweichung brauchbar oder unbrauchbar ist, hängt immer davon ab, was als Bezugsproblem gesehen wird. Geht es darum, dass einzelne Abteilungen auch auf Kosten des Brechens gesamtorganisationaler Regeln ihre Leistungen optimieren oder dass sich die einzelnen Abteilungen durch strikte Regelkonformität der Vorgaben der Gesamtorganisation anpassen? Geht es eher um kurzfristige Gewinnmaximierung durch ein aggressives Agieren auch am Rande der Legalität, oder geht es um den langfristigen Aufbau von gesellschaftlicher Legitimation durch das strikte Befolgen von Gesetzen?

Die Schwierigkeit bei der Beantwortung dieser Fragen ist, dass je nach Abteilung beziehungsweise Stelle zwangsläufig ganz unterschiedliche Bezugsprobleme gesehen werden. In Organisationen wird deswegen permanent ausgehandelt, welche Bezugsprobleme als zentral anzusehen sind. In der Regel finden diese Aushandlungen in formal abgesicherten Kommunikationssettings statt. Es werden Workshops abgehalten, in denen neue strategische Ausrichtungen diskutiert werden, Großkonferenzen veranstaltet, in denen sich eine Verortung zwischen widersprüchlichen Anforderungen ausbildet, oder Krisensitzungen einberufen, in denen der Umgang mit einem aktuellen Problem festgelegt wird. Die Herausforderung bei Diskussionen über die Brauchbarkeit oder Unbrauchbarkeit von Gesetzesverstößen und Regelabweichungen besteht just darin, dass sich diese den üblichen kommunikativen Zugriffen und formalen Aushandlungsmechanismen entziehen.

Organisationen stecken in einem grundlegenden Dilemma. Auf der einen Seite bräuchten sie einen offenen Austausch darüber, wie sinnvoll eine Regelabweichung für ihre Handlungsabläufe ist. Nur so kann geklärt werden, ob ein Problem der Organisation nur durch eine mehr oder minder intelligent gemacht Regelabweichung gelöst werden kann oder ob eine Regelabweichung lediglich einzelnen Personen nutzt, der Organisation aber bessere, mit der Formalstruktur vereinbare Lösungen zur Verfügung stehen.[280] Auf der anderen Seite besteht eine große Schwäche funktionaler Regelabweichungen und brauchbarer Illegalitäten darin, dass sie kaum offen diskutiert werden können (siehe dazu Luhmann 1964b, S. 313). Fast jeder kennt die funktionalen Regelabweichungen und brauchbaren Illegalitäten, aber in offiziellen Settings lässt sich nicht besprechen, ob sie als beste Lösung akzeptiert werden sollten oder ob es sinnvollere, mit der Formalstruktur vereinbare Vorgehensweisen gibt.

Welche Möglichkeiten existieren, trotz der permanent drohenden Zensureffekte über solche Themen wenigstens in einem eingeschränkten Radius sprechen zu können?

8.3 Die Thematisierbarkeit des Nichtthematisierbaren

Aus guten Gründen werden Tabus von allen an einer Kommunikation Beteiligten sorgfältig gepflegt. Sie dienen dazu, die Organisation nicht kommunikativ zu überfordern. Die Themen, mit denen man in der Organisationsöffentlichkeit nicht umgehen kann, werden von der Agenda genommen. Keine Kommunikation innerhalb und außerhalb von Organisationen kann auf diese Form des »Strukturschutzes« – der Verhinderung des Auseinanderbrechens einer Interaktion – verzichten (vgl. Luhmann 1984a, S. 459).[281]

Die Wirkung dieses Strukturschutzes lässt sich in einem einfachen Experiment testen. Man muss in vertraulichen Gesprächen die zentralen Tabus der Organisation erheben und diese anschließend in einer größeren offiziellen Runde mit Teilnehmern aus verschiedenen Abteilungen und Hierarchieebenen zur Sprache bringen. An dem betretenen Schweigen, den interaktionellen Reparaturbemühungen und dem Abbrechen der Interaktion kann man dann die Notwendigkeit des Strukturschutzes beobachten.

Welche Möglichkeiten bestehen in einer Organisation, den interaktionellen Strukturschutz punktuell außer Kraft zu setzen, um über Tabus kontrolliert sprechen zu können?

Zur Auswahl der Themen

In der Sachdimension kommt es darauf an, sich genau zu überlegen, mit welchen Themen man einen Diskurs eröffnen könnte. Dabei ist die Aufforderung, »alles auf den Tisch zu bringen«, die sicherste Methode, dass genau dies nicht geschieht, weil man durch die plumpe Aufforderung allen zeigt, dass man kein Gespür für die Wirkung von Tabus in Organisationen hat. Die Ausflaggung einer Diskussion über die direkte Erwähnung von Regelverletzungen führt in der Regel zu Zensurmechanismen. Es gibt vermutlich kaum Workshops, in denen so wenig über faktische Abläufe in Organisationen gesprochen wird wie in Fehlerkultur-Workshops, die einen offensiven Umgang mit alltäglichen Regelabweichungen einfordern.

Daher muss eine Annäherung an funktionale Regelabweichungen und brauchbare Illegalitäten über Umwege stattfinden. Im Mittelpunkt von Interaktionssequenzen dürfen nicht die alltäglichen Regelabweichungen stehen, sondern eine Sachfrage, die die Organisation gerade umtreibt: Wie können wir die Rahmenbedingungen für den Vertrieb verbessern? Welche Möglichkeiten zur Verschlankung von Verwaltungsabläufen existieren? Wie können wir die Unfallhäufigkeit in der Organisation reduzieren? Über solche eher allgemein gewählte Themen führt man zu den alltäglichen Regelabweichungen hin, ohne dass ein direkter Zwang zu deren Aufdeckung aufgebaut wird.

Dabei kann man über die Umschreibung von Regelabweichung einregulieren, wie offen über ein Thema gesprochen wird. »Brauchbare Illegalität« eignet sich als abstrakter Begriff, um grundlegendes Interesse für das Phänomen zu wecken oder unmittelbar davon zu entlasten, dass man der einzige ist, der gelegentlich die im Handbuch vorgeschriebenen Prozesse ignoriert.

»Funktionale Regelabweichung« ermöglicht dagegen eher, über konkrete Regelbrüche in der eigenen Organisation zu reden. Bei dem Begriff der »kreativen Regelauslegung im Sinne der Organisation« werden zwar die meisten vermuten, dass damit Regelbrüche thematisiert werden, man kann sich aber immer darauf zurückziehen, dass man sich im Bereich des gerade noch Erlaubten bewegt. Mit dem Begriff der »Nutzung von Freiräumen« oder »des agilen Manövrierens« wird das Phänomen der Regelabweichung sprachlich soweit kaschiert, dass es sich schon fast als allseits akzeptierte Wertformel für öffentliche Ansprachen eignet. Offene Fragen sind in Interaktionen ein Mittel, Gesprächspartner selbst entscheiden zu lassen, ob sie an der Kommunikationslatenz festhalten oder Hinweise auf kritische Aspekte geben wollen.

Die Bereitschaft der Gesprächspartner, Informationen über Regelabweichungen preiszugeben, lässt sich dadurch erhöhen, dass man vorsichtig zwischen den Gesprächen vermittelt und dabei zeigt, dass anderorts bereits über pikante Details gesprochen wurde. Dabei ist es von zentraler Bedeutung, sich nicht nur detektivisch auf die Suche nach Regelabweichungen zu begeben, sondern vor allem auch ihre Gründe in den Blick zu nehmen: Warum sind die definierten Prozesse aus dem Handbuch nicht mit der täglichen Praxis vereinbar?

Bei der Weiterverarbeitung dieser Informationen steht die Gewährleistung von Anonymität im Mittelpunkt. Man muss kommunikativ über Bande spielen, indem man sicherstellt, dass kritische Inhalte nicht auf Einzelne zurückgeführt werden können. Statt offenzulegen, dass die Informationen von Frau Modi oder Herrn Sacko stammen, eignen sich Formulierungen wie »wir haben gehört, dass …« oder »es wird gesagt, dass …«.

Zur Auswahl von Gesprächspartnern

In der Sozialdimension kommt es darauf an, durch eine kluge Auswahl der Gesprächsteilnehmer und Gesprächssettings Zensurmechanismen zu reduzieren. Erfahrungsgemäß setzen Zensurmechanismen in Organisationen spätestens dann ein, wenn verschiedene Hierarchiestufen in einem Raum zusammen sind. Bei der Anwesenheit von zwei Hierarchiestufen greifen Zensurmechanismen dabei nicht zwangsläufig, bei der Anwesenheit von drei Hierarchiestufen ist es aber in den seltensten Fällen möglich, sensible Themen zu behandeln. Besonders deutlich wird dies, wenn Top-Führungskräfte aus dem »Raumschiff der Organisationszentrale« anwesend sind. Auch die Zusammensetzung über mehrere Abteilungen hinweg kann im ersten Schritt problematisch sein, weil gegenüber den Nachbarabteilungen versucht wird, den Schein zu wahren. Man mag in einer Abteilung offen über kreative Lösungen für einen Zielkonflikt zum Beispiel zwischen schneller Lieferung an den Kunden und hoher Qualität diskutieren, wird aber aus verständlichen Gründen zurückhaltend sein, die Leiterin der Qualitätssicherung zur Diskussion hinzuziehen.

Um Zensurmechanismen wenigstens punktuell aufzubrechen, muss man ein Setting für die Gespräche schaffen, das dem informalen Austausch in Organisationen ähnelt. Das Interessante an vertraulichen Zweiergesprächen unter Kollegen, an Kaffeepausen im kleinen Kreis oder dem gemeinsamen Kneipenbesuch nach der Arbeit ist, dass in informalen Interaktionsformaten ohne Zensureffekte vergleichsweise realitätsnahe Beschreibungen der Organisation entstehen. Das hängt damit zusammen, dass sich in diesem Rahmen der Druck auf die Interaktionsteilnehmer genau umgekehrt zu den formalen Formaten verhält. Wenn sich eine Verwaltungsmitarbeiterin in der Kaffeepause offensiv zu den gerade aktuellen Ethikrichtlinien bekennen würde, könnte es nicht verwundern, wenn ihre Kollegen stark irritiert reagierten. Wenn ein Mitglied einer militärischen Kampfeinheit bei einem nächtlichen Besäufnis so tun würde, als habe sich die Einheit immer an die Vorgaben zu halten, würde sich dieser Soldat im Kameradenkreis angesichts seines naiven Formalismus isolieren. Kurz, in informalen Interaktionssettings ist die Orientierung der Rede an den offiziellen Sprachregelungen der Organisation delegitimiert. Stattdessen herrscht ein erheblicher Druck, in Kommentaren zu zeigen, dass man weiß, wie es in der Organisation »wirklich läuft«.

Zur Ausarbeitung und Thematisierung von Tabus muss die Auswahl der Gesprächspartner in der Diskursstrategie genau durchdacht werden. Bei Besprechungen lässt sich Offenheit am ehesten in Zweiergesprächen herstellen. Hier können unter der Zusicherung von Vertraulichkeit die alltäglichen funktionalen Regelabweichungen ins Gespräch gebracht werden. In Gesprächen mit mehreren Teilnehmern sollte man darauf achten, dass sie möglichst der gleichen Hierarchiestufe angehören und aus einem Team oder einer Abteilung stammen. In diesem Setting zeigen sich Ermüdungserscheinungen gegenüber der in offizielleren Settings akzeptierten Phrasendrescherei und es entsteht ein interaktioneller Zwang zur Offenheit.

Der kritische Punkt ist, die aus Kleinsettings bekannten Aspekte in größere Besprechungsrunden zu überführen. Wenn man plant, sensible Themen in einem größeren Rahmen mit Teilnehmern aus unterschiedlichen Abteilungen und unterschiedlichen Hierarchiestufen anzusprechen, müssen diese sorgfältig durch Sondierungsgespräche mit einzelnen Gesprächspartnern vorbereitet werden, um im Vorfeld sensible Aspekte zu identifizieren und Strategien zu deren Thematisierung entwickeln zu können.

Bei der Durchführung größerer Besprechungsrunden sollten dann geschütztere Teilöffentlichkeiten für die in Kleingruppenarbeiten zu behandelnden Aspekte geschaffen werden, die in den Sondierungsgesprächen zuvor identifiziert worden waren und aus denen anschließend Ergebnisse in anonymisierter Form in die Großgruppe zurückgespielt werden können. Kritische Beiträge müssen dabei nicht als eigene Position dargestellt werden, sondern können als gemeinsame Erkenntnis aus der Kleingruppenarbeit präsentiert werden.

Bei der Thematisierung dieser kritischen Aspekte kann es notwendig sein, auf externe Unterstützung zurückzugreifen. Auf den ersten Blick überrascht es, weil die Anwesenheit von Beratern fast automatisch zu den üblichen Mechanismen der Glättung und Schönung gegenüber »Nichtmitgliedern« führt (vgl. Luhmann 1964b, S. 108ff.). Man ist jedoch auf Externe angewiesen, um die Tabus in größeren Runden überhaupt ansprechen zu können. Weil Organisationsmitglieder, wenn sie über Tabus sprechen, letztlich immer ihren informalen oder gar formalen Ausschluss aus der Organisation riskieren, ist man auf Externe angewiesen, die bei der Bearbeitung von Tabus in Kauf nehmen können, vom kommunikativen Immunsystem der Organisation abgestoßen zu werden.

Zur Abfolge von Interaktionen

Auch die Zeitdimension muss bei der Planung von Interaktionen mit ins Blickfeld genommen werden. In Organisationen gibt es immer Momente, da es selbst bei sorgfältigster Planung der Interaktion nicht möglich ist, kritische Aspekte anzusprechen. Wenn sich eine Führungskraft mit einer Reorganisation profiliert hat, ist es faktisch unmöglich, deren ungewollte Nebenfolgen in Form von neuen Regelabweichungen aufzuzeigen. Wenn eine Organisation nach einem Skandal wegen eines Gesetzesbruchs die Reputation aufgebaut hat, dass alles wieder »in Ordnung« sei, kann man nicht auf weiterhin existierende funktionale Regelabweichungen und Gesetzesbrüche hinweisen.

Wenn es aber Zeitfenster für eine kontrollierte Diskussion über funktionale Regelabweichungen und brauchbare Illegalitäten gibt, ist das Timing der Interaktionen wichtig. In der Regel bietet es sich an, sich in kleinen, vertraulichen Zweiergesprächen vorzutasten. Dabei kann die Reihenfolge der Gespräche eine wichtige Rolle spielen. Manchmal macht es Sinn, in einem ersten Schritt über Gespräche mit den für die Regelüberwachung Zuständigen die formalen Bedingungen zu erheben, um danach im Gespräch mit den operativ Verantwortlichen regelmäßige Abweichungen näher in Augenschein zu nehmen. Manchmal kann es aber auch sinnvoll sein, zuerst die alltäglichen Regelverletzungen in Gesprächen, Beobachtungsinterviews oder teilnehmenden Beobachtungen zu erheben, um erst dann die Vorstellungen der Regelüberwacher in Einzelgesprächen einzuholen.

Produktiv können Workshops mit mehreren Teilnehmern werden, in denen man Regelabweichungen zum Thema macht. Dabei muss bedacht werden, wie dicht die Abfolge der Workshops sein soll. Manchmal kann es sinnvoll sein, den Gesprächspartnern Gelegenheit zum Austausch zwischen den Workshops zu bieten. Manchmal kann es auch sinnvoll sein, mehrere Workshops parallel abzuhalten, um gleichzeitig beobachtete Regelabweichungen rückzumelden und Einschätzungen einzuholen.

8.4 Auswege aus dem Prinz-von-Homburg-Dilemma

In Organisationen sehen sich Mitglieder permanent vor das gleiche Problem wieder Kurfürst von Brandenburg gestellt angesichts der Gehorsamsverweigerung des Prinzen von Homburg. Soll der offensichtliche Regelbruch konsequent bestraft werden? Oder soll man angesichts des jedenfalls kurzfristigen Erfolgs des Regelabweichlers die Gehorsamsverweigerung ignorieren? Oder gibt es in Organisationen Reaktionsmöglichkeiten jenseits dieser Schwarz-Weiß-Schemata?

Eine erste raffinierte Variante bestände darin, dass der Kurfürst nach dem Sieg so tut, als habe er dem Prinzen von Homburg im Geheimen den Befehl zum Angriff gegeben. Für den Kurfürsten hat diese Vorgehensweise den Vorteil, dass er abwarten konnte, welche Effekte die Eigeninitiative seines Untergebenen letztlich hat. Geht der Angriff schief, kann er den Prinzen dafür verantwortlich machen und ihn abstrafen. Gelingt der Angriff, kann die Suggestion eines vermeintlich gegebenen Befehls nachträglich Rechtmäßigkeit herstellen.

Eine zweite drastische Lösung läge darin, dass der Kurfürst den Prinzen von Homburg wegen seiner Initiative und seinem Mut auszeichnet, ihn aber gleichzeitig wegen Gehorsamsverweigerung zum Tode verurteilt. Der Prinz könnte – auch zur Beruhigung seiner Familie – mit dem wichtigsten Tapferkeitsorden an der Brust beerdigt werden. Sicherlich eine elegante Lösung für den Kurfürsten, für den Prinzen jedoch mit erheblichen persönlichen Konsequenzen verbunden. Überdies hätte diese Lösung in der Organisation wohl eher Dienst nach Vorschrift zur Folge, weil die Bereitschaft, für ein Lob der Eigeninitiative die Todesstrafe in Kauf zu nehmen, gering sein dürfte.

Deswegen böte sich drittens als elegantere Lösung an: Öffentlich verkündet der Kurfürst eine vergleichsweise milde Bestrafung des Prinzen, im geschützten Raum teilt er ihm aber den Respekt für seinen Mut mit. Weitergehend kann der Kurfürst nach einer Schonzeit den Prinzen begnadigen und ihn schließlich nach einiger Zeit für alle sichtbar befördern. Die Beförderung wird dabei offiziell nicht mit dem auf Gehorsamsverweigerung basierenden Erfolg begründet, sondern der Kurfürst setzt darauf, dass sich die Vermutung durchsetzt, man sei als Vorgesetzter bereit, Regelabweichungen im Sinne der Organisation nicht nur zu dulden, sondern auch zu belohnen. Manche Karriere nicht nur in Armeen lässt sich so erklären.

Heinrich von Kleist entscheidet sich in seinem Theaterstück für ein dramatisches Happy End. Der Kurfürst von Brandenburg ist angesichts der Befehlsverweigerung empört, lässt den Prinzen verhaften und verhängt das Todesurteil über den Befehlsverweigerer. Nach langem hin und her – Theaterstücke müssen schließlich eine gewisse Länge haben – gesteht der Prinz seinen Fehler ein und akzeptiert die Todesstrafe. Das ermöglicht dem Kurfürsten, ihn zu begnadigen, weil durch die Reue die Verbindlichkeit der Befehlswege wiederhergestellt wird.

Natürlich könnte man die Position einnehmen, dass es die Aufgabe der obersten Führung sei, ein Regelwerk zu schaffen, das jegliche Form von Abweichung überflüssig mache. Es müsse das Ziel sein, so wird nicht selten argumentiert, wiederholt Regelbrüche, Störungen und Katastrophen aufgrund von kleinen toxischen Regelabweichungen oder das regelmäßige Unterlaufen von Befehlen so genau zu analysieren, dass sich ein formales Regelwerk aufstellen lässt, das einen verbindlichen funktionierenden Handlungsrahmen schafft. Eine solche Position mag wegen ihres Idealismus löblich sein, ist aber hochgradig naiv. Organisationen bewegen sich in einem komplexen und widersprüchlichen Umfeld, das es unmöglich macht, »richtiges Handeln« für alle Situationen über ein konsistentes formales Regelwerk zu planen.

Es gehört zur Professionalität von Organisationsmitgliedern, mit der Spannung zwischen Unterbindung und Duldung von Regelabweichungen umzugehen (in dem Sinne auch Schütz et al. 2018). Sie müssen ein Gespür dafür entwickeln, welche Regeln in der Organisation sklavisch eingehalten werden müssen und bei welchen Regeln ein eher »kreativer Umgang« vermittelt wird. Sie müssen austarieren, welche Dehnungen oder auch Überschreitungen von Regeln gerade noch akzeptabel sind und welche sie durch mehr oder minder indirekte Hinweise unterbinden müssen. Die Beherrschung des permanenten Wechsels zwischen Formalität und Informalität ist letztlich das, was gute Organisationsmitglieder auszeichnet.

Anhang – Theoretische und methodische Überlegungen

Zur Konzeption des Buches

Dieses Buch ist Teil eines größeren Projektes zur Bestimmung von Organisationskulturen (siehe Kühl 2018b). Entgegen der dominierenden, eher breiten und luftigen Bestimmung von Organisationskultur arbeite ich aus einer systemtheoretischen Perspektive mit einem genau definierten Begriff von Organisationskultur. Organisationskulturen – beziehungsweise informale Strukturen – sind der Komplex nicht entschiedener Entscheidungsprämissen. Bei der Organisationskultur handelt es sich um all jene Verhaltenserwartungen in Organisationen, die nicht über Entscheidungen festgelegt wurden, sondern sich langsam eingeschlichen haben. Organisationswissenschaftler sprechen hier von den nicht entschiedenen Entscheidungsprämissen einer Organisation (siehe dazu Rodríguez 1991, S. 140f.; Rodríguez 2001, S. 4f.). Auf den ersten Blick mag diese Bestimmung von Organisationskultur als nicht entschiedener Entscheidungsprämisse besonders für die an eher blumige Formulierungen gewohnten Praktiker kompliziert erscheinen, auf den zweiten Blick ist sie aber leicht nachvollziehbar (Kühl 2018c).[282]

Ein Kerngedanke in der Organisationswissenschaft ist, dass Organisationen zwei elementar verschiedenen Formen von Strukturen ausbilden können. Zum einen die für die Formalstruktur maßgeblichen, vorab entschiedenen Entscheidungsprämissen, die aus Erwartungen bestehen, über die beispielsweise durch gesetzliche Vorgaben, über eine Anweisung der Organisationsspitze oder durch Abstimmung aller Mitglieder entschieden wurde. Die andere Form von Strukturen bilden die nicht entschiedenen Entscheidungsprämissen, Erwartungen, über die nicht vorab entschieden wurde, sondern die sich durch häufige Wiederholungen ausgebildet haben. Das ist die Kultur einer Organisation.[283]

Bei der Differenz zwischen entschiedenen und nichtentschiedenen Erwartungen handelt es sich um eine in wissenschaftlichen Disziplinen gut eingeführte Unterscheidung. So werden in der Politikwissenschaft formelle Institutionen, die schriftlich fixiert sind und durch Akteure sinnhaft gestaltet und verändert werden können, von informellen Institutionen unterschieden, die sich naturwüchsig ausbilden und zu denen nichts schriftlich niedergelegt wird (siehe zur Unterscheidung z. B. Lauth 1999, S. 64f.; Helmke und Levitsky 2004, S. 725ff.). In der Rechtswissenschaft kennt man die Unterscheidung zwischen gesetztem, positivem Recht und dem Gewohnheitsrecht, das sich durch Wiederholungen langsam ausgebildet hat (siehe zur Unterscheidung Perreau-Saussine und Murphy 2007, grundlegend früh schon Puchta 1828).

Man kann den grundlegenden Unterschied der Strukturbildung an einem einfachen Beispiel deutlich machen. Bei der Anlage eines Parks trifft die Stadtverwaltung Entscheidungen, wo Wege angelegt werden. Über den Verlauf dieser Wege werden Erwartungen aufgebaut, wo die Parkbesucher zu gehen haben. Daneben bilden sich in Parks jedoch sehr schnell Trampelpfade aus. Über diese Trampelpfade wurde nie entschieden, sondern sie entstehen faktisch durch die wiederholte Nutzung durch Spaziergänger. Sind sie erst einmal kräftig ausgetreten, kann die Erwartung, diese Trampelpfade zu nutzen, ähnlich ausgeprägt sein wie die Erwartung, dass die durch die Stadtverwaltung angelegten »offiziellen« Wege zu nutzen sind.

In Publikationen für Praktiker, in den Präsentationen von Menschen aus dem Management und den Konzepten von Beratungen dominiert ein verklärter, fast naiver Zugang zur Organisationskultur (siehe dazu ausführlich Kühl 2019). Über die Organisationskultur könne sichergestellt werden, dass die Organisation gleichzeitig erhebliche Effizienzsprünge erreichen kann, zu disruptiven Innovationen in der Lage ist und gleichzeitig für die Mitarbeiter ein »Hort von Menschlichkeit« in einer ansonsten durch »kapitalistische Ausbeutungsverhältnisse«, »bürokratische Verwaltungsideologien« oder »entfremdete Arbeitstätigkeiten« geprägten Welt werden kann.[284] Die Vorstellung ist, dass die Identifikation aller Organisationsmitglieder mit den gleichen Werten und der dadurch entstehenden »starken Organisationskultur« maßgeblich zum Erfolg einer Organisation beitragen.[285] Weil die Organisationskultur eine »kollektive Programmierung des Geistes« ermögliche, ließen sich, so die Vorstellung im Management, Organisationen auch bei zentrifugalen Kräften einheitlich ausrichten (Hofstede 1980, S. 13).

Übersehen wird dabei, dass organisationskulturelle Normen zwar in einer Variante mit der auf staatliche Gesetze abgestimmten Formalstruktur der Organisation kompatibel sein können, die gesetzlichen Vorgaben aber in vielen Fällen in Widerspruch zu den formalen Normen der Organisation stehen. Organisationskulturelle Normen sind eben nicht nur die mit den formalen Regeln der Organisation vereinbarten Kollegialitäts- und Kameradschaftserwartungen, sondern auch die häufig stark ausgeprägten Erwartungen an Organisationsmitglieder, von den formalen Regeln der Organisation abzuweichen. Gerade der letzte Aspekt der Organisationskultur wird in der Literatur häufig systematisch übersehen.

Empirischer Zugriff

Eine erste Möglichkeit, sich empirisch der Regelabweichung zu nähern, besteht im quantitativen Forschungsdesign. Dabei handelt es sich klassischerweise um die quantitative Erhebung von Regelabweichungen und Gesetzesbrüchen sowie die Untersuchung von Korrelationen zum Beispiel mit einer Branche. Eine weitere, besonders von Ökonomen praktizierte Vorgehensweise besteht in quantitativen Umfragen zu Regelabweichungen. Die Fragen richten sich dabei nicht nur auf das illegale Verhalten der Befragten, sondern besonders auch auf das durch sie beobachtete illegale Verhalten anderer. Zunehmend wichtiger geworden sind Experimente von Ökonomen und Psychologen, in denen die Bereitschaft zur Regelabweichung getestet wird.[286] Auf diese Forschungen wird von mir gelegentlich Bezug genommen, ohne den Anspruch zu haben, diese systematisch in meine Argumentation einzubauen.

Eine zweite Möglichkeit besteht in der qualitativen Erforschung von Regelabweichungen. Dabei kann es sich um die Befragung einer einzelnen Person handeln, in der Regel steht jedoch die Analyse einer Organisation im Mittelpunkt. In diesem Buch benutze ich solche empirischen Fälle lediglich zur Illustration meiner theoretisch geführten Argumentation. Die empirischen Fälle sollen also bestenfalls zur Plausibilisierung der Thesen in diesem Buch dienen, nicht als deren Beleg. Ich verzichte deswegen auch im Fließtext darauf, die Erhebung der illustrativ verwendeten Empirie näher zu bestimmen, sondern verweise lediglich auf die Arbeiten, in denen die Erhebung und die Empirie ausführlich dargestellt werden.[287]

In der Organisationswissenschaft findet sich die Vorstellung, dass an Fallstudien orientierte qualitative Forschungen über Regelabweichungen schwierig sind. Dies ist sicherlich nicht falsch. Organisationen reagieren ablehnend, wenn man den Zugang für ein Forschungsprojekt über funktionale Regelabweichungen oder brauchbare Illegalität sucht. Und selbst für den unwahrscheinlichen Fall, dass einem Zugang gewährt wird, führt die Benennung des Forschungsprojekts eher zu zurückhaltender Auskunftsbereitschaft der Gesprächspartner (siehe dazu Mars 1973, S. 200f.; Szwajkowski 1986, S. 129; Jackall 1988, S. 13; Punch 1996, S. 43f.).

Es ist klar, dass die Forschung über Regelabweichung dadurch behindert wird, weil gerade gegenüber Außenstehenden Mechanismen des Strukturschutzes greifen (siehe dazu Reiter 2016, S. 411). Die Darstellung gegenüber Nichtmitgliedern – und dazu gehören Wissenschaftler – sind häufig erst einmal Präsentationen, die die Organisation in einem guten Licht erscheinen lassen. Aber trotz dieser Mechanismen des Strukturschutzes gibt es verschiedene Möglichkeiten, Fälle brauchbarer wie auch unbrauchbarer Illegalität in Organisationen zu rekonstruieren.

Öffentlich zugängliche Fälle

Ein erster – auch von mir verwendeter – Zugang zur Erschließung von Empirie besteht in der Rekonstruktion von Regelabweichungen nach deren öffentlichem Bekanntwerden. Werden Regelabweichungen aufgrund von verheerenden Unfällen, straf- oder zivilrechtlichen Verfahren oder Skandalisierungen in den Massenmedien bekannt, sehen sich Organisationen gezwungen, die Details der Regelabweichung untersuchen zu lassen und wenigstens teilweise für die Öffentlichkeit zugänglich zu machen.

Die Berichte von parlamentarischen Untersuchungskommissionen, die für Strafverfahren zusammengetragenen Anklageschriften oder auch journalistische Tiefenbohrungen haben häufig eine Detailgenauigkeit, die in vielen empirischen Studien von Wissenschaftlern nicht erreicht wird. Der Erkenntniseffekt kann dann dadurch erzielt werden, dass man die öffentlich zugänglichen Informationen soziologisch reinterpretiert (siehe für an ein breites Publikum adressierte Beispiele Kühl 2015d und Kühl 2015e). Das größte Kompliment für eine Organisationswissenschaftlerin oder einen Organisationswissenschaftler ist, wenn Leute bei den Interpretationen aufgrund öffentlich zugänglicher Informationen erklären, dass man die Analyse nur durch zusätzliche Insiderinformationen hat erstellen können.

Empirie aus Forschungsprojekten

Ein weiterer von mir verwendeter Zugang sind empirische Forschungen über Organisationen. Sicherlich, die Bereitschaft von Organisationen, sich direkt zu ihren funktionalen oder auch dysfunktionalen Regelabweichungen untersuchen zu lassen, ist gering. Eine Anfrage von Wissenschaftlern an die Organisationsspitze, systematisch ihre Illegalitäten zu untersuchen, wird in der Regel mit dem Hinweis, dass es solche in der eigenen Organisation nicht gebe, abgelehnt. Und selbst wenn die Organisationsspitze bereit wäre, eine solche Forschung zu genehmigen, würde man spätestens bei den Gesprächspartnern in den Organisationen auf Zensurmechanismen stoßen, weil ihnen unklar ist, wofür diese verwendet werden.

Aber letztlich stößt man als Organisationswissenschaftler bei Forschungen in Organisationen, die unter anderen Vorzeichen stattfinden, immer wieder auf Fälle von Regelabweichungen. Bei der Forschung zu agilen Vorreiterorganisationen wird deutlich, wie stark sich, jenseits der formal verankerten Ranglosigkeit der Organisationsmitglieder, durch Eigentumsverhältnisse abgesicherte informale Schattenhierarchien ausbilden (siehe dazu Kühl 2015c). Bei der Forschung über risikokapitalfinanzierte Startups wird man fast zwangsläufig damit konfrontiert, dass Nutzerzahlen manipuliert werden, um die nächsten Finanzierungsrunden zu sichern (siehe dazu Kühl 2003). Es handelt sich quasi um einen empirischen Beifang bei Forschungen zu ganz anderen Themen.

Dabei gibt es verschiedene methodische Kniffe, mit denen man systematischen Regelabweichungen auf die Spur kommt. Bei längeren teilnehmenden Beobachtungen (siehe dazu Bachmann 2009) fällt es Organisationsmitgliedern häufig schwer, die Abweichungen von organisationsinternen Regeln oder staatlichen Gesetzen zu verbergen, weswegen die interessanten empirischen Studien über Regelabweichungen auf dieser Methode basieren (siehe nur als bekannteste Beispiele Dalton 1959; Bensman und Gerver 1963; Jackall 1988; interessant auch Analoui und Kakabadse 1992). Bei Beobachtungsinterviews (siehe dazu Kuhlmann 2009) lässt man sich während eines Arbeitsprozesses von seinem Gesprächspartner sehr genau den Ablauf erklären und stößt dabei sehr häufig auf »Work Arounds«, mit denen formale Vorschriften umgangen werden. Experteninterviews machen in der Regel nur dann Sinn, wenn man bereits ein sehr genaues Verständnis für die illegalen Praktiken in der Organisation hat und man den Gesprächspartner detailliert damit konfrontieren kann (siehe dazu Froschauer und Lueger 1992; Meuser und Nagel 1997; Liebold und Trinczek 2009).

Empirie aus eigener Beratung

Ein dritter für dieses Buch verwendeter Zugang besteht aus der Empirie eigener Beratungsprojekte (siehe für solche Zugänge beispielsweise Kühl 2007a oder Kühl 2007b). Bei ins Detail gehenden Beratungsprojekten stößt man zwangsläufig auf regelmäßige Abweichungen von der Formalstruktur oder auch auf Verstöße gegen Gesetze. Der Feldzugang über Beratungsprojekte hat gegenüber Forschungsprojekten den zentralen Vorteil, dass ganz andere empirische Zugänge zur Verfügung stehen. Organisationsspitzen – egal ob es sich um Staatssekretäre, Geschäftsführer oder Vorsitzende handelt – sind als Gesprächspartner verfügbar, weil sie selbst Interesse am Ausgang des Projekts haben. Schriftliche Dokumente, die Forscherinnen oder Forschern nicht zugänglich gemacht werden, stehen zur Verfügung. Die Erhebung einer Außensicht, durch Befragung von Kooperationspartnern oder Leistungsempfängern, wird durch die Organisation häufig selbst ermöglicht.

Erkauft wird dieser privilegierte Feldzugang durch eine geringere Distanz zu den beobachtenden Organisationen. Im Gegensatz zur teilnehmenden Beobachtung (vgl. früh Becker und Geer 1957 oder Gold 1958) spielt bei der beobachtenden Teilnahme der Beobachter eine die Situation verändernde Rolle (dazu einschlägig Weltz 1997).[288] Dies kann zu einer Verzerrung der Beobachtung der Organisation durch eigene Erfolgs- und Misserfolgswahrnehmungen führen.

Eine Möglichkeit zu Reduzierung der Verzerrung besteht in einer möglichst genauen Protokollierung der Einzelgespräche, der Workshops und der Großkonferenzen und einer Sicherung der produzierten Materialien in Form von Skizzen, Postern oder Flipcharts, auch wenn aufgrund des Beratungsprozesses sonst übliche Standards der Datensicherung wie Tonbandmitschnitte oder Videoaufzeichnungen nicht einzuhalten sind.

Empirie aus Workshops zum Thema brauchbare Illegalität

Interessanterweise lassen sich funktionale Regelabweichungen über Workshops erheben, die sich im Rahmen der Ausbildung von Führungskräften mit dem Umgang mit Illegalitäten beschäftigen. Dafür wird im ersten Schritt den – möglichst auf einer Hierarchiestufe angesiedelten – Teilnehmern ein Fall gelungener brauchbarer Illegalität – zum Beispiel die klassische Fallstudie über den formal verbotenen, aber informal regelmäßig praktizierten Einsatz von

Gewindebohrern im Flugzeugbau (Bensman und Gerver 1963) – präsentiert und diskutiert. Im zweiten Schritt erarbeiten die Teilnehmer in Kleingruppen typische Fälle brauchbarer Illegalität aus ihrer eigenen Organisation. Im dritten Schritt werden diese Fälle im Plenum präsentiert und diskutiert.

Die Dramaturgie dieses Ausbildungsmoduls setzt die sonst üblichen Zensurmechanismen in Organisationen teilweise außer Kraft. Der Einstieg im ersten Schritt über einen Fall aus einem fremden Organisationsfeld ermöglicht es den Teilnehmern, die Funktionalität und Dysfunktionalität von Regelabweichungen unabhängig von der eigenen Organisation zu diskutieren. Die Diskussion der Regelabweichungen der eigenen Organisation im zweiten Schritt wird dadurch erleichtert, da diese in einer kleinen Gruppe von Personen stattfindet, die mit dieser Praxis vertraut sind. Bei der Rückpräsentation ins Plenum im dritten Schritt kann die Gruppe selbst steuern, wieviel Details sie über die Regelabweichung preisgeben will. In der Regel lassen sich dann aber grundlegende Fragen der Regelabweichung anhand der präsentierten Fälle am Beispiel der eigenen Organisationserfahrung der Mitglieder diskutieren.

Die eigene Erfahrung als Organisationsmitglied

Und nicht zuletzt kann einem als Empirie die Erfahrung in der eigenen Organisation dienen (siehe für diese Empirie Kühl 2012a). Es wird Leserinnen und Leser geben, denen keine funktionalen Regelabweichungen oder brauchbare Illegalitäten in ihren Tätigkeiten einfallen. Dies hängt vermutlich weniger mit einer persönlichen Veranlagung zur Regelbefolgung und Gesetzestreue zusammen als mit der Besonderheit einiger weniger Stellen in Organisationen, die ihre Mitglieder von der Notwendigkeit der Regelübertretung befreien. Man könnte dies positiv beurteilen und die eigene Organisation dafür loben, dass sie wenigstens einen Teil ihrer Mitglieder von der Notwendigkeit funktionaler Regelabweichungen befreit. Man könnte das aber auch als Anlass nehmen, sich Gedanken darüber zu machen, warum man auf einer Stelle gelandet ist, die nicht einmal funktionale Regelabweichungen nötig macht.

Universitäten gehören nicht zuletzt aufgrund ihrer Überregulierung zu den Organisationen, in denen Mitglieder in den seltensten Fällen auf funktionale Regelabweichungen verzichten können. Man entwickelt einen enormen Respekt vor der Professionalität, mit der Sekretäre trotz einer rigiden betriebswirtschaftlichen Steuerungssoftware in der Lage sind, dringend notwendige, aber durch das Datenverarbeitungssystem ausgeschlossene Bestellungen vorzunehmen, wie Mitarbeiter in Reisekostenstellen die eigentlich verbotene Erstattung von Taxifahrten von Referentinnen akzeptieren, indem sie bereitwillig davon ausgehen, dass diese eigene Kopiergeräte oder Projektoren zu einer Veranstaltung transportieren mussten. Man lernt es zu schätzen, dass allgemein geduldet wird, dass man begabte Bachelorstudentinnen in fortgeschrittenen Kursen studieren lassen kann, obwohl sie das dafür offiziell nötige Kompetenzprofil noch nicht erreicht haben, und deren Leistungen dann von Kollegen bereitwillig in Bachelorkursen verrechnet werden. Und man versteht bei Absolventenfeiern, weswegen die Mitarbeiter von Prüfungsämtern am lautesten bejubelt werden, weil ohne deren Kreativität bei der Regelauslegung vermutlich kaum eine Studentin und kaum ein Student formal korrekt einen Studienabschluss erlangen würde.

Zur Anonymisierung der Empirie

Für dieses Buch habe ich Daten verfälscht. Ich habe Länder, in denen Organisationen angesiedelt sind, verändert, Organisationen aus Zentraleuropa nach Nordeuropa verlegt und von Asien nach Afrika. Ich habe so getan, als wenn Interviews mit Mitarbeitern in anderen Organisationen als den von mir beschriebenen stattgefunden haben. Und ich habe manchmal aus zwei untersuchten Organisationen drei gemacht oder auch aus drei zwei. Dies war notwendig, damit nicht zu rekonstruieren ist, aus welchen Organisationen die Daten stammen.[289]

Sicherlich, man könnte sich auf eine konstruktivistische Position zurückziehen und behaupten, dass es »die« Wirklichkeit nicht gibt, und deswegen jede Beschreibung eine Verfälschung ist. Schon durch die Datenerhebung und Datensicherung würden Verkürzungen wahrgenommen, und bei der Präsentation der Daten stellten sich über die Auswahl von empirischen Fundstücken Verzerrungen ein. Aber um diese zwangsläufigen Reduzierungen geht es nicht, sondern um die bewusste Veränderung von Angaben.

Das Dilemma der empirischen Sozialforschung

Sozialforscher stehen vor einem grundlegenden Dilemma. Auf der einen Seite müssen sie ihre Befunde so genau wie möglich berichten, um anderen

Wissenschaftlern zu ermöglichen, das Argument detailliert nachzuvollziehen. Nur so können diese einschätzen, ob die Schlussfolgerungen plausibel sind und ob diese für Organisationen generell überzeugen oder nur für einen bestimmten Typus. Wenn man die Konkretion weglässt, die geschilderten Fälle um konkrete, Nachverfolgbarkeit ermöglichende Angaben verkürzt (etwa Branche, Größe, Standort von Unternehmen), verliert die Schilderung an Dichte, es fehlt dann das »Feeling« für die Organisation.

Auf der anderen Seite gehört es zum wissenschaftlichen Standard, Daten so zu anonymisieren, dass die analysierten Organisationen – und erst recht die beforschten Organisationsmitglieder – nicht zu erkennen sind. Dies trifft in besonderem Maß zu, wenn man sich – wie in diesem Buch – mit der informalen Seite von Organisationen beschäftigt, mit ihren Grauzonen und nicht ganz koscheren Praktiken. Sensible Daten, die Einsicht in die informalen, nicht voll darstellbaren, nicht voll legitimen Prozesse einer Organisation geben, können sowohl für die Organisation im Ganzen negative Konsequenzen in Form von Imagebeschädigungen haben als auch für Mitarbeiter negative Konsequenzen nach sich ziehen. Beides ist aus forschungsethischen Gründen unbedingt zu vermeiden.

Daumenregel – Wer nicht anonymisieren muss, hat nichts herausbekommen

Zugespitzt kann man sagen: Wenn der Forscher nicht durch seine Daten zu großer Vorsicht im Umgang mit Quellen gezwungen wird, hat er nichts herausbekommen. Er hat vermutlich lediglich die für alle sowieso sichtbare Schauseite beobachtet und braucht deswegen nicht auf eine strikte Anonymisierung zu achten.

Man kann diese Effekte bei Praktikerzeitschriften beobachten, die viel Wert darauf legen, dass in ihren Artikeln Organisationen mit ihren Echtnamen genannt werden. Das hat eine Selbstzensur der Autoren zur Folge, weil sie die beratenen oder untersuchten Organisationen schonen müssen. Dies ist ein Grund, weswegen man bei Fallstudien in Praktikerzeitschriften, die auf Anonymisierung verzichten, sicher sein kann, dass man vielleicht einiges über die Vorderbühnen, aber faktisch nichts über die Hinterbühne der Organisation erfährt.

Man kann daraus schon fast eine Daumenregel zur Zeitersparnis für die Lektüre von Artikeln und Büchern machen. Mit Ausnahme von historischen

Organisationsanalysen, in denen die Betroffenen in der Regel schon lange tot sind, und von investigativen journalistischen Arbeiten, in denen der Anspruch ja gerade die Aufdeckung der Hinterbühne einer spezifischen Organisation ist, kann man Texte, die auf Anonymisierung der dargestellten Organisationen verzichten, getrost ungelesen zur Seite legen. Bestenfalls würde man etwas über die neueste Managementmode erfahren, die über Erfolgsgeschichten aufgepeppt werden, schlimmstenfalls liest man eine als Praktikerbericht getarnte PR-Geschichte eines Coaches, Beraters oder Managers.

Die hilfreiche Trennung von Forschenden und Beforschten

Das Spannungsfeld zwischen Präzision und Anonymisierung ist prinzipiell nicht auflösbar. Je detaillierter man eine Organisation beschreibt, um das eigene Argument nachvollziehbar zu machen, desto leichter ist die Organisation zu erkennen. Manchmal reicht schon ein Zitat aus einem im Internet zugänglichen Dokument aus, um eine Organisation zu identifizieren. Manchmal legt schon alleine die Angabe von Größe, Land und Branche nahe, um welche Organisation es sich handelt. Wir kennen die Beschreibungen von Entwicklungsbanken, in denen auch Externe ohne Schwierigkeiten erkennen können, um welche Organisation es sich handelt, und Interne ohne Probleme die beschriebenen Projektmanager identifizieren können (Rottenburg 2002). Wir kennen die Beschreibungen von Vorreiterunternehmen der Gruppenarbeit, die bei aller Anonymisierung so detailliert sind, dass bei nur einigermaßen Vertrautheit mit diesem Thema einzelne Interviewpartner identifiziert werden können (Antoni 1996). Für Wissenschaftler ist dies hilfreich, weil sie mit Folgestudien in der gleichen Organisation ansetzen können, den Ansprüchen an Anonymisierung werden diese jedoch nicht gerecht.

In vielen Fällen wird dieses Spannungsfeld sicherlich nicht virulent, weil man die Standards an die Anonymisierung mit guten Gründen schleifen lassen kann. Sozial ist die Welt der wissenschaftlichen und der außerwissenschaftlichen Praxis so stark getrennt, dass man keine Sorgen haben muss, dass die beforschten Personen am Ende die wissenschaftlichen Artikel lesen. Wenn das Gerücht stimmt, dass der durchschnittliche Artikel in einer Fachzeitschrift von einer Person gelesen wird, wäre es überraschend, wenn gerade dieser Leser oder diese Leserin aus der beforschten Organisation kommt.

Das Spiel wird von Forschern und Beforschten routiniert gespielt. Die Beforschten erklären vor dem Gespräch ihr Interesse an der Forschung, die

Forscher erklären sich zur Rückmeldung bereit, und beide vergessen bewusst oder unbewusst die versprochene Rückmeldung. Wie viele Promotionen, wie viele Forschungsberichte sind letztlich ungelesen in den Schubladen und auf den Festplatten der Organisationen verschwunden, die den Feldzugang überhaupt nur unter der Voraussetzung zugestanden haben, dass man die Forschungsergebnisse bekommt? Vermutlich könnte man die Anforderung von Organisationen, die Forschungsergebnisse danach schriftlich zur Verfügung gestellt bekommen, allein dadurch befriedigen, dass man den immer gleichen Dummy-Text aus dreihundert Seiten verschickt und darauf vertraut, dass derart lange Texte von Praktikern ohnehin nicht gelesen werden.

Das hängt auch damit zusammen, dass die zeitlichen Horizonte ganz unterschiedlich sind. Bevor Wissenschaftler ihre Erkenntnisse zu Papier gebracht oder gar publiziert haben, hat die beforschte Organisation bereits vergessen, dass sie überhaupt beforscht wurde. Und nicht selten sind auch die sachlichen Darstellungsformen ganz verschieden. Wissenschaftler wählen in der Regel eine Sprache, die für Praktiker nicht ohne Weiteres zugänglich ist, und schützen so ihre Quellen.

Selbst für den unwahrscheinlichen Fall, dass eine Organisation nicht nur die wissenschaftlichen Erkenntnisse zur Kenntnis nimmt, sondern sich aufgrund ungenügender Anonymisierung auch wiedererkennt, greifen in den meisten Fällen die üblichen Immunreaktionen. Es wird zwar in kleinen, informalen Kommunikationen zur Kenntnis genommen, dass Wissenschaftler die eigene Organisation beschrieben haben, aber das bedeutet nicht, dass diese Erkenntnisse auch der formalen Kommunikation zugänglich sind. Bücher und Artikel mit den für die Organisation sensiblen Informationen kursieren als Geheimtipp unter einigen Mitarbeitern, ohne dass die Organisation sich insgesamt damit auseinandersetzen muss.

Aber weder die Unwahrscheinlichkeit der Aufnahme wissenschaftlicher Erkenntnisse noch die in der Regel funktionierenden Immunsysteme von Organisationen rechtfertigen Nachlässigkeiten bei der strikten Anonymisierung. Wissenschaftler müssen immer mit dem unwahrscheinlichen Fall rechnen, dass ihre Erkenntnisse in den beforschten Organisationen nicht nur zur Kenntnis genommen, sondern auch diskutiert werden. In diesem Fall kann eine mangelhafte Anonymisierung verheerend sein, weil durch die Beschreibungen unkontrolliert Strukturen in der Organisation aufgedeckt werden, die aus guten Gründen in der Kommunikationslatenz gehalten worden sind.

Ansatzpunkte für den Umgang mit dem Spannungsfeld

Es wäre problematisch, wenn so getan würde, als gebe es diesen grundlegenden Konflikt nicht oder er sich im konkreten Einzelfall zur allgemeinen Zufriedenheit lösen ließe. Sicherlich – man könnte fordern, dass die zur Anonymisierung eingesetzten Verfälschungen zu beschreiben seien. Eine salvatorische Fußnote, dass man Branchen oder Organisationen verändert hat, ist schnell gesetzt. Aber das löst nicht das Problem, denn je genauer man die Anonymisierungsmethode beschreibt, desto leichter fällt es Leserinnen und Lesern, darüber die Organisation zu identifizieren. Wenn man angibt, dass man zum Beispiel das Land, in dem eine Organisation tätig ist, verändert oder dessen Branche leicht modifiziert hat, fällt es leichter zu identifizieren, um welche Organisation es sich handelt.

Wenn man mit Forscherinnen und Forschern spricht, dann fällt auf, dass die bewusste Verfälschung von Daten zur Sicherstellung der Anonymität gängige Praxis ist. Die Interviewsequenzen einer einzelnen Person werden unterschiedlichen Personen zugewiesen, so dass die konkrete Person nicht erkennbar ist. Es werden in Texten »Nebelkerzen« gezündet, um die Leserinnen und Leser daran zu hindern, die konkrete Organisation, Familie, Bewegung oder Gruppe zu entschlüsseln und darüber auch einzelne Personen identifizieren zu können. Man ist mit dieser Praxis der Verfälschung nicht alleine, aber kann sich dabei nicht auf etablierte professionelle Standards stützen. Die Methodenliteratur ignoriert dieses Dilemma zwischen Präzision und Anonymisierung und verkündet lieber allgemeine Prinzipien für eine Forschungsethik. Konkret bleibt es den einzelnen Forscherinnen und Forschern überlassen, eine situationsbezogene Umfangsform mit diesem Dilemma zu finden.

Der Goldstandard gelungener Anonymisierung

Unter Forschungsgesichtspunkten ist es das höchste Kompliment für eine Forscherin oder einen Forscher, wenn eine beforschte Organisation die in wissenschaftlicher Sprache beschriebenen Strukturen, Prozesse und Effekte als plausibel einschätzt, ohne zu erkennen, dass diese auf der Analyse der eigenen Organisation basieren. Der Kommentar »Das ist ja wie bei uns«, ohne die eigene Organisation als empirische Grundlage der Beschreibung wiederzuerkennen, ist nicht nur Ausdruck der Plausibilität wissenschaftlicher Darstellungen, sondern weist ebenso darauf hin, dass die Anonymisierung höchsten Ansprüchen genügt. Aber die Kosten dafür sind in der Regel, dass wesentliche Details geändert wurden, damit die Organisation nicht wiedererkannt werden kann. Anonymisierung geht folglich immer auf Kosten der Präzision in der Darstellung der Empirie.

Anmerkungen

1 Auf diese Verbindung hat zuerst Horst Bosetzky (2019, S. 37ff.) mit dem von ihm beschriebenen Prinz-von-Homburg-Effekt hingewiesen. Abweichungen werden, so die These von Bosetzky, nur dann geduldet, wenn sie erfolgreich waren und der Abweichler sich danach bedingungslos zur formalen Ordnung bekennt.

2 Ich verwende hier eine Auswahl der in der Managementliteratur besonders gehypten Adjektive für Führungskräfte. Siehe zu Transformational Leadership Bass 1990; siehe zu Proactive Personality Bateman und Crant 1993 und zu Risk-taking Propensity Howell und Higgins 1990.

3 Auf diese Frage weist aus literaturwissenschaftlicher Perspektive schon Wolf Kittler (1994, S. 76f.) hin. Diesen Hinweis verdanke ich der Arbeit von Bernd Eckstein (2018), der eine lesenswerte organisationssoziologische Analyse des Theaterstücks vorgelegt hat.

4 Wörtlich heißt es bei Luhmann: »Illegal wollen wir ein Verhalten nennen, das formale Erwartungen verletzt. Ein solches Handeln kann gleichwohl brauchbar sein.« Zur Bedeutung von Luhmanns Buch »Funktionen und Folgen formaler Organisation« zur Klärung der Beziehung von Formalität und Informalität siehe Göbel 2000, S. 31. Durch den Verweis auf die Funktionalität für die Organisation ist der zentrale Unterschied des systemtheoretischen Funktionalismus zum Funktionalismus der frühen US-amerikanischen Organisationssoziologie markiert, der häufig auch solche Regelabweichungen als funktional bezeichnet, die letztlich nur einzelnen Personen, Teilgruppen der Organisation oder Interessensgruppen außerhalb der Organisation dienen. Unter diesem Gesichtspunkt müsste meines Erachtens das Pionierwerk von Philip Selznick (1949) über die Tennessee Valley Authority gelesen werden. Siehe dazu auch Schrager und Short 1978, S. 411.

5 Der Begriff der »brauchbaren Illegalität« verweist darauf, dass Luhmann die formale Ordnung von Organisationen äquivalent behandelt zur rechtlichen Ordnung eines Staates. Durch die Nutzung des Begriffs »Illegalität« für Abweichungen von formalen Erwartungen in Organisationen und von gesetzlich abgesicherten Erwartungen in Staaten verschenkt er aber die Möglichkeit, systematischer zwischen Regelverstößen gegen die formale Ordnung der Organisation, die jedoch nicht gegen Gesetze verstoßen, und Regelverstößen

gegen die formale Ordnung der Organisation, die gleichzeitig auch Gesetzesverstöße sind, zu unterscheiden.

6 Zum Konzept des Krisenexperiments siehe Garfinkel 1967. Es ist bedauerlich, dass Garfinkel Krisenexperimente vorrangig für Face-to-Face-Interaktionen in Familien und unter Unbekannten entwickelt hat. Gerade in Organisationen ließen sich selbstverständliche Erwartungen durch Krisenexperimente herausarbeiten.

7 Zur Figur des »bureaucratic virtuoso« siehe Merton 1940, S. 563.

8 Siehe nur als Beispiel, dass Ronald R. Sims (2003) für sein Buch über Corporate Social Responsibility den Untertitel »Why Giants Fall« wählte und damit suggeriert, dass unethisches Verhalten Unternehmen scheitern lässt. Zur Umstrukturierung des Alternativhorizonts durch das Bekanntwerden eines Regelbruchs siehe Luhmann 1984a, S. 403.

9 Siehe zur Logik der Massenmedien besonders Luhmann 1996b.

10 So Foster und Kaplan 2001 zu Enron. Diese Aussagen erschienen in der englischen Ausgabe des Buches der beiden McKinsey-Berater. Die einige Monate nach der Enron-Pleite erschiene deutsche Ausgabe (Foster und Kaplan 2002) war schon in der Herstellung, sodass diese Aussagen nicht mehr ohne eine auffällige Diskrepanz zur englischen Ausgabe geändert werden konnten. Es handelt sich um ein typisches Risiko, wenn Unternehmensberater ihre Starkunden als Vorzeigeunternehmen lobpreisen und dann vom plötzlichen Untergang des von ihnen über Jahre intensiv beratenen Unternehmens überrascht werden.

11 Siehe zu einer solchen Begeisterung für Volkswagen vor dem Skandal zum Beispiel Rhodes 2016, S. 1501.

12 Immer wieder wird an der Systemtheorie kritisiert, dass immer erst ex post facto herausgearbeitet werden kann, was funktional ist und was nicht. Diese Kritik greift insofern zu kurz, als der Funktionsbegriff Luhmanns sie bereits aufgegriffen hat. Nicht nur nachträglich kann festgestellt werden, was nützlich war oder gewesen wäre, sondern ein und dieselbe Handlung kann zur selben Zeit und für dasselbe System in Abhängigkeit von den Gesichtspunkten zur Beurteilung dieser Handlung sowohl nützlich als auch schädlich sein.

13 Siehe für diese Strategie Bartlett und Glinska 2001.

14 Siehe im Detail Ewing 2017b, S. 204f.. Hierfür würde es sich lohnen, einen der vorigen Fälle der Manipulation von Abgaswerten zu diskutieren – der Einreichung manipulierter Abgaswerte durch General Motors bei der Environmental Protection Agency in den USA Anfang der 1990er Jahre. Es ist nicht gesagt, dass die Bilanz für General Motors trotz des Bekanntwerdens des Falles ein paar Jahre später nicht insgesamt hätte positiv ausfallen können. Siehe zu dem Fall zum Beispiel Green 2006, S. 250.

15 Im Englischen gibt es dafür einen Spruch: »Fake it until you make it«. Siehe zu dieser Strategie risikokapitalfinanzierter Unternehmen im Exit-Kapitalismus Kühl 2003.

16 Selbst bei den Organisationen, die aufgrund der Skandalisierung einer Regelabweichung dazu gedrängt werden, sich zu Regelkonformität zu bekennen, kann die systematische Regelabweichung in anderen Bereichen ein Grund für den Erfolg der Organisation sein.

17 Ansatzweise wird dies durch die geschichtswissenschaftliche Forschung über die sogenannten »Robber Barons« geleistet. Siehe dazu Josephson 1995.

18 Wer sich für diese weitgehend vergessenen Fälle interessiert, findet selbstverständlich noch interessante Spuren, wie z. B. zur Einkalkulation von Unfalltoten durch Automobilunternehmen bei Nader 1965.

19 Um nur eine gut gelungene Darstellung zu nehmen, siehe die Aufbereitung der Manipulationen beim Blutdiagnostikunternehmen Theranos von John Carreyrou 2018.

20 Siehe die filmische Aufarbeitung des Aufstiegs und Falls von Theranos von Gibney 2019 oder auch den Podcast zum Thema von Jarvis 2018.

21 So auch schon die Kritik von Ermann und Lundman 1982, S. viii–ix.; Shapiro 1983, S. 306 oder auch Reiss und Tonry 1993, S. 6.

22 Dabei beschränkt sich mein Fokus auf die Zeit, in der sich Organisationen als eigenständige soziale Systeme ausgebildet haben. Ein Blick auf die Diskussionen in der Antike, im Mittelalter und auch noch in der Frühen Neuzeit zeigt, dass Diskussionen hier vorrangig über von Normen abweichendem Verhalten auf Märkten oder über Moralverstöße von Herrschern geführt wurden; siehe für einen kurzen historischen Überblick Geis 2007b, S. 49ff.

23 Mit dem Begriff des »White Collar Crime« wurde anfangs die Diskussion auf Unternehmen konzentriert. Es musste erst mühsam entdeckt werden, dass sich Konzepte von Regelabweichungen gleichermaßen auf Unternehmen, Verwaltungen, Armeen, Polizeien, Universitäten, Schulen, Krankenhäuser und Nichtregierungsorganisationen beziehen lassen; siehe dazu Ermann und Lundman 1982. Ähnlich die Forderung von Szwajkowski 1986, S. 124, sich mit der Verwendung des Begriffs »organizational misconduct« aus der Verengung auf Unternehmen zu lösen.

24 So wurde schon bei der Identifizierung von White-Collar-Kriminellen vorrangig an Führungskräfte in Unternehmen gedacht. Siehe dazu Sutherland 1983. Allgemein zur fehlerhaften Annahme von Unternehmen als Prototyp von Organisationen siehe Kette 2012 und ausführlich Kette 2017.

25 Siehe zum Postauto-Skandal in der Schweiz Kellerhals Carrard 2018.

26 So zum Beispiel zum VW-Skandal Steltzner 2015, um zu sehen, wie schnell sich Positionen ändern können. Siehe dazu den Artikel des ehemaligen FAZ-Herausgebers zwei Jahre später (Steltzner 2017) mit einer genau entgegengesetzten Stoßrichtung.

27 Siehe dazu auch die Studie von Snider 2000 über die durch den Neoliberalismus ermöglichte Legalisierung der Illegalitäten von Unternehmen. Unterlegt werden solche Thesen durch mehr oder minder gut gemachte Untersuchungen, die zeigen, dass Gesetzesbrüche in gewinnorientierten Altenheimen häu-

figer vorkommen als in jenen ohne Profitmotiv (Jenkins und Braithwaite 1993) und Studenten der Wirtschaftswissenschaften stärker als ihre Kommilitonen aus anderen Fächern zu korruptem Verhalten neigen (Frank und Schulze 2000).

28 So schon Ermann und Lundman 1978 und Ermann und Lundman 1982; siehe als gut lesbare Studien auch Turk 1982; Anechiarico und Jacobs 1996, Snook 2002 oder Ross 2003. Unter diesem Gesichtspunkt ist auch interessant, wie stark inzwischen die Ähnlichkeit einer an Vorstellungen der Zivilgesellschaft orientierten »linken Kritik« an Korruption und einer eher durch neoliberale Vorstellungen getriebenen »rechten Kritik« an Korruption ist; siehe dazu aufschlussreich Engels 2019, S. 146f. Allgemein zu Fusionen »linker« und »rechter« Paradigmen seit der Nachkriegszeit siehe z. B. Boltanski und Chiapello 1999 oder Reckwitz 2019.

29 Dies wird besonders deutlich bei Günther Ortmann (2003, S. 100 und 103f.), der zum Beispiel vorschlägt, bei einem Zitat von Jorge Luis Borges (»Literatur ist ein Spiel mit stillschweigenden Konventionen. Teilweise oder ganz gegen sie zu verstoßen, ist eine der vielen Freuden (und eine der vielen Verbindlichkeiten) des Spiels, dessen Grenzen wir nicht kennen«) einfach das Wort »Literatur« durch »Organisation« zu ersetzen. Dann sei man mitten im Thema. Man fühlt sich an eine gewisse postmoderne Beliebigkeit erinnert, die ja auch in Teilen der Systemtheorie Einzug zu halten scheint. Das Treffen des analysierten Gegenstands tritt in den Hintergrund, wichtig sind elegante Formulierungen und Theoriekonstruktionen (siehe auch die Kritik von Falke 2003).

30 Siehe nur beispielhaft Luhmann 1964b, S. 304; Ortmann 2003, S. 206; Reiter 2009, S. 324; Reiter 2016, S. 2f.; Land et al. 2014, S. 234; Soltes 2016, S. 189ff.; Ringel 2017, S. 132f.; Pohlmann 2020a, S. 14 Siehe auch unsere Überlegungen in Bezug auf das Gesundheitswesen in Kühl und Wallrabenstein 2018.

31 Teilweise werden ganze Themenkomplexe wegdefiniert, weil es so kompliziert ist, Graubereiche auszuleuchten. So wird teilweise dafür plädiert, nicht systematisch zwischen eigennützigen Regelabweichungen in Organisationen und Regelabweichungen zum Nutzen der Organisation zu unterscheiden, weil die Übergänge häufig fließend seien (so z. B. Palmer 2012, S. 26).

32 Das Zitat wird immer wieder dem Bürokratiekritiker Cyril Northcote Parkinson zugeschrieben. Mir war es nicht möglich, eine Originalquelle für das Zitat zu identifizieren.

33 Hier die von mir übersetzten englischen Orginalbegriffe: »misconduct« und »misbehavior« (Wardi und Weitz 2004), »antisocial behavior« (Giacalone und Greenberg 1997), »moral decline« und »crime« (Greve et al. 2010), »dirty business« (Punch 1996), »wrongdoing« (Palmer 2012), »dark sides« (Vardi und Wiener 1996), »uncivilized« (Andersson und Pearson 1999) und »shadow organization« (Allen und Pilnick 1973). Diese Skandalisierung von Regelabweichungen findet sich schon vergleichsweise früh. Siehe zum Beispiel für die

Muckraker-Bewegung in den USA Anfang des zwanzigsten Jahrhunderts Filler 1975.

34 Wie sich der Begriff »toxisch« besonders seit der Jahrhundertwende in der Literatur über Regelabweichungen durchgesetzt hat, wäre eine eigene Untersuchung wert. Es ist nicht ausgeschlossen, dass das Lied »Toxic« von Britney Spears dabei eine Rolle gespielt hat.

35 Für einen knappen Überblick der Devianztheorien siehe Goode 2007.

36 Zur dieser besonders im englischsprachigen Raum geführten Kontroverse um den Einfluss von »Bad Appels«, »Rotten Barrels« und neuerdings auch »Bad Cellars« siehe zum Beispiel Palmer 2012, S. 7; Ashforth et al. 2008, S. 672ff. oder Muzio et al. 2016, S. 141ff. Mit »Bad Cellars« wird dabei der Einfluss eines organisationsübergreifenden »professionellen Ökosystems« zum Beispiel im Bereich des Accounting oder des Rechts auf das »Fehlverhalten« in Organisationen bezeichnet.

37 Der Umgang mit dem Nationalsozialismus zeigt, dass die Personalisierung nicht nur auf der Ebene einzelner Organisationen im Bereich der Politik, Wirtschaft, Recht, Religion oder Sport funktionierte, sondern auch auf der Ebene eines ganzen Staates. Wie prominent sich solche personalistischen Erklärungsmuster in der wissenschaftlichen Literatur gehalten haben, erkennt man zum Beispiel in der Analyse der Massenmorde an psychisch Kranken und geistig Behinderten bei Burleigh 2002, S. 150.

38 Siehe fast zeitgleich auch im englischsprachigen Raum die Bestimmung von »organizational deviance« durch Reiss 1966.

39 Siehe auch die Dominanz funktionaler Analysen von Korruption in der Zeit nach dem Zweiten Weltkrieg; so aus ganz unterschiedlichen Perspektiven z. B. bei Huntington 1968 und Scott 1969b. Hinter der spezifischen Diskussion über die Funktionalität von Regelabweichungen steckt eine der zentralen sozialwissenschaftlichen Kontroversen – die Auseinandersetzung über die Möglichkeiten und Grenzen einer funktionalen Analyse. Für die Auseinandersetzung über das frühe funktionale Konzept von Robert K. Merton siehe einerseits als Ausarbeitung des Konzepts besonders Merton 1936 und Merton 1940 und andererseits als Kritik zum Beispiel Davis 1959; Elster 1990. Zum Äquivalenzfunktionalismus Niklas Luhmanns siehe einerseits die Darstellung der Überlegungen zum Beispiel in Luhmann 1964a; Luhmann 1969; Luhmann 1970a; Luhmann 1970b; Luhmann 2010a und andererseits die Kritik zum Beispiel von Wortmann 2007. Eine ausführliche Reflexion der Konzepte funktionaler Illegalität beziehungsweise funktionaler Regelabweichung vor dem Hintergrund dieser Kontroverse kann hier nicht geleistet werden und muss an anderer Stelle stattfinden. Interessant ist, wie stark der Verlust des Fokus auf brauchbare Illegalitäten mit dem Bedeutungsverlust funktionalistischer Perspektiven in den Sozialwissenschaften korreliert.

40 Im Englischen lauten die Begriffe »positive deviance« (Spreitzer und Sonenshein 2003), »unethical pro-organizational behavior« (Umphress und Bing-

ham 2011), »illegal corporate behavior« (Baucus und Baucus 1997), »pro-social rule breaking« (Morrison 2006), »functional disobedience« (Brief et al. 2001), »organizational misbehavior« (Vardi und Wiener 1996) und »necessary evil« (Molinsky und Margolis 2005). Es wird in der Forschungsliteratur viel Aufwand betrieben, diese verschiedenen Begriffe voneinander abzugrenzen, allerdings ohne dass dies zu einer klaren Ordnung der Begrifflichkeiten geführt hätte (siehe Ilie 2012, S. 3ff.).

41 Dies wird aus ganz unterschiedlichen organisationstheoretischen Perspektiven beschrieben; siehe beispielhaft Selznick 1949; Luhmann 1973; Pfeffer und Salancik 1978; Friedland und Alford 1991; Oliver 1991; Kraatz und Block 2008; Thornton et al. 2012. Mit Begriffen wie »institutionellen Logiken« oder »Multireferenzialität« wird die Heterogenität, ja Widersprüchlichkeit von Umwelterwartungen in der Organisationsforschung immer wieder neu entdeckt (siehe Greenwood et al. 2011). Übersehen wird dabei aber häufig, dass diese Beschreibungen nicht nur für Organisationen, sondern auch für andere Systeme wie Familien, Protestbewegungen oder Kleingruppen gelten.

42 Mit den Ansprüchen der »Besitzer«, der Mitglieder und der Nutznießer der Organisation sowie der rahmensetzenden Politik konzentriere ich mich hier nur auf vier besonders relevante, in der Umwelt von Organisationen auffindbare (Teil-)Systeme. Verschärft wird dies noch dadurch, dass die Ansprüche aus diesen Systemen der Umwelt selbst wiederum sehr widersprüchlich sein können.

43 Wie sich widersprüchliche Umweltanforderungen in Organisationen ausbilden, ist in einer Vielzahl von Studien für unterschiedliche Organisationstypen herausgearbeitet worden. Siehe nur die Studie von Scott 1982 über Gesundheitsorganisationen, von D'Aunno et al. 1991 über Drogenbehandlungszentren, von Marquis und Lounsbury 2007 über Vereinsbanken oder von Rottenburg 2009 über Entwicklungsbanken.

44 Siehe dazu Schütz et al. 2018, S. 105; siehe für eine frühe Formulierung des Gedankens über White-Collar-Kriminalität Aubert 1952.

45 Siehe Osrecki 2014, 409ff, der diesen Gedanken auch für Funktionssysteme entwickelt. Er verweist auf die systemtheoretische Beschreibung des politischen Systems, nach der es nicht nur einen offiziellen, sondern auch einen inoffiziellen Machtkreislauf gibt (siehe z. B. zum doppelten Machtkreislauf Luhmann 2010b, S. 130ff.) und auf die systemtheoretische Analyse des Wissenschaftssystems, in dem Reputation nicht nur von wissenschaftlicher Brillanz, sondern auch von massenmedialer Präsenz, politischem Einfluss oder wirtschaftlichem Erfolg in Form eingeworbener Drittmittel abhängt (siehe z. B. Luhmann 1992, S. 245).

46 Siehe die kompakte Zusammenfassung durch einen Vertreter der verhaltenswissenschaftlichen Entscheidungstheorie z. B. March 1991, S. 97; zur Analyse dieser Vorgehensweise als nur einer Strategie aus neoinstitutionalistischer Perspektive siehe Oliver 1991.

47 Durch diese Möglichkeit der Bestimmung formaler Erwartungen unterscheiden sich Organisationen grundlegend zum Beispiel von Protestbewegungen oder Kleinfamilien. Kinder wissen, dass es bei Nichtbefolgung der von den Eltern aufgestellten Regeln zwar Ärger geben kann, aber in der Regel nicht der Ausschluss aus der Familie wegen Nichtbefolgung der Mitgliedschaftsbedingungen droht. Man muss nur versuchen, in einer besonders renitenten Phase eines Kindes mit dessen Abschiebung ins Waisenhaus zu drohen. Die Kinder würden diese Drohung nicht ernst nehmen, weil »Eltern sich so nicht verhalten«.

48 Ein ähnliches Phänomen wird in der Rechtswissenschaft unter dem Stichwort des »Verbots der Justizverweigerung« diskutiert. Ein Gericht kann streitende Personen nicht mit dem Verweis abspeisen, dass sich die widersprüchlichen Anforderungen der existierenden Gesetze nicht auflösen lassen und es deswegen den Konflikt nicht richterlich entscheiden könne.

49 Zum Versuch durch permanente Anpassungen der Formalstruktur den sich schnell verändernden Umweltbedingungen gerecht zu werden, siehe Robertson 2015.

50 Siehe als Beispiel für kontingenztheoretische Argumente über Regelabweichungen in Organisationen zum Beispiel Staw und Szwajkowski 1975.

51 Weil Berater glauben, dass Manager Gedanken nur behalten und verstehen können, wenn diese in Form von Abkürzungen kommuniziert werden, werden die widersprüchlichen Anforderungen an Organisationen seit einigen Jahren unter der Kurzformel »VUKA« – oder im Englischen »VUCA« – zusammengefasst. Die Herausforderung bestände darin, dass Organisationen zunehmend mit »Volatilität« (»Volatility«), »Unsicherheit« (»Uncertainty«), »Komplexität« (»Complexity«) und »Ambiguität« (»Ambiguity«) umgehen müssen. Siehe zum Bezug auf VUCA in der Compliance-Debatte Jüttner 2019. Auffällig ist dabei, dass Unternehmen eine Kurzformel übernommen haben, die im US-amerikanischen Militär entwickelt worden ist, um die veränderte Lage nach dem Ende des Kalten Krieges zu beschreiben. Dabei wird so getan, als hätte sich die vermeintliche politische Stabilität zwischen der Aufspaltung in die Lage der Nato und des Warschauer Paktes auch in einer Stabilität der wirtschaftlichen Rahmenbedingungen von Unternehmen wiedergespiegelt. Um zu sehen, wie sehr die Vorstellung von einer vorher existierenden stabilen, sicheren, einfachen und eindeutigen Umwelt eine Fiktion ist, muss man sich nur beispielhaft die Anforderungen an Kolonialverwaltungen im späten 19. Jahrhundert, die ersten Automobilunternehmen Anfang des 20. Jahrhunderts oder politische Parteien nach Ende des Ersten oder Zweiten Weltkrieges ansehen. Die Ausrufung einer »VUCA-Welt« hat vorrangig die Funktion, dass man unter Begriffen wie »Vision«, »Understanding«, »Clarity« und »Agility« auch gleich eine »VUCA-Lösung« ausrufen kann.

52 Auf der Hinterbühne wird dann von den Soldaten mokiert, dass der implizite Druck zur Abweichung von der Formalstruktur bei Manövern besonders groß

ist, wenn die zuständige Ministerin anwesend ist, während diese gleichzeitig als Repräsentantin einer Null-Toleranz-Strategie in Bezug auf Verstöße gegen die Formalstruktur wahrgenommen wird.

53 An diesem Punkt sind sich unterschiedliche für die Organisationsforschung relevante Theorien wie die verhaltenswissenschaftliche Entscheidungstheorie, die strategische Organisationsanalyse, die Strukturationstheorie, der Neoinstitutionalismus und die Systemtheorie einig. Siehe zu den Gründen für die notwendige Abweichung von Regeln Kühl 2018b; siehe für einen guten Überblick zur Diskussion über Formalität und Informalität Tacke 2015; siehe für die klassische Fallstudien z. B. Selznick 1949; Gouldner 1954a; Bensman und Gerver 1963.

54 Bei der Duldung von Regelabweichungen handelt es sich um den Umgang mit widersprüchlichen Umweltanforderungen auf der informalen Seite der Organisation. Ein paralleler Prozess findet sich auf der Schauseite der Organisation. Widersprüchliche Umwelterwartungen bei gleichzeitigen Konsistenzanforderungen in der Formalstruktur werden dadurch gelöst, dass Organisationen versuchen, mit abstrakten Wertformulierungen die verschiedenen Umweltsegmente zu beruhigen; siehe zur Heuchelei als Reaktion auf widersprüchliche Umwelterwartungen Brunsson 1989.

55 Siehe dazu Ortmann 2003; Ortmann 2004; Ortmann 2014; Osrecki 2014, 2015b, 2015a Es ist besonders das Verdienst von Fran Osrecki, herausgearbeitet zu haben, dass man die Funktionalität von Regelverletzungen nicht nur auf die Organisation insgesamt beziehen kann, sondern die Regelabweichung auch für den Erhalt der Regel existenziell ist. Die Bestimmung der Funktionalität der Regelabweichung für die Regel selbst hat insofern eine gewisse Eleganz, weil es das klassische Bezugsproblem des Funktionalismus – »funktional für wen und was« – eindeutig löst.

56 Man erkennt dieses Zusammenspiel zwischen Durchsetzung und Verletzung formaler Normen bei der Ausschreibung von Aufträgen in Organisationen. Durch Einkaufsabteilungen überwachte Ausschreibungen haben die Funktion, durch das Unterbinden von Gemauschel eine möglichst gute Leistung zu einem günstigen Preis einzukaufen. Gleichzeitig führt das Ausschreibungswesen zu einem hohen Maß an Inflexibilität, weil die Verfahren aufwendig und unberechenbar sind. Deswegen ist es eine bewährte Praxis, die Ausschreibungsverfahren zu unterlaufen, indem beispielsweise Ausschreibungen so formuliert werden, dass nur ein vorher identifizierter Auftragnehmer in Frage kommt, Aufträge in kleine Tranchen gestückelt werden, die nicht ausgeschrieben werden müssen, oder Aufträge informal direkt vergeben werden und überhöhte Konkurrenzangebote eingeholt werden, um die Auftragsvergabe formal zu rechtfertigen. Trotz dieser vielfachen Abweichungen macht es, so kann man argumentieren, Sinn, die formalen Ausschreibungsregeln beizubehalten, weil dies Willkür bei der Vergabe von Aufträgen verhindert.

57 Diese Herangehensweise wird durch zweckrationale Ansätze der Organisationsforschung gestützt. Im Konzept der wissenschaftlichen Betriebsführung dominiert die Vorstellung, dass alle in einer Organisation ablaufenden Prozesse formalisiert werden müssen. In dieser Zelebration des Formalen waren Informalität oder gar Illegalität Pathologien, die auf ein Versagen des Managements hindeuteten; vgl. Taylor 1967; siehe auch Fayol 1916.

58 Hier liegt eine Parallele zur Gesetzgebung vor. Auch die durch Gesetzgebungstätigkeit produzierte, hohe Komplexität kann nur mit Hilfe der Akzeptanz von Abweichungen in den Griff bekommen werden.

59 Siehe zu Amokläufen als etablierter, jedoch gesetzlich verbotener Form der Identitätsbehauptung an US-amerikanischen Universitäten Braun 2015. Für eine interessante dramaturgische Aufbereitung des Phänomens siehe Jacobs-Jenkins 2015.

60 Bei Niklas Luhmann selbst werden diese interessanten Graubereiche leider nicht näher ausgeleuchtet. Ihn interessieren unter dem Stichwort brauchbarer Illegalität die adaptiven Strategien, mit »denen sich ein Organisationsmitglied helfen kann, wenn es Strecken problematischer Legalität durchwandern« muss. Ob die brauchbare Illegalität »möglicherweise durch gute Juristen zu retten wäre«, ist für ihn an dieser Stelle uninteressant; siehe Luhmann 1964b, S. 304. Dabei sind aus einer organisationswissenschaftlichen Perspektive gerade die Vorgehensweisen interessant, mit denen Handlungen im Graubereich entweder in Richtung Regelkonformität oder Regelbruch verschoben werden.

61 Robin M. Williams 1970, S. 430 rekurriert mit Bezug auf Howard S. Beckers (1963) »Outsiders« auf institutionalisierte Normen allgemein. Meines Erachtens gilt das Argument auch für formalisierte oder positivierte Normen. Der Versuch, durch Lobby-Arbeit die Komplexität von Regelwerken so zu erhöhen, dass das Graubereiche ausgeweitet werden, wird am Beispiel von Finanzmärkten von Prechel und Hou 2016 beschrieben.

62 Siehe als Fallstudie über den Celler-Kefauver Act in den 1960er Jahren Palmer 2012, S. 247f.

63 Die innovativen Arbeiten der Forscher um Lauren B. Edelman beschäftigen sich vorrangig mit der Frage, wie die Praxis von Organisationen die Rechtsauslegung zum Beispiel im Arbeits- und Umweltrecht beeinflusst. Siehe auch Edelman 1990; Edelman et al. 1991; Edelman und Stryker 2005; Edelman und Suchman 1999; Edelman und Talesh 2011. Sie lassen sich aber mit leichten Modifikationen auf die Ausbildung formaler Regeln der Organisation durch die Interpretation in der alltäglichen Praxis übertragen.

64 Im englischen Original »If you make 10,000 regulations you destroy all respect for the law.« Zitiert nach Langworth 2008, S. 17.

65 Dementsprechend sehen auch die Qualitätsnormen ISO 26000 vor, dass Organisationen anerkennen sollten, dass Recht und Gesetz zu achten sind; siehe dazu Hahn 2013.

66 Auf diese wichtige Unterscheidung habe ich in meinen Ausarbeitungen zu Organisationskulturen immer wieder hingewiesen. Siehe nur Kühl 2020a, S. 107f. Siehe besonders Kühl 2018b für die folgende Argumentation.

67 Siehe dazu Bergmann 2016, S. 4. Weil es sich auch um verwaltungs- oder zivilrechtliche Verstöße handelt, ist der Begriff der Kriminalität, der lediglich strafrechtliche Verstöße umfasst, ungenau; siehe dazu Yeager 2007, S. 26.

68 Der Text basiert aus Überlegungen in Kühl 2020b.

69 Für eine systemtheoretische Betrachtung über den Mechanismus der Komplexitätsreduktion siehe für Organisationen Luhmann 1964b, S. 59ff. und für Recht Luhmann 2005b, S. 227. Bei Organisationen werden diese Erwartungen häufig schriftlich spezifiziert, können aber auch mündlich kommuniziert werden. Bei Staaten werden die Erwartungen dagegen immer in Form von Gesetzen, Verordnungen oder Richtlinien schriftlich formuliert.

70 Siehe grundlegend dazu Stinchcombe 2001; siehe dazu auch Schauer 1991, S. 12, der auf die Regelbildungsprinzipien außerhalb des Rechtssystems in Kirchen und Vereinen hinweist. Leider geht Schauer in diesem Standardbuch zur Funktion von Regeln nicht systematischer auf den Unterschied zwischen Positivierung und Formalisierung ein. Für eine Behandlung der Frage in einem Lehrbuch siehe Twining und Miers 2010, S. 25ff.

71 Niklas Luhmann 1972, S. 256, weist am Beispiel des »Hausrechts« älterer Hochkulturen und dem »Korporationsrecht« des Mittelalters darauf hin, dass sich Formen »nichtgesellschaftlichen Rechts« in allen differenzierten Gesellschaften ausgebildet haben, stellt aber den für die moderne Gesellschaft spezifischen Charakter der »Formalisierung« heraus. Siehe für eine leicht andere Verwendung des Begriffs des Sekundärrechts im Europarecht Meurs 2012.

72 Es gibt konkurrierende Lesarten zum Konzept der »brauchbaren Illegalität«. Neben der Vorstellung, dass sich der Illegalitätsbegriff schon terminologisch auf das Rechtssystem beziehen muss, gibt es auch das Verständnis, dass das Konzept brauchbarer Illegalität nicht problemlos auf Verstöße gegen das Rechtssystem angewendet werden kann; so zum Beispiel Schröder 2019, S. 21. Zur einer frühen – wenn auch sprachlich anders gefassten Formulierung des Gedankens der brauchbaren Illegalität siehe Busch 1933, S. 98ff.

73 Siehe zum Phänomen moderner Sklavenarbeit umfassend O'Connell Davidson 2015; siehe auch Crane 2013.

74 Die Durchsetzbarkeit von Erwartungen hängt selbstverständlich davon ab, wie sehr der Arbeitsmarkt durch Vollbeschäftigung oder hohe Arbeitslosigkeit gekennzeichnet ist; siehe dazu die Anreiz-Beitrag-Theorie von March und Simon 1958; aufschlussreich dazu auch Kette 2017.

75 Ausnahmen sind Staaten wie die Sowjetunion unter Stalin oder das nationalsozialistische Deutschland, die einen organisationsnahen Zugriff auf ihre Bürger anstrebten; siehe dazu Pollack 1990.

76 Siehe zu der prominent eingeführten Unterscheidung von Arbeits- und Interessensorganisationen Schimank 2002.

77 Wörtlich heißt es bei Edelman und Suchman 1997, S. 480: »Modern organizations are immersed in a sea of law«. Bei der Beschreibung des Einflusses von Recht folge ich ihrer Darstellung. Auf die parallele Ausdifferenzierung von Recht als Funktionssystem und Organisation als spezifisches, mitgliedschaftsbasiertes System kann hier nicht eingegangen werden.

78 Eine Ausnahme gibt es bei unterschiedlichen länderspezifischen Sensibilitäten für die Einhaltung von Gesetzesnormen. So lässt sich beobachten, dass manche Unternehmen in Entwicklungsländern ein eher entspanntes Verhältnis zu den dort herrschenden Gesetzesnormen zeigen, gerade wenn sie denken, dass diese sowieso nur in Ausnahmefällen durchgesetzt werden können. Dies wird aber in der Regel nicht als offizielle Maxime ausgegeben, sondern schleicht sich eher informal ein.

79 Siehe für eine weite Bestimmung von kriminellen Organisationen, die terroristische politische Vereinigungen, organisierte Straßengangs, in der Illegalität agierende Söldnertruppen und mafiöse Organisationen umfasst, Albini 1971.

80 Deswegen ist es ein theoretischer Fehler, jeweils eine Kopplung von Formalität und Legalität einerseits sowie Informalität und Illegalität andererseits zu unterstellen. Das Verhältnis ist komplexer.

81 Jens Bergmann (2016, S. 7) weist in einem informativen Übersichtsartikel mit Verweis auf Croall 2009; Lynch et al. 2004 und Kölbel 2014 darauf hin, dass im Gegensatz zur Forschung über organisierte Kriminalität in der Forschung über organisationale Kriminalität kaum Fortschritte gemacht worden sind.

82 Siehe zu den Los Zetas in Mexiko zum Beispiel Fernández Menéndez und Ronquillo 2010; Grayson und Logan 2012. Ob es sich bei den Los Zetas um die Transformation einer Organisation mit einer ausgeprägten organisationalen Kriminalität zu einer Organisation mit eindeutig organisierter Kriminalität oder um die Neugründung einer kriminellen Vereinigung durch desertierte Mitglieder einer staatlichen militärischen Eliteeinheit handelt, müsste konzeptionell noch näher geklärt werden.

83 Siehe zu den Formenwechseln bei der Mafia früh schon Catanzaro 1985; ausführlich zur sizilianischen Mafia Catanzaro 1988. Die Rolle der Mafia in legalen Industrien behandeln Gambetta und Reuter 2016.

84 Siehe aber zum Beispiel den Versuch von Anthony Schneider 2004, Tony Soprano aus der Mafia-Serie »Die Sopranos« Managern als erfolgreiches Rollenmodell nahezubringen.

85 Die klassische belletristische Aufarbeitung der Schwierigkeit bei der Mutation eines gefürchteten Räubers zum ehrbaren Bürger findet sich in Ottfried Preußlers »Räuber Hotzenplotz« (siehe die Wandlung über die drei Bände Preußler 2012a, 2012c, 2012b). Eine aktuelle Fallstudie über eine ähnliche Mutation mit vergleichbaren Schwierigkeiten auf der Ebene der Organisation bietet die kolumbianische Farc (siehe dazu Guzman und Holá 2019; Olasolo und Cantor 2019, fünf interessante Interviews zur Transformation der Organisation finden sich in Davalos et al. 2018).

86 Zur Schwierigkeit der Definition der »richtigen Schuldigen« siehe auch Fisse und Braithwaite 1993; Green 2004; Wells 2005.

87 Den Hinweis auf den Begriff von Hermann Lübbe verdanke ich dessen häufiger Wiederholung in den Arbeiten von Günther Ortmann (siehe nur z.B. Ortmann 2010a, S. 384; Ortmann 2010b, S. 247f. oder Ortmann 2017, S. 242).

88 Interessanterweise wird die Verantwortung in der Regel nicht, was naheliegend wäre, den jeweiligen Organisationseinheiten zugeschrieben, außer wenn sie als Organisation mit eigenem Rechtsstatus ausdifferenziert sind. Es scheint nur zwei Alternative der Bestrafung zu geben: entweder das einzelne Organisationsmitglied oder die ganze Organisation.

89 Organisationsstrafrecht heißt im konkreten Fall besonders Unternehmensstrafrecht, weil sich die strafrechtliche Verfolgung staatlicher Organisationen wie Polizeien, Armeen oder Verwaltungen in ihrer Gesamtheit als schwierig herausgestellt hat. Siehe zur Diskussion über Corporate Liability umfassend zum Beispiel Mittelsdorf 2007; Gobert und Punch 2003; Wells 2005. Weil mich hier prinzipielle Argumente interessieren, schlage ich den deutschen Sonderweg, Gesetzesverstöße von Unternehmen über das Ordnungswidrigkeitsgesetz und nicht über ein Unternehmensstrafrecht zu bestrafen, nicht ein. Interessenten seien zum Beispiel auf Kindler 2008; Wagner 2016 oder Roxin 2018 verwiesen. Siehe auch das frühe Plädoyer für ein Unternehmensstrafrecht bei Dannecker 2001 und die deutliche Ablehnung durch Schünemann 2014.

90 Siehe zum Trend besonders in den USA, jedes strafrechtliche Handeln eines Organisationsmitgliedes immer auch auf die Organisation zuzurechnen, zusammenfassend Perschke 2011, S. 327.

91 Siehe zu acht Bedingungen für ein Compliance Programm Walsh und Pyrich 1994, S. 685f. Um im Zweifelsfall strafmildern zu wirken, müsse ein Compliance Programm (1) seit einer angemessenen Zeit etabliert und (2) vom Top-Management implementiert worden sein, müsse ferner (3) die Verhinderung eines möglichen kriminellen Verhaltens von Organisationsmitgliedern zum Ziel haben, (4) auf die Kultur der Organisation abgestimmt sein, (5) das Bedürfnis der Organisation zur Gesetzeskonformität zum Ausdruck bringen, (6) den Organisationsmitgliedern gegenüber kommuniziert und (7) durchgesetzt sowie (8) regelmäßig überprüft und überarbeitet werden. Gerade die englischsprachige Literatur ist dazu kaum noch zu übersehen, siehe nur zum Beispiel Stone 1980; Kraakman 1984; Pitt und Groskaufmanis 1989; Huff 1996; Laufer 1999 oder Brown 2000. Umfassend besonders Laufer 2006

92 Rechtstheoretisch steckt dahinter die Theorie der »realen Verbandspersönlichkeit« von Otto von Gierke 1963. Siehe für eine prägnante Einordnung Kindler 2008, S. 26.

93 Theoretisch interessant siehe Teubner 1987b und besonders Barkan 2013. Siehe für nähere Details die beste Studie zur Ausbildung der Idee der »legal

person« in den USA Matys 2011. Für eine gut lesbare, historische Studie über die Ausbildung von Unternehmen als korperative Akteure in den USA und den Zusammenhang mit Gesetzesverstößen siehe Nace 2003. Für Studien zur Ausbildung der Idee der juristischen Person in Frankreich siehe Saleilles 2003; in Spanien Gómez Tomillo 2015; in Deutschland Rotter 1968 und Ott 1977. Siehe allgemein auch schon Hallis 1978.

94 Dieser Prozess ist aus ganz unterschiedlichen theoretischen Perspektiven beschrieben worden. Siehe zum Akteursstatus von Organisationen im Neoinstitutionalismus Meyer 1992a, zum Begriff des korporativen Akteurs im Ansatz des akteurszentrierten Institutionalismus Mayntz und Scharpf 1995 und nicht zuletzt zum Begriff des kollektiven Akteurs Coleman 1982 Für eine systemtheoretische Einordnung siehe Drepper 2018, S. 318ff.

95 Um genau zu sein, ist diese Aussage anders überliefert: »No soul to damn, no body to kick«. Bei der obigen Variante handelt es sich um eine Anpassung an den modernen Sprachgebrauch. Aber auch bei diesem Zitat gibt es Zweifel, ob es in dieser Form korrekt ist. Andere Quellen zitieren Edward Thurlow mit »Corporations have neither bodies to be punished, nor souls to be condemned; they therefore do as they like.« Siehe zur Bedeutung der Aussage Edward Thurlows in der Rechtstheorie z. B. Barrile 1993. Auch wenn der Ausspruch immer wieder dafür genutzt wird, die Einführung eines Organisationsstrafrechts zu verhindern (so die Kritik von Ortmann 2017, S. 249f.), ändert es nichts daran, dass seit dem Ausspruch des Lord Chancellors keine Wege gefunden wurden, Organisationen als juristische Personen einer Prügelstrafe zu unterziehen oder ins Gefängnis zu sperren.

96 Soziologisch wurde diese Position am prominentesten von Donald R. Cressey (1988) in seinen späten Jahren vertreten. Letztlich die soziologische Position eines radikalen methodologischen Individualismus, kontrolliert durch einen gewissen Pragmatismus, fordert Cressey (1988, S. 34), dass in der Rechtsprechung aus Fairnessgründen an der »legalen Fiktion« der juristischen Person festgehalten werden sollte. Eine erste Reaktion darauf kam von Braithwaite und Fisse 1990. Siehe auch die Diskussion von Geis 1995a.

97 Siehe dazu Wagner 2016, S. 124f. Rechtstheoretisch findet sich diese Position bekanntlich in der Vertretertheorie Friedrich Carl von Savignys (1840) wieder, der die Idee der »persona ficta« rechtstheoretisch weiterentwickelte. Siehe dazu auch Kindler 2008, S. 24f.

98 Luhmann unterscheidet hier begrifflich zwischen Verantwortung, mit der er die »Differenzierung von Entscheidungszuständigkeiten nach exklusiven Kompetenzen« meint, und Verantwortlichkeit, die die »Rechenschaftspflicht für Fehler« bezeichnet (Luhmann 1964b, S. 178f.). Siehe zum Spannungsverhältnis von Verantwortung und Verantwortlichkeit auch schon früh Luhmann 1961, S. 9ff. Siehe zur Bestimmung von Verantwortung als Beitrag zur Unsicherheitsabsorption von Entscheidungen auch Luhmann 2000, S. 197 und Luhmann 2002b, S. 43.

99 Ulrich Beck (1988) hat den Begriff der »organisierten Unverantwortlichkeit« deswegen auch auf gesellschaftliche und nicht auf organisationale Verantwortungsdiffusionen bezogen. Siehe jedoch Bernd Schünemann 1979, S. 34, für eine präzise Anwendung auf Organisationen

100 Siehe früh Luhmann 1961, S. 13ff. zu den begrenzten Chancen der Hierarchie, Verantwortlichkeiten nach unten abzuwälzen.

101 Siehe zur geringen Vergeltungswirkung des auf einzelne Organisationsmitglieder zielenden Strafrechts früh schon Busch 1933.

102 Diese Funktion der Einrichtung von Compliance-Abteilungen und Compliance-Systemen ist zuerst von William S. Laufer beschrieben worden: »The purchase of compliance for purposes of liability shifting and cost internalization results in a redefinition of this deviance. Acts that were once held to be those of the firm, now remain those of indidividual employees. The evisceration of vicarious liability along with unbridled prosecutorial discretion in the intuitive evaluation of compliance effectiveness may be used to explain the steady increase in white-collar prosecution. Moral hazard theory reveals that certain compliance orientations have the counterintuitive effect of increasing white-collar deviance« (Laufer 1999, S. 1415f.).

103 Siehe dazu Gobert 2008, S. 62f. Zu diesem Ansatz siehe schon früh Lee 1928.

104 Aus einer marktliberalen Position kritisch zu dieser Strategie Hasnas 2006, S. 45ff.

105 Die Möglichkeiten von Organisationsmitgliedern werden dabei in der Literatur deutlich ausführlicher diskutiert als die Möglichkeiten von Kunden und Klienten; siehe zu der Figur des »Whistle Blowers« in der Literatur zum Beispiel Dozier und Miceli 1985; Glazer 1989; Near und Miceli 1987; Fred 2001.

106 Siehe zum Verbot der Justizverweigerung in modernen Rechtssystemen Luhmann 1990a, S. 467f.

107 Zitat nach Mandeville 1998, S. 92.

108 Diese Überlegungen habe ich zuerst ausgearbeitet in Kühl 2020c.

109 Zur komplexen, aber letztlich eigennützigen Motivlage von Selbstmordattentätern siehe Gambetta 2006.

110 Zu dieser Unterscheidung siehe nur beispielhaft Michalowski 1985.

111 Siehe auch früh zu dieser Unterscheidung Geis 1962.

112 Siehe für die weitgehende Ignorierung des Unterschieds zum Beispiel Sutherland 1949. Dies findet sich auch noch später in der Literatur; siehe nur Mars 2013, S. 48, in der (nur) für die Organisation funktionale Regelabweichung im Flugzeugbau in der Studie von Bensman und Gerver 1963 mit Illegalitäten gleichgesetzt wird, die nur den Organisationsmitgliedern nutzen.

113 In der Polizeiforschung wird die für die Organisation funktionale Regelabweichung vorrangig unter dem Begriff der Noble-Cause-Corruption diskutiert; siehe dazu besonders Cooper 2012 Eine ausführliche Einordnung in Caldero et al. 2018. Sehr interessant zum Thema Zum-Bruch 2019.

114 Ein interessanter Fall ist die Einschätzung der Politik von Dick Cheney, des ehemaligen Vorstandsvorsitzenden von Haliburton, in seiner Rolle als US-Vizepräsident; siehe dazu Gellman 2009.

115 Noch deutlicher als in der Autobiographie von Abagnale wird die Sympathie für die Verbrecher auf Kosten der Großorganisationen in der filmischen Umsetzung mit Leonardo DiCaprio in »Catch Me If You Can«. Interessant ist die Differenz zwischen Organisationsmitgliedern, die durch ihr Leiden an der Organisation dazu kommen, dieser ein oder mehrere Schnippchen schlagen zu wollen, und Personen, die über Hochstapelei eine Organisationsmitgliedschaft erreichen oder simulieren.

116 Zum Unterschied zwischen der Verwendung für private Zwecke und dem Weiterverkauf siehe Henry und Mars 1978.

117 Bei Hollinger und Clark1982 wird diese Form der »Property Deviance« – die Aneignung von »greifbarem Eigentum« – von der »Production Deviance« – dem Verstoß gegen formale Arbeitsnormen zur Schonung der eigenen Arbeitskraft – unterschieden.

118 Sicherlich fällt die Korruption bei »öffentlichen Amtsträgern« wie Verwaltungsmitarbeitern, Polizisten oder Lehrern besonders ins Auge, aber es gibt meines Erachtens keinen Grund, Korruption auf den Missbrauch staatlicher Machtpositionen für einen privaten Vorteil zu begrenzen (so noch z. B. Senturia 1931 oder Noonan 1984). Im Prinzip hat jedes Organisationsmitglied die Möglichkeit, den Kontakt zur Umwelt der Organisation zum eigenen Vorteil auszunutzen. Zur Einschätzung der Rechtsetzung und Rechtsprechung im Sinne dieser Ausweitung siehe Green 2006, S. 195f.

119 Zur Bedeutung siehe Clark und Hollinger 1983. Dieses Phänomen wird im englischen Sprachraum auch unter dem Schlagwort »withdrawal from work hypothesis«, der körperlichen oder mentalen Abwesenheit am Arbeitsplatz aufgrund von Frustration, diskutiert (siehe z. B. Bryant 1975). Im deutschsprachigen Raum wird das Phänomen unter dem Begriff der »inneren Kündigung« behandelt (siehe z. B. Höhn 1986; Höhn 1989).

120 Bei Gerald Mars' Aufteilung handelt es sich um ein an Mary Douglas angelehntes Vier-Felder-Schema mit den beiden Dimensionen Vernetzungscharakter (grid) und Gruppendruck (group strength). Auf die Darstellung der durch Fatalismus gekennzeichneten Esel, die der Organisation vorrangig durch Frustration schaden, wird hier nicht eingegangen (siehe dazu Mars 1982, S. 66ff.; Mars 2013, S. 41f.).

121 Die Begriffe klingen im Englischen eleganter. Die Rede ist von »counter productive work behaviour«, von »workplace deviance« oder von »workplace delinquency« (siehe z. B. Mangione und Quinn 1975).

122 Die Anlehnung an männliche Kleidungsnormen, häufig mit Uniform-Charakter, ist dabei nicht zufällig, weil lange Zeit davon ausgegangen wurde, dass vorwiegend Männer hohe Positionen in der Gesellschaft erlangen, um von dort aus kriminelle Aktionen unternehmen zu können.

123 Bei Sutherland 1983, S. 7 wird »white collar crime« definiert »as a crime committed by a person of respectability and high social status in the course of his occupation«.

124 Das Konzept des »white collar crime« hat die Diskussion in den USA stark geprägt. Ein grundlegendes Problem dieses Konzeptes war jedoch, dass es Regelabweichungen an die Zugehörigkeit zu Klassen und nicht zu Organisationen gebunden hat (siehe die frühe Kritik z. B. von Edelhertz 1970 oder Lauderdale et al. 1978). Zum grundlegenden Unterschied einer mit dem Klassenbegriff argumentierenden (impliziten) marxistischen Theorie zu einer systemtheoretischen Herangehensweise siehe Kühl 2018a.

125 Siehe nur als ein Beispiel die an Praktiker gerichtete Literatur zu Diebstählen durch Organisationsmitglieder, siehe unter gleichem Titel Bliss und Aoki 1993 und New 1994.

126 Grundlegend zum Problem der Entfremdung von Mitgliedern in Organisationen Blauner 1964.

127 Aber schon bei der Belohnung des Publizierens von Fachartikeln oder des Einwerbens von Drittmitteln werden die Grenzen deutlich. In den Steuerungsvorstellungen einiger Hochschulpolitiker funktionieren Wissenschaftler nach einem aus der Fließbandarbeit abgeleiteten simplen Kausalmodell. Wenn man Geldprämien für das Schreiben von Fachartikeln oder das Einwerben von Drittmitteln zur Verfügung stellt, werden Wissenschaftler, so die Annahme, zusätzliche Anstrengungen in diese Richtung unternehmen. Die negativen Auswirkungen dieser Motivationsmaßnahmen sind unter dem Begriff des »Crowding Out« – der Motivationsverdrängung – ausführlich beschrieben worden. Siehe dazu Frey und Jegen 2001.

128 Siehe dazu die Studien zum Phänomen des »knock-off« im Hotel- und Gaststättengewerbe. Siehe z. B. Mars et al. 1979, S. 33f. Mars und Nicod1984, S. 8 berechnen das »total rewards system« im Hotel- und Gaststättengewerbe als Summe aus »basic pay + subsidised lodging + subsidised or free food + tips + fiddles + ›knock-offs‹«. Siehe zu den informalen Belohnungen in Zeitungsredaktionen das Motto unter Journalisten »A good story deserves good expenses« Mars 2013, S. 39.

129 Die These von Zeitlin basiert auf der Untersuchung der Motive von Diebstählen durch Mitarbeiter von Kleidungsgeschäften. Die Überlegungen ähneln stark dem von Michael Burawoy1979 beobachteten Konzept des »making out« auf dem »shop floor«. Zu den Problemen der Fragen nach Motiven siehe Mills 1940; siehe auch ausführlich Gerth und Mills 1954.

130 Zum Fall der sehr gut untersuchten Special Purpose Entities bei Enron Barreveld 2002; Fox 2004; Fusaro und Miller 2002; McLean und Elkind 2004; Salter 2008.

131 Im Original heißt es bei J. P. Martin 1962, S. 115. »a cheap way of buying good morale and personal relationship«.

132 Lawrence R. Zeitlin 1971, 26, schlägt vor, folgende Kalkulation vorzunehmen: »1. How much is employee theft actually costing us? 2. What increases in employee dissatisfaction controlled theft? 3. What increase in employee turn-over could we expect? 4. What would it cost to build employee motivation up to a desirable level by conventional means of job enrichment or through higher salaries?«

133 Siehe dazu die englische Übersetzung von Alena Ledeneva 2011, S. 722: »The imperfection of our laws is compensated for by their non-observance.«

134 Siehe dazu auch Möllers 2018, S. 271ff.

135 Siehe dazu aus verschiedenen theoretischen Richtungen zum Beispiel Bourke 1999; Waller 2002; Collins 2008; Kühl 2014.

136 Siehe zur engen Beziehung der Administration des US-Präsidenten George W. Bush zu Enron und den sehr plötzlichen Abstandsbewegungen nach der Pleite z. B. Nace 2003, S. 212.

137 Einschlägig dazu ist Holzer 2015, S. 48, mit seiner grundlegenden Unterscheidung von »contained informality« zur »unbounded informality«. Er grenzt davon weiter noch »conspiratorial informality« und »corrupt informality« ab. Siehe für das Phänomen der »unbounded informality« auch seine frühere Verwendung des Begriffs »wilde Informalität« Holzer 2007, S. 364. Mich interessiert hier allerdings nicht das breitere Phänomen der »informality«, sondern die spezifischere Ausprägung in Form von »illegality«. Es würde sich lohnen, dass Verhältnis von »unbounded illegality« und »unbounded informality« theoretisch näher zu bestimmen.

138 In der Literatur wird zwischen »komplementären informellen Institutionen«, »entgegenkommenden informellen Institutionen« und »ersetzenden informellen Ordnungen« unterschieden; siehe Lauth 2000, S. 25; Helmke und Levitsky 2004, S. 728.

139 Zum Begriff der »potemkinschen Bürokratie« siehe nur zum Beispiel Weltz 1990, S. 10; Groffebert 1995, S. 131; Neuberger 1995, S. 2f.; Holzer 2015, S. 50. Ich plädiere dafür, den Begriff der potemkinschen Organisation nicht für das »normale« Schauseitenmanagement von Organisationen zu verwenden, sondern ihn nur für die Organisationen zu benutzen, in denen die formale Seite und die Schauseite weitgehend zusammenfallen. Siehe auch den Begriff der »mock bureaucracy« von Gouldner 1954a, in der alle davon ausgehen, dass Regeln ständig gebrochen werden.

140 In der ökonomischen Forschung wird dieses Argument häufig mit Verweis auf die Beziehung zwischen dem Niveau der Korruption und dem Einkommen pro Kopf vorgebracht; siehe nur beispielhaft Mauro 1995. Die Zuordnung eines höheren Grades an Korruption zu einzelnen Ländern hat Forschern schon früh die Kritik eingebracht, durch die Verabsolutierung westlicher Standards eine Form kulturellen Rassismus' zu betreiben. Siehe die frühe Kritik von Gunnar Myrdal (1970, S. 230) an der Selbstzensur von Korruptionsforschern als Ergebnis einer »diplomacy in research«. Siehe zu diesem Problem Klitgaard

1988, 9f. Zur Frage inwiefern es überhaupt sinnvoll ist, Daten über Korruption auf der Ebene von Nationalstaaten zu erheben, siehe Heywood 2014, S. 6f.

141 Aber dies darf nicht davon ablenken, dass sich auch in Ländern, die in den Indizes von Lobbyorganisationen als korrupt diskriminiert werden, Organisationen finden lassen, in denen die formale Ordnung ernst genommen wird. So gibt es auch in diesen Ländern Unternehmen, in denen fast sklavisch auf regelkonformes Verhalten der Mitglieder geachtet wird, Verwaltungseinheiten, in denen die Rechtmäßigkeit des Handelns durch zentrale Leitlinien gesichert wird, und Polizeieinheiten, in denen – nicht zuletzt durch gute Bezahlung und genaue Überwachung – sichergestellt wird, dass die Polizisten das machen, was von ihnen formal erwartet wird.

142 Freunde der Belletristik seien zum letzten Punkt auf den durchaus informativen Krimi »Corruption« von Don Winslow 2017 hingewiesen, in dem der fließende Übergang von einer kontrollierten brauchbaren Illegalität zu einer unkontrollierten epidemischen Illegalität am Beispiel einer US-amerikanischen Polizeieinheit als Spannungsbogen genutzt wird. Zur Plausibilität siehe Mark 1977 über die Arbeit der britischen Polizei.

143 Verbunden ist dies häufig mit einer vergleichsweise simpel gebauten Auffassung, dass sich Korruption durch eine Veränderung der Anreizstrukturen im Verhältnis von Prinzipal und Agent reduzieren lässt (siehe den prägnanten Überblick bei Jancsics 2014, S. 360). Siehe für eine Kritik nur beispielhaft Cartier-Bresson 1992; Cartier-Bresson 2000; Persson et al. 2013.

144 Insofern ist Sighard Neckels (1995) Bezeichnung für Korruption als »unmoralischem Tausch« eine typische Beschreibung aus der Perspektive durch westliche Gesellschaften geprägter Wissenschaftler. Aus der Perspektive von Familien ist in vielen Ländern die Bereicherung auf Kosten der Organisation moralisch geboten.

145 Interessant sind dabei die Rechtfertigungsstrategien, wenn Personen im Zuge ihrer Vergehen in anderen Ländern auf kulturelle Gepflogenheiten in ihren Heimatländern verweisen und angeben, dass »das bei uns in Russland so üblich ist«, dass da »alte Gewohnheiten aus Kasachstan die Oberhand gewonnen« haben oder eine »polnische Sicht« im Wege stand (so die von Christian Höffling 2002, S. 96 analysierten Rechtfertigungen vor Gericht).

146 Siehe als Referenz für Organisationen die Beschreibung des »booty capitalism« am Beispiel des Bankensystems auf den Philippinen bei Hutchcroft 1998 oder des »booty socialism« am Beispiel der »bureau-preneurs« in China bei Lu 2000. Siehe zum »booty capitalism« als eine Form des Kapitalismus die Analyse von Max Weber 2016.

147 Interessant sind in dieser Hinsicht Studien über sozialistische Experimente in Entwicklungsländern. Siehe die Kritik von Ángel Santiesteban 2017 an der Politik in Kuba.

148 Siehe für eine Anwendung des Konzeptes auf Nigeria Joseph 2014.

149 Für eine interessante Klassifizierung von Korruption in Entwicklungsländern siehe Khan 2006.

150 Ein Beispiel ist das Personal, das die Sicherheitskontrollen an manchen afrikanischen Flughäfen durchführt. Das Scannen des Gepäcks durch schon lange nicht mehr funktionsfähige Röntgengeräte und die mehr als oberflächliche Durchsuchung dienen nur als Rechtfertigung, den unter Zeitdruck stehenden Fluggästen mit verschiedenen Tricks Schmiergeldzahlung abzuluchsen. Die eigentliche Sicherheitsprüfung findet dann durch das von den internationalen Fluggesellschaften eingeflogene Sicherheitspersonal direkt vor dem Flugzeug statt.

151 Siehe zur Ermöglichung der Beobachtung von Korruption durch die Ausbildung einer funktional differenzierten Gesellschaft Hiller 2005, S. 61ff.

152 Dies führt nicht zu einer Abnahme sozialer Ungleichheiten in einer Gesellschaft. Finanzielles Einkommen und gesellschaftliche Stellung erhöhen zwar die Wahrscheinlichkeit für einen guten Schul- oder Universitätsabschluss, man kann daraus aber keinen direkten Anspruch auf gute Schulen oder gar gute Noten ableiten. Regionen mögen politisch und ökonomisch immer noch von mächtigen Familiennetzwerken bestimmt werden, aber in den meisten Fällen gibt es zum Beispiel in Fragen der Rechtssetzung, der inneren Sicherheit oder auch des Verkehrswesens staatliche Zugriffe.

153 Siehe zur »Öl-Hypothese« versus »Sand-Hypothese« als Überblick Méon und Sekkat 2005; Méon und Weill 2010. Frühe Vertreter für die »Öl-im-Getriebe-Hypothese« bei der Entwicklung von Staaten sind zum Beispiel Huntington 1971; Weiner 1962; Dwivedi 1967; Leff 1964 oder Leys 1965. Siehe grundlegend zur Funktion der »political machine« Merton 1957b. Frühe Vertreter für die »Sand-im-Getriebe-Hypothese« sind McMullan 1961 oder Myrdal 1970.

154 Im Englischen ist die Bezeichnung prägnanter: »space between laws«. Siehe dazu auch Stark 2019.

155 Die Kompetenz nicht weniger Entwicklungshilfeorganisationen besteht darin, Steuergelder so weiterzuleiten, dass deren Verwendung einerseits einer Prüfung der Rechnungshöfe standhalten und andererseits in den Entwicklungsländern wenigstens ansatzweise eine Wirkung entfalten kann.

156 Zur Idee der Übersetzung zwischen Organisationen siehe Czarniawska und Joerges 1996; Sahlin-Andersson 1996; Rottenburg 1996.

157 Siehe speziell zu Afghanistan Marquette 2011; Mujtaba 2013; Lauri 2013.

158 Siehe zur Schwierigkeit des Begriffs von Entwicklungs- und Schwellenland nur beispielhaft Sachs 1990; Escobar 1995; einen guten kritischen Überblick über dominante Konzepte findet sich in Sachs 1992.

159 Riggs selbst spricht von prismatischen Gesellschaften, präziser handelt es sich jedoch eher um prismatische Organisationen. Zur Diskussion über Riggs Konzept siehe Chapman 1966.

160 Die tendenziell rassistische Konnotation des Begriffs ist meines Wissens bisher noch nicht systematisch untersucht worden.

161 In ihren scharfen Analysen moderner Organisationen wird dieser Effekt von René Goscinny und Albert Uderzo immer wieder am Beispiel der römischen Armee persifliert; siehe nur beispielhaft die Figur des Legionärs Studicus in Konfrontation mit den Gepflogenheiten der auf Korsika stationierten Truppen; Goscinny und Uderzo 1975, S. 21ff.

162 Im Englischen heißt die Frage: »Given the great rewards and low risks of detection, why do so many business people adopt the 'economically irrational' course of obeying the law?« (Braithwaite 1985, S. 7).

163 In der Diskussion wird häufig nicht systematisch zwischen Rationalität und Irrationalität einzelner Organisationsmitglieder und der Organisation insgesamt unterschieden. Ich konzentriere mich in der Argumentation hier auf die Frage, ob Regelabweichungen von Organisationsmitgliedern rational abgewogen werden oder nicht.

164 Wörtlich heißt es etwa bei Braithwaite und Geis 1982, S. 302: »Corporate crimes are almost never crimes of passion; they are not spontaneous or emotional, but calculated risks taken by rational actors.«

165 Inzwischen geht die Forschung in eine Richtung, in der verschiedene Motivationsfaktoren für Regelbefolgung oder Regelabweichung in Betracht gezogen werden; siehe z. B. Kagan et al. 2011; Parker und Nielsen 2011.

166 Siehe zu Verfolgungsproblemen die Argumentation von Jacoby et al. 1977 über die Schwierigkeit des Nachweises der Bestechung ausländischer Amtsträger. Siehe zur Kontroverse über die Bedeutung der Verfolgung von Bagatelldelikten zum Beispiel Robinson und Darley 1995 oder Green 1997.

167 Siehe zum Fall der Bagatellabweichung auch Schütz et al. 2018, S. 103f.

168 Siehe zum Ansatz der »expected punishment costs« bei kriminellen Handlungen von Organisationen schon früh Coffee 1981, S. 389f. Hier fehlt es noch an Forschungen, inwiefern Strafzahlungen bewusst einkalkuliert werden. Eine interessante Fallstudie wäre beispielsweise die Zerstörung des elektrisch betriebenen öffentlichen Nahverkehrs in Los Angeles durch ein Kartell von General Motors, Standard Oil und Firestone (siehe Mokhiber 1988).

169 Solche Strategien lassen sich besonders in Entwicklungsländern beobachten, in denen das Rechtssystem noch nicht voll gegenüber dem Politiksystem ausdifferenziert ist. Sie lassen sich aber auch in Industrieländern beobachten, in denen politische Parteien über Jahrzehnte an der Macht gewesen sind. Siehe zur Frage, ob bei Gesetzesbrüchen untergeordneter Behörden auch das Strafrecht greifen sollte Green 1993.

170 Wegen der Prominenz der Rational Choice Theorie ist es wenig überraschend, dass dieses Experiment dort regelmäßig auch in populärwissenschaftlichen Darstellungen der Verhaltensökonomie auftaucht. Siehe nur zum Beispiel die Darstellung in Levitt und Dubner 2006 oder Gneezy und List 2013.

171 Siehe zur Tendenz in Fällen von »Straßenkriminalität« bewährte Theorien wie die rational choice theory, die opportunity theory oder die strain theory auf Fälle von Organisationskriminalität anzuwenden Vaughan 1981; Shover und

Bryant 1993; Shover und Hochstetler 2002; Bergmann 2016. Prominent findet sich diese Position auch bei Fisse und Braithwaite 1993.

172 Zur Soziologie der Verstöße gegen Verkehrsregeln siehe früh schon Ross 1960.

173 Es geht aus der Rational Choice Perspektive nicht um die Erreichung eines »Zero-Levels« bei Regelabweichungen und Gesetzesverstößen, sondern um die Erreichung der optimalen Balance unter Berücksichtigung der Überwachungs- und Bestrafungskosten und der Kosten für Schäden durch die Regelabweichung (siehe dazu Palmer 2012, S. 59).

174 Siehe zur Sanktionierung auf Basis von Rational Choice Überlegungen nur beispielhaft Garoupa 2000.

175 In der Forschung über Regelabweichungen dominieren zurzeit zwei konkurrierende Ansätze. Im ersten Ansatz wird – wie dargestellt – die Regelabweichung über rationale Kosten-Nutzen-Kalkulationen erklärt. Im zweiten kulturalistischen Konzept wird die Erklärung in institutionalisierten Verhaltensmustern gesehen, denen Organisationsmitglieder folgen, ohne Kosten und Nutzen näher durchzukalkulieren (siehe zur Differenz dieser beiden Ansätze z. B. Vaughan 1998; Palmer 2008; Klinkhammer 2013 oder Pohlmann und Höly 2017). Dieses Kapitel sieht sich in einer Tradition von Arbeiten, in denen versucht wird, diese beiden widersprüchliche Ansätze über ein Prozessmodell miteinander in Verbindung zu bringen (am bedeutendsten Brief et al. 2001; Ashforth und Anand 2003; Palmer 2008; Smith-Crowe und Warren 2014). Dieses Kapitel greift Überlegungen aus den verschiedenen Prozessmodellen auf, erweitert sie jedoch systematisch um eine organisationssoziologische Perspektive. So wird in Abgrenzung zu den bekannten, sich an den Formalstrukturen orientierenden Beschreibungen für die Prozesse der Entstehung, des Erlernens, der Herstellung und der der Durchsetzung regelabweichender Praktiken herausgearbeitet, welche Rolle informale Erwartungen spielen.

176 Zum Umgang mit formalen und informalen Normen in Krisen siehe nur beispielhaft Bechky und Okhuysen 2011; Meyer und Simsa 2018; Kornberger et al. 2019.

177 Siehe nur beispielhaft für die klassische Herangehensweise an Innovationen Davenport et al. 2006; Tidd und Bessant 2014; Goffin et al. 2017.

178 Siehe auch die Kritik von Donald Palmer (2008, S. 115, und 2012, S. 174) an der Vorstellung von Blake E. Ashforth und Vikas Anand 2003, dass Initiativen für Regelabweichungen und Gesetzesverstöße oben angestoßen und nach unten weitergegeben werden.

179 Häufig kann sich die in einem Staat gerade noch erlaubte Praxis in einem anderen Land schon nicht mehr im Rahmen des Erlaubten bewegen. So bewegen sich die von Automobilkonzernen eingesetzten Tricks zur Manipulation von Abgaswerten in vielen Ländern in einer rechtlichen Grauzone. Wenn das Know-how zum Schönen der Verbrauchs- und Abgaswerte – Stichwort Wissensmanagement – jedoch von einem Land zum anderen transferiert wird,

kann leicht übersehen werden, dass diese Praxis gegen Gesetze verstößt. Es mag sein, dass einzelne Mitarbeiter bemerken, dass der Konzern durch die weltweite Diffusion von bewährten Täuschungspraktiken in einzelnen Ländern Gesetzesverstöße begehen könnte. Aber wie häufig in solchen Fällen werden Warnungen nicht zur Kenntnis genommen, weil gerade die Sichtweise der Konzernspitze durch die Rechtslage im Heimatland geprägt ist.

180 Siehe in Bezug auf Korruption die Unterscheidung von isolierter und systemischer Korruption Caiden und Caiden 1977, S. 304ff. oder situativer und struktureller Korruption Höffling 2002, S. 78f.

181 Cressey 1976 vergleicht Branchen mit Nachbarschaften. Genauso wie sich in Nachbarschaften unter Jugendlichen Normen der Regelabweichung durchsetzen, können sich auch in Branchen wie der Rüstungs-, Pharma- oder Automobilindustrie Normen der Regelabweichung ausbilden, an die man sich zu halten hat.

182 Hier lägen Anschlüsse an netzwerktheoretisch Arbeiten über die Diffusion von Regelabweichungen in Organisationen nahe; siehe dazu einschlägig Brass et al. 1998.

183 Die Literatur über die Sozialisation von Neulingen in Organisationen ist überraschend blind gegenüber der Unterscheidung von Formalität und Informalität (siehe nur zum Beispiel den Überblick von Ellis et al. 2015). Hier kann man unmittelbar an den Ansatz der »differential association« von Edwin Sutherland anschließen, der herausstellt, dass die Motive, Techniken und Haltungen zu abweichendem Verhalten in sozial verdichteten Interaktionen erlernt werden. Siehe dazu die ersten expliziten Überlegungen in der dritten Auflage von Sutherlands »Principles of Criminology« Sutherland 1939 und den ausgearbeiteten Ansatz in der vierten Auflage Sutherland 1947. Für einen Überblick siehe Matsueda 1988.

184 Eine wichtige Rolle spielt bei dem schrittweisen Vertrautmachen mit abweichenden Praktiken das Gefühl, dass die Neulinge eine Wahl haben, ob sie die Regeln befolgen oder von diesen abweichen. Die Sozialisation in abweichende Praktiken gelingt besonders dann, wenn Neulinge der »Illusion« unterliegen, dass sie sich für die Abweichung von den Regeln selbst entschieden haben (Anand et al. 2005, S. 15).

185 Dieser Prozess ist besonders gut für die Sozialisation in illegale Bereicherungspraktiken untersucht worden, siehe Mars und Nicod 1984, S. 117ff.

186 Für den Fall des Einsatzes von Gewindebohrern zeigen Bensman und Gerver 1963 sehr genau, wie eine solche schrittweise Heranführung von Mitarbeitern an eine illegale Praxis funktioniert.

187 Für diese traditionelle, auf die Formalstruktur fokussierte Managementlehre siehe für die prominentesten Ansätze Fayol 1916; Taylor 1967; Gutenberg 1958.

188 Zur Tauschtheorie immer noch maßgeblich Blau 1964, aber auch Emerson 1976. Umphress und Bingham 2011, S. 624, machen zu Recht darauf auf-

merksam, dass entgegen der Annahme zum Beispiel von Kamdar et al. 2006 oder Tekleab et al. 2005 die Tauschtheorie eher regelabweichende denn regelkonforme Praktiken nahelegt.

189 Was passiert, wenn diese Tauschprozesse nicht gut genug funktionieren, kann man am Verpassen von Zielen aufgrund gleichzeitig schlafender Piloten beobachten. Den Rekord scheinen Piloten von Northwest Airlines mit einem Verfehlen des Flughafens um 240 Kilometer und 78 Minuten ohne Funkkontakt innezuhaben; siehe Pelczar 2019, S. 27.

190 Siehe auch den Verweis auf den »Godfatherism« in englischsprachigen Studien zu Regelabweichungen, zum Beispiel bei Needleman und Needleman 1979, S. 518.

191 Siehe zu dieser doppelten Thematisierungsschwelle im Rechtssystem ausführlich Luhmann 1981, S. 61f. Relevant ist, dass in Organisationen anders als im Rechtssystem auf der Ebene der Interaktionssysteme Rechtsfragen und Machtfragen nicht getrennt sind.

192 Über die Grenzen der Rational Choice Theorie bei der Erklärung von Regelabweichungen hinaus gibt es inzwischen eine umfangreiche Literatur (siehe für einen Überblick nur zum Beispiel Vaughan 1998; Palmer 2008).

193 Dieser an der Rational Choice Theorie orientierte Zugang wirft für Beobachter die Frage auf, weswegen sich angesichts des geringen Aufdeckungsrisikos so viele Organisationsmitglieder an Regeln halten (so z. B. Braithwaite 1985, S. 7).

194 Die Vorgesetzte verlangt mehr oder minder explizit, dass man den Auftrag zeitgerecht erfüllt und dafür auch von zu Hause aus weiterarbeitet, die Personalabteilung erwartet, dass man sich strikt an die formal vorgegebenen Arbeitszeiten hält, die Qualitätsmanagementabteilung fordert, dass die Leistungserbringung strikt nach Vorgabe erfolgt, um die Qualitätszertifizierung durch Kunden nicht zu gefährden, und die Kollegen verlangen, dass man die bewährten Abkürzungen wählt, um die Produktivitätsziele zu erreichen.

195 Ziel der Überlegungen ist es, von der simplen Kontrastierung zwischen entweder rational oder irrational handelnden Regelabweichlern wegzukommen. Siehe für eine solche Differenzierung die Überlegung von Pohlmann et al. 2016, dass die Empfänger von Bestechungsgeldern durch rationale Kalkulationen getrieben werden, während die Bestechenden jenseits rationaler Kalkulationen eher durch die in der Organisation institutionalisierten Erwartungen motiviert werden.

196 Organisationen erreichen ihre Effizienz und Schnelligkeit dadurch, dass Organisationsmitglieder eingespielte Routinen nicht laufend in Frage stellen. Das gilt – und das wird häufig übersehen – sowohl für Routinen, die mit den formalen Strukturen vereinbar sind, als auch für Routinen, die formalen Strukturen entgegenlaufen.

197 Diese Institutionalisierung bis zur Unkenntlichkeit der Regelabweichung ist auch rechtstheoretisch relevant, weil das Prinzip der »mens rea« vorsieht, dass

ein Regelverstoß nur sanktioniert werden darf, wenn sich die Regelverletzer der Natur des Regelverstoßes bewusst sind oder sich zumindest hätten bewusst sein können.

198 Zitat in Popitz 1968, S. 10.

199 Siehe dazu Greve et al. 2010, S. 85. Empirisch wird man nie genau wissen können, wie verbreitet unentdeckte Regelabweichungen sind. Dunkelziffern kann man nicht genau kennen, sonst wären sie keine Dunkelziffern.

200 Die Formulierung von einem »Volk von Richtern, Polizisten und Gefängniswärtern« findet sich in einer Paraphrasierung der Popitz-These bei Günther Ortmann 2003, S. 33. Heinrich Popitz 1968, S. 4, bezieht sich bei seinen Überlegungen auf ein Gedankenexperiment des britischen Essayisten William Makepeace Thackeray, der seine Leser auffordert, sich vorzustellen, was passiere, wenn jeder und jede, die ein Unrecht begehen, entdeckt und bestraft werden müssten. Popitz selbst hat den Hinweis auf Thackerays Essay »On Being Found out« bei Robert Merton 1957a, S. 345, gefunden.

201 Siehe auch die interessante Fallstudie von Hawkins 2001 über die britische Regierungsbehörde Health and Safety Executive.

202 Dass solche Probleme entstehen, ist nicht nur spontan plausibel, sondern inzwischen auch empirisch gut nachgewiesen. Sullivan et al. 2007, S. 268ff. weisen zum Beispiel auf erlittene Reputationsverluste einer Organisation innerhalb eines Netzwerkes von Firmen nach Bekanntwerden eines Skandals hin.

203 Siehe zu diesen sogenannten »qui tam laws« zum Beispiel Caminker 1989 oder Broderick 2007.

204 Manchmal nutzen auch Lobbyorganisationen Gerichtsverfahren, um Aufmerksamkeit auf Regelbrüche zu lenken; siehe für den Bereich der Umweltpolitik Hoffman 1999.

205 Selbst die Wissenschaft ist gegen Skandalisierungen nicht immun und tendiert nicht selten dazu, alltägliche Praxis, die sie normalerweise ignorieren würde, zu verdammen. Siehe nur als ein Beispiel Ashforth und Anand 2003, S. 1ff..

206 Besonders zum Problem des Reputationsverlustes siehe Karpoff und Lott 1993; Deephouse und Carter 2005; Power et al. 2009. Siehe zu Versuchen der Wiedergewinnung von Reputation Pfarrer et al. 2008.

207 Siehe zur unterschiedlichen Ausprägung von Compliance-Maßnahmen Krawiec 2003; Parker und Nielsen 2009. Siehe zur Kritik an einer »cosmetic compliance« Laufer 1999, S. 1407.

208 Siehe dazu umfassend Brunsson 2003; zur Plausibilität dieser Annahme Mathews 1988. Dabei handelt es sich um eine alte Einsicht. Schon Jonathan Swift, der Autor von Gullivers Reisen, beobachtete im frühen 17. Jahrhundert, dass Händler, die täglich schummeln und tricksen, sich nach außen ganz besonders als ehrliche Menschen darstellen; siehe dazu Geis 2009, S. 62.

209 Dabei diffundiert die Idee der Transparenz von politischen Organisationen wie Parteien, Parlamenten und Verwaltungen zunehmend in den Diskurs von

wirtschaftlichen Organisationen. Siehe zu frühen Überlegungen zur Transparenz in der Politik bei Jeremy Bentham besonders Hood 2001, S. 864f.

210 Im Englischen ist von einer »exercise of cleansing« und einer »purifying power« die Rede; siehe Garsten und Lindh de Montoya 2008, S. 89; siehe dazu Ringel 2017, S. 70.

211 Die wichtigste empirische Studie zu diesem Problem, auf die sich alle Arbeiten in diesem Themenfeld explizit oder implizit beziehen, ist Anechiarico und Jacobs 1996. Die Bedeutung dieser Studie für die Diskussion kann gar nicht hoch genug eingeschätzt werden.

212 Auf die Normalität von Katastrophen verweist dagegen Perrow 1984. Der Hype der »high reliability organization« hat inzwischen fast alle Organisationstypen erfasst. Es ist folglich nur eine Frage der Zeit, bis auch Vereine, Parteien oder Nichtregierungsorganisationen anfangen, sich für dieses Prinzip zu interessieren.

213 Siehe zu Stellenbesetzung in der Wissenschaft auch Bathon 2018.

214 Siehe besonders die Studien über Siemens nach dem Korruptionsskandal Sidhu 2009; Dombois 2009; Bergmann 2014; Bergmann 2015b; Klinkhammer 2013; Klinkhammer 2015.

215 Siehe zu derartigen Formen institutionalisierten Whistleblowings zum Beispiel Miethe und Rothschild 1994; Perry 1998; Maria 2008. Einen guten Überblick bietet Vandekerckhove 2006.

216 Siehe dazu eine interessante Fallstudie über Whistleblowing in der Sowjetunion von Lampert 1985.

217 Anechiarico und Jacobs 1996, S. 177 sprechen hier von einer »inadequate authority«.

218 Siehe zur Bereitschaft von sich in hohem Maß mit der Organisation identifizierenden Mitgliedern, Regeln zu brechen, besonders Dukerich et al. 1998, S. 253; Umphress und Bingham 2011, S. 625 oder Chen et al. 2016, S. 1082. In der englischsprachigen Diskussion wird dabei nicht ähnlich systematisch wie in der deutschsprachigen zwischen Zweckidentifikation und Organisationsidentifikation unterschieden.

219 In einem ähnlichen Sinn spricht Gary T. Marx 1981, S. 222ff., von einer »Ironie der sozialen Kontrolle«. Er entwickelt das Argument zwar für das Verhältnis von Polizisten zu Kriminellen, es lässt sich meines Erachtens aber auch auf die Effekte bei der verschärften Durchsetzung von Regelabweichungen innerhalb von Organisationen übertragen. Marcel Schütz, Richard Beckmann und Heinke Röbken 2018, S. 20, sprechen hier von einem Compliance-Paradox. Die durch Compliance losgetretene Normenflut führt zu einer verstärkten Unterwanderung dieser Normen.

220 Der Begriff der Sofa-Kulturen wurde im Zusammenhang des Irakkrieges von Lord Butler of Brockwell geprägt, der sich beschwerte, dass zur Regierungszeit von Tony Blair Entscheidungen nicht über die vorgeschriebenen Dienstwege, sondern in kleinen Runden auf dem Sofa getroffen wurden. Im Bericht

selbst taucht der Begriff nicht auf. Siehe Butler Committee 2004; siehe aber zum Beispiel Roberts 2006, S. 113 und Riley 2009, S. 197.

221 Siehe auch die empirisch eindrucksvolle Studie von Bernstein 2012. Für ein ähnliches Argument aus der Perspektive der Principal-Agent-Theorie siehe Prat 2005.

222 Zur sogenannten Box-Ticking-Culture in Organisationen siehe auch McGivern und Ferlie 2007 oder Larner und Mason 2014. Zur Klage über das »Kindergartenniveau« dieser Tests und der vorangehenden Schulungen siehe Bergmann 2015a, S. 353.

223 Zur Soziologie der Teufelskreise allgemein siehe Masuch 1985.

224 Siehe zum Begriff der perversen Nebeneffekte einer auf Transparenz ausgerichteten Politik besonders Hood 2007.

225 Das Zitat wird immer wieder mit Verweis auf Busch variiert "Man verwechsel nicht die Tugendheit mit Mangel an Gelegenheit.» oder «Man verwechsle reine Sittsamkeit nicht mit Mangel an Gelegenheit.». Siehe für eine heiße Spur zum Orginal »Reue« in Busch 2007.

226 So galt Volkswagen laut des Dow Jones Sustainability World Index nicht zuletzt wegen einer eigenen Geschäftsstelle für Nachhaltigkeit, einem Konzernsteuerkreis zur Nachhaltigkeit und der Einrichtung eines Nachhaltigkeits-Boards als nachhaltigstes Unternehmen der Automobilbranche. Volkswagen wurde zu den »Top 10 ethical car brands« gezählt und vom Calvert Sustainibility Research Department wegen seiner Umwelt-, Sozial- und Governancestandards als aus der Branche herausragendes Unternehmen bezeichnet (siehe dazu und zu weiteren Lobpreisungen vor dem Abgasskandal Rhodes 2016, S. 1502ff.). Die Beispiele für das »moralische Scheitern« von Organisationen mit vorbildlichen Systemen zur Regeleinhaltung könnten beliebig ergänzt werden. Bis beispielsweise bekannt wurde, dass das Management des Energieunternehmens Enron Finanzmanipulationen auch zur persönlichen Bereicherung nutzte, galt dessen System zur Verhinderung persönlicher Bereicherung bei solchen Finanztransaktionen als vorbildlich, siehe Anonymous 2003, S. 2129f.

227 Die Wirkung von Compliance Programmen ist – auch aufgrund von methodischen Problemen – vergleichsweise wenig untersucht worden. Siehe aber Treviño et al. 1999 mit einer eher skeptischen Haltung. Dass die Befragung von Unternehmensspitzen und weitergehend von Verantwortlichen von Compliance-Abteilungen eine positive Korrelation von Compliance-Maßnahmen und Verhinderung von Gesetzesbrüchen ergibt, ist wenig überraschend (siehe z. B. Parker und Nielsen 2009).

228 Zum Zusammenhang von Integrität und Moral siehe Becker 1998, S. 158ff. Die Diskussion über Organisation und Moral ist deutlich älter. Siehe nur für die Diskussion nach dem Zweiten Weltkrieg zum Beispiel Barnard 1958 oder Golembiewski 1965.

229 Aufschlussreich zu diesem Aspekt Matys 2011, S. 205f. Zur kaum noch zu übersehenden und in der Regel theoretisch wenig innovativen Literatur zur

Corporate Social Responsibility siehe nur beispielsweise Carroll 1999; Fukukawa et al. 2007; McWilliams und Siegel 2001. Einen Überblick bieten beispielsweise Idowu et al. 2013.

230 Der Begriff »persona moralis composita« stammt von Samuel Pufendorf 1998; siehe dazu Aichele 2008, S. 8f. Eine ähnliche Position vertritt Peter French 1984, der »conglomerate collectivities« wie Unternehmen aber nicht »aggregate collectivities« wie Mobs oder Massen den Status einer moralischen Person zuweist.

231 Siehe zur Verbreitung dieser Richtlinien besonders in Unternehmen Ziegleder 2007.

232 Howard S. Becker entwickelte das Konzept des »moral entrepreneurs« zur Analyse der Etikettierung abweichenden Verhaltens in der Gesellschaft. Eine Spezifikation des Konzepts auf die Setzung und Durchsetzung von Moralvorstellungen in Organisationen steht aber noch aus. Die Literatur bezieht sich vorrangig auf Organisationen, die als »moral entrepreneurs« auf politische Prozesse einwirken.

233 Siehe als gut gemachte Beispiele Duska 2007 oder Abend 2014. Einen Überblick über die relevanten Texte im Feld bietet Calabretta et al. 2011. Das auch Wissenschaftler bei dieser Moralisierung der Organisation mitmachen, ist gerade in den USA früh kritisiert worden. Siehe nur zum Beispiel die Kritik von Shapiro 1983, S. 307. Siehe zur Ethik als Reflexionstheorie der Moral Luhmann 1984a, S. 319; allgemein auch Luhmann 2008a.

234 Hier lässt sich nachvollziehen, was sich in der Moderne allgemein als Arbeitsteilung zwischen Ethik und Moral ausgebildet hat. Seit dem Ende des 18. Jahrhundert etablierte sich die Ethik als wissenschaftliche Disziplin, die sich mit der »Begründung moralischer Urteile befasste und sich zugleich praktisch für ein begründbares Verhalten einsetzte« (Luhmann 2008e, S. 196f.).

235 Wolfgang Krohn 1999, S. 319, identifiziert neben den auf funktionssystemische Konfliktbereiche bezogenen Ethiken noch Ethiken, die auf technikinduzierte Konfliktbereiche (Reproduktionsethik, Informationsethik), auf ökologische Problemwahrnehmung (Tierethik, Umweltethik), auf solidaritätsbezogene Themen (Fürsorgeethik) und auf Verfahren der Konfliktaustragung (Gerechtigkeitsethik, kommunitaristische Ethik) bezogen sind.

236 Siehe ausführlich Palanski und Yammarino 2007, die Moralität über fünf Merkmale bestimmen – den ganzheitlichen Anspruch an das Denken, Fühlen und Handeln eines Menschen, die Authentizität als Person, die Moralität in Form der Ausrichtung nicht nur auf eigenen Nutzen, sondern auch auf den anderer, die Entsprechung von Worten und Taten und die Standhaftigkeit im Angesicht von Widerständen. Dass auch Organisationswissenschaftler Moral richtig gut finden können und deswegen intensiv nach der Moral der Organisation suchen, sieht man zum Beispiel bei Geser 1989, S. 211ff.; Clegg et al. 2007, S. 107ff. oder Ortmann 2010b, S. 11. Zur Schwierigkeit einer Soziologie der Moral, siehe Nassehi et al. 2015, S. 1f..

237 Niklas Luhmann 2008e, S. 196, spricht von »Appellitis« als einer »Krankheit«, die im »Prinzip harmlos, keinesfalls lebensgefährlich; aber für den, der davon befallen ist, zeitweise doch recht schmerzhaft« sei. Man erkenne das »an eigentümlichen Zuckungen und an der Heftigkeit und Insistenz, mit denen der Kranke agiert und andere anzustecken versucht.«

238 Siehe nur beispielhaft für eine Begeisterung für diese Organisationskulturprogramme Bussmann 2011, S. 67ff. oder Glock 2018, S. 233f. Einflussreich in der Diskussion besonders Jones et al. 2007 und Maon et al. 2010. Es handelt sich dabei um eine spezifische Variante von Kulturprogrammen, die in regelmäßigen Abständen über die Organisation ausgerollt werden, siehe dazu Kühl 2019.

239 Dies findet sich auch in der wissenschaftlichen Literatur, in der unter moralisch verwerflichem Verhalten sowohl Verstöße gegen Gesetzes- als auch gegen Gerechtigkeitsnormen zusammengefasst werden, siehe zum Beispiel Jones 1991; Donaldson und Dunfee 1994; Palmer 2008; Umphress und Bingham 2011; Palmer et al. 2016; Hirsch et al. 2018.

240 Die Vermischung ist in der Literatur mehr oder minder explizit. Siehe nur als Beispiel das Ergebnis eines Workshops zu Definitionsproblemen bezüglich des Begriffs der White-Collar-Kriminalität: »Illegal or unethical acts that violate fiduciary responsibility or public trust, committed by an individual or organization, usually during the course of legitimate occupational activity, by persons of high or respectable status for personal or organizational gain« (in Helmkamp et al. 1996, S. 351). Derlei Vermischungen finden sich auch in Formulierungen, dass nur Organisationen, in denen nicht gegen Gesetze verstoßen werden, als »konsequent ethische Organisationen« bezeichnet werden (Greve et al. 2010, S. 54).

241 Oder die Gesetze wären lediglich eine Rechtsfassade, an die sich niemand gebunden fühlt, weil die gesellschaftlich geteilten Moralvorstellungen sich grundlegend von den Gesetzen des staatlichen Rechts unterscheiden. Solche Prozesse kann man sehr gut in den Ländern beobachten, in denen – häufig auf internationalen Druck – ein Gesetzeswerk eingeführt wurde, das den traditionellen Moralvorstellungen in der Gesellschaft widersprach. Virulent werden diese Differenzen dann besonders an Fragen der Gleichstellung der Geschlechter oder der sexuellen Orientierung.

242 Den Begriff der »moralischen Legalisten« halte ich für passender als der üblicherweise verwendete der »legalistischen Moralisten«. Siehe zum »legal moralism« in der Rechtstheorie besonders die Kontroverse zwischen Hart 1968 und Devlin 2009; ein guter Überblick findet sich bei Kahan 1997. Legalistische Moralisten gehen davon aus, dass Bestrafungen von Regelverstößen dann gerechtfertigt sind, wenn durch die Regelabweichung gegen zentrale in der allgemeinen Moral begründete Regeln verstoßen wird (siehe dazu auch Green 2006, S. 21f.).

243 Siehe dazu auch Walker 1980.

244 Die Opiumkrise in den USA ist nur ein Beispiel dafür, wie unterschiedlich legale und illegale »Drogendealer« behandelt werden; siehe dazu McGreal 2018; Meier 2018. Für eine ganz ähnliche Debatte siehe die populärwissenschaftliche Analyse über den Umgang mit Amphetaminen von Graham 1972 und die ausführlichere Arbeit dazu von Rasmussen 2008. Siehe für eine frühe Kritik an der Doppelmoral in der Drogenpolitik Duster 1970.

245 Siehe zur Trennung von Moral und Recht im Rahmen des Modernisierungsprozesses ab dem 18. Jahrhundert Hart 1968 oder Mitchell 1978.

246 Passas und Goodwin 2004 fassen diese Auffassung in ihrem Buch mit der Aussage zusammen: »It's Legal but It Ain't Right«.

247 Es darf nicht übersehen werden, dass die Moralisierung der Gesellschaft – und damit des Rechts – immer auch aus eigenen Reihen kritisiert wurde. Siehe nur zum Beispiel die Kritik am Moralismus des Sozialismus von Alexander Bogdanov 1984, S. 25.

248 In dem Sinne auch die Aussage von Niklas Luhmann 1972, S. 223, dass die »Trennung von Recht und Moral […] zur Bedingung von Freiheit« wird.

249 Das war auch schon die Kritik an der weiten Bestimmung von White-Collar-Kriminalität durch Sutherland (1940), bei der legalistische und moralische Überlegungen nicht sauber getrennt wurden (siehe früh die Kritik zum Beispiel von Tappan 1947, S. 96ff. Entgegen der breiten, auch moralische Verstöße umfassenden Bestimmung von »White-Collar-Kriminalität« plädierte Tappan für eine strikte Eingrenzung auf durch Gerichte bestätigte Gesetzesverstöße von Organisationen. Zur Debatte siehe unter anderem Friedrichs 2010, S. 251; Reurink 2016, S. 388f.

250 Es gibt auch bei staatlichen Gesetzen Fälle genauer Spezifikation. Man denke nur an die Steuergesetzgebung oder die Straßenverkehrsordnung.

251 Im Prinzip sind der Moralisierung in Organisationen keine Grenzen gesetzt. In der Zeitdimension gibt es kaum eine Möglichkeit, moralische Auszeiten zu fordern. Gerade wegen des Zugriffs der Moralkommunikation auf die ganze Person wird zeitlich begrenztes Handeln in einer Organisationsrolle nicht als Entschuldigung akzeptiert. Der Hinweis, dass man ja nur von 9 Uhr bis 17 Uhr unmoralisch, außerhalb dieser Zeitspanne aber moralisch einwandfrei gehandelt habe, widerspricht allen Vorstellungen von moralischer Integrität. In der Sachdimension kann jedes Thema unter Gesichtspunkten von Achtung und Missachtung anderer Personen beurteilt werden. Jeder vermeintlich auf Kosten anderer erzielte Vorteil kann als Ausdruck moralischer Niederträchtigkeit thematisiert werden. Jede unbedachte Äußerung kann als Ausdruck mangelnder Achtung skandalisiert werden. Jede Lüge zum Schutz anderer – oder der ganzen Organisation – kann als Indiz für mangelnde Integrität betrachtet werden. In der Sozialdimension kann man sich kaum einer Moralisierung durch andere entziehen. Wenn die Regeln für »gutes Verhalten« für alle gleich gelten sollen, dann bedeutet dies, dass nie-

mand vor dem moralischen Urteil anderer sicher ist (zur Universalität von Moral siehe Besio 2018, S. 32).

252 Siehe auch zur Ausbildung der Idee von sozialer Verantwortung von Unternehmen in den USA im frühen zwanzigsten Jahrhundert Marens 2013.

253 Bei Bandura 1999, S. 206, heißt es: »Almost everyone is virtuous at the abstract level.«

254 Dabei handelt es sich um Zitate aus einer hochrangig besetzten Veranstaltung zur Fehlerkultur einer europäischen Armee unter Beteiligung fast des gesamten Generalstabs. Interessant war, dass die aus diesen Wertformulierungen bestehenden Rückmeldungen aus den Workshops und die Zusammenfassungen der Plenumsdiskussionen aus vor der Veranstaltung produzierten Folien bestanden.

255 Oder anders formuliert: »It is striking that the communication is not about values. Rather, the validity of values is assumed« (Luhmann 1996a, S. 65).

256 So z. B. deutlich Carroll 1991. Siehe auch den in der Literatur häufig zu findenden Fehler, dass Abweichungen von organisationalen Normen mit der Abweichung von gesellschaftlichen Normen weitgehend gleichgesetzt werden. Siehe z. B. die Definition von »organizational misbehavior« als »any intentional action by members of organizations that violates core organizational and/or societal norms« (Vardi und Wiener 1996, S. 151).

257 Zum Konzept von »organizational citizenship behavior« siehe van Dyne et al. 1994. Abweichungen von allgemeinen gesellschaftlichen Hypernormen erscheinen dann gleichzeitig auch wie Abweichung von organisationalen Erwartungen. Zum Konzept von Hypernormen – letztlich nur ein anderer Begriff für Werte – siehe Donaldson und Dunfee 1994.

258 Wie wichtig der Bezug auf geteilte Werte bei der Moralkommunikation ist, kann man in einem einfachen Experiment feststellen. Schließlich wäre man sozial ziemlich schnell isoliert, wenn man sich bei der Kommunikation seiner allgemeinen Moralvorstellung nicht auf allgemein geteilte Wertvorstellungen beriefe. Man kann dies einfach testen, wenn man beispielsweise in von den Taliban besetzten Gebieten Afghanistans, im schiitisch geprägten Iran oder in den von Evangelikalen dominierten Gemeinden der US-amerikanischen Südstaaten mit Verve die Position von sexueller Selbstbestimmung vertritt. Bei umgekehrter Versuchsanordnung könnten überzeugte Taliban, radikale iranische Schiiten oder evangelikale US-Amerikaner in einer Diskussionsrunde in Schweden, einer liberalen Kirchengemeinde in den Niederlanden oder einer Universität im Osten der USA verkünden, dass Homosexualität eine Sünde sei. Siehe für eine solche Analyse an etwas unverfänglicheren Themen wie dem Halten von Hunden und dem Waschen von Wäsche Chaudhary 2006.

259 An dieser Frage hat sich die Holocaustforschung über Jahrzehnte abgearbeitet; siehe nur beispielsweise das Konzept des Doubling von Robert Jay Lifton 1986.

260 Siehe aber deutlich optimistischer Bowman 1981; Benson 1989.

261 Die Empirie zu dieser Differenz ist vielfältig. Siehe nur beispielhaft die organisationswissenschaftlichen Untersuchungen über Banken, in denen einerseits in Ethik-Workshops den Kundenberatern beigebracht wird, die Käufer von Finanzprodukten – speziell Witwen und Waisen – nicht zu »bescheißen«, diese danach aber über aggressive Zielvorgaben bezüglich des Umsatzes genau dazu angehalten werden. Siehe dazu Neckel et al. 2018.

262 Siehe Coffee 1977, S. 1099ff., für die Position, dass moralische Reaktionen auf Regelabweichungen häufig nicht nur ineffizient, sondern auch kontraproduktiv sind.

263 Wolfgang Krohn 1999, S. 314, macht zurecht darauf aufmerksam, dass der Vorwurf der Scheinheiligkeit auch an entmoralisierte Akteure zurückgespiegelt werden kann, wenn diese sich auf die »unerbittliche Sachlogik« von Wirtschaft oder Politik berufen und dadurch ihre unmoralischen Praktiken »zu veredeln« suchen.

264 Und weil es sich schön reimt noch seine Ergänzung: »Moral macht Mut zur Wut«.

265 Der Bezug dieser Organisationstypen zu politischen oder religiösen Bewegungen ist nicht zufällig, ist dort doch Moral ein zentrales Instrument zur Mobilisierung der Anhängerschaft; siehe dazu Hellmann 1998, S. 500.

266 Die Moralisierung in solchen Organisationen ist vergleichsweise gut untersucht; siehe nur die klassische Studie von Freeman 1972 über die Tyrannei der Strukturlosigkeit. Für einen Überblick siehe Parker et al. 2013 oder Meyers 2013.

267 Siehe für einen interessanten Anschluss an diese organisationssoziologisch gut belegten Einsichten in die Ubiquität und Funktionalität widersprüchlich strukturierter sozialer Gebilde Weißmann 2017, S. 394ff.

268 Wörtlich heißt es bei March 1978, S. 604: »Hypocrisy is a long-run investment in morality made at some cost (the chance that, in fact, action might otherwise adjust to morals).« Siehe auch die insgesamt schlechte Übersetzung bei March 1990, S. 321.

269 Hinter diesem Gedanken verbirgt sich das bekannte Diktum des vielleicht bekanntesten Moralisten der frühen Neuzeit, François de La Rochefoucauld: »L'*hypocrisie* est un hommage que le vice rend à la vertu« – »Heuchelei ist eine Huldigung, welche das Laster der Tugend darbringt.«

270 Dieser Punkt wird von Jäger und Coffin 2011, S. 138, die moralisch aufgeladene Konflikte in Interaktionen von Organisationen verorten, prominent übersehen. Sicherlich stimmt es, wenn sie schreiben, »Wer nach der Moral der Organisation sucht, stößt zwangsläufig auf die Interaktionssysteme der Organisation« (Jäger und Coffin 2011, S. 148). Aber diese Interaktion ist in hierarchischen Organisationen ganz anders, als es sich die Autoren vorstellen.

271 Zur Polizei siehe aus der älteren Forschung etwa Westley 1956; siehe aktuell auch Skolnick 2002 sowie Rothwell und Baldwin 2007.

272 Siehe auch Cristina Besio 2014, S. 78, für das Argument, dass moralische Kommunikation die technischen oder wissenschaftlichen Auseinandersetzungen behindert.

273 Vgl. zur Ausbildung von Sondermoralen in Organisationen Luhmann 1984a, S. 318.

274 Siehe zur Entmoralisierung als Konsequenz einer Zurechnungsexpansion in der modernen Gesellschaft Lübbe 1998, S. 39 Für eine Forderung nach »moralischen Opportunismus« von Organisationen siehe Pohlmann 2020b, S. 29 Ausführlich dazu Pohlmann 2008.

275 Für das Zitat siehe Marx 1985, S. 363f.

276 Diese Einsicht in die Gleichzeitigkeit von Funktionen und Dysfunktionen findet sich schon in der frühen funktionalistischen Literatur. Siehe nur Durkheim 1984, S. 176ff., oder Malinowski 1949, S. 20ff.

277 In der Polizeiforschung wird dieses Phänomen unter den Begriffen der »performance corruption« und des »task-related-rule-breaking-behavior« subsumiert (zur Abgrenzung der beiden Begriffe siehe Zum-Bruch 2019, S. 34ff.).

278 Besonders die Auswirkung eines verschärften Drucks auf die Erfüllung von Zweckprogrammen ist inzwischen gut untersucht worden. Siehe nur Wright 1979, S. 67f.; Yeager 1986, S. 110; Baysinger 1991, S. 359; Vardi und Wiener 1996, S. 160; Cressey 2001, S. 183f.; Anand et al. 2005, S. 12; Braithwaite 2009, S. 217; Dombois 2009, S. 146; Palmer 2012, S. 186; Bergmann 2014, S. 243. Die Effekte der Einführung von Just-in-time-Lieferung auf illegale Lagerbildung sind bisher noch nicht systematisch untersucht worden. Armeen könnten dafür ein interessantes Analysefeld sein.

279 Diese unterschiedlichen konfligierenden Ziele sind besonders in der Koalitionstheorie von Richard Cyert und James March (1963) herausgearbeitet worden.

280 Siehe dazu auch im Anschluss an Niklas Luhmanns Thesen zu Möglichkeiten und Grenzen einer systemtheoretisch informierten und disziplinierten Sozialkritik Weißmann 2015. Martin Weißmann schlägt eine Art Beweislastregel vor. Lässt sich plausibel machen, dass ein Problem der Organisation nur oder zumindest deutlich besser durch Regelverletzung gelöst werden kann, sollte soziologisch von brauchbarer Illegalität gesprochen werden. Ob die Regelverletzung der einzelnen Person nutzt, sei aus dieser Perspektive zweitrangig.

281 Diese Form des Strukturschutzes gibt es nicht nur Organisationen, sondern auch in Protestbewegungen, Kleingruppen und Familien. Für die Effekte eines Tabubruchs siehe den Film »Das Fest« von Thomas Vinterberg (1998) über die Thematisierung sexuellen Missbrauchs auf einer Familienfeier.

282 Früher hätte man solche institutionalisierten Regelabweichungen als Teil der informalen Organisationsstruktur bezeichnet. Heute würde man die regelhaften Ausweichmanöver in Organisationen eher als Teil der Organisationskultur beschreiben. Siehe zur Verwendung von »Organisationskultur« und »informaler Struktur« als Synonyme ausführlich Kühl 2018b.

283 Siehe dazu Young 1989, S. 201; Alvesson 2015, S. 278.

284 Diese positive Sichtweise von Organisationskultur ist – damals noch unter dem Begriff der Informalität – schon im sogenannten Human Relations Ansatz angelegt; siehe nur beispielhaft Mayo 1933; Roethlisberger und Dickson 1939 oder Trist und Bamforth 1951.

285 Siehe zu dem Ansatz nur beispielhaft aus unzähligen ähnlichen Büchern Sackmann 2006; Taylor 2015; Connors und Smith 2012; (siehe dazu Grubendorfer 2016, S. 72f.)

286 Die Gehorsamkeitsexperimente von Stanley Milgram können in gewisser Weise als Vorläufer verstanden werden, weil sie ja die Bereitschaft zur Verweigerung einer Anordnung gemessen haben (siehe maßgeblich Milgram 1963, 1964, 1965a, 1965b). Zur Interpretation von Milgrams Experimenten als Simulation von Organisationen siehe Kühl 2005.

287 Meine Vorgehensweise unterscheidet sich hier also grundlegend von der beispielsweise von Jackall 1988 oder Palmer 2012, die ihre Arbeit auf die ausführliche Darstellung und Analyse mehrere Fälle stützen.

288 Zur Tradition dieser Forschungen und den Problemen der Methodik siehe auch die frühen Vorreiterstudien von Whyte 1943; Warner und Low 1947; Dalton 1948 und Roy 1952.

289 Diese Überlegungen habe ich vorher in generalisierter Form veröffentlicht; siehe Kühl 2020d.

Literatur

Abagnale, Frank W., JR.; Redding, Stan (2000): *Catch me if you Can: the Amazing True Story of the Youngest and most Daring Con Man in the History of Fun and Profit*. New York: Broadway Books.

Abend, Gabriel (2014): *The Moral Background. An Inquiry into the History of Business Ethics*. Princeton: Princeton University Press.

Aichele, Alexander (2008): Persona Physica und Persona Moralis. Die Zurechnungsfähigkeit juristischer Personen nach Kant. In: *Jahrbuch für Recht und Ethik* 16, S. 3–23.

Alalehto, Tage (2003): Economic Crime. Does Personality Matter? In: *International Journal of Offender Therapy and Comparative Criminology* 47, S. 335–355.

Alatas, Syed Hussein (1980): *The Sociology of Corruption. The Nature, Function, Causes, and Prevention of Corruption*. Singapore: Times Books.

Albini, Joseph L. (1971): *The American Mafia. Genesis of a Legend*. New York: Appleton-Century-Crofts.

Aliyev, Huseyn; Honsel, Konrad (2015): Netzwerke im Südkaukasus: Formen und Funktionen informeller Praktiken. In: *Osteuropa* 65, S. 181–190.

Allen, Robert F.; Pilnick, Saul (1973): Confronting the Shadow Organization. How to Detect and Defeat Negative Norms. In: *Organizational Dynamics* 1, S. 3–18.

Alvesson, Mats (2015): Organizational Culture. In: Stephen Edgell, Heidi Gottfried und Edward Granter (Hg.): *The SAGE Handbook of the Sociology of Work and Employment*. London: Sage, S. 262–282.

Analoui, Farhad; Kakabadse, Andrew (1992): Unconventional Practice at Work. Insight and Analysis through Participant Observation. In: *Journal of Managerial Psychology* 7, S. 2–31.

Anand, Vikas; Ashforth, Blake E.; Joshi, Mahendra (2005): Business as Usual. The Acceptance and Perpetuation of Corruption in Organizations. In: *Academy of Management Executive* 19, S. 9–23.

Andersson, Lynne M.; Pearson, Christine M. (1999): Tit for Tat? The Spiraling Effect of Incivility in the Workplace. In: *Academy of Management Review* 24, S. 452–471.

Andreski, Stanislav (1979): Kleptocracy as a System of Government in Africa. In: Monday U. Ekpo (Hg.): *Bureaucratic Corruption in Sub-Saharan Africa. Toward a Search for Causes and Consequences*. Washington: University Press of America, S. 275–290.

Anechiarico, Frank; Jacobs, James (1994): Visions of Corruption Control and the Evolution of American Public Administration. In: *Public Administration Review* 54, S. 465–473.

Anechiarico, Frank; Jacobs, James (1996): *The Pursuit of Absolute Integrity. How Corruption Control Makes Government Ineffective.* Chicago: University of Chicago Press.

Anonymous (2003): The Good, the Bad, and their Corporate Codes of Ethics. Enron, Sarbanes-Oxley, and the Problems with Legislating Good Behavior. In: *Harvard Law Review* 116, S. 2123–2141.

Arendt, Hannah (1958): *The Origins of Totalitarism.* Ohio: Merdan Book.

Arlacchi, Pino (1986): *Mafia Business. The Mafia Ethic and the Spirit of Capitalism.* London: Verso.

Ashforth, Blake E.; Anand, Vikas (2003): The Normalization of Corruption in Organizations. In: *Research in Organizational Behavior* 25, S. 1–52.

Ashforth, Blake E.; Gioia, Dennis A.; Robinson, Sandra L.; Treviño, Linda K. (2008): Re-Viewing Organizational Corruption. In: *Academy of Management Review* 33, S. 670–684.

Aubert, Vilhelm (1952): White-Collar Crime and Social Structure. In: *American Journal of Sociology* 58, S. 263–271.

Ayeni, Victor (1987): Nigeria's Bureaucratized Ombudsman System. An Insight into the Problem of Bureaucratization in a Developing Country. In: *Public Administration and Development* 7, S. 309–324.

Bachmann, Götz (2009): Teilnehmende Beobachtung. In: Stefan Kühl, Petra Strodtholz und Andreas Taffertshofer (Hg.): *Handbuch Methoden der Organisationsforschung.* Wiesbaden: VS Verlag für Sozialwissenschaften, S. 248–272.

Badaracco, Joseph L.; Ellsworth, Richard R. (1989): *Leadership and the Quest for Integrity.* Boston: Harvard Business School Press.

Badaracco, Joseph L.; Webb, Allen P. (1995): Business Ethics. A View from the Trenches. In: *California Management Review* 37, S. 8–28.

Baker, Wayne E.; Faulkner, Robert R. (1993): The Social Organization of Conspiracy: Illegal Networks in the Heavy Electrical Equipment Industry. In: *American Sociological Review* 58, S. 837–860.

Bandura, Albert (1999): Moral Disengagement in the Perpetration of Inhumanities. In: *Personality and Social Psychology Review* 3, S. 193–209.

Banfield, Edward C. (1975): Corruption as a Feature of Governmental Organization. In: *The Journal of Law and Economics* 18, S. 587–605.

Barkan, Joshua (2013): *Corporate Sovereignty. Law and Government under Capitalism.* Minneapolis: University of Minnesota Press.

Barker, Thomas; Carter, David L. (1994): *Police Deviance.* 3. Aufl. London: Routledge.

Barnard, Chester I. (1938): *The Functions of the Executive.* Cambridge: Harvard University Press.

Barnard, Chester I. (1958): Elementary Conditions of Business Morals. In: *California Management Review* 1, S. 1–13.

Barnett, Harold C. (1981): Corporate Capitalism, Corporate Crime. In: *Crime & Delinquency* 27, S. 4–23.

Barreveld, Dirk J. (2002): *The ENRON collapse. Creative Accounting, Wrong Economics or Criminal Acts?* San Jose: Writers Club Press.

Barrile, Leo G. (1993): A Soul to Damn and A Body to Kick: Imprisoning Corporate Criminals. In: *Humanity & Society* 17, S. 176–199.

Bartlett, Christopher A.; Glinska, Meg (2001): Enron's Transformation. From Gas Pipelines to New Economy Powerhouse. Boston: Harvard Business School Press Case Study.

Bass, Bernard M. (1990): From Transactional to Transformational Leadership. Learning to Share the Vision. In: *Organizational Dynamics* 18, S. 19–31.

Bateman, Thomas S.; Crant, J. Michael (1993): The Proactive Component of Organizational Behavior. A Measure and Correlates. In: *Journal of Organizational Behavior* 14, S. 103–118.

Bathon, Felix (2018): Die Praxis der informalen Stellenvergabe in der Wissenschaft als brauchbare Illegalität. In: *Die Hochschule* 27, S. 67–87.

Baucus, Melissa S.; Baucus, David A. (1997): Paying the Piper. An Empirical Examination of Longer-term Financial Consequences of Illegal Corporate Behavior. In: *Academy of Management Journal* 40, S. 129–151.

Bauschke, Rafael (2014): Unternehmensethik, Corporate Governance und Nachhaltigkeit – was leistet Unternehmenskultur? In: Norbert Homma, Rafael Bauschke und Laila Maija Hofmann (Hg.): *Einführung Unternehmenskultur. Grundlagen, Perspektiven, Konsequenzen.* Aufl. 2014. Wiesbaden: Springer Gabler, S. 167–184.

Bayart, Jean-François (1989): *L'état en Afrique. La politique du ventre.* Paris: Fayard.

Baysinger, Barry D. (1991): Organization Theory and the Criminal Liability of Organizations. In: *Boston University Law Review* 71, S. 341–376.

Bechky, Beth A.; Okhuysen, Gerardo A. (2011): Expecting the Unexpected? How SWAT Officers and Film Crews Handle Surprises. In: *Academy of Management Journal* 54, S. 239–261.

Beck, Ulrich (1988): *Gegengifte. Die organisierte Unverantwortlichkeit.* Frankfurt a. M.: Suhrkamp.

Beck, Ulrich (1996): Das Zeitalter der Nebenfolgen und die Politisierung der Moderne. In: Ulrich Beck, Anthony Giddens und Scott Lash (Hg.): *Reflexive Modernisierung. Eine Kontroverse.* Frankfurt a. M.: Suhrkamp, S. 19–112.

Becker, Franz; Luhmann, Niklas (1963): *Verwaltungsfehler und Vertrauensschutz. Möglichkeiten gesetzlicher Regelung der Rücknehmbarkeit von Verwaltungsakten.* Berlin: Duncker & Humblot.

Becker, Gary S. (1964): *Human Capital. A Theoretical and Empirical Analysis with Special Reference to Education.* Chicago: University of Chicago Press.

Becker, Gary S. (1968): Crime and Punishment. An Economic Approach. In: *Journal of Political Economy* 76, S. 169–217.

Becker, Howard S. (1963): *Outsiders. Studies in the Sociology of Deviance.* New York: Free Press.

Becker, Howard S.; Geer, Blanche (1957): Participant Observation and Interviewing: A Comparision. In: *Human Organization* 16, S. 28–32.

Becker, Thomas E. (1998): Integrity in Organizations: Beyond Honesty and Conscientiousness. In: *Academy of Management Review* 23, S. 154–161.

Belhoste, Nathalie; Nivet, Bastien (2018): Les entreprises et la guerre: vers la responsabilité géopolitique des entreprises? In: *Revue internationale et stratégique* 111, S. 16–25.

Bensman, Joseph; Gerver, Israel (1963): Crime and Punishment in the Factory. The Function of Deviancy in Maintaining the Social System. In: *American Sociological Review* 28, S. 588–598.

Benson, George C. S. (1989): Codes of Ethics. In: *Journal of Business Ethics* 8, S. 305–319.

Benz, Arthur; Seibel, Wolfgang (1992): Statt eines Vorwortes. In: Arthur Benz und Wolfgang Seibel (Hg.): *Zwischen Kooperation und Korruption. Abweichendes Verhalten in der Verwaltung*. Baden-Baden: Nomos, S. 9–16.

Berg, Nicolas (2003): *Der Holocaust und die westdeutschen Historiker. Erforschung und Erinnerung*. Göttingen: Wallstein.

Berger, Johannes (1999): Der Konsensbedarf der Wirtschaft. In: Johannes Berger (Hg.): *Die Wirtschaft der modernen Gesellschaft*. Frankfurt a. M., New York: Campus, S. 155–194.

Bergmann, Jens (2014): Gescheiterte Informalität am Beispiel des Korruptionsfalls Siemens. In: Jens Bergmann, Matthias Hahn, Antonia Langhof und Gabriele Wagner (Hg.): *Scheitern – Organisations- und wirtschaftssoziologische Analysen*. Wiesbaden: Springer VS, S. 231–250.

Bergmann, Jens (2015a): Scheiternde Rechtsnormbildung im Rahmen von Compliance-Kontrolle. In: *Neue Kriminalpolitik* 27, S. 346–358.

Bergmann, Jens (2015b): Vom Versuch, »mit dem Arsch an die Wand zu kommen«. Paradoxien der Compliance-Kontrolle. In: Victoria von Groddeck und Sylvia M. Wilz (Hg.): *Formalität und Informalität in Organisationen*. Wiesbaden: Springer VS, S. 237–260.

Bergmann, Jens (2016): Corporate Crime, Kriminalitätstheorie und Organisationssoziologie. In: *Monatsschrift für Kriminologie und Strafrechtsreform* 99, S. 3–22.

Berliner, Joseph S. (1952): The Informal Organization of the Soviet Firm. In: *The Quarterly Journal of Economics* 66, S. 342–365.

Berliner, Joseph S. (1957): *Factory and Manger in the USSR*. Cambridge: Harvard University Press.

Berman, Bruce J. (1974): Clientelism and Neocolonialism. Center-Periphery Relations and Political Development in African States. In: *Studies in Comparative International Development* 9, S. 3–24.

Bernstein, Carl; Woodward, Bob (1974): *Die Watergate-Affäre*. München: Droemer Knaur.

Bernstein, Ethan S. (2012): The Transparency Paradox. A Role for Privacy in Organizational Learning and Operational Control. In: *Administrative Science Quarterly* 57, S. 181–216.

Besio, Cristina (2013): Uncertainty and Attribution of Personal Responsibility in Organizations. In: *Soziale Systeme* 19, S. 307–326.

Besio, Cristina (2014): Transforming Risks into Moral Issues in Organizations. In: Christoph Luetge und Johanna Jauernig (Hg.): *Business Ethics and Risk Management*, Bd. 43. Dordrecht, s.l.: Springer Netherlands (Ethical Economy, Studies in Economic Ethics and Philosophy, 43), S. 71–84.

Besio, Cristina (2018): *Moral und Innovation in Organisationen*. Wiesbaden: Springer VS.

Blau, Peter M. (1964): *Exchange and Power in Social Life*. London, Sydney: Wiley.

Blauner, Robert (1964): *Alienation and Freedom. The Factory Worker and His Industry*. Chicago: University of Chicago Press.

Bleicher, Knut (1986): Strukturen und Kulturen der Organisation im Umbruch: Herausforderungen für den Organisator. In: *Zeitschrift Führung & Organisation* 2, S. 97–106.

Bliss, Edwin C.; Aoki, Isamu S. (1993): *Are Your Employees Stealing You Blind?* Amsterdam, San Diego: Pfeiffer.

Bogdanov, Alexander (1984): *Red Star. The First Bolshevik Utopia*. Bloomington: Indiana University Press.

Boltanski, Luc; Chiapello, Ève (1999): *Le nouvel esprit du capitalisme*. Paris: Gallimard.

Bolton, David (1977): *The Grease Machine. The Lockheed Papers*. New York: Harper.

Bonazzi, Giuseppe (1983): Scapegoating in Complex Organizations: The Results of a Comparative Study of Symbolic Blame-Giving in Italian and French Public Administration. In: *Organization Studies* 4, S. 1–18.

Bosetzky, Horst (2019): *Mikropolitik. Netzwerke und Karrieren*. Wiesbaden: Springer VS.

Bosetzky, Horst; Heinrich, Peter (1980): *Mensch und Organisation*. Köln: Deutscher Gemeindeverlag.

Boulding, Kenneth E. (1963): Towards a Pure Theory of Threat Systems. In: *American Economic Review* 53, S. 424–434.

Bourke, Joanna (1999): *An Intimate History of Killing*. New York: Basic Books.

Bowman, James S. (1981): The Management of Ethics: Codes of Conduct in Organizations. In: *Public Personnel Management* 10, S. 59–66.

Box, Steven (1998): Power, Crime, and Mystification. London: Routledge.

Braithwaite, John (1984): *Corporate Crime in the Pharmaceutical Industry*. London: Routledge & Kegan Paul.

Braithwaite, John (1985): White Collar Crime. In: *Annual Review of Sociology* 11, S. 1–25.

Braithwaite, John (1989): *Crime, Shame, and Reintegration*. Cambridge: Cambridge University Press.

Braithwaite, John (2009): Criminological Theory and Organizational Crime. In: Hazel Croall (Hg.): *Corporate Crime*. Volume 2 Corporate Crime: *Cases and Explanations*. Los Angeles, London, New Delhi, Singapore: Sage, S. 214–235.

Braithwaite, John; Fisse, Brent (1990): On the Plausibility of Corporate Crime Theory. In: William S. Laufer (Hg.): *Advances in Criminological Theory*. Volume Two. New Brunswick, London: Transaction Publishers, S. 15–38.

Braithwaite, John; Geis, Gilbert (1982): On Theory and Action for Corporate Crime Control. In: *Crime & Delinquency* 28, S. 292–314.

Brass, Daniel J.; Butterfield, Kenneth D.; Skaggs, Bruce C. (1998): Relationships and Unethical Behavior. A Social Network Perspective. In: *Academy of Management Review* 23, S. 14–31.

Braun, Andreas (2015): *Campus Shootings. Amoktaten an Universitäten als nicht-intendierte Nebenfolgen der Restrukturierungs- und Hybridisierungseffekte der Hochschulreformen*. Bielefeld: transcript.

Braverman, Harry (1974): *Labor and Monopoly Capital. The Degradation of Work in the Twentieth Century*. New York, London: Monthly Review Press.

Brief, Arthur P.; Buttram, Robert T.; Dukerich, Janet M. (2001): Collective Corruption in the Corporate World. Toward a Process Model. In: Marlene E. Turner (Hg.): *Groups at Work*. Mahwah: Lawrence Erlbaum Associates, S. 471–499.

Broderick, Christina Orsini (2007): Qui Tam Provisions and the Public Interest: An Empirical Analysis. In: *Columbia Law Review* 107, S. 949–1001.

Brown, Darryl K. (2000): Street Crime, Corporate Crime, and the Contingency of Criminal Liability. In: *University of Pennsylvania Law Review* 149, S. 1295–1360.

Brunsson, Nils (1986): Organizing for Inconsistencies. On Organizational Conflict, Depression and Hypocrisy as Substitutes for Action. In: *Scandinavian Journal of Management Studies* 2, S. 165–185.

Brunsson, Nils (1989): *The Organization of Hypocrisy. Talk, Decisions and Actions in Organizations*. Chichester: John Wiley & Sons.

Brunsson, Nils (1993): The Necessary Hypocrisy. In: *International Executive* 35, S. 1–9.

Brunsson, Nils (2003): Organized Hypocrisy. In: Barbara Czarniawska und Guje Sevón (Hg.): *The Northern Lights. Organization Theory in Scandinavia*. Kopenhagen, Malmö, Oslo: Copenhagen Business School Press, S. 201–222.

Bryant, Donald T. (1975): *A Manager's Guide to Withdrawal from Work*. Brighton: Institute of Manpower Studies.

Buckingham, Marcus; Coffman, Curt (2000): *First, Break all the Rules. What the World's Greatest Managers Do Differently*. New York: Simon – Schuster Business.

Bucy, Pamela H. (1991): Corporate Ethos. A Standard for Imposing Corporate Criminal Liability. In: *Minnesota Law Review* 75, S. 1095–1184.

Burawoy, Michael (1979): *Manufacturing Consent*. Chicago, London: University of Chicago Press.

Burleigh, Michael (2002): *Tod und Erlösung. Euthanasie in Detuschland 1900–1945*. Zürich, München: Pendo.

Busch, Richard (1933): *Grundfragen der strafrechtlichen Verantwortlichkeit der Verbaende*. Leipzig: Weicher.

Busch, Wilhelm (2007): *Wilhelm Busch für Boshafte*. Frankfurt a. M.: Insel-Verlag.

Bussmann, Kai-D. (2011): Sozialisation in Unternehmen durch Compliance. In: Hans Achenbach: *Festschrift für Hans Achenbach*. Hg. v. Uwe Hellmann und Christian Schröder. München: C.F. Müller, S. 57–82.

Butler Committee (2004): *Review of Intelligence on Weapons of Mass Destruction. Report of a Committee of Privy Counsellors*. London: Stationery Office.

Caiden, Gerald E.; Caiden, Naomi J. (1977): Administrative Corruption. In: *Public Administration Review* 37, S. 301.

Calabretta, Giulia; Durisin, Boris; Ogliengo, Marco (2011): Uncovering the Intellectual Structure of Research in Business Ethics: A Journey Through the History, the Classics, and the Pillars of Journal of Business Ethics. In: *Journal of Business Ethics* 104, S. 499–524.

Calavita, Kitty; Pontell, Henry N. (1993): Savings and Loan Fraud as Organized Crime. Toward a Conceptual Typology of Corporate Illegality. In: *Criminology* 31, S. 519–548.

Caldero, Michael A.; Dailey, Jeffrey D.; Withrow, Brian L. (2018): *Police Ethics. The Corruption of Noble Cause*. 4. Aufl. Milton: Routledge.

Caminker, Evan (1989): The Constitutionality of Qui Tam Actions. In: *Yale Law Journal* 99, S. 341–388.

Carreyrou, John (2018): *Bad Blood: Secrets and Lies in a Silicon Valley Startup*. New York: Knopf.

Carroll, Archie B. (1991): The Pyramid of Corporate Social Responsibility. Toward the Moral Management of Organizational Stakeholders. In: *Business Horizons* 34, S. 39–48.

Carroll, Archie B. (1999): Corporate Social Responsibility. Evolution of a Definitional Construct. In: *Business & Society* 38, S. 268–295.

Carson, W. G. (1970): White-Collar Crime and the Enforcement of Factory Legislation. In: *British Journal of Criminology* 10, S. 383–398.

Cartier-Bresson, Jean (1992): Èléments d'analyse pour une économie de la corruption. In: *Tiers-Monde* 33, S. 581–609.

Cartier-Bresson, Jean (2000): Corruption libéralisation et démocratisation. In: *Revue Tiers Monde* 41, S. 9–22.

Catanzaro, Raimondo (1985): Enforcers, Entrepreneurs, and Survivors. How the Mafia Has Adapted to Change. In: *British Journal of Sociology* 36, S. 34–57.

Catanzaro, Raimondo (1988): *Il delitto come impresa. Storia sociale della mafia*. Padua: Liviana.

Chambliss, William J. (1989): State-organized Crime. In: *Criminology* 27, S. 183–208.

Chan, Janet B. L. (1999): Governing Police Practice. Limits of the New Accountability. In: *The British Journal of Sociology* 50, S. 251–270.

Chapman, Richard A. (1966): Prismatic Theory in Public Administration: A Review of the Theories of Fred W. Riggs. In: *Public Administration* 44, S. 415–434.

Chaudhary, M. Azam (2006): Rhineland Ethnography and Pakistani Reflexivity. In: *Zeitschrift für Ethnologie* 131, S. 1–26.

Chen, Hui; Soltes, Eugene (2008): Why Compliance Programs Fail—and How to Fix Them. In: *Harvard Business Review* 96, S. 116–125.
Chen, Mo; Chen, Chao C.; Sheldon, Oliver J. (2016): Relaxing Moral Reasoning to Win. How Organizational Identification Relates to Unethical Pro-organizational Behavior. In: *Journal of Applied Psychology* 101, S. 1082–1096.
Clark, John P.; Hollinger, Richard C. (1983): *Theft by Employees in Work Organizations*. New York: Lexington Books.
Cleek, Margaret Anne; Leonard, Sherry Lynn (1998): Can Corporate Codes of Ethics Influence Behavior? In: *Journal of Business Ethics* 17, S. 619–630.
Clegg, Steward R.; Kronberger, Martin; Rhodes, Carl (2007): Business Ethics as Practice. In: *British Journal of Management* 18, S. 107–122.
Clinard, Marshall B.; Quinney, Richard (1973): *Criminal Behavior Systems. A Typology*. 2. Aufl. New York: Holt Rinehart and Winston.
Clinard, Marshall B.; Yeager, Peter C. (1980): *Corporate Crime*. New York: Free Press.
Coffee, John C. (1977): Beyond the Shut-Eyed Sentry. Toward a Theoretical View of Corporate Misconduct and Effective Legal Response. In: *Virginia Law Review* 63, S. 1099–1278.
Coffee, John C. (1980): Corporate Crime and Punishment. A Non-Chicago View of the Economics of Criminal Sanctions. In: *American Criminal Law Review* 17, 419–476.
Coffee, John C. (1981): »No Soul to Damn: No Body to Kick«: An Unscandalized Inquiry into the Problem of Corporate Punishment. In: *Michigan Law Review* 79, S. 386.
Coleman, James S. (1982): *The Asymmetric Society*. New York: Syracuse University Press.
Coleman, James William (1985): *The Criminal Elite. The Sociology of White Collar Crime*. New York: St. Martin's Press.
Coleman, James William (1987): Toward an Integrated Theory of White-collar Crime. In: *American Journal of Sociology* 93, S. 406–439.
Collins, Kathleen (2006): *Clan, Politics and Regime Transition in Central Asia*. Cambridge: Cambridge University Press.
Collins, Randall (2008): *Violence. A Micro-sociological Theory*. Oxford, New York: Oxford University Press.
Connors, Roger; Smith, Tom (2012): *Change the Culture, Change the Game. The Breakthrough Strategy for Energizing your Organization and Creating Accountability for Results*. London: Portfolio/Penguin.
Cooper, Jonathon A. (2012): Noble Cause Corruption as a Consequence of Role Conflict in the Police Organisation. In: *Policing and Society* 22, S. 169–184.
Cooper, Neil (1981): *The Diversity of Moral Thinking*. Oxford: Clarendon Press.
Crane, Andrew (2013): Modern Slavery As A Management Practice: Exploring the Conditions and Capabilities for Human Exploitation. In: *Academy of Management Review* 38, S. 49–69.

Cressey, Donald R. (1976): Restraint of Trade, Recidivism, and Delinquent Neighborhoods. In: James F. Short (Hg.): *Delinquency, Crime, and Society*. Chicago: University of Chicago Press, S. 209–238.

Cressey, Donald R. (1988): Poverty of Theory in Corporate Crime Research. In: *Advances in Criminological Theory* 1, S. 31–56.

Cressey, Donald R. (2001): The Poverty of Theory in Corporate Crime Research. In: Neal Shover und John Paul Wright (Hg.): *Crimes of Privilege. Readings in White-Collar Crime*. New York, Oxford: Oxford University Press, S. 175–194.

Cressey, Donald R.; Moore, Charles A. (1983): Managerial Values and Corporate Codes of Ethics. In: *California Management Review* 25, S. 53–77.

Croall, Hazel (1991): *Understanding White Collar Crime*. Philadelphia: Open University Press.

Croall, Hazel (2009): Editor's Introduction. Corporate Crime: Cases and Explanations. In: Hazel Croall (Hg.): *Corporate Crime*. Volume 2 Corporate Crime: *Cases and Explanations*. Los Angeles, London, New Delhi, Singapore: Sage, S. vii–xvi.

Crozier, Michel (1963): *Le phénomène bureaucratique*. Paris: Seuil.

Cunningham, Robert B.; Sarayrah, Yasin K. (1993): *Wasta. The Hidden Force in Middle Eastern Society*. Westport, London: Praeger.

Cyert, Richard M.; March, James G. (1963): *A Behavorial Theory of the Firm*. Englewood Cliffs: Prentice-Hall.

Czarniawska, Barbara; Joerges, Bernward (1996): Travels of Ideas. In: Czarniawska, Barbara und Guje Sevón (Hg.): *Translating Organizational Change*. Berlin, New York: Walter de Gruyter, S. 14–48.

Dabney, D. (1995): Neutralization and Deviance in the Workplace. Theft of Supplies in Medicines by Hospital Nurses. In: *Deviant Behavior* 16, S. 313–331.

Dalton, Melville (1948): The Industrial Rate Buster: A Characterization. In: *Applied Anthropology* 7, S. 5–18.

Dalton, Melville (1959): *Men Who Manage*. New York: Wiley.

Dannecker, Gerhard (2001): Zur Notwendigkeit der Einführung kriminalrechtlicher Sanktionen gegen Verbände. Überlegungen zu den Anforderungen und zur Ausgestaltung eines Verbandsstrafrecht. In: *Goltdammer's Archiv für Strafrecht* 148, S. 101–130.

D'Aunno, Thomas; Sutton, Robert I.; Price, Richard H. (1991): Isomorphism and External Support in Conflicting Institutional Environments. A Study Of Drug Abuse Treatment Units. In: *Academy of Management Journal* 34, S. 636–661.

Davalos, Jorge; Delgado, Mónica; Alban, Jacobo (2018): Guerrillereas. Testimonios de cinco combatientes de las FARC. San Sebastián de Buenavista: Nodo des saberes populares Orinoco-Magdalena.

Davenport, Thomas H.; Leibold, Marius; Voelpel, Sven (2006): *Strategic Management in the Innovation Economy. Strategy Approaches and Tools for Dynamic Innovation Capabilities*. Erlangen: Publicis Corporate Publisher.

Davis, Kingsley (1959): The Myth of Functional Analysis as a Special Method in Sociology and Anthropology. In: *American Sociological Review* 24, S. 757–772.

Deephouse, David L.; Carter, Suzanne M. (2005): An Examination of Differences between Organizational Legitimacy and Organizational Reputation. In: *Journal of Management Studies* 42, S. 329–360.

Devlin, Patrick (2009): *The Enforcement of Morals*. Indianapolis: Liberty Fund.

Díaz-Briquets, Sergio; Pérez-López, Jorge F. (2006): *Corruption in Cuba. Castro and beyond*. Austin: University of Texas Press.

Dobb, Maurice (1970): *Socialist Planning. Some Problems*. London: Lawrence & Wishart.

Dombois, Rainer (2009): Von organisierter Korruption zu individuellem Korruptionsdruck? Soziologische Einblicke in die Siemens-Korruptionsaffäre. In: Peter Graeff, Karenina Schröder und Sebastian Wolf (Hg.): *Der Korruptionsfall Siemens. Analysen und praxisnahe Folgerungen des wissenschaftlichen Arbeitskreises von Transparency International Deutschland*. Baden-Baden: Nomos, S. 131–150.

Donaldson, Thomas; Dunfee, Thomas W. (1994): Toward A Unified Conception Of Business Ethics: Integrative Social Contracts Theory. In: *Academy of Management Review* 19, S. 252–284.

Dorn, Christopher; Hoebel, Thomas (2013): Mafias als organisierte Dritte. In: *Behemoth* 6, S. 74–97.

Downs, Anthony (1967): *Inside Bureaucracy*. Boston: Little, Brown.

Dozier, Janelle Brinker; Miceli, Marcia P. (1985): Potential Predictors of Whistle-Blowing: A Prosocial Behavior Perspective. In: *Academy of Management Review* 10, S. 823–836.

Drepper, Thomas (2018): *Organisationen der Gesellschaft. Gesellschaft und Organisation in der Systemtheorie Niklas Luhmanns*. 2. Aufl. Wiesbaden: Springer VS.

Dukerich, Janet M.; Kramer, Roderick; Parks, Judi McLean (1998): The Dark Side of Organizational Identification. In: David A. Whetten und Paul C. Godfrey (Hg.): *Identity in Organizations. Building Theory Through Conversations*. Thousand Oaks: Sage Publications (Foundations for organizational science), S. 245–256.

Durkheim, Émile (1984): *Die Regeln der soziologischen Methode*. Frankfurt a. M.: Suhrkamp.

Duska, Ronald F. (2007): *Contemporary Reflections on Business Ethics*. Dordrecht: Springer (Issues in business ethics, 23).

Duster, Troy (1970): *The Legislation of Morality. Law, Drugs and Moral Judgement*. New York, London: Free Press; Collier-Macmillan.

Dwivedi, O. P. (1967): Bureaucratic Corruption in Developing Countries. In: *Asian Survey* 7, S. 245–253.

Eckstein, Bernd (2018): *Brauchbarkeit und Illegalität. Abweichendes Verhalten in Heinrich von Kleists »Prinz Friedrich von Homburg«*. Bielefeld: Unveröff. Ms.

Edelhertz, Herbert (1970): *The Nature, Impact, and Prosecution of White Collar Crime*. Washington, D.C.: U.S Government Printing Office.

Edelman, Lauren B. (1990): Legal Environments and Organizational Governance. The Expansion of Due Process in the American Workplace. In: *American Journal of Sociology* 95, S. 1401–1440.

Edelman, Lauren B. (1992): Legal Ambiguity and Symbolic Structures. Organizational Mediation of Civil Rights Law. In: *American Journal of Sociology* 97, S. 1531–1576.

Edelman, Lauren B.; Krieger, Linda H.; Eliason, Scott R.; Albiston, Catherine R.; Mellema, Virginia (2011): When Organizations Rule. Judicial Deference to Institutionalized Employment Structures. In: *American Journal of Sociology* 117, S. 888–954.

Edelman, Lauren B.; Petterson, Stephen; Chambliss, Elizabeth; Erlanger, Howard S. (1991): Legal Ambiguity and the Politics of Compliance. Affirmative Action Officers' Dilemma. In: *Law & Policy* 13, S. 73–97.

Edelman, Lauren B.; Stryker, Robin (2005): A Sociological Approach to Law and the Economy. In: Neil J. Smelser und Richard Swedberg (Hg.): *The Handbook of Economic Sociology*. Princeton: Princeton University Press, S. 527–551.

Edelman, Lauren B.; Suchman, Mark C. (1997): The Legal Environments of Organizations. In: *Annual Review of Sociology* 23, S. 479–515.

Edelman, Lauren B.; Suchman, Mark C. (1999): When the »Haves« Hold Court. Speculations on the Organizational Internalization of Law. In: *Law & Society Review* 33, S. 941.

Edelman, Lauren B.; Talesh, Shauhin (2011): To Comply or Not to Comply—That Isn't the Question. How Organizations Construct the Meaning of Compliance. In: Christine Parker und Vibeke Lehmann Nielsen (Hg.): *Explaining Compliance. Business Responses to Regulation*. Cheltenham: Edward Elgar Publishing, S. 103–122.

Eichenwald, Kurt (2005): *Conspiracy of Fools. A True Story*. New York: Broadway Books.

Ekpo, Monday U. (1979): Gift-giving and Bureacratic Corruption in Nigeria. In: Monday U. Ekpo (Hg.): *Bureaucratic Corruption in Sub-Saharan Africa. Toward a Search for Causes and Consequences*. Washington: University Press of America, S. 161–188.

Ellis, Allison M.; Bauer, Talya N.; Erdogan, Berrin (2015): New-Employee Organizational Socialization: Adjusting to New Roles, Colleagues, and Organizations. In: Joan E. Grusec und Paul D. Hastings (Hg.): *Handbook of Socialization. Theory and Research*. 2. Aufl. New York: The Guilford Press, S. 301–324.

Elster, Jon (1990): Merton's Functionalism and the Unintended Consequences of Action. In: Jon Clark, Celia Modgil und Sohan Modgil (Hg.): *Robert K. Meton. Consensus and Controversy*. Basingstoke, Bristol: Falmer, S. 129–135.

Emerson, Richard M. (1976): Social Exchange Theory. In: *Annual Review of Sociology* 2, S. 335–362.

Engels, Jens Ivo (2019): *Alles nur gekauft? Korruption in der Bundesrepublik seit 1949*. Darmstadt: wbg Theiss.

Ermann, M. David; Lundman, Richard J. (1978): Deviant Acts by Complex Organizations. In: *The Sociological Quarterly* 19, S. 55–67.

Ermann, M. David; Lundman, Richard J. (1982): *Corporate and Governmental Deviance. Problems of Organizational Behavior in Contemporary Society*. New York: Holt, Rinehart and Winston.

Escobar, Arturo (1995): *Encountering Development: The Making and Unmaking of the Third World*. Princeton: Princeton University Press.

Etzioni, Amitai (2010): Is Transparency the Best Disinfectant? In: *Journal of Political Philosophy* 18, S. 389–404.

Ewing, Jack (2017a): *Faster, Higher, Farther. The Volkswagen Scandal*. New York: W.W. Norton & Company.

Ewing, Jack (2017b): *Wachstum über alles. Der VW-Skandal*. München: Droemer.

Farberman, Harvey A. (1975): A Criminogenic Market Structure: the Automobile Industry. In: *The Sociological Quarterly* 16, S. 438–457.

Farson, Richard (1997): *Management of the Absurd. Paradoxes in Leadership*. New York: Touchstone.

Fayol, Henri (1916): *Administration industrielle et générale, prévoyance, organisation, commandement, coordination, controle*. Paris: Dunod.

Fernández Menéndez, Jorge; Ronquillo, Víctor (2010): *De los maras a los Zetas. Los secretos del narcotráfico, de Colombia a Chicago*. 3. Aufl. México City: Debolsillo.

Ferrell, O. C.; Gardiner, Gareth (1991): *In Pursuit of Ethics. Tough Choices in the World of Work*. Springfield: Smith Collins.

Filler, Louis (1975): *The Muchrakers*. University Park: Pennsylvania State University Press.

Fischel, Daniel R.; Sykes, Alan O. (1996): Corporate Crime. In: *Journal of Legal Studies* 25, S. 319–349.

Fiss, Peer C.; Zajac, Edward J. (2004): The Diffusion of Ideas over Contested Terrain. The (Non)adoption of a Shareholder Value Orientation among German Firms. In: *Administrative Science Quarterly* 49, S. 501–534.

Fisse, Brent; Braithwaite, John (1993): *Corporations, Crime, and Accountability*. Cambridge: Cambridge University Press.

Flynn, Sharon; Reichard, Michele; Slane, Steve (1987): Cheating as a Function of Task Outcome and Machiavellianism. In: *Journal of Psychology* 121, S. 423–427.

Foster, Richard; Kaplan, Sarah (2001): *Creative Destruction. Why Companies That Are Built to Last Underperform the Market and How to Successfully Transform Them*. New York: Crown Business.

Foster, Richard; Kaplan, Sarah (2002): *Schöpfen und Zerstören. Wie Unternehmen langfristig überleben*. Frankfurt a. M., Wien: Ueberreuter.

Fox, Loren (2004): *Enron. The Rise and Fall*. Hoboken: John Wiley & Sons Inc.

Frank, Björn; Schulze, Günther G. (2000): Does Economics Make Citizens Corrupt? In: *Journal of Economic Behavior & Organization* 43, S. 101–113.

Frank, Nancy; Lynch, Michael J. (1992): *Corporate Crime, Corporate Violence. A Primer*. New York: Harrow and Heston.

Fred, Alford C. (2001): *Whistleblowers. Broken Lives and Organizational Power*. Ithaca: Cornell University Press.

Freedman, Jonathan L.; Fraser, Scott C. (1966): Compliance without Pressure. The Foot-in-the-door Technique. In: *Journal of Personality and Social Psychology* 4, S. 195–202.

Freeman, Jo (1972): The Tyranny of Structurelessness. In: *Berkeley Journal of Sociology* 17, S. 151–164.
French, Peter (1984): *Collective and Corporate Responsibility*. New York: Columbia University Press.
Frey, Bruno S.; Jegen, Reto (2001): Motivation Crowding Theory. A Survey of Empirical Evidence. In: *Journal of Economic Surveys* 15, S. 589–611.
Friedberg, Erhard (1993): *Le pouvoir et la règle*. Paris: Seuil.
Friedland, Roger; Alford, Robert R. (1991): Bringing Society Back in: Symbols, Practices and Institutional Contradictions. In: Walter W. Powell und Paul J. DiMaggio (Hg.): *The New Institutionalism in Organizational Analysis*, S. 232–266.
Friedman, Andrew (1977): *Industry and Labour*. London: Macmillan.
Friedman, Milton (1962): *Capitalism and Freedom*. Chicago: Chicago University Press.
Friedrichs, David O. (2010): *Trusted Criminals*. 4. Aufl. New York: Wadsworth.
Froschauer, Ulrike; Lueger, Mafred (1992): *Das Qualitative Interview zur Analyse sozialer Systeme*. Wien: WUV.
Fuchs, Peter (2010): *Diabolische Perspektiven. Vorlesungen zu Ethik und Beratung*. Münster: Lit.
Fukukawa, Kyoko; Balmer, John M.; Gray, Edmund R. (2007): Mapping the Interface Between Corporate Identity, Ethics and Corporate Social Responsibility. In: *Journal of Business Ethics* 76, S. 761–765.
Fuller, Lon L. (1969): *The Morality of Law*. New Haven: Yale University Press.
Furnivall, J. S. (1948): *Colonial Policy and Practice. A Comparative Study of Burma and Netherlands India*. Cambridge: Cambridge University Press.
Fusaro, Peter C.; Miller, Ross M. (2002): *What Went Wrong at Enron. Everyone's Guide to the Largest Bankruptcy in U.S. History*. Hoboken: Wiley.
Gabbioneta, Claudia; Greenwood, Royston; Mazzola, Pietro; Minoja, Mario (2013): The Influence of the Institutional Context on Corporate Illegality. In: *Accounting, Organizations and Society* 38, S. 484–504.
Galperin, Bella L. (2003): Can Workplace Deviance be Constructive? In: Abraham Sagie, Shmuel Stashevsky und Meni Koslowsky (Hg.): *Misbehavior and Dysfunctional Attitudes in Organizations*. Basingstoke: Palgrave Macmillan, S. 154–170.
Gambetta, Diego (1988): Fragments of an Economic Theory of the Mafia. In: *European Journal of Sociology* 29, S. 127–145.
Gambetta, Diego (1993): *The Sicilian Mafia*. Cambridge: Harvard University Press.
Gambetta, Diego (2006): Can We Make Sense of Suicide Missions? In: Diego Gambetta (Hg.): *Making Sense of Suicide Missions*. Reprinted. Oxford: Oxford University Press, S. 259–300.
Gambetta, Diego; Reuter, Peter (2016): Conspiracy among the Many. The Mafia in Legitimate Industries. In: Nigel G. Fielding, Alan Clark und Robert Witt (Hg.): *The Economic Dimensions of Crime*. London: Palgrave Macmillan, S. 100–121.
Garfinkel, Harold (1967): *Studies in Ethnomethodology*. Englewood Cliffs: Prentice-Hall.

Garoupa, Nuno (2000): Corporate Criminal Law and Organization Incentives. A Managerial Perspective. In: *Managerial and Decision Economics* 21, S. 243–252.

Garsten, Christina; Lindh de Montoya, Monica (2008): The Naked Corporation. Visualization, Veiling and the Ethicopolitics of Organizational Transparency. In: Christina Garsten und Monica Lindh de Montoya (Hg.): *Transparency in a New Global Order. Unveiling Organizational Visions*. Cheltenham, Northampton: Elgar, S. 79–93.

Geis, Gilbert (1962): Toward a Delineation of White-Collar Offenses. In: *Sociological Inquiry* 32, S. 160–171.

Geis, Gilbert (1995a): A Review, Rebuttal and Reconcilation of Cressey and Braithwaite and Fisse on Criminological Theory and Corporate Crime. In: Freda Adler und William S. Laufer (Hg.): *The Legacy of Anomie Theory. Advances in Criminological Theory*, Volume 6. New Brunswick, London: Transaction Publishers, S. 399–428.

Geis, Gilbert (1995b): White Collar Crime. The Heavy Electrical Equipment Antitrust Case of 1961. In: Joan McCord und John H. Laub (Hg.): *Contemporary Masters in Criminology*. New York: Springer Science+Business Media, S. 139–156.

Geis, Gilbert (2007a): Crime, Corporate. In: George Ritzer (Hg.): *The Blackwell Encyclopedia of Sociology*. Malden, Mass: Blackwell, S. 826–828.

Geis, Gilbert (2007b): *White-Collar and Corporate Crime*. New Jersey: Prentice Hall.

Geis, Gilbert (2009): Historical Perspectives. In: Hazel Croall (Hg.): *Corporate Crime*. Volume 1 Issues of Definition, Construction and Research. Los Angeles, London, New Delhi, Singapore, Washington D.C.: Sage, S. 59–75.

Gellman, Barton (2009): *Angler. The Cheney Vice Presidency*. New York: Penguin Books.

George, Richard T. (2010): *Competing with Integrity in International Business*. Oxford, New York: Oxford University Press.

Gerth, Hans; Mills, C. Wright (1954): *Character and Social Structure*. London: Routledge & Kegan Paul.

Geser, Hans (1989): Interorganisationelle Normkulturen. In: Max Haller, Hans Joachim Hoffmann Novotny und Wolfgang Zapf (Hg.): *Kultur und Gesellschaft*. Frankfurt a. M., New York: Campus, S. 211–223.

Geser, Hans (1990): Organisationen als soziale Akteure. In: *Zeitschrift für Soziologie* 19, S. 401–417.

Giacalone, Robert A.; Greenberg, Jerald (1997): *Antisocial Behavior in Organizations*. Thousand Oaks: Sage.

Gibney, Alex (2019): *The Inventor: Out for Blood in Silicon Valley*. Documentary.

Gierke, Otto von (1963): *Die Genossenschaftstheorie und die deutsche Rechtssprechung*. Berlin: Weidmann.

Gioia, Dennis A. (1992): Pinto Fires and Personal Ethics. A Script Analysis of Missed Opportunities. In: *Journal of Business Ethics* 11, S. 379–389.

Glazer, Myron (1989): *The Whistleblowers. Exposing Corruption in Government and Indsutry*. New York: Basic Books.

Glock, Yonne (2018): Unternehmenskultur. In: Annette Kleinfeld und Annika Martens (Hg.): *CSR und Compliance. Synergien nutzen durch ein integriertes Management*. Berlin, Heidelberg: Springer Gabler, S. 223–249.
Gneezy, Uri; List, John A. (2013): *The Why Axis. Hidden Motives and the Undiscovered Economics of Everyday Life*. New York: PublicAffairs.
Gneezy, Uri; Rustichini, Aldo (2000): A Fine is a Price. In: *The Journal of Legal Studies* 29, S. 1–17.
Göbel, Andreas (2000): *Theoriegenese als Problemgenese. Eine problemgeschichtliche Rekonstruktion der soziologischen Systemtheorie Niklas Luhmanns*. Konstanz: UVK.
Gobert, James (2008): The Evolving Legal Test of Corporate Criminal Liability. In: John Minkes und Leonard Minkes (Hg.): *Corporate and White Collar Crime*. London, Thousand Oaks: Sage, S. 61–80.
Gobert, James J.; Punch, Maurice (2003): *Rethinking Corporate Crime*. Cambridge: Cambridge University Press.
Goffin, Keith; Mitchell, Rick; Christiansen, John (2017): *Innovation Management. Effective Strategy and Implementation*. 3. Aufl. London, New York: Red Globe Press.
Gold, Raymond L. (1958): Roles in Sociological Field Observations. In: *Social Forces* 36, S. 217–223.
Golembiewski, Robert T. (1965): *Men, Management, and Morality*. New York: McGraw-Hill.
Gomez Diaz, Carlos F.; Rodriguez Ortiz, Jenny K. (2005): Four Keys to Chilean Culture. Authoritarianism, Legalism, Fatalism and Compadrazgo. In: *Asian Journal of Latin American Studies* 19, S. 43–65.
Gómez Tomillo, Manuel (2015): *Introducción a la responsabilidad penal de las personas jurídicas*. 3. Aufl. Cizur Menor (Navarra): Thomson Reuters Aranzadi.
Goode, Erich (2007): Deviance. In: George Ritzer (Hg.): *The Blackwell Encyclopedia of Sociology*. Malden, Mass: Blackwell, S. 1075–1082.
Gormley, William T. (2001): Moralists, Pragmatists, and Roges. Bureaucrates in Modern Mysteries. In: *Public Administrative Review* 61, S. 184–193.
Goscinny, René; Uderzo, Albert (1975): *Asterix auf Korsika*. Stuttgart: Delta.
Gottfredson, Michael R.; Hirschi, Travis (1990): *A General Theory of Crime*. Stanford: Stanford University Press.
Gouldner, Alvin W. (1954a): *Patterns of Industrial Bureaucracy*. Glencoe: Free Press.
Gouldner, Alvin W. (1954b): *Wild Cat Strike*. New York: Harper.
Graham, James M. (1972): Amphetamine Polics on Capitol Hill. In: *Society* 9, S. 14–53.
Graham, Jill W. (1986): Principled Organizational Dissent. A Theoretical Essay. In: *Research in Organizational Behavior* 8, S. 1–52.
Graham, John R.; Harvey, Campbell R.; Rajgopal, Shiva (2005): The Economic Implications of Corporate Financial Reporting. In: *Journal of Accounting and Economics* 40, S. 3–73.
Granovetter, Mark (2007): The Social Construction of Corruption. In: Victor Nee und Richard Swedberg (Hg.): *On Capitalism*. Stanford: Stanford University Press, S. 152–172.

Gray, Garry C.; Silbey, Susan S. (2014): Governing Inside the Organization. Interpreting Regulation and Compliance. In: *American Journal of Sociology* 120, S. 96–145.

Grayson, George W.; Logan, Sam R. (2012): *The Executioner's Men. Los Zetas, Rogue Soldiers, Criminal Entrepreneurs, and the Shadow State They Created.* New Brunswick: Transaction Publishers.

Green, Stuart P. (1993): The Criminal Prosecution of Local Governments. In: *North Carolina Law Review* 72, S. 1197–1246.

Green, Stuart P. (1997): Why It's a Crime to Tear the Tag off a Mattress. Overcriminalization and the Moral Content of Regulatory Offenses. In: *Emory Law Journal* 46, S. 1533–1615.

Green, Stuart P. (2004): Moral Ambiguity in White Collar Criminal Law. In: *Notre Dame Journal of Law, Ethics & Public Policy* 18, S. 502–519.

Green, Stuart P. (2006): *Lying, Cheating, and Stealing. A Moral Theory of White-collar Crime.* Oxford: Oxford University Press.

Greenwood, Royston; Raynard, Mia; Kodeih, Farah; Micelotta, Evelyn R.; Lounsbury, Michael (2011): Institutional Complexity and Organizational Responses. In: *The Academy of Management Annals* 5, S. 317–371.

Greve, Henrich R.; Palmer, Donald; Pozner, Jo-Ellen (2010): Organizations Gone Wild. The Causes, Processes, and Consequences of Organizational Misconduct. In: *The Academy of Management Annals* 4, S. 53–107.

Groddeck, Victoria von (2011): Rethinking the Role of Value Communication in Business Corporations from a Sociological Perspective – Why Organisations Need Value-Based Semantics to Cope with Societal and Organisational Fuzziness. In: *Journal of Business Ethics* 100, S. 69–84.

Groffebert, Hans (1995): Potemkin in Afrika. Die »ONGs-bidon«': Materialien zum Thema Bluff-Organisation im West Sahel. In: Achim von Oppen und Richard Rottenburg (Hg.): *Organisationswandel in Afrika.* Berlin: Verlag Arabisches Buch, S. 131–144.

Grubendorfer, Christina (2016): *Einführung in systemische Konzepte der Unternehmenskultur.* Heidelberg: Carl Auer.

Grüninger, Stephan; Schöttl, Lisa; Wieland, Josef (2015): *Unternehmensintegrität & Compliance – Was wirklich wichtig ist.* Berlin: Zentrum für Wirtschaftsethik.

Gutenberg, Erich (1958): *Einführung in die Betriebswirtschaftslehre.* Erster Band: Die Produktion. Wiesbaden: Gabler Verlag.

Guthrie, Doug; Wank, David L.; Gold, Thomas (2002): *Social Connections in China. Institutions, Culture, and the Changing Nature of Guanxi.* Cambridge, New York: Cambridge University Press.

Gutterman, Ellen; Lohaus, Mathis (2018): What is the »Anti-corruption« Norm in Global Politics? In: Ina Kubbe und Annika Engelbert (Hg.): *Corruption and Social Norms. Why Informal Rules Matter,* Bd. 31. New York, Secaucus: Palgrave Macmillan, S. 241–268.

Guzman, Lily Rueda; Holá, Barbora (2019): Punishment in Negotiated Transitions: The Case of the Colombian Peace Agreement with the farc-ep. In: *International Criminal Law Review* 19, S. 127–159.

Hahn, Rüdiger (2013): ISO 26000 and the Standardization of Strategic Management Processes for Sustainability and Corporate Social Responsibility. In: *Business Strategy and the Environment* 22, S. 442–455.

Haldane, Andrew G. (2012): The Dog and the Frisbee. Jackson Hole: Speech at the Economic Policy Symposium.

Hallis, Frederick (1978): *Corporate Personality. A Study in Jurisprudence.* Aalen: Scientia Bonnensis.

Hamilton, V. Lee; Sanders, Joseph (1992): Responsibility and Risk in Organizational Behavior. In: Barry M. Staw und Larry L. Cummings (Hg.): *Research in Organizational Behavior*. Volume 14. Greenwich: JAI, S. 49–90.

Hamilton, V. Lee; Sanders, Joseph (1999): The Second Face of Evil: Wrongdoing in and by the Corporation. In: *Personality and Social Psychology Review* 3, S. 222–233.

Hansen, Hans Krause (2012): The Power of Performance Indices in the Global Politics of Anti-corruption. In: *Journal of International Relations and Development* 15, S. 506–531.

Hart, H. L. A. (1968): *Law, Liberty and Morality*. Oxford: Oxford University Press.

Hašek, Jaroslav (1960): *Die Abenteuer des braven Soldaten Schwejk*. Band 1. Reinbek: Rowohlt.

Hasnas, John (2006): *Trapped. When Acting Ethically is Against the Law*. Washington, D.C: Cato Institute.

Hawkins, Keith (1984a): *Environment and Enforcement*. Oxford: Oxford University Press.

Hawkins, Keith (2001): *Law as a Last Resort. Prosecution Decision-Making in a Regulating Agency*. Oxford: Oxford University Press.

Hawkins, Richard (1984b): Employee Theft in the Restaurant Trade. Forms of Ripping off by Waiters at Work. In: *Deviant Behavior* 5, S. 47–69.

Heady, Ferrel (1957): The Philippine Administrative System A Fusion of East and West. In: William J. Siffin (Hg.): *Toward the Comparative Study of Public Administration*. Bloomington: Indiana University Press, S. 253–277.

Heald, David (2006): Varities of Transparency. In: Christoph Hood und David Heald (Hg.): *Transparency. The Key to Better Governance?* Oxford: Oxford University Press, S. 25–46.

Hegarty, W. Harvey; Sims, Henry P. (1979): Organizational Philosophy, Policies, and Objectives Related to Unethical Decision Behavior. A Laboratory Experiment. In: *Journal of Applied Psychology* 64, S. 331–338.

Heilbroner, Robert L. (Hg.) (1972): *In the Name of Profit*. Garden City: Doubleday.

Heimann, C. F. Larry (1993): Understanding the Challenger Disaster: Organizational Structure and the Design of Reliable Systems. In: *American Political Science Review* 87, S. 421–435.

Heimer, Carol A. (2010): The Unstable Alliance of Law and Morality. In: Steven Hitlin und Stephen Vaisey (Hg.): *Handbook of the Sociology of Morality*, Bd. 53. New York: Springer, S. 179–202.

Hellmann, Kai-Uwe (1998): Systemtheorie und Bewegungsforschung. Rezeptionsdefizite aufgrund von Stildifferenzen oder das Außerachtlassen von Naheliegendem. In: *Rechtshistorisches Journal* 17, S. 493–510.

Helmkamp, James; Ball, Richard; Townsend, Kitty (Hg.) (1996): *Definitional Dilemma. Can and should There Be a Universal Definition of White Collar Crime*. Morgantown: National White Collar Crime Center.

Helmke, Gretchen; Levitsky, Steven (2004): Informal Institutions and Comparative Politics: A Research Agenda. In: *Perspectives on Politics* 2, S. 725–740.

Henry, Stuart (1978): *The Hidden Economy. The Context and Control of Borderline Crime*. London: Martin Robertson.

Henry, Stuart; Mars, Gerald (1978): Crime at Work: The Social Construction of Amateur Property Theft. In: *Sociology* 12, S. 245–263.

Heywood, Paul M. (2014): Introduction. Scale and Focus in the Study of Corruption. In: Paul M. Heywood (Hg.): *Routledge Handbook of Political Corruption*. Hoboken: Taylor and Francis, S. 1–14.

Hilgers, Tina (2011): Clientelism and Conceptual Stretching. Differentiating among Concepts and among Analytical Levels. In: *Theoretical Sociology* 40, S. 567–588.

Hiller, Petra (2005): Korruption und Netzwerke. Konfusionen im Schema von Organisation und Gesellschaft. In: *Zeitschrift für Rechtssoziologie* 26, S. 57–77.

Hirsch, Jacob B.; Lu, Jackson G.; Galinsky, Adam D. (2018): Moral Utility Theory. Understanding the Motivation to Behave (Un)ethically. In: *Research in Organizational Behavior* 38, S. 43–59.

Hirschi, Travis (1969): *Causes of Delinquency*. Berkeley: University of California Press.

Hirschi, Travis; Gottfredson, Michael R. (1987): Causes of White-collar Crime. In: *Criminology* 25, S. 949–974.

Höffling, Christian (2002): *Korruption als soziale Beziehung*. Opladen: Leske + Budrich.

Hoffman, Andrew J. (1999): Institutional Evolution and Change: Environmentalism and the U.S. Chemical Industry. In: *Academy of Management Journal* 42, S. 351–371.

Hofstede, Geert (1980): *Culture's Consequences. International Differences in Work Related Values*. Beverly Hills, London: Sage.

Höhler, Gertrud (2005): *Warum Vertrauen siegt*. Berlin: Ullstein.

Höhn, Reinhard (1986): *Die innere Kündigung im Unternehmen*. Bad Harzburg: wwt.

Höhn, Reinhard (1989): *Die innere Kündigung in der öffentlichen Verwaltung. Ursachen, Folgen, Gegenmaßnahmen*. Stuttgart: Moll.

Hollinger, Richard C.; Clark, John P. (1982): Employee Deviance. A Response to the Perceived Quality of the Work Experience. In: *Work and Occupation* 9, S. 97–114.

Holzer, Boris (2007): Wie »modern« ist die Weltgesellschaft? Funktionale Differenzierung und ihre Alternativen. In: *Soziale Systeme* 13, S. 357–368.

Holzer, Boris (2010): *Moralizing the Corporation. Transnational Activism and Corporate Accountability*. Cheltenham: Edward Elgar.

Holzer, Boris (2015): The Two Faces of World Society: Formal Structures and Institutionalized Informality. In: Boris Holzer, Fatima Kastner und Tobias Werron (Hg.): *From Globalization to World Society*. London: Routledge, S. 37–60.

Hood, Christopher (2001): Transparency. In: Paul Barry Clarke und Joe Foweraker (Hg.): *Encyclopedia of Democratic Thought*. Abingdon, Oxon: Taylor and Francis, S. 863–868.

Hood, Christopher (2007): What Happens When Transparency Meets Blame-avoidance? In: *Public Management Review* 9, S. 191–210.

Hood, Christopher; Rothstein, Henry; Baldwin, Robert (2001b): *The Government of Risk. Understanding Risk Regulation Regimes*. Oxford: Oxford University Press.

Horch, Heinz-Dieter (1983): *Strukturbesonderheiten freiwilliger Vereinigungen. Analyse und Untersuchung einer alternativen Form menschlichen Zusammenarbeitens*. Frankfurt a. M., New York: Campus.

Horch, Heinz-Dieter (2018): The Intermediary Organisational Structure of Voluntary Associations. In: *Voluntary Sector Review* 9, S. 55–72.

Horning, Donald N.M. (1970): Blue-Collar Theft. Conception of Property, Attitudes toward Pilfering, and Work Group Norms in Modern Industrial Plant. In: Erwin O. Smigel und H. Laurence Ross (Hg.): *Crimes Against Bureaucracy*. New York: Van Nostrand, S. 46–64.

Howell, Jane M.; Higgins, Christopher A. (1990): Champions of Technological Innovation. In: *Administrative Science Quarterly* 35, S. 317–341.

Huff, Kevin. B. (1996): The Role of Corporate Compliance Programs in Determining Corporate Criminal Liability. A Suggested Approach. In: *Columbia Law Review* 96, S. 1152–1298.

Huntington, Samuel P. (1968): *Political Order in Changing Societies*. New Haven, London: Yale University Press.

Huntington, Samuel P. (1971): The Change to Change. Modernization, Development and Politics. In: *Comparative Politics* 3, S. 283–322.

Hutchcroft, Paul D. (1997): The Politics of Privilege: Assessing the Impact of Rents, Corruption, and Clientelism on Third World Development. In: *Political Studies* 45, S. 639–658.

Hutchcroft, Paul D. (1998): *Booty Capitalism. The Politics of Banking in the Philippines*. Ithaca: Cornell University Press.

Hwang, Hokyu; Colyvas, Jeannette A. (2011): Problematizing Actors and Institutions in Institutional Work. In: *Journal of Management Inquiry* 20, S. 62–66.

Idowu, Samuel O.; Capaldi, Nicholas; Zu, Liangrong; Das Gupta, Ananda (Hg.) (2013): *Encyclopedia of Corporate Social Responsibility*. Berlin: Springer.

Ilie, Alexandra (2012): *Unethical Pro-organizational Behaviors. Antecedents and Boundary Conditions*. Tampa: University of South Florida.

Illich, Ivan (1973): *Entschulung der Gesellschaft*. Reinbek: Rowohlt.

Jackall, Robert (1988): *Moral Mazes. The World of Corporate Managers*. Oxford: Oxford University Press.

Jacobs-Jenkins, Branden (2015): Gloria. New York: Dramatists Play Service.

Jacoby, Neil H.; Nehemkis, Peter; Eells, Richard (1977): *Bribery and Extortion in World Business. A Study of Corporate Political Payments Abroad*. New York: Free Press.

Jäger, Wieland; Coffin, Arthur R. (2011): *Die Moral der Organisation. Beobachtungen in der Entscheidungsgesellschaft und Anschlussüberlegungen zu einer Theorie der Interaktionssysteme*. Wiesbaden: VS Verlag für Sozialwissenschaften.

Jakobi, Anja P. (2013): The Changing Global Norm of Anti-corruption. From Bad Business to Bad Government. In: *Zeitschrift für Vergleichende Politikwissenschaft* 7, S. 243–264.

Jancsics, David (2014): Interdisciplinary Perspectives on Corruption. In: *Sociology Compass* 8, S. 358–372.

Jang, Yong Suk (2000): The Worldwide Founding of Ministries of Science and Technology, 1950–1990. In: *Sociological Perspectives* 43, S. 247–270.

Jarvis, Rebecca (2018): The Dropout: ABC Radio. Online verfügbar unter https://abcradio.com/podcasts/the-dropout/.

Jenkins, Anne; Braithwaite, John (1993): Profits, Pressure and Corporate Lawbreaking. In: *Crime, Law and Social Change* 20, S. 221–232.

Jones, Gwen E.; Kavanagh, Michael J. (1996): An Experimental Examination of the Effects of Individual and Situational Factors on Unethical Behavioral Intentions in the Workplace. In: *Journal of Business Ethics* 15, S. 511–523.

Jones, Howard (2019): *My Lai. Vietnam, 1968, and the Descent into Darkness*. New York, Oxford: Oxford University Press.

Jones, Thomas M. (1991): Ethical Decision Making by Individuals in Organizations. An Issue-contingent Model. In: *Academy of Management Review* 16, S. 355–395.

Jones, Thomas M.; Felps, Will; Bigley, Gregory A. (2007): Ethical Theory and Stakeholder-Related Decisions: The Role of Stakeholder Culture. In: *Academy of Management Review* 32, S. 137–155.

Joseph, Richard A. (2014): *Democracy and Prebendal Politics in Nigeria. The Rise and Fall of the Second Republic*. Cambridge: Cambridge University Press.

Josephson, Matthew (1995): *The Robber Barons. The Great American Capitalists, 1861–1901*. San Diego: Harcourt Brace & Company.

Jung, Jae C.; Sharon, Elizabeth (2019): The Volkswagen Emissions Scandal and its Aftermath. In: *Global Business and Organizational Excellence* 38, S. 6–15.

Jüttner, Markus (2019): Compliance in der VUCA-Welt. In: *Compliance-Berater*, 31.07.2019, S. 1.

Kaduk, Stefan; Osmetz, Dirk; Wüthrich, Hans A.; Hammer, Dominik (2013): *Musterbrecher. Die Kunst, das Spiel zu drehen*. Hamburg: Murmann.

Kagan, Robert A.; Gunningham, Neil; Thornton, Dorothy (2011): Fear, Duty, and Regulatory Compliance. Lessons from Three Research Projects. In: Christine

Parker und Vibeke Lehmann Nielsen (Hg.): *Explaining Compliance. Business Responses to Regulation*. Cheltenham: Edward Elgar Publishing, S. 37–58.

Kagan, Robert A.; Scholz, John T. (1984): The ›Criminology of the Corporation‹ and Regulatory Enforcement Strategies. In: K. Hawkins und J. Thomas (Hg.): *Enforcing Regulation*. Boston: Kluwer-Nijhoff.

Kahan, Dan (1997): Ignorance of Law is an Excuse – But only for the Virtuous. In: *Michigan Law Review* 96, 127–154.

Kalthoff, Herbert (2005): Practices of Calculation. Economic Representations and Risk Management. In: *Theory, Culture and Society* 22, S. 69–97.

Kamdar, Dishan; McAllister, Daniel J.; Turban, Daniel B. (2006): »All In a Day's work«. How Follower Individual Differences and Justice Perceptions Predict OCB Role Definitions and Behavior. In: *Journal of Applied Psychology* 91, S. 841–855.

Kaptein, Muel; van Helvoort, Martien (2019): A Model of Neutralization Techniques. In: *Deviant Behavior* 40, S. 1260–1285.

Karpoff, Jonathan; Lott, John R. (1993): The Reputational Penality Firms Bear from Committing Criminal Fraud. In: *Journal of Law and Economics* 36, S. 757–802.

Kellerhals Carrard (2018): PostAuto. Untersuchungsbericht zuhanden des Verwaltungsrats der Schweizerischen Post AG. Zürich: Schweitzerische Post.

Kelly, Lois; Medina, Carmen (2014): *Rebels at Work*. Sebastopol: O'Reilly Media.

Kette, Sven (2012): Das Unternehmen als Organisation. In: Maja Apelt und Veronika Tacke (Hg.): *Handbuch Organisationstypen*. Wiesbaden: Springer VS, S. 21–42.

Kette, Sven (2014): Diskreditiertes Scheitern. Katastrophale Unfälle als Organisationsproblem. In: Jens Bergmann, Matthias Hahn, Antonia Langhof und Gabriele Wagner (Hg.): *Scheitern – Organisations- und wirtschaftssoziologische Analysen*. Wiesbaden: Springer VS, S. 159–181.

Kette, Sven (2017): *Unternehmen. Eine sehr kurze Einführung*. Wiesbaden: Springer VS.

Kette, Sven (2018a): Unsichere Verantwortungszurechnungen. Dynamiken organisationalen Compliance Managements. In: *GesundheitsRecht* 17, S. 3–6.

Kette, Sven (2018b): *Vertrauen ist gut, Kontrolle ist besser? Dysfunktionen organisationalen Compliance Managements*. Luzern: Unveröff. Ms.

Kette, Sven; Barnutz, Sebastian (2019): *Compliance managen. Eine sehr kurze Einführung*. Wiesbaden: Springer VS.

Khan, Mushtaq H. (2006): Determinants of Corruption in Developing Countries. The Limits of Conventional Economic Analysis. In: Susan Rose-Ackerman (Hg.): *International Handbook on the Economics of Corruption*. Cheltenham: Edward Elgar, S. 216–246.

Kidder, Tracy (1981): *The Soul of a New Machine*. New York, Boston, London: Little, Brown & Company.

Kieserling, André (2001): Arbeit, Schule und Beruf. Mobbing ist gut fürs Betriebsklima. In: *Frankfurter Allgemeine Sonntagszeitung*, 28.10.2001, S. 43.

Kieserling, André (2015): Soziologische Ausgangspunkte für systemimmanente Kritik. In: Albert Scherr (Hg.): *Systemtheorie und Differenzierungstheorie als Kritik. Perspektiven in Anschluss an Niklas Luhmann*. Weinheim, Basel: Beltz Juventa.

Kindler, Steffi (2008): *Das Unternehmen als haftender Täter. Ein Beitrag zur Frage der Verbandsstrafe im deutschen Strafrechtssystem: Lösungswege und Entwicklungsperspektiven de lege lata und de lege ferenda*. Baden-Baden: Nomos.

Kirchheimer, Otto (1965): Der Wandel des westeuropäischen Parteiensystems. In: *Politische Vierteljahresschrift* 6, S. 20–41.

Kittler, Wolf (1994): Die Revolution der Revolution oder Was gilt es in dem Kriege, den Kleists Prinz von Homburg kämpft. In: Gerhard Neumann (Hg.): *Heinrich von Kleist. Kriegsfall – Rechtsfall – Sündenfall*. Freiburg i.Br.: Rombach, S. 61–85.

Kleist, Heinrich von (1996): Prinz Friedrich von Homburg. Ein Schauspiel. In: Helmut Sembdner (Hg.): *Heinrich von Kleist. Werke*. 6. Aufl. München, Wien: Carl Hanser, S. 515–584.

Klinkhammer, Julian (2013): On the Dark Side of the Code. Organizational Challenges to an Effective Anti-corruption Strategy. In: *Crime, Law and Social Change* 60, S. 191–208.

Klinkhammer, Julian (2015): Varieties of Corruption in the Shadow of Siemens. A Modus-Operandi Study of Corporate Crime on the Supply Side of Corrupt Transactions. In: Judith van Erp, Wim Huisman und Gudrun Vande Walle (Hg.): *Routledge Handbook of White-Collar and Corporate Crime in Europe*. London: Routledge, S. 318–335.

Klitgaard, Robert (1988): *Controlling Corruption*. Berkeley: University of California Press.

Kohlberg, Lawrence (1969): Sages and Sequence. The Cognitive-developmental Approach to Socialization. In: David A. Goslin (Hg.): *Handbook of Socialization Theory and Research*. Chicago: Rand McNally, S. 347–380.

Kölbel, Ralf (2014): Corporate Crime, Unternehmenssanktion und kriminelle Verbandsattitüde. In: *Zeitschrift für Internationale Strafrechtsdogmatik* 11, S. 552–557.

Kornberger, Martin; Leixnering, Stephan; Meyer, Renate E. (2019): The Logic of Tact: How Decisions Happen in Situations of Crisis. In: *Organization Studies* 40, S. 239–266.

Kraakman, Reinier H. (1984): Corporate Liability Strategies and the Costs of Legal Controls. In: *Yale Law Journal* 93, S. 857–898.

Kraatz, Matthew S.; Block, Emily S. (2008): Organizational Implications of Institutional Pluralism. In: Royston Greenwood, Christine Oliver, Kerstin Sahlin-Andersson und Roy Suddaby (Hg.): *The SAGE Handbook of Organizational Institutionalism*. Los Angeles: Sage, S. 243–275.

Krause, Monika (2014): *The Good Project. The Field of Humanitarian Relief NGOs and the Fragmentation of Reason*. Chicago, London: University of Chicago Press.

Krawiec, Kimberly D. (2003): Cosmetic Compliance and the Failure of Negotiated Governance. In: *Washington University Law Quarterly* 81, S. 487–544.

Krohn, Wolfgang (1999): Funktionen der Moralkommunikation. In: *Soziale Systeme* 5, S. 313–338.

Kubbe, Ina (2018): Vitamin B. In: Alena V. Ledeneva (Hg.): *The Global Encyclopaedia of Informality*. Volumne 1. London: UCL Press, S. 91–94.

Kuchler, Barbara (2014): Symbiosen von Recht und Korruption. In: Martina Löw (Hg.): *Vielfalt und Zusammenhalt. Verhandlungen des 36. Kongresses der Deutschen Gesellschaft für Soziologie 2012*. Frankfurt a. M., New York: Campus, S. 1–15.

Kühl, Stefan (2003): *Exit. Wie Risikokapital die Regeln der Wirtschaft verändert*. Frankfurt a. M., New York: Campus.

Kühl, Stefan (2005): Ganz normale Organisationen. Organisationssoziologische Interpretationen simulierter Brutalitäten. In: *Zeitschrift für Soziologie* 34, S. 90–111.

Kühl, Stefan (2007a): Formalität, Informalität und Illegalität in der Organisationsberatung. Systemtheoretische Analyse eines Beratungsprozesses. In: *Soziale Welt* 58, S. 269–291.

Kühl, Stefan (2007b): Zahlenspiele in der Entwicklungshilfe: Zu einer Soziologie des Deckungsbeitrages. In: Andrea Mennicken und Hendrik Vollmer (Hg.): *Zahlenwerk*. Wiesbaden: VS Verlag für Sozialwissenschaften, S. 185–206.

Kühl, Stefan (2012a): *Der Sudoku-Effekt. Hochschulen im Teufelskreis der Bürokratie*. Bielefeld: transcript.

Kühl, Stefan (2012b): Zwangsorganisationen. In: Maja Apelt und Veronika Tacke (Hg.): *Handbuch Organisationstypen*. Wiesbaden: Springer VS, S. 345–358.

Kühl, Stefan (2014): *Ganz normale Organisationen. Zur Soziologie des Holocaust*. Berlin: Suhrkamp.

Kühl, Stefan (2015a): *Das Regenmacher-Phänomen. Widersprüche im Konzept der lernenden Organisation*. 2. Aufl. Frankfurt a. M., New York: Campus.

Kühl, Stefan (2015b): Organizations in World Society. On the Role of Foreign Aid in the Diffusion of Organizations. In: Boris Holzer, Fatima Kastner und Tobias Werron (Hg.): *From Globalization to World Society*. London: Routledge, S. 258–278.

Kühl, Stefan (2015c): *Sisyphos im Management. Die vergebliche Suche nach der optimalen Organisationsstruktur*. 2. Aufl. Frankfurt a. M., New York: Campus.

Kühl, Stefan (2015d): Volkswagen ist überall. Soziopolis. Online verfügbar unter https://www.soziopolis.de/beobachten/wirtschaft/artikel/volkswagen-ist-ueberall/.

Kühl, Stefan (2015e): Das System Fifa. In: *Le Monde diplomatique deutsche Ausgabe*, 13.08.2015, S. 4–5.

Kühl, Stefan (2018a): *Arbeit – Marxistische und systemtheoretische Zugänge*. Wiesbaden: Springer VS.

Kühl, Stefan (2018b): Organisationskultur. Eine Konkretisierung aus systemtheoretischer Perspektive. In: *Managementforschung* 18, 7–35.

Kühl, Stefan (2018c): *Organisationskulturen beeinflussen. Eine sehr kurze Einführung*. Wiesbaden: Springer VS.

Kühl, Stefan (2019): Jenseits von zweckrationalen Steuerungsfantasien im Management. In: Maja Apelt, Ingo Bode und Raimund Hasse (Hg.): *Handbuch Organisationssoziologie*, Bd. 41. Wiesbaden: Springer Fachmedien Wiesbaden, S. 1–19.

Kühl, Stefan (2020a): *Organisationen. Eine sehr kurze Einführung*. Wiesbaden: Springer VS.

Kühl, Stefan (2020b): Positivierung und Formalisierung. Zur schwierigen Unterscheidung von Verstößen gegen »Gesetze des Staates« und gegen »Gesetze der Organisation«. Bielefeld: Unveröff. Ms.

Kühl, Stefan (2020c): Regelabweichungen zum Schaden und Nutzen der Organisationen. Zur Funktionalität informaler Belohnungssysteme in Organisationen. In: *Arbeit* 29, S. 53–76.

Kühl, Stefan (2020d): Zwischen Präzision und Anonymisierung. Wie weit muss man bei der Verfälschung wissenschaftlicher Daten gehen? In: *Soziologie* 49, S. 62–71.

Kühl, Stefan; Wallrabenstein, Astrid (2018): Zum Surfen in rechtlichen Grauzonen. In: *GesundheitsRecht* 17, S. 1–3.

Kuhlmann, Martin (2009): Beobachtungsinterview. In: Stefan Kühl, Petra Strodtholz und Andreas Taffertshofer (Hg.): *Handbuch Methoden der Organisationsforschung*. Wiesbaden: VS Verlag für Sozialwissenschaften, S. 78–99.

Kuhn, Thomas; Weibler, Jürgen (2012a): Einmal integer, nicht immer integer. In: *Personalwirtschaft*, S. 70–72.

Kuhn, Thomas; Weibler, Jürgen (2012b): *Führungsethik in Organisationen*. Stuttgart: Kohlhammer.

Laabs, Dirk (2018): *Bad Bank. Aufstieg und Fall der Deutschen Bank*. München: DVA.

Lampert, Nicholas (1985): *Whistleblowing in the Soviet Union. Complaints and Abuses under State Socialism*. London: Palgrave Macmillan (Studies in Soviet History and Society).

Land, Christopher; Loren, Scott; Metelmann, Jörg (2014): Rogue Logics: Organization in the Grey Zone. In: *Organization Studies* 35, S. 233–253.

Langworth, Richard M. (2008): Churchill by Himself. The Definitive Collection of Quotations. Newburyport: RosettaBooks.

Larner, Justin; Mason, Chris (2014): Beyond Box-ticking. A Study of Stakeholder Involvement in Social Enterprise Governance. In: *Corporate Governance* 14, S. 181–196.

Lauderdale, Pat; Grasmick, Harold; Clark, John P. (1978): Corporate Environments, Corporate Crime, and Deterrence. In: Marvin D. Krohn und Ronald L. Akers (Hg.): *Crime, Law, and Sanctions*. Beverly Hills, London: Sage, S. 137–158.

Laufer, William S. (1999): Corporate Liability, Risk Shifting, and the Paradox of Compliance. In: *Vanderbilt Law Review* 52, S. 1341.

Laufer, William S. (2006): *Corporate Bodies and Guilty Minds. The Failure of Corporate Criminal Liability*. Chicago, London: University of Chicago Press.

Laufer, William S.; Robertson, Diana C. (1997): Corporate Ethics Initiatives As Social Control. In: *Journal of Business Ethics* 16, S. 1029–1047.

Lauri, Antonio de (2013): Corruption, Legal Modernisation and Judicial Practice in Afghanistan. In: *Asian Studies Review* 37, S. 527–545.

Lauth, Hans-Joachim (1999): Informelle Institutionen, politischer Partizipation und ihre demokratietheoretische Bedeutung. In: Hans-Joachim Lauth und Ulrike Liebert (Hg.): *Im Schatten demokratischer Legitimität*. Opladen: WDV, S. 61–84.

Lauth, Hans-Joachim (2000): Informal Institutions and Democracy. In: *Democratization* 7, S. 21–50.

Ledeneva, Alena V. (1998): *Russia's Economy of Favours. Blat, Networking and Informal Exchange*. Cambridge: Cambridge University Press.

Ledeneva, Alena V. (2001): *Unwritten Rules. How Russia Really Works*. London: Center for European Reform.

Ledeneva, Alena V. (2008): Blat and Guanxi. Informal Practices in Russia and China. In: *Comparative Studies in Society and History* 50, S. 80.

Ledeneva, Alena V. (2011): Open Secrets and Knowing Smile. In: *East European Politics and Societies* 25, S. 720–736.

Ledeneva, Alena V. (Hg.) (2018): *The Global Encyclopaedia of Informality*. Volumne 1. London: UCL Press.

Lee, Frederic P. (1928): Corporate Criminal Liability. In: *Columbia Law Review* 28, S. 1–28.

Leff, Nathaniel H. (1964): Economic Development Through Bureaucratic Corruption. In: *American Behavioral Scientist* 8, S. 8–14.

Lemarchand, René (1972): Political Clientelism and Ethnicity in Tropical Africa: Competing Solidarities in Nation-Building. In: *American Political Science Review* 66, S. 68–90.

Lennerfors, Thomas Taro (2007): The Transformation of Transparency – On the Act on Public Procurement and the Right to Appeal in the Context of the War on Corruption. In: *Journal of Business Ethics* 73, S. 381–390.

Lepper, Christoph (2018): Richtlinie zur Verwendung der E-Mail-Adressfelder »An«, »Cc« und »Bcc«. In: *Corporate Compliance Zeitschrift* 11, S. 178–179.

Levi, Michael (1998): Perspectives on Organised Crime: An Overview. In: *Howard Journal of Criminal Justice* 37, S. 335–345.

Levitt, Steven D.; Dubner, Stephen J. (2006): *Freakonomics*. New York: HarperTorch.

Lewis, Alexandra (2015): *Security, Clans and Tribes. Unstable Governance in Somaliland, Yemen and the Gulf of Aden*. Basingstoke, Hampshire: Palgrave Macmillan (Palgrave pivot).

Leys, Colin (1965): What is the Problem about Corruption? In: *Journal of Modern African Studies* 3, S. 215–230.

Liebold, Renate; Trinczek, Rainer (2009): Experteninterview. In: Stefan Kühl, Petra Strodtholz und Andreas Taffertshofer (Hg.): *Handbuch Methoden der Organisationsforschung*. Wiesbaden: VS Verlag für Sozialwissenschaften, S. 32–56.

Lieckweg, Tania (2001): Strukturelle Kopplung von Funktionssystemen »über« Organisation. In: *Soziale Systeme* 7, S. 267–289.

Lifton, Robert Jay (1986): *The Nazi Doctors. Medical Killing and the Psychology of Genocide*. New York: Basic Books.

Lincoln, James R.; Gerlach, Michael L. (2004): *Japan's Network Economy. Structure, Persistence, and Change*. Cambridge: Cambridge University Press.

Lu, Xiaobo (2000): Booty Socialism, Bureau-Preneurs, and the State in Transition: Organizational Corruption in China. In: *Comparative Politics* 32, S. 273–294.

Lübbe, Hermann (1983): Der Nationalsozialismus im deutschen Nachkriegsbewußtsein. In: *Historische Zeitschrift* 236, S. 579–599.

Lübbe, Hermann (1998): Kontingenzerfahrung und Kontingenzbewältigung. In: Gerhart Graevenitz und Odo Marquard (Hg.): *Kontingenz*. Fink: Wilhelm Fink, S. 35–48.

Luhmann, Niklas (1961): Verantwortung und Verantwortlichkeit. Speyer: Unveröff. Ms.

Luhmann, Niklas (1964a): Funktionale Analyse. Methode und Systemtheorie. In: *Soziale Welt* 15, S. 1–25.

Luhmann, Niklas (1964b): *Funktionen und Folgen formaler Organisation*. Berlin: Duncker & Humblot.

Luhmann, Niklas (1968): *Vertrauen*. Stuttgart: Lucius & Lucius.

Luhmann, Niklas (1969): Funktionale Methode und juristische Entscheidung. In: *Archiv des öffentlichen Rechts* 94, S. 1–31.

Luhmann, Niklas (1970a): Funktion und Kausalität. In: Niklas Luhmann (Hg.): *Soziologische Aufklärung 1. Aufsätze zur Theorie sozialer Systeme*. Opladen: WDV, S. 9–30.

Luhmann, Niklas (1970b): Funktionale Methode und Systemtheorie. In: Niklas Luhmann (Hg.): *Soziologische Aufklärung 1. Aufsätze zur Theorie sozialer Systeme*. Opladen: WDV, S. 31–53.

Luhmann, Niklas (1972): *Rechtssoziologie*. Reinbek: Rowohlt.

Luhmann, Niklas (1973): *Zweckbegriff und Systemrationalität*. Frankfurt a. M.: Suhrkamp.

Luhmann, Niklas (1975): *Macht*. Stuttgart: Enke.

Luhmann, Niklas (1981): Kommunikation über Recht in Interaktionssystemen. In: Niklas Luhmann (Hg.): *Ausdifferenzierung des Rechts*. Frankfurt a. M.: Suhrkamp, S. 53–72.

Luhmann, Niklas (1983): *Legitimation durch Verfahren*. Frankfurt a. M.: Suhrkamp.

Luhmann, Niklas (1984a): *Soziale Systeme. Grundriß einer allgemeinen Theorie*. Frankfurt a. M.: Suhrkamp.

Luhmann, Niklas (1984b): Soziologische Aspekte des Entscheidungsverhaltens. In: *Die Betriebswirtschaft* 44, S. 591–603.

Luhmann, Niklas (1985): Neue Politische Ökonomie. In: *Soziologische Revue* 8, S. 115–120.

Luhmann, Niklas (1987): Sozialisation und Erziehung. In: Niklas Luhmann (Hg.): *Soziologische Aufklärung*. Opladen: WDV, S. 173–181.

Luhmann, Niklas (1988): Medium und Organisation. In: Niklas Luhmann (Hg.): *Die Wirtschaft der Gesellschaft*. Frankfurt a. M.: Suhrkamp, S. 272–301.

Luhmann, Niklas (1990a): Die Stellung der Gerichte im Rechtssystem. In: *Rechtstheorie* 21, S. 459–473.

Luhmann, Niklas (1990b): *Paradigm lost. Über die ethische Reflexion der Moral*. Frankfurt a. M.: Suhrkamp.

Luhmann, Niklas (1991): *Soziologie des Risikos*. Berlin, New York: Walter de Gruyter.

Luhmann, Niklas (1992): *Die Wissenschaft der Gesellschaft*. Frankfurt a. M.: Suhrkamp.

Luhmann, Niklas (1993): *Das Recht der Gesellschaft*. Frankfurt a. M.: Suhrkamp.

Luhmann, Niklas (1995): Kausalität im Süden. In: *Soziale Systeme* 1, S. 7–28.

Luhmann, Niklas (1996a): Complexity, Structural Contingencies and Value Conflicts. In: Paul Heelas, Scott Lash und Paul Morris (Hg.): *Detraditionalization*. Cambridge: Blackwell, S. 59–71.

Luhmann, Niklas (1996b): *Die Realität der Massenmedien*. 2. Aufl. Opladen: WDV.

Luhmann, Niklas (1996c): Gefahr oder Risiko, Solidarität oder Konflikt. In: Roswita Königswieser, Matthias Haller und Maas (Hg.): *Risiko-Dialog. Zukunft ohne Harmonieformel*. Köln: Deutscher Instituts-Verlag, S. 38–48.

Luhmann, Niklas (1997): *Die Gesellschaft der Gesellschaft*. Frankfurt a. M.: Suhrkamp.

Luhmann, Niklas (2000): *Organisation und Entscheidung*. Opladen: WDV.

Luhmann, Niklas (2002a): *Das Erziehungssystem der Gesellschaft*. Frankfurt a. M.: Suhrkamp.

Luhmann, Niklas (2002b): *Die Politik der Gesellschaft*. Frankfurt a. M.: Suhrkamp.

Luhmann, Niklas (2005a): Allgemeine Theorie organisierter Sozialsysteme. In: Niklas Luhmann (Hg.): *Soziologische Aufklärung 1. Aufsätze zur Theorie sozialer Systeme*. Wiesbaden: VS Verlag für Sozialwissenschaften, S. 48–62.

Luhmann, Niklas (2005b): Positives Recht und Ideologie. In: Niklas Luhmann (Hg.): *Soziologische Aufklärung 1. Aufsätze zur Theorie sozialer Systeme*. Wiesbaden: VS Verlag für Sozialwissenschaften, S. 224–255.

Luhmann, Niklas (2008a): Ethik als Reflexionstheorie der Moral. In: Niklas Luhmann (Hg.): *Die Moral der Gesellschaft*. Frankfurt a. M.: Suhrkamp, S. 270–361.

Luhmann, Niklas (2008b): Gibt es in unserer Gesellschaft noch unverzichtbare Normen? In: Niklas Luhmann (Hg.): *Die Moral der Gesellschaft*. Frankfurt a. M.: Suhrkamp, S. 228–252.

Luhmann, Niklas (2008c): Soziologie der Moral. In: Niklas Luhmann (Hg.): *Die Moral der Gesellschaft*. Frankfurt a. M.: Suhrkamp, S. 56–162.

Luhmann, Niklas (2008d): Verständigung über Risiken und Gefahren. In: Niklas Luhmann (Hg.): *Die Moral der Gesellschaft*. Frankfurt a. M.: Suhrkamp, S. 348–361.

Luhmann, Niklas (2008e): Wirtschaftsethik als Ethik? In: Niklas Luhmann (Hg.): *Die Moral der Gesellschaft*. Frankfurt a. M.: Suhrkamp, S. 196–208.

Luhmann, Niklas (2009): Zur Komplexität von Entscheidungssituationen. In: *Soziale Systeme* 15, S. 3–35.

Luhmann, Niklas (2010a): »Nomologische Hypothesen«, funktionale Äquivalenz, Limitationalität. Zum wissenschaftstheoretischen Verständnis des Funktionalismus. In: *Soziale Systeme* 16, S. 3–27.

Luhmann, Niklas (2010b): *Politische Soziologie*. Frankfurt a. M.: Suhrkamp.

Lundman, Richard J. (1979): Organizational Norms and Police Discretion. An Observational Study of Police Work with Traffic Law Violators. In: *Criminology* 17, S. 159–171.

Lynch, Michael J.; McGurrin, Danielle; Fenwick, Melissa (2004): Disappearing Act. The Representation of Corporate Crime Research in Criminological Literature. In: *Journal of Criminal Justice* 32, S. 389–398.

Malinowski, Bronislaw K. (1949): *Eine wissenschaftliche Theorie der Kultur und andere Aufsätze*. Zürich: Pan Verlag.

Mandeville, Bernard de (1998): *Die Bienenfabel oder private Laster, öffentliche Vorteile*. Frankfurt a. M.: Suhrkamp.

Mangione, Thomas W.; Quinn, Robert P. (1975): Job Satisfaction, Counterproductive Behavior, and Drug Use at Work. In: *Journal of Applied Psychology* 60, 114–116.

Manning, Ryann; Anteby, Michael (2016): Wrong Paths to Right. Defining Morality with or without a Clear Red Line. In: Donald Palmer, Royston Greenwood und Kristin Smith-Crowe (Hg.): *Organizational Wrongdoing. Key Perspectives and New Directions*. Cambridge: Cambridge University Press, S. 47–76.

Maon, François; Lindgreen, Adam; Swaen, Valérie (2010): Organizational Stages and Cultural Phases: A Critical Review and a Consolidative Model of Corporate Social Responsibility Development. In: *International Journal of Management Reviews* 12, S. 20–38.

March, James G. (1978): Bounded Rationality, Ambiguity, and the Engineering of Choice. In: *Bell Journal of Economics and Management Science* 9, S. 587–608.

March, James G. (1990): Beschränkte Rationalität, Ungewißheit und die Technik der Auswahl. In: James G. March (Hg.): *Entscheidung und Organisation: Kritische und konstruktive Beiträge*. Wiesbaden: Gabler, S. 297–328.

March, James G. (1991): How Decisions Happen in Organizations. In: *Human-Computer Interaction* 6, S. 95–117.

March, James G. (2016): *Zwei Seiten der Erfahrung. Wie Organisationen intelligenter werden können*. Heidelberg: Carl Auer.

March, James G.; Simon, Herbert A. (1958): *Organizations*. New York: John Wiley & Sons.

Marens, Richard (2013): What Comes Around. The Early 20th Century American Roots of Legitimating Corporate Social Responsibility. In: *Organization* 20, S. 454–476.

Maria, William de (2008): Whistleblowers and Organizational Protesters. In: *Current Sociology* 56, S. 865–883.

Mark, Robert (1977): *Policing a Perplexed Society*. London: Georg Allen & Unwin.

Marquette, Heather (2011): Donors, State Building and Corruption. Lessons from Afghanistan and the Implications for Aid Policy. In: *Third World Quarterly* 32, S. 1871–1890.

Marquis, Christopher; Lounsbury, Michael (2007): Vive la résistance. Competing Logics and the Consolidation of U.S. Community Banking. In: *Academy of Management Journal* 50, S. 799–820.

Mars, Gerald (1973): Hotel Pilferage. A Case Study in Occupational Theft. In: Malcolm Warner (Hg.): *The Sociology of the Workplace*. New York: Halsted, S. 200–210.

Mars, Gerald (1974): Dock Pilferage. A Case Study in Occupational Theft. In: Paul Rock und Mary Mcintosh (Hg.): *Deviance and Social Control.* London: Tavistock, 209–228.

Mars, Gerald (1982): *Cheats at Work. An Anthropology of the Workplace.* London: Routledge.

Mars, Gerald (2013): *Locating Deviance. Crime, Change and Organizations.* Farnham, Surrey: Ashgate.

Mars, Gerald; Bryant, Donald T.; Mitchell, Peter (1979): *Manpower Problems in the Hotel and Catering Industry.* Farnborough, Eng: Saxon House.

Mars, Gerald; Nicod, Michael (1984): *The World of Waiters.* London: Allen & Unwin.

Martin, Bradley K. (2004): *Under the Loving Care of the Fatherly Leader. North Korea and the Kim Dynasty.* New York: Thomas Dunne Books.

Martin, John P. (1962): *Offenders As Employees.* New York: St. Martin's Press.

Marx, Gary T. (1981): Ironies of Social Control. Authorities as Contributors to Deviance through Escalation, Nonenforcement and Covert Facilitation. In: *Social Problems* 28, S. 221–246.

Marx, Karl (1962): Das Kapital. Erstes Buch. In: Karl Marx (Hg.): *Marx-Engels-Werke.* Band 23. Berlin: Dietz, S. 11–955.

Marx, Karl (1985): Abschweifung über produktive Arbeit. In: Karl Marx und Friedrich Engels (Hg.): Marx-Engels-Werke. Band 40. Berlin: Dietz, S. 363–391.

Masuch, Michael (1985): Vicious Circles in Organizations. In: *Administrative Science Quarterly* 30, S. 13–33.

Mathews, M. Cash (1988): *Strategic Intervention in Organizations. Resolving Ethical Dilemmas.* Newbury Park: Sage.

Matsueda, Ross L. (1988): The Current State of Differential Association Theory. In: *Crime & Delinquency* 34, S. 277–306.

Matys, Thomas (2011): *Legal Persons – »Kämpfe« und die organisationale Form.* Wiesbaden: VS Verlag für Sozialwissenschaften.

Mauro, P. (1995): Corruption and Growth. In: *The Quarterly Journal of Economics* 110, S. 681–712.

Mayntz, Renate (1963): *Soziologie der Organisation.* Reinbek: Rowohlt.

Mayntz, Renate; Scharpf, Fritz (1995): Der Ansatz des akteurzentrierte Institutionalismus. In: Renate Mayntz und Fritz W. Scharpf (Hg.): *Gesellschaftliche Selbstregelung und politische Steuerung.* Frankfurt a. M., New York: Campus, S. 39–72.

Mayo, Elton (1933): *The Human Problems of an Industrial Civilization.* New York: Macmillan.

McBarnet, Doreen (2006): After Enron will ›Whiter than White Collar Crime‹ Still Wash? In: *British Journal of Criminology* 46, S. 1091–1109.

McGee, Robert W. (1993): Is Tax Evasion Unethical. In: *University of Kansas Law Review* 42, S. 411–435.

McGivern, Gerry; Ferlie, Ewan (2007): Playing Tick-Box Games. Interrelating Defences in Professional Appraisal. In: *Human Relations* 60, S. 1361–1385.

McGreal, Chris (2018): *American Overdose. The Opioid Tragedy in Three Acts*. New York: PublicAffairs.

McLaughlin, Judith Block (1985): From Secrecy to Sunshine. An Overview of Presidential Search Practice. In: *Research in Higher Education* 22, S. 195–208.

McLean, Bethany; Elkind, Peter (2004): *The Smartest Guys in the Room. The Amazing Rise and Scandalous Fall of Enron*. New York: Portfolio.

McMullan, M. (1961): A Theory of Corruption. In: *The Sociological Review* 9, S. 181–201.

McVisk, William (1978): Toward a Rational Theory of Criminal Liability for the Corporate Executive. In: *The Journal of Criminal Law and Criminology* 69, S. 75–91.

McWilliams, Abagail; Siegel, Donald (2001): Corporate Social Responsibility. A Theory of the Firm Perspective. In: *Academy of Management Review* 26, S. 117–127.

Meier, Barry (2018): *Pain Killer. An Empire of Deceit and the Origin of America's Opioid Epidemic*. 2. Aufl. New York: Random House.

Meirovich; Gavriel; Reichel, Arie (2000): Illegal But Ethical. An Inquiry into the Roots of Illegal Corporate Behaviour in Russia. In: *Business Ethics – An European Review* 9, S. 126–135.

Méon, Pierre-Guillaume; Sekkat, Khalid (2005): Does Corruption Grease or Sand the Wheels of Growth? In: *Public Choice* 122, S. 69–97.

Méon, Pierre-Guillaume; Weill, Laurent (2010): Is Corruption an Efficient Grease? In: *World Development* 38, S. 244–259.

Merton, Robert K. (1936): The Unanticipated Consequences of Purposive Social Action. In: *American Sociological Review* 1, S. 894–904.

Merton, Robert K. (1940): Bureaucratic Structure and Personality. In: *Social Forces* 17, S. 560–568.

Merton, Robert K. (1957a): Continuities in the Theory of Reference Groups and Social Structure. In: Robert K. Merton (Hg.): *Social Theory and Social Structure*. 2. Aufl. Glencoe: Free Press, S. 281–386.

Merton, Robert K. (1957b): Manifest and Latent Functions. In: Robert K. Merton (Hg.): *Social Theory and Social Structure*. 2. Aufl. Glencoe: Free Press, S. 19–84.

Meurs, Christian (2012): *Normenhierarchien im europäischen Sekundärrecht*. Tübingen: Mohr Siebeck.

Meuser, Michael; Nagel, Ulrike (1997): Das Experteninterview – Wissenssoziologische Voraussetzungen und methodische Durchführung. In: Barbara Friebertshäuser und Annedore Prengel (Hg.): *Handbuch Qualitative Forschungsmethoden in der Erziehungswissenschaft*. Weinheim, Basel: Juventa, S. 481–491.

Meyer, John W. (1992a): Institutionalization and the Rationality of Formal Organizational Structure. In: John W. Meyer und W. Richard Scott (Hg.): *Organizational Environments. Ritual and Rationality*. Newbury, London, New Delhi: Sage, S. 261–283.

Meyer, John W.; Jepperson, Ronald L. (2000): The »Actors« of Modern Society. The Cultural Construction of Social Agency. In: *Sociological Theory* 18, S. 100–120.

Meyer, John W.; Ramirez, Francisco O.; Soysal, Yasemin Nuhoglu (1992b): World Expansion of Mass Education, 1870–1980. In: *Sociology of Education* 65, S. 128.

Meyer, John W.; Rowan, Brian (1977): Institutionalized Organizations. Formal Structure as Myth and Ceremony. In: *American Journal of Sociology* 83, S. 340–363.

Meyer, Michael; Simsa, Ruth (2018): Organizing the Unexpected. How Civil Society Organizations Dealt with the Refugee Crisis. In: *Voluntas* 29, S. 1159–1175.

Meyers, Joan M. (2013): Alternative Organizations and Cooperatives. In: Vicki Smith (Hg.): *Sociology of Work. An Encyclopedia.* Los Angeles, London, New Delhi: Sage, S. 2–6.

Michalowski, Raymond; Kramer, Ronald C. (1987): The Space Between Laws. The Problem of Corporate Crime in a Transnational Context. In: *Social Problems* 34, S. 113–121.

Michalowski, Raymond J. (1985): *Order, Law and Crime.* New York: Random House.

Miethe, Terance D.; Rothschild, Joyce (1994): Whistleblowing and the Control of Organizational Misconduct. In: *Sociological Inquiry* 64, S. 322–347.

Milgram, Stanley (1963): Behavioral Study of Obedience. In: *Journal of Abnormal and Social Psychology* 67, S. 371–378.

Milgram, Stanley (1964): Group Pressure and Action Against a Person. In: *Journal of Abnormal and Social Psychology* 69, S. 137–143.

Milgram, Stanley (1965a): Liberating Effects of Group Pressure. In: *Journal of Personality and Social Psychology* 1, S. 127–134.

Milgram, Stanley (1965b): Some Conditions of Obedience and Disobedience to Authority. In: *Human Relations* 18, S. 57–76.

Miller, Nathan (1992): *Stealing from America. A History of Corruption from Jamestown to Reagan.* New York: Paragon House.

Mills, C. Wright (1940): Situated Actions and Vocabularies of Motive. In: *American Sociological Review* 5, S. 904–913.

Mitchell, Basil (1978): *Law, Morality, and Religion in a Secular Society.* Oxford: Oxford University Press.

Mittelsdorf, Kathleen (2007): *Unternehmensstrafrecht im Kontext.* Heidelberg: C.F. Müller.

Mokhiber, Russell (1988): *Corporate Crime and Violence. Big Business Power and the Abuse of the Public Trust.* San Francisco: Sierra Club Books.

Molinsky, Andrew; Margolis, Joshua (2005): Necessary Evils and Interpersonal Sensitivity in Organizations. In: *Academy of Management Review* 30, S. 245–268.

Möllers, Christoph (2018): *Die Möglichkeit der Normen. Über eine Praxis jenseits von Moralität und Kausalität.* Berlin: Suhrkamp.

Morris, Albert (1934): *Criminology.* New York: Longman.

Morrison, Elizabeth W. (2006): Doing the Job Well. An Investigation of Pro-social Rule Breaking. In: *Journal of Management* 32, S. 5–28.

Motta, Fernando C. Prestes; Alcadipani, Rafael (1999): Jeitinho brasileiro, controle social e competição. In: *Revista de Administração de Empresas* 39, S. 6–12.

Mühlhäuser, Regina (2010): *Eroberungen. Sexuelle Gewalttaten und intime Beziehungen deutscher Soldaten in der Sowjetunion 1941–1945*. Hamburg: Hamburger Edition.

Mujtaba, Bahaudin G. (2013): Ethnic Diversity, Distrust and Corruption in Afghanistan. In: *Equality, Diversity and Inclusion: An International Journal* 32, S. 245–261.

Müthel, Miriam (2017): Pro-organisationales illegales Verhalten. Wie und warum gute Mitarbeiter dem Unternehmen schadet. In: *Zeitschrift Führung & Organisation* 86, S. 31–36.

Muzio, Daniel; Faulconbridge, James; Gabbioneta, Claudia; Greenwood, Royston (2016): Bad Apples, Bad Barrels and Bad Cellars. A »Boundaries« Perspective on Professional Misconduct. In: Donald Palmer, Royston Greenwood und Kristin Smith-Crowe (Hg.): *Organizational Wrongdoing. Key Perspectives and New Directions*. Cambridge: Cambridge University Press, S. 141–175.

Myrdal, Gunnar (1970): Corruption as a Hindrance to Modernization in South Asia. In: Arnold J. Heidenheimer (Hg.): *Political Corruption. Readings in Comparative Analysis*. New Brunswick: Transaction.

Myrdal, Gunnar (1977): *Asian Drama. An Inquiry into the Poverty of Nations*. Harmondsworth: Penguin Books.

Nace, Ted (2003): *Gangs of America. The Rise of Corporate Power and the Disabling of Democracy*. San Francisco: Berrett-Koehler Publishers.

Nader, Ralph (1965): *Unsafe at Any Speed. The Designed-In Dangers of The American Automobile*. New York: Grossman Publishers.

Nassehi, Armin (2002): Politik des Staates oder Politik der Gesellschaft? Kollektivität als Problemformel des Politischen. In: Kai-Uwe Hellmann und Rainer Schmalz-Bruns (Hg.): *Theorie der Politik. Niklas Luhmanns politische Soziologie*. Frankfurt a. M.: Suhrkamp, S. 38–59.

Nassehi, Armin; Saake, Irmhild; Siri, Jasmin (2015): Ethik – Normen – Werte. Eine Einleitung. In: Armin Nassehi, Irmhild Saake und Jasmin Siri (Hg.): *Ethik – Normen – Werte*. Wiesbaden: Springer VS, S. 1–9.

Near, Janet P.; Miceli, Marcia P. (1987): Whistle-blowers in Organizations. Dissidents or Reformers? In: *Research in Organisational Behavior* 9, S. 321–368.

Neckel, Sighard (1995): Der unmoralische Tausch. Eine Soziologie der Käuflichkeit. In: *Kursbuch* 120, S. 9–16.

Neckel, Sighard; Czingon, Claudia; Lenz, Sarah (2018): Kulturwandel im Geldgeschäft? Potenziale einer ethischen Selbsterneuerung im Banken- und Finanzwesen. In: Jürgen Beyer und Christine Trampusch (Hg.): *Finanzialisierung, Demokratie und Gesellschaft*. Wiesbaden: Springer VS, S. 287–316.

Needleman, Martin L.; Needleman, Carolyn (1979): Organizational Crime: Two Models of Criminogenesis. In: *The Sociological Quarterly* 20, S. 517–528.

Nerdinger, Friedemann W. (2008): *Unternehmensschädigendes Verhalten erkennen und verhindern*. Göttingen: Hogrefe.

Neuberger, Oswald (1994a): *Mobbing. Übel mitspielen in Organisationen*. München: Hampp Verlag.

Neuberger, Oswald (1994b): *Personalentwicklung*. 2. Aufl. Stuttgart: Enke.

Neuberger, Oswald (1995): *Führen und geführt werden*. 5. Aufl. Stuttgart: Enke.

New, Robert Cameron (1994): *Are Your Employees Stealing you Blind? Answers and Solutions for Retailers and Other Small Businesses*. Amherst, Mass.: HRD Press.

Neyland, Daniel (2007): Achieving Transparency: The Visible, Invisible and Divisible in Academic Accountability Networks. In: *Organization* 14, S. 499–516.

Nieder, Peter (2013): *Erfolg durch Vertrauen. Abschied vom Management des Mißtrauens*. Wiesbaden: Gabler.

Noonan, John T. (1984): *Bribes*. New York: Macmillan.

Nove, Alec (1961): *The Soviet Economy*. London: Allen & Unwin.

O'Connell Davidson, Julia (2015): *Modern Slavery. The Margins of Freedom*. Basingstoke: Palgrave Macmillan.

Olasolo, Héctor; Cantor, Jannluck Canosa (2019): The Treatment of Superior Responsibility in Colombia. Interpreting the Agreement Between the Colombian Government and the FARC. In: *Criminal Law Forum* 30, S. 61–107.

Oliver, Christine (1991): Strategic Responses to Institutional Processes. In: *Academy of Management Review* 16, S. 145–179.

O'Neill, Onora (2010): *A Question of Trust*. 5. Aufl. Cambridge: Cambridge University Press.

Orr, Julian E. (1996): *Talking About Machines. An Ehtnography of a Modern Job*. Ithaca: Cornell University Press.

Ortmann, Günther (2003): *Regel und Ausnahme. Paradoxien sozialer Ordnung*. Frankfurt a. M.: Suhrkamp.

Ortmann, Günther (2004): Regelverletzungen sind notwendig. In: *Digma* 4, S. 106–111.

Ortmann, Günther (2010a): »Die wahren Verantwortlichen«. Organisationen als zurechnungsfähige Akteure. In: *Jahrbuch für Recht und Ethik* 18, S. 369–387.

Ortmann, Günther (2010b): *Organisation und Moral. Die dunkle Seite*. Weilerswist: Velbrück.

Ortmann, Günther (2014): Das Driften von Regeln, Standards und Routinen. In: Jens Bergmann, Matthias Hahn, Antonia Langhof und Gabriele Wagner (Hg.): *Scheitern – Organisations- und wirtschaftssoziologische Analysen*. Wiesbaden: Springer VS, S. 31–60.

Ortmann, Günther (2017): Für ein Unternehmensstrafrecht. Sechs Thesen sieben Fragen, eine Nachbermerkung. In: *Neue Zeitschrift für Wirtschafts-, Steuer- und Unternehmensstrafrecht* 6, S. 241–251.

Osang, Alexander (2017): Der Stehgeiger. In: *Der Spiegel*, 04.03.2017, S. 54–58.

Osrecki, Fran (2014): Autonomie von der Abweichung her denken: Zur Wiederentdeckung einer Theoriefigur. In: Martina Franzen, Arlena Jung, David Kaldewey und Jasper Korte (Hg.): *Autonomie revisited. Beiträge zu einem umstrittenen Grundbegriff in Wissenschaft, Kunst und Politik*. Weinheim: Beltz Juventa, S. 400–423.

Osrecki, Fran (2015a): Fighting Corruption with Transparent Organizations. Anti-corruption and Functional Deviance in Organizational Behavior. In: *Ephemera* 15, S. 337–364.

Osrecki, Fran (2015b): Kritischer Funktionalismus. Über die Grenzen und Möglichkeiten einer kritischen Systemtheorie. In: *Soziale Systeme* 20, S. 1–30.

Ott, Claus (1977): *Recht und Realität der Unternehmenskorporation. Ein Beitrag zur Theorie der juristischen Person.* Tübingen: Mohr.

Pache, Anne-Claire; Santos, Filipe (2010): When Worlds Collide: The Internal Dynamics of Organizational Responses to Conflicting Institutional Demands. In: *Academy of Management Review* 35, S. 455–476.

Paine, Lynn Sharp (1994): Managing for Organizational Integrity. In: *Harvard Business Review* 72, S. 106–117.

Paine, Lynn Sharp (2006): Integrity. In: Patricia Hogue Werhane (Hg.): *Business Ethics. The Blackwell Encyclopedia of Management,* Volume II. Malden MA u. a.: Blackwell, S. 247–249.

Palanski, Michael E.; Yammarino, Francis J. (2007): Integrity and Leadership. In: *European Management Journal* 25, S. 171–184.

Palmer, Donald (2008): Extending the Process Model of Collective Corruption. In: *Research in Organizational Behavior* 28, S. 107–135.

Palmer, Donald (2012): *Normal Organizational Wrongdoing. A Critical Analysis of Theories of Misconduct in and by Organizations.* Oxford, New York: Oxford University Press.

Palmer, Donald; Moore, Celia (2016): Social Networks and Organizational Wrongdoing in Context. In: Donald Palmer, Royston Greenwood und Kristin Smith-Crowe (Hg.): *Organizational Wrongdoing. Key Perspectives and New Directions.* Cambridge: Cambridge University Press, S. 203–234.

Palmer, Donald; Smith-Crowe, Kristin; Greenwood, Royston (2016): The Imbalances and Limitations of Theory and Research on Organizational Wrongdoing. In: Donald Palmer, Royston Greenwood und Kristin Smith-Crowe (Hg.): *Organizational Wrongdoing. Key Perspectives and New Directions.* Cambridge: Cambridge University Press, S. 1–16.

Parker, Christine; Nielsen, Vibeke Lehmann (2009): Corporate Compliance Systems. Could They Make any Difference? In: *Administration & Society* 41, 3–37.

Parker, Christine; Nielsen, Vibeke Lehmann (2011): Introduction. In: Christine Parker und Vibeke Lehmann Nielsen (Hg.): *Explaining Compliance. Business Responses to Regulation.* Cheltenham: Edward Elgar Publishing, S. 1–36.

Parker, Martin; Cheney, George; Fournier, Valérie; Land, Christopher (Hg.) (2013): *The Routledge Companion to Alternative Organizations.* London: Routledge.

Passas, Nikos; Goodwin, Neva R. (2004): *It's Legal but it Ain't Right. Harmful Social Consequences of Legal Industries.* Ann Arbor: University of Michigan Press.

Paternoster, Raymond; Simpson, Sally S. (1993): A Rational Choice Theory of Corporate Crime. In: Ronald V. Clarke und Marcus Felson (Hg.): *Advances in Cri-*

minological Theory. Routine Activity and Rational Choice. New Brunswick: Transaction Publishers, S. 37–58.

Paternoster, Raymond; Simpson, Sally S. (2009): A Rational Choice Theory of Corporate Crime. In: Hazel Croall (Hg.): *Corporate Crime*. Volume 2 *Cases and Explanations*. Los Angeles, London, New Delhi, Singapore: Sage.

Pelczar, Jan (2019): Schlafen über dem Ozean. In: *Reportagen* 47, S. 18–28.

Perreau-Saussine, Amanda; Murphy, James Bernard (2007): *The Nature of Customary Law*. Cambridge, New York: Cambridge University Press.

Perrow, Charles (1984): Normal Accidents. New York: Basic Books.

Perry, Nick (1998): Indecent Exposures: Theorizing Whistleblowing. In: *Organization Studies* 19, S. 235–257.

Perschke, Stefan (2011): Strafrechtliche Sanktionen gegen Unternehmen im US-amerikanischen Recht. In: Hans Achenbach: *Festschrift für Hans Achenbach*. Hg. v. Uwe Hellmann und Christian Schröder. München: C.F. Müller, S. 317–328.

Persson, Anna; Rothstein, Bo; Teorell, Jan (2013): Why Anticorruption Reforms Fail. Systemic Corruption as a Collective Action Problem. In: *Governance* 26, S. 449–471.

Peters, Tom (1988): *Thriving on Chaos. Handbook for a Management Revolution*. New York: Harper & Row.

Pfarrer, Michael D.; Decelles, Katherine A.; Smith, Ken G.; Taylor, M. Susan (2008): After the Fall. Reintegrating the Corrupt Organization. In: *Academy of Management Review* 33, S. 730–749.

Pfeffer, Jeffrey; Salancik, Gerald R. (1978): *The External Control of Organizations. A Resource Dependence Perspective*. New York: Harper & Row.

Pfeffer, Jeffrey; Sutton, Robert I. (2006): *Hard Facts, Dangerous Half-truths, and Total Nonsense. Profiting from Evidence-based Management*. Boston MA: Harvard Business School Press.

Pierer, Heinrich von (2003): Zwischen Profit und Moral? In: Heinrich von Pierer, Karl Homann und Gertrude Lübbe-Wolff (Hg.): *Zwischen Profit und Moral. Für eine menschliche Wirtschaft*. München: Carl Hanser, S. 7–34.

Pinto, Jonathan.; Leana, Carrie R.; Pil, Frits K. (2008): Corrupt Organizations or Organizations of Corrupt Individuals? Two Types of Organization-Level Corruption. In: *Academy of Management Review* 33, S. 685–709.

Piquero, Nicole Leeper; Tibbetts, Stephen G.; Blankenship, Michael B. (2005): Examining the Role of Differential Association and Techniques of Neutralization in Explaining Corporate Crime. In: *Deviant Behavior* 26, S. 159–188.

Pitt, Harvey L.; Groskaufmanis, Karl A. (1989): Minimizing Corporate Civil and Criminal Liability: A Second Look at Corporate Codes of Conduct. In: *Georgetown Law Journal* 78, S. 1559–1654.

Pohlmann, Markus (2008): Management und Moral. In: Tobias Blank, Tanja Münch, Sita Schanne und Christiane Staffhorst (Hg.): *Integrierte Soziologie. Perspektiven zwischen Ökonomie und Soziologie, Praxis und Wissenschaft*. Mering: Rainer Hampp Verlag, S. 161–175.

Pohlmann, Markus (2020a): Introduction – Money is Only Half of the Story. In: Markus Pohlmann, Gerhard Dannecker und Elizangela Valarini (Hg.): *Bribery, Fraud, Cheating. How to Explain and to Avoid Organizational Wrongdoing.* Wiesbaden: Springer VS, S. 1–24.

Pohlmann, Markus (2020b): Selbstorganisation und organisationale Kriminalität. In: Olaf Geramanis und Stefan Hutmacher (Hg.): *Der Mensch in der Selbstorganisation. Kooperationskonzepte für eine dynamische Arbeitswelt.* Wiesbaden: Springer Gabler, S. 27–40.

Pohlmann, Markus; Bitsch, Kristina; Klinkhammer, Julian (2016): Personal Gain or Organizational Benefits. How to Explain Active Corruption. In: *German Law Journal* 17, S. 73–100.

Pohlmann, Markus; Höly, Kristina (2017): Manipulationen in der Transplantationsmedizin. Ein Fall von organisationaler Devianz? In: *Kölner Zeitschrift für Soziologie und Sozialpsychologie* 69, 181–207.

Pollack, Detlef (1990): Das Ende einer Organisationsgesellschaft. Systemtheoretische Überlegungen zum gesellschaftlichen Umbruch in der DDR. In: *Zeitschrift für Soziologie* 19, S. 292–307.

Pope, Dudley (2001): *The Great Gamble.* Nelson at Copenhagen. London: Chatham.

Popitz, Heinrich (1968): *Über die Präventivwirkung des Nichtwissens. Dunkelziffer, Norm und Strafe.* Tübingen: J.C.B. Mohr.

Power, Michael (1997): From Risk Society to Audit Scoiety. In: *Soziale Systeme* 3, S. 3–21.

Power, Michael (2005): The Invention of Operational Risk. In: *Review of International Political Economy* 12, S. 577–599.

Power, Michael (2007): *Organized Uncertainty. Designing a World of Risk Management.* Oxford, New York: Oxford University Press.

Power, Michael; Scheytt, Tobias; Soi, K.; Sahlin-Andersson, Kerstin (2009): Reputational Risk as a Logic of Organizing in Late Modernity. In: *Organization Studies* 30, S. 301–324.

Prat, Andrea (2005): The Wrong Kind of Transparency. In: *American Economic Review* 95, S. 862–877.

Prechel, Harland; Hou, Dadao (2016): From Market Enablers to Market Participants. Redefining Organizational and Political-legal Arrangements and Opportunities for Financial Wrongdoing, 1930s-2000. In: Donald Palmer, Royston Greenwood und Kristin Smith-Crowe (Hg.): *Organizational Wrongdoing. Key Perspectives and New Directions.* Cambridge: Cambridge University Press, S. 77–113.

Preusche, Reinhard; Würz, Karl (2016): *Compliance.* 2. Aufl. Freiburg: Haufe.

Preußler, Otfried (2012a): *Der Räuber Hotzenplotz. Eine Kasperlgeschichte.* Stuttgart: Thienemann.

Preußler, Otfried (2012b): *Hotzenplotz 3.* Stuttgart: Thienemann.

Preußler, Otfried (2012c): *Neues vom Räuber Hotzenplotz. Noch eine Kasperlgeschichte.* Stuttgart: Thienemann.

Price, Robert (1974): Politics and Culture in Contemporary Ghana. The Big-Man Small-Boy Syndrome. In: *Journal of African Studies* 1, S. 173–204.

Puchta, Georg Friedrich (1828): Das Gewohnheitsrecht. Erlangen: Palmsche Verlagsbuchhandlung.

Pufendorf, Samuel (1998): *De jure naturae et gentium*. Band 8. Berlin: de Gruyter.

Punch, Maurice (1996): *Dirty Business. Exploring Corporate Misconduct*. London, Thousand Oaks, New Delhi: Sage.

Puzo, Mario (1971): *Der Pate*. Reinbek: Rowohlt.

Raine, Adrian; Laufer, William S.; Yang, Yaling.; Narr, Katherine L.; Thompson, Paul; Toga, Arthur W. (2012): Increased Executive Functioning, Attention, and Cortical Thickness in White-Collar-Crime. In: *Human Brain Mapping* 33, S. 2932–4290.

Ramirez, Francisco; Riddle, Phyllis (1991): The Expansion of Higher Education. In: Philip G. Altbach (Hg.): *International Higer Education. An Encylopedia*. New York: Garland Publishing, S. 91–106.

Rapoport, Anatol; Chammah, Albert M. (1965): *Prisoner's Dilemma. A Study in Conflict and Cooperation*. Ann Arbor: University of Michigan Press.

Rasmussen, Nicolas (2008): America's First Amphetamine Epidemic 1929–1971: A Quantitative and Qualitative Retrospective With Implications for the Present. In: *American Journal of Public Health* 98, S. 974–985.

Reckwitz, Andreas (2019): *Das Ende der Illusionen. Politik, Ökonomie und Kultur in der Spätmoderne*. Berlin: Suhrkamp.

Reichert, Alan K.; Lockett, Michael; Rao, Ramesh P. (1996): The Impact of Illegal Business Practice on Shareholder Returns. In: *The Financial Review* 31, S. 67–85.

Reiss, Albert J. (1966): The Study of of Deviant Behavior: Where the Action is. In: *Ohio Valley Sociologist* 21, S. 60–66.

Reiss, Albert J.; Tonry, Michael (1993): Organizational Crime. In: *Crime & Justice* 18, S. 1–10.

Reiter, Uli (2009): *Lärmende Geschenke. Die drohenden Versprechen der Korruption*. Weilerswist: Velbrück.

Reiter, Uli (2016): Illegalität. Phänomen und Funktion. Wiesbaden: Springer VS.

Reurink, Arjan (2016): White-Collar Crime. The Concepts and its Potential for the Analysis of Financial Crime. In: *European Journal of Sociology* 57, S. 385–414.

Rhodes, Carl (2016): Democratic Business Ethics: Volkswagen's Emissions Scandal and the Disruption of Corporate Sovereignty. In: *Organization Studies* 37, S. 1501–1518.

Riggs, Fred W. (1964): *Administration in Developing Countries. The Theory of Prismatic Society*. Boston: Houghton Mifflin.

Riggs, Fred W. (1966): *Thailand. The Modernization of Bureaucratic Polity*. Honolulu: East West Center Press.

Rigi, Jakob (2004): Corruption in Post-Soviet Kazakhstan. In: Italo Pardo (Hg.): *Between Morality and the Law. Corruption, Anthropology and Comparative Society*. Aldershot: Ashgate, S. 101–119.

Riley, Russell L. (2009): The White House as a Black Box: Oral History and the Problem of Evidence in Presidential Studies. In: *Political Studies* 57, S. 187–206.

Ringel, Leopold (2017): *Transparenz als Ideal und Organisationsproblem. Eine Studie am Beispiel der Piratenpartei Deutschland.* Wiesbaden: Springer VS.

Ringel, Leopold (2018): Unpacking the Transparency-Secrecy Nexus. Frontstage and Backstage Behaviour in a Political Party. In: *Organization Studies* 91, 705–723.

Roberts, Alasdair (2006): Dashed Expectations. Governmental Adaption to Transparency Rules. In: Christoph Hood und David Heald (Hg.): *Transparency. The Key to Better Governance?* Oxford: Oxford University Press, S. 107–125.

Roberts, Karlene H. (1989): New Challenges in Organizational Research: High Reliability Organizations. In: *Organization & Environment* 3, S. 111–125.

Roberts, Karlene H.; Rousseau, Denise M. (1989): Research in Nearly Failure-free, High-reliability Organizations. Having the Bubble. In: *IEEE Transactions on Engineering Management* 36, S. 132–139.

Robertson, Brian J. (2015): *Holacracy. The New Management System for a Rapidly Changing World.* New York: Holt.

Robinson, Paul H.; Darley, John M. (1995): *Justice, Liability, and Blame: Community Views and the Criminal Law.* Boulder: Westview Press.

Robinson, Sandra L.; Bennett, Rebecca J. (1995): A Typology of Deviant Workplace Behaviors. A Multidimensional Scaling Study. In: *Academy of Management Journal* 38, S. 555–572.

Rochlin, Gene I. (1996): Reliable Organizations: Present Research and Future Directions. In: *Journal of Contingencies and Crisis Management* 4, S. 55–59.

Rodríguez, Darío (1991): *Gestion organizacional. Elementos para su estudio.* Santiago de Chile: Pontificia Universidad Católica de Chile.

Rodríguez, Darío (2001): *Cultura organizacional.* Santiago de Chile: Pontificia Universidad Católica de Chile.

Roethlisberger, Fritz Jules; Dickson, William J. (1939): *Management and the Worker. An Account of a Research Program Conducted by the Western Electric Company, Hawthorne Works, Chicago.* Cambridge: Harvard University Press.

Rose-Ackerman, Susan (1978): *Corruption. A Study in Political Ecoomy.* New York: Academic Press.

Ross, H. Laurence (1960): Traffic Law Violation: A Folk Crime. In: *Social Problems* 231, S. 231–242.

Ross, Jeffrey Ian (2003): *The Dynamics of Political Crime.* Thousand Oaks: Sage.

Rothwell, Gary R.; Baldwin, J. Norman (2007): Whistle-Blowing and the Code of Silence in Police Agencies. In: *Crime & Delinquency* 53, S. 605–632.

Rottenburg, Richard (1992): Vom Transfer zum Dialog. Aspekte finanzieller Zusammenarbeit mit Afrika. Fallbeispiel II: Zum Verhältnis von Leistung und Status. Soziokulturelle Dimensionen betrieblicher Organisation am Beispiel eines westafrikanischen Binnenschiffahrtsunternehmen. Frankfurt a. M.: KfW Entwicklungsbank.

Rottenburg, Richard (1994): Orientierungsmuster afrikanischer Bürokratien. Eine Befragung modernisierungstheoretischer Ansätze. In: Matthias S. Laubscher (Hg.): *Systematischer Völkerkunde*. München: Akademischer Verlag München, S. 217–232.

Rottenburg, Richard (1995a): Formale und informale Beziehungen in Organisationen. In: Achim von Oppen und Richard Rottenburg (Hg.): *Organisationswandel in Afrika*. Berlin: Verlag Arabisches Buch, S. 19–36.

Rottenburg, Richard (1995b): OPP. Geschichten zwischen Europa und Afrika. In: *Kursbuch* 120, S. 9–106.

Rottenburg, Richard (1996): When Organization Travels: On Intercultural Translation. In: Czarniawska, Barbara und Guje Sevón (Hg.): *Translating Organizational Change*. Berlin, New York: Walter de Gruyter, S. 191–240.

Rottenburg, Richard (2000): Accountability for Development Aid. In: Herbert Kalthoff, Richard Rottenburg und Hans Jürgen Wagener (Hg.): *Facts and Figures*. Marburg: Metropolis, S. 143–173.

Rottenburg, Richard (2009): *Far-Fetched Facts. A Parable of Development Aid*. Cambridge: MIT Press.

Rotter, Frank (1968): *Zur Funktion der juristischen Person in der Bundesrepublik und in der DDR*. Karlsruhe: Moeller.

Roxin, Imme (2018): Compliance-Maßnahmen und Unternehmenssanktionierung de lege lata. In: *Zeitschrift für Internationale Strafrechtsdogmatik* 13, S. 341–349.

Roy, Donald F. (1952): Quota Restriction and Goldbricking in a Machine Shop. In: *American Journal of Sociology* 57, S. 427–442.

Saam, Nicole J. (2002): *Prinzipale, Agenten und Macht. Eine machttheoretische Erweiterung der Agenturtheorie und ihre Anwendung auf Interaktionsstrukturen in der Organisationsberatung*. Tübingen: J.C.B. Mohr.

Sachs, Wolfgang (1990): The Archaeology of the Development Idea. In: *Interculture* 23, S. 1–37.

Sachs, Wolfgang (Hg.) (1992): *The Development Dictionary*. London: Zed Books.

Sackmann, Sonja A. (2006): *Success Factor: Corporate Culture. Developing a Corporate Culture for High Performance and Long-term Competitveness*. Gütersloh: Verlag Bertelsmann Stiftung.

Sahlin-Andersson, Kerstin (1996): Imitating by Editing Success. The Construction of Organization Fields. In: Czarniawska, Barbara und Guje Sevón (Hg.): *Translating Organizational Change*. Berlin, New York: Walter de Gruyter, S. 69–92.

Saleilles, Raymond (2003): *De la personnalité juridique. Histoire et théories*. Paris: Éditions la Mémoire du droit.

Sallaz, Jeffrey J. (2009): *The Labor of Luck. Casino Capitalism in the United States and South Africa*. Berkeley: California University Press.

Salter, Malcolm S. (2008): *Innovation Corrupted. The Origins and Legacy of Enron's Collapse*. Cambridge, Mass.: Harvard University Press.

Santiesteban, Ángel (2017): *Wölfe in der Nacht. 16 Geschichten aus Kuba*. Frankfurt a. M.: S. Fischer.

Savigny, Friedrich Carl von (1840): *System des heutigen Roemischen Rechts*. Band 2. Berlin: Veit.

Scahill, Jeremy (2011): *Blackwater. The Rise of the World's Most Powerful Mercenary Army*. London: Profile.

Schäfers, Mark (2018): Legitimation und Vertrauen Prozesse und Mechanismen der Einführung in bestehende Praktiken brauchbarer Illegalität. Bielefeld: Hausarbeit.

Schauer, Frederick F. (1991): *Playing by the Rules. A Philosophical Examination of Rule-based Decision-making in Law and in Life*. New York, Oxford: Clarendon Press; Oxford University Press.

Schein, Edgar H. (1964): How To Break In the College Graduate. In: *Havard Business Review* 42, S. 68–76.

Schimank, Uwe (2002): Organisationen. Akteurskonstellationen, Korporative Akteure, Sozialsysteme. In: Jutta Allmendinger und Thomas Hinz (Hg.): *Organisationssoziologie. Sonderheft 42 der Kölner Zeitschrift für Soziologie und Sozialpsychologie*. Wiesbaden: WDV, S. 29–53.

Schmidt, Karl; Garschagen, Christine (1978): Korruption. In: Willi Albers, Karl Erich Born, Ernst Dürr, Helmut Hesse, Alfons Kraft, Heinz Lampert et al. (Hg.): *Handwörterbuch der Wirtschaftswissenschaft*. Stuttgart, New York, Tübingen, Göttingen, Zürich: Gustav Fischer; J.C.B. Mohr; Vandenhoeck & Ruprecht, S. 565–573.

Schneck, Ottmar (2000): *Betriebswirtschaft. Was Sie für die Praxis wissen müssen*. Frankfurt a. M., New York: Campus.

Schneider, Anthony (2004): *Tony Soprano on Management. Leadership Lessons Inspired by America's Favorite Mobster*. New York: Berkley Books.

Schöttl, Lisa (2018): *Integrität in Unternehmen. Konzept, Management, Maßnahmen*. Wiesbaden: Springer Gabler.

Schöttl, Lisa; Ranisch, Robert (2016): Compliance- und Integrity-Ansätze in der Unternehmensethik: Normenorientierung ohne Werte oder Werteorientierung ohne Normen? In: *Zeitschrift für Wirtschafts- und Unternehmensethik* 17, S. 311–326.

Schrager, Laura Shill; Short, James F. (1978): Toward a Sociology of Organizational Crime. In: *Social Problems* 25, S. 407–419.

Schreyögg, Georg (1984): *Unternehmensstrategie. Grundfrage einer Theorie strategischer Unternehmensführung*. Berlin, New York: Walter de Gruyter.

Schreyögg, Georg (1998): Strategische Diskurse: Strategieentwicklung im organisatorischen Prozess. In: *Organisationsentwicklung*, S. 32–43.

Schröder, Thomas (2019): Corporate Crime, the Lawmaker's Options for Corporate Criminal Laws and Luhmann's Concept of »Useful Illegality«. In: *International Journal of Law, Crime and Justice* 57, S. 13–25.

Schünemann, Bernd (1979): *Unternehmenskriminalität und Strafrecht. Eine Untersuchung der Verantwortlichkeit der Unternehmen und ihrer Führungskräfte nach geltendem und geplantem Straf- und Ordnungswidrigkeitenrecht*. Köln: Heymanns.

Schünemann, Bernd (2014): Die aktuelle Forderung eines Verbandsstrafrechts – Ein kriminalpolitischer Zombie. In: *Zeitschrift für Internationale Strafrechtsdogmatik* 9, S. 1–8.

Schütz, Marcel; Beckmann, Richard; Röbken, Heinke (2018): *Compliance-Kontrolle in Organisationen*. Wiesbaden: Springer Gabler.

Schwartz, Mark S. (2001): The Nature of the Relationship between Corporate Codes of Ethics and Behaviour. In: *Journal of Business Ethics* 32, S. 247–262.

Scott, Alan (2003): Organisation zwischen charismatischer und bürokratischer Revolution. In: Richard Weiskopf (Hg.): *Menschenregierungskünste. Anwendungen poststrukturalistischer Analyse auf Management und Organisation*. 1. Aufl. Wiesbaden: Westdt. Verl. (Organisation und Gesellschaft), S. 304–318.

Scott, James C. (1969a): Corruption, Machine Politics, and Political Change. In: *The American Political Science Review* 63, S. 1142–1158.

Scott, James C. (1969b): The Analysis of Corruption in Developing Nations. In: *Comparative Studies in Society and History* 11, S. 315–341.

Scott, W. Richard (1982): Managing Professional Work: Three Models of Control for Health Organizations. In: *Health Services Research* 17, S. 213–240.

Seibel, Wolfgang; Klamann, Kevin; Treis, Hannah (2017): *Verwaltungsdesaster. Von der Loveparade bis zu den NSU-Ermittlungen*. Frankfurt a. M., New York: Campus Verlag.

Selznick, Philip (1948): Foundations of the Theory of Organization. In: *American Sociological Review* 13, S. 25–35.

Selznick, Philip (1949): *TVA and the Grass Roots*. Berkeley: University of California Press.

Senturia, Joseph J. (1931): Corruption, Political (General). In: Edwin R.A. Seligman und Alvin Johnson (Hg.): *Encyclopedia of the Social Science*. Band 4. New York: Macmillan, S. 448–452.

Shapiro, Susan P. (1983): The New Moral Entrepreneurs: Corporate Crime Crusaders. In: *Contemporary Sociology* 12, S. 304–307.

Sharp, Walter R. (1957): *Bureaucracy and Politics*. Egyptian Model. In: William J. Siffin (Hg.): *Toward the Comparative Study of Public Administration*. Bloomington: Indiana University Press, S. 145–181.

Shleifer, Andrei; Vishny, Robert W. (1993): Corruption. In: *The Quarterly Journal of Economics* 108, S. 599–617.

Shover, Neal; Bryant, K. M. (1993): Theoretical Explanation of Corporate Crime. In: M. Blankenship (Hg.): *Understanding Corporate Criminality*. New York: Routledge, S. 141–176.

Shover, Neal; Hochstetler, Andy (2002): Cultural Explanation and Organizational Crime. In: *Crime, Law and Social Change* 37, S. 1–18.

Shrivastava, Paul (1987): *Bhopal. Anatomy of a Crisis*. Cambridge: Ballinger.

Sidhu, Karl (2009): Anti-Corruption Compliance Standards in the Aftermath of the Siemens Scandal. In: *German Law Journal* 10, S. 1343–1354.

Simon, Herbert A. (1946): The Proverbs of Administration. In: *Public Administration Review* 6, S. 53–67.

Simon, Herbert A. (1957): *Administrative Behavior.* 2. Aufl. New York: The Free Press.

Simpson, Sally S. (2002): *Corporate Crime, Law, and Social Control.* Cambridge: Cambridge University Press (Cambridge studies in criminology).

Sims, Ronald R. (2003): *Ethics and Corporate Social Responsibility. Why Giants Fall.* Westport: Greenwod.

Sjoberg, Gideon (1960): Contradictory Functional Requirements and Social Systems. In: *Journal of Conflict Resolution* 4, S. 198–208.

Skolnick, Jerome (2002): Corruption and the Blue Code of Silence. In: *Police Practice and Research* 3, S. 7–19.

Smigel, Erwin O.; Ross, H. Laurence (1970): Introduction. In: Erwin O. Smigel und H. Laurence Ross (Hg.): *Crimes Against Bureaucracy.* New York: Van Nostrand, S. 1–14.

Smith-Crowe, Kristin; Warren, Danielle E. (2014): The Emotion-Evoked Collective Corruption Model: The Role of Emotion in the Spread of Corruption Within Organizations. In: *Organization Science* 25, S. 1154–1171.

Snider, Laureen (2000): The Sociology of Corporate Crime. An Obituary (or: Whose Knowledge Claims Have Legs?). In: *Theoretical Criminology* 42, S. 169–206.

Snook, Scott A. (2002): *Friendly Fire. The Accidental Shootdown of U.S. Black Hawks over Northern Iraq.* 4. Aufl. Princeton: Princeton University Press.

Solomon, David; Soltes, Eugene (2015): What Are We Meeting For? The Consequences of Private Meetings with Investors. In: *The Journal of Law and Economics* 58, S. 325–355.

Soltes, Eugene (2016): *Why They Do It. Inside the Mind of the White-collar Criminal.* New York: PublicAffairs.

Spreitzer, Gretchen M.; Sonenshein, Sscott (2003): Positive Deviance and Extraordinary Organizing. In: Kim S. Cameron, Jane E. Dutton und Robert E. Quinn (Hg.): *Positive Organizational Scholarship.* San Francisco: Berrett-Koehler, S. 207–224.

Sprenger, Reinhard K. (2002): *Vertrauen führt.* Frankfurt a. M., New York: Campus.

Srivastva, Suresh C. (1988): *Executive integrity. The Search for High Human Values in Organizational Life.* San Francisco: Jossey-Bass.

Stark, Johanna (2019): *Law for Sale. A Philosophical Critique of Regulatory Competition.* Oxford, New York: Oxford University Press.

Staw, Barry M.; Szwajkowski, Eugene (1975): The Scarcity-Munificence Component of Organizational Environments and The Commission of Illegal Acts. In: *Administrative Science Quarterly* 20, S. 345.

Steltzner, Holger (2015): Das VW-Problem. In: *Frankfurter Allgemeine Zeitung,* 16.10.2015.

Steltzner, Holger (2017): Das Auto – die Demontage. In: *Frankfurter Allgemeine Zeitung,* 28.07.2017.

Stinchcombe, Arthur L. (2001): *When Formality Works. Authority and Abstraction in Law and Organizations*. Chicago: University of Chicago Press.

Stoddard, Ellwyn R. (1968): Informal Code of Police Deviancy: A Group Approach to Blue-Coat Crime. In: *Journal of Criminal Law, Criminology & Police Science* 59, S. 201–213.

Stokes, Susan S. (2007): Political Clientelism. In: Charles Boix und Susan S. Stokes (Hg.): *The Oxford Handbook of Comparative Politics*. Oxford: Oxford University Press, S. 604–627.

Stone, Christopher D. (1975): *Where the Law Ends. The Social Control of Corporate Behaviour*. New York: Harper & Row.

Stone, Christopher D. (1980): The Place of Enterprise Liability in the Control of Corporate Conduct. In: *Yale Law Journal* 90, S. 1–77.

Stone, Joseph; Yohn, Tim (1992): *Prime Time and Misdemeanors. Investigating the 1950s TV Quiz Scandal*. New Brunswick: Rutgers University Press.

Sullivan, Bilian Ni; Haunschild, Pamela; Page, Karen (2007): Organizations Non Gratae? The Impact of Unethical Corporate Acts on Interorganizational Networks. In: *Organization Science* 18, S. 55–70.

Sutherland, Edwin H. (1939): *Principles of Criminology*. 3. Aufl. Philadelphia: Lippincott.

Sutherland, Edwin H. (1940): White-Collar Criminality. In: *American Sociological Review* 5, S. 1–12.

Sutherland, Edwin H. (1947): *Principels of Criminology*. 4. Aufl. Philadelphia: Lippincott.

Sutherland, Edwin H. (1949): *White Collar Crime*. New York: Holt, Rinehart & Winston.

Sutherland, Edwin H. (1983): *White Collar Crime. The Uncut Version*. London: Yale University Press.

Sykes, Gresham; Matza, David (1957): Techniques of Neutralization. A Theory of Delinquency. In: *American Sociological Review* 22, S. 664–670.

Sykes, Gresham M.; Matza, David (1968): Die Techniken der Neutralisierung: Eine Theorie der Delinquenz. In: Fritz Sack und René König (Hg.): *Kriminalsoziologie*. Frankfurt a. M.: Akademische Verlagsgesellschaft, S. 360–371.

Szwajkowski, Eugene (1986): The Myths and Realities of Research on Organizational Misconduct. In: *Research in Corporate Social Performance and Policy* 8, S. 121–147.

Tacke, Veronika (2015): Formalität und Informalität. In: Victoria von Groddeck und Sylvia M. Wilz (Hg.): *Formalität und Informalität in Organisationen*. Wiesbaden: Springer VS, S. 37–92.

Tappan, Paul W. (1947): Who is the Criminal? In: *American Sociological Review* 12, S. 96–120.

Taylor, Carolyn (2015): *Walking the Talk. Building a Culture for Success*. London: Random House Business Books.

Taylor, Frederick W. (1967): *The Principles of Scientific Management*. London: Norton.

Tekleab, Amanuel G.; Takeuchi, Riki; Taylor, M. Susan (2005): Extending the Chain of Relationships Among Organizational Justice, Social Exchange, and Employee Reactions: The Role of Contract Violations. In: *Academy of Management Journal* 48, S. 146–157.

Teubner, Gunther (1987a): Juridification – Concepts, Aspects Limits, Solution. In: Gunther Teubner (Hg.): *Juridification of Social Spheres. A Comparative Analysis in the Areas ob Labor, Corporate, Antitrust and Social Welfare Law*. Berlin: de Gruyter, S. 3–48.

Teubner, Gunther (1987b): Unternehmenskorporatismus. New Industrial Policy und das »Wesen« der Juristischen Person. In: *Kritische Vierteljahresschrift für Gesetzgebung und Rechtswissenschaft* 2, S. 61–85.

Thompson, James D. (1967): *Organizations in Action*. New York: McGraw-Hill.

Thornton, Partricia H.; Ocasio, William; Lounsbury, Michael (2012): *The Institutional Logics Perspective. A New Approach to Culture, Structure, and Process*. Oxford, New York: Oxford University Press.

Tidd, Joseph; Bessant, John R. (2014): *Strategic Innovation Management*. Chichester: Wiley.

Tignor, Robert L. (1971): Colonial Chiefs in Chiefless Societies. In: *The Journal of Modern African Studies* 9, S. 339–359.

Tilly, Charles (1985): War Making and State Making as Organized Crime. In: Peter B. Evans, Dietrich Rueschemeyer und Theda Skocpol (Hg.): *Bringing the State Back In*. Cambridge, New York: Cambridge University Press, S. 169–186.

Tolk, Janice Newquist; Cantu, Jaime; Beruvides, Mario (2013): High Reliability Organization Research: A Literature Review for Health Care. In: *Engineering Management Journal* 27, S. 218–237.

Treiber, Hubert (1973): *Wie man Soldaten macht. Sozialisation in »kasernierter Vergesellschaftung«*. Düsseldorf: Bertelsmann.

Treviño, Linda K. (1986): Ethical Decision Making in Organizations: A Person-Situation Interactionist Model. In: *Academy of Management Review* 11, S. 601–617.

Treviño, Linda K.; Weaver, Gary R.; Gibson, David G.; Toffler, Barbara Ley (1999): Managing Ethics and Legal Compliance: What Works and What Hurts. In: *California Management Review* 41, S. 131–151.

Treviño, Linda K.; Youngblood, Stuart A. (1990): Bad Apples in Bad Barrels. A Causal Analysis of Ethical Decision-making Behavior. In: *Journal of Applied Psychology* 75, S. 378–385.

Trist, Eric; Bamforth, Ken W. (1951): Some Social and Psychological Consequences of the Longwall Method of Coal getting. In: *Human Relations* 4, S. 3–38.

Tucker, James (1989): Employee Theft as Social Control. In: *Deviant Behavior* 10, S. 319–334.

Turk, Austin (1982): *Political Criminality*. Newbury Park: Sage.

Twining, William L.; Miers, David (2010): *How to do Things with Rules. A Primer of Interpretation*. 5. Aufl. Cambridge: Cambridge University Press.

Tyrell, Hartmann (2008): Das konflikttheoretische Defizit der Familiensoziologie: Überlegungen im Anschluß an Georg Simmel. In: Bettina Heintz (Hg.): *Soziale und gesellschaftliche Differenzierung*, S. 315–337.

Umphress, Elizabeth E.; Bingham, John B. (2011): When Employees Do Bad Things for Good Reasons. Examining Unethical Pro-Organizational Behaviors. In: *Organization Science* 22, S. 621–640.

Umphress, Elizabeth E.; Bingham, John B.; Mitchell, Marie S. (2010): Unethical Behavior in the Name of the Company. The Moderating Effect of Organizational Identification and Positive Reciprocity on Unethical Pro-organizational Behavior. In: *Journal of Applied Psychology* 95, S. 769–780.

Vadera, Abhijeet K.; Pratt, Michael G.; Mishra, Pooja (2013): Constructive Deviance in Organizations. Integrating and Moving Forward. In: *Journal of Management* 39, S. 1221–1276.

van de Walle, Nicolas (2009): Meet the New Boss, same as the Old Boss? The Evolution of Political Clientelism in Africa. In: Herbert Kitschelt und Steven I. Wilkinson (Hg.): *Patrons, Clients and Policies. Patterns of Democratic Accountability and Political Competition*. Cambridge: Cambridge University Press, S. 50–67.

van Dyne, Linn; Graham, Jill W.; Dienesch, Richard M. (1994): Organizational Citizenship Behavior: Construct Redefinition, Measurement, and Validation. In: *Academy of Management Journal* 37, S. 765–802.

van Maanen, John (1991): The Smile Factory. Work at Disneyland. In: Peter J. Frost, Larry F. Moore, Meryl Reis Louis, Craig C. Lundberg, und Joanne Martin (Hg.): *Reframing Orgnizational Culture*. Newbury Park: Sage, S. 58–76.

Vandekerckhove, Wim (2006): *Whistleblowing and Organizational Social Responsibility. A Global Assessment*. Aldershot, Burlington: Ashgate.

Vardi, Yoav; Wiener, Yosh (1996): Misbehavior in Organizations. A Motivational Framework. In: *Organization Science* 7, S. 151–165.

Vaughan, Diane (1980): Crime between Organizations. In: Gilbert Geis und Ezra Stotland (Hg.): *White-Collar Crime. Theory and Research*. Beverly Hills, London: Sage, S. 77–97.

Vaughan, Diane (1981): Recent Development in White-Collar Crime Theory and Research. In: C. Ronald Huff und Israel L. Barak-Glantz (Hg.): *The Mad, the Bad, and the Different. Essays in Honor of Simon Dinitz*. Lexington: Lexington Books.

Vaughan, Diane (1998): Rational Choice, Situated Action, and the Social Control of Organizations. In: *Law & Society Review* 32, S. 23–61.

Vinterberg, Thomas (1998): Das Fest: Film.

Wagner, Gerhard (2016): Sinn und Unsinn der Unternehmensstrafe. Mehr Prävention durch Kriminalisierung. In: *Zeitschrift für Gesellschaftsrecht* 45, S. 112–152.

Walker, Nigel (1980): *Punishment, Danger and Stigma. The Morality of Criminal Justice*. Totowa: Barnes and Noble Books.

Waller, James E. (2002): *Becoming Evil. How Ordinary People Commit Genocide and Mass Killing*. 2. Aufl. Oxford, New York: Oxford University Press.

Walsh, Charles J.; Pyrich, Alissa (1994): Corporate Compliance Programs as a Defense to Criminal Liability: Can a Corporation Save Its Soul. In: *Rutgers Law Review* 47, S. 605–691.

Ward, John William (1964): The Ideal of Individualism and the Reality of Organizations. In: Earl F. Cheit (Hg.): *The Business Establishment*. New York: Wiley, S. 37–76.

Wardi, Yoav; Weitz, Ely (2004): *Misbehavior in Organizations. Theory, Research, and Management*. Mahwah: Erlbaum.

Warner, William Lloyd; Low, Josiah Orne (1947): *The Social System of the Modern Factory*. New Haven: Yale University Press.

Warren, Danielle E. (2003): Constructive and Destructive Deviance in Organizations. In: *Academy of Management Review* 28, S. 622–632.

Weaver, Gary R. (1984): Corporate Codes of Ethics. Purpose, Process and Content Issues. In: *Business & Society* 32, S. 44–58.

Weaver, Gary R.; Treviño, Linda K.; Cochran, Philip L. (1999): Corporate Ethics Practices in the Mid-1990's: An Empirical Study of the Fortune 1000. In: *Journal of Business Ethics* 18, S. 283–294.

Weber, Max (1976): *Wirtschaft und Gesellschaft*. Tübingen: J.C.B. Mohr.

Weber, Max (2016): *Die protestantische Ethik und der »Geist« des Kapitalismus*. Neuausgabe der ersten Fassung von 1904–05 mit einem Verzeichnis der wichtigsten Zusätze und Veränderungen aus der zweiten Fassung von 1920. Wiesbaden: Springer VS.

Weick, Karl E. (1988): Enacted Sensemaking in Crisis Situations. In: *Journal of Management Studies* 25, S. 305–317.

Weick, Karl E.; Sutcliffe, Kathleen M. (2007): *Managing the Unexpected. Resilient Performance in an Age of Uncertainty*. 2. Aufl. San Francisco: Jossey-Bass.

Weiner, Myron (1962): *The Politics of Scarcity*. Chicago: University of Chicago Press.

Weißmann, Martin (2015): Niklas Luhmann als Kritiker des Postulats der Werturteilsfreiheit. Zum soziologisch disziplinierten Möglichkeitssinn systemtheoreitscher Kritik. In: *Soziale Systeme* 20, S. 280–307.

Weißmann, Martin (2017): Wie immanent ist die immanente Kritik? Soziologische Einwände gegen Widerspruchsfreiheit als Ideal der Sozialkritik. In: *Zeitschrift für Soziologie* 46, S. 381–401.

Wells, Celia (2005): *Corporations and Criminal Responsibility*. 2. Aufl. Oxford: Oxford University Press.

Weltz, Friedrich (1990): Management by Potemkin. In: *Technische Rundschau* 33, S. 10–12.

Weltz, Friedrich (1997): Beobachtende Teilnahme ein Weg aus der Marginalisierung der Industriesoziologie. In: Hellmuth Lange und Eva Senghaas Knoblauch (Hg.): *Konstruktive Sozialwissenschaft*. Münster: Lit Verlag, S. 35–47.

Weltz, Friedrich (2011): *Nachhaltige Innovation. Ein industriesoziologischer Ansatz zum Wandel in Unternehmen*. Berlin: Edition Sigma.

Westley, William A. (1956): Secrecy and the Police. In: *Social Forces* 34, S. 254–257.

Wheeler, Stanton (1982): The Problem of White-Collar Crime Motivation. In: Kip Schlegel und David Weisburd (Hg.): *White Collar-Crime Reconsidered.* Boston: Northeastern University Press, S. 108–123.

Wheeler, Stanton; Rothman, Mitchell Lewis (1982): The Organization as Weapon in White-Collar Crime. In: *Michigan Law Review* 80, S. 1403–1426.

Whyte, William Foote (1943): *The Street Corner Society.* Chicago: University of Chicago Press.

Whyte, William H. (1956): *The Organization Man.* New York: Simon & Schuster.

Wieland, Josef (2010): Ethics and Economic Success. A Contradiction in Terms? In: *Zeitschrift für Psychologie / Journal of Psychology* 218, S. 243–245.

Williams, Colin C.; Yang, Junhong (2017): Evaluating the Use of Personal Networks to Circumvent Formal Processes. A Case Study of Vruzki in Bulgaria. In: *South East European Journal of Economics and Business* 12, S. 57–67.

Williams, David E.; Treadaway, Glenda (1992): Exxon and the Valdez Accident. A Failure in Crisis Communication. In: *Communication Studies* 43, S. 56–64.

Williams, Robin M. (1970): *American Society: A Sociological Interpretation.* 3. Aufl. New York: Knopf.

Wilson, James Q. (1989): *Bureaucracy. What Government Agencies Do and Why They Do It.* New York: Basic Books.

Wilson, Larry C. (1979): The Doctrines of Wilful Blindness. In: *University of New Brunswick Law Journal* 28, S. 175–194.

Winslow, Don (2017): *Corruption.* München: Droemer.

Wortmann, Hendrik (2007): Divergenzen und Konvergenzen in der Trias von Evolutions-, System- und Differenzierungstheorie. In: *Soziale Systeme* 13, S. 99–109.

Wright, J. Patrick (1979): On a Clear Day you can see General Motors. John Z. de Lorean's Look Inside the Automotive Giant. Grosse Pointe: Wright Enterprises.

Xin, Katherine K.; Pearce, Jone L. (1996): Guanxi: Connections As Substitutes for Formal Institutional Support. In: *Academy of Management Journal* 39, S. 1641–1658.

Yeager, Peter Cleary (1986): Analyzing Corporate Offenses. Progress and Prospects. In: James Post (Hg.): *Research in Corporate Social Performance and Policy.* Vo. 8. Greenwich: JAI Press, S. 93–120.

Yeager, Peter Cleary (2007): Understanding Corporate Lawbreaking. From Profit Seeking to Law Finding. In: Henry N. Pontell und Gilbert Geis (Hg.): *International Handbook of White-Collar and Corporate Crime.* New York: Springer Science + Business Media, S. 25–49.

Young, Ed (1989): On the Naming of the Rose. Interests and Multiple Meanings as Elements of Organizational Culture. In: *Organization Studies* 10, S. 187–206.

Zeitlin, Lawrence R. (1971): A Little Larcency Can do a Lot for Employee Morale. In: *Psychology Today*, 22–64.

Ziegleder, Diana (2007): Business and Self-regulation. Results from a Comparative Study on the Prevention of Economic Crime. In: *Zeitschrift für Rechtssoziologie* 28, S. 203–213.

Znoj, Heinzpeter (1994): Der intime Staat. Korruption aus ethnologischer Sicht. In: *Reformatio* 43, S. 143–150.

Zuckmayer, Carl (2004): *Der Hauptmann von Köpenick. Ein deutsches Märchen in drei Akten*. Frankfurt a. M.: S. Fischer (Fischer, 7002).

Zum-Bruch, Elena Isabel (2019): *Polizeiliche pro-organisationale Devianz. Eine Typologie*. Wiesbaden: Springer VS.